# 古籍保护研究

第十一辑

《古籍保护研究》编委会　编

国家图书馆出版社

**图书在版编目（CIP）数据**

古籍保护研究．第十一辑 /《古籍保护研究》编委会编．—北京：国家图书馆出版社，2023.7

ISBN 978-7-5013-7780-0

Ⅰ．①古…　Ⅱ．①古…　Ⅲ．①古籍–图书保护–中国–文集　Ⅳ．① G253.6-53

中国版本图书馆 CIP 数据核字（2023）第 019417 号

**书　　名**　古籍保护研究（第十一辑）
**著　　者**《古籍保护研究》编委会　编
**责任编辑**　许海燕
**助理编辑**　闫　悦
**封面设计**　付锬锬

**出版发行**　国家图书馆出版社（北京市西城区文津街 7 号　100034）
（原书目文献出版社　北京图书馆出版社）
010-66114536　63802249　nlcpress@nlc.cn（邮购）
**网　　址**　http://www.nlcpress.com
**排　　版**　九章文化
**印　　装**　北京武英文博科技有限公司
**版次印次**　2023 年 7 月第 1 版　2023 年 7 月第 1 次印刷

**开　　本**　710 × 1000　1/16
**印　　张**　19.25
**字　　数**　320 千字
**书　　号**　ISBN 978-7-5013-7780-0
**定　　价**　80.00 元

国家古籍保护中心主办
天津师范大学古籍保护研究院承办

# 编辑委员会

# 目　录

## 特稿



## 名家谈古籍



## 古籍保护综述

## 普查与编目



## 修复与装潢



## 保藏与利用



## 再生与传播



## 版本与鉴赏

# CONTENTS

特稿

# 擎古籍保护科技之旗，扬中华文化发展之帆

## ——杨玉良院士与中华古籍保护事业

On the Contribution of Yang Yuliang, an Academician of the Chinese Academy of Sciences, to the Preservation and Conservation of Chinese Ancient Books

秦　颖　刘　鹏　袁玉红　杨光辉

**摘　要：**杨玉良院士是复旦大学中华古籍保护研究院的首任院长，他开启了古籍保护多学科研究，创设古籍保护二级学科博士点，参与古籍保护社会服务，引导社会力量参与古籍保护，开拓古籍保护国际合作，对中华古籍保护事业具有筚路蓝缕之功。

**关键词：**古籍保护；科学保护；国际合作；学科建设

杨玉良院士是复旦大学中华古籍保护研究院的首任院长，为中华古籍保护事业做出了卓越贡献。

在杨玉良的带领下，中华古籍保护研究院获得跨越式发展，研究团队于2020年获得复旦大学“钟扬式”科研团队荣誉称号，《复旦》校刊报道“团队带头人：杨玉良”的获奖词云：

团队把课程教学、科研创新和文化传承融为一体，开展中华优秀传统文化和革命文化、社会主义先进文化教育，树立师生们的历史观、民族观、国家观、文化观，坚定四个自信，弘扬爱国主义精神。研究院利用复旦古籍整理与研究领先全国的基础以及综合性学科优势，

重点建设文理交叉的综合性研究平台，取得多项重要进展。团队立足本职，服务校园、服务上海、服务国家，面向全社会开展多种体验活动，扩大中华优秀传统文化影响，传承中华文明。

杨玉良在接受《新华日报》记者采访时曾说：

之所以关注古籍修复和保护，源于我和国家图书馆副馆长张志清的一次偶遇。在一次相关的会议上，张志清谈到在修复古籍的过程中，由于历史欠账，我国有大量的古籍和古书画需要修复，而且修复中使用的某些粘结剂和修复材料不过关，导致修复后对古籍的二次损害。很难想象，许多珍贵的善本，毁在了本该使它们寿命更长的修复材料上。也就是说，对古籍保护来说，一张纸实在太重要了。

多年来，杨玉良在教学科研、人才培养、社会服务、风气引领、国际交流诸方面取得卓越成就，下面从创办中华古籍保护研究院、文物保护创新研究院；开启古籍保护多学科、综合性研究；创设全国首个古籍保护二级学科博士点，参与古籍保护博士研究生培养；扩大古籍保护社会影响力，吸引社会力量参与古籍保护；重视对外学术交流，促进古籍保护国际合作五个方面展开论述。

## 一、创办中华古籍保护研究院、文物保护创新研究院

2014 年 4 月，国家古籍保护中心副主任、国家图书馆副馆长张志清特邀复旦大学图书馆副馆长杨光辉与中山大学图书馆馆长程焕文，前往文化部（现文化和旅游部，下同）汇报“古籍保护方向图书情报专业硕士”教学筹备情况。经过多次商谈，建议复旦大学创设“中华古籍保护学院”。5 月，复旦大学图书馆馆长陈思和教授针对新形势下的古籍保护工作，决定向文化部及国家古籍保护中心申报成立“国家古籍保护人才培训基地”，并向学校提交成立“中华古籍保护学院 / 研究院”的报告。复旦大学党政领导班子经过仔细研讨，决定正式成立该机构。为了表示学校对研究院的重视，复旦大学决定由杨玉良担任首任院长，并邀请国家图书馆馆长韩永进任名誉院长。

杨玉良与时任图书馆分管领导林尚立副校长一起，与来访的张志清副馆长热烈交谈，了解全国古籍保护工作进展情况。杨玉良身体力行，协调时任学

校财务与国有资产管理处处长余青到光华楼现场办公，落实光华楼西主楼16楼办公用房（200平方米）[①]；邀请复旦理科各院系相关研究人员参与中华古籍保护研究院工作，为该院开展科学保护研究打下基础。

2014年10月11日，杨玉良应邀至国家图书馆出席全国古籍保护工作会议，并做大会主旨演讲。10月27日下午，在全国古籍保护工作会议上与杨玉良一见如故的时任广州市市长陈建华（《广州大典》主编），来复旦大学中华古籍保护研究院（筹）访问，杨玉良陪同参观古籍部抄稿本展览，并商议长寿命纸的研发（陈市长期待《广州大典》能用长寿命纸印刷）和纸张脱酸（《广州大典》二期涉及大量民国文献的脱酸问题）[②]。11月30日，杨玉良出席复旦大学“中华古籍保护研究院”暨“国家古籍保护人才培训基地”揭牌仪式并致辞。当天下午，杨玉良主持的“第一届古籍保护人才培养高峰论坛”在复旦大学逸夫科技楼隆重举行。可以说，杨玉良为中华古籍保护研究院的创办做了大量实实在在的工作，立下了汗马功劳。

创办中华古籍保护研究院的主要任务是培养国家急需的古籍保护高端人才，保护、整理和传播中华古籍资源与中华文明；创建具有中国特色的古籍保护学科体系，建成国家重要的文化资源信息平台，有效提升国家文化软实力[③]。2019年，在“上海市文教结合三年行动计划（2019—2021年）”支持下，在中华古籍保护研究院基础之上，复旦大学又成立了文物保护创新研究院[④]。文物保护创新研究院将从古籍、字画、档案等纸质文物研究入手，培养纸质文物保护

---

① 根据国家古籍保护中心对于设立文化部古籍保护人才培训基地的用房要求而拨付。后又每年拨100万元人民币，用于聘用赵嘉福、童芷珍、倪建明、沈乃文等行业专家的专项经费，又拨出100余万元人民币用于实验室建设，为研究院的开办创造了坚实的条件。此项拨款从复旦大学人事处处长钱飙、财务处处长苟燕楠开始运作，得到继任校长许宁生、金力，副校长兼人事处处长汪源源、财务与国有资产管理处处长余青的理解和支持，研究院的专家队伍得以稳定。实验用房得到资产与实验室管理处处长吴宏翔的支持，于环境科学楼获得六间实验和修复用房。

② 《“德不孤，必有邻”——广州市陈建华市长一行访问复旦大学中华古籍保护研究院》，见《中华古籍保护研究院工作简报》第一期，以下不注明材料出处的多引自《中华古籍保护研究院工作简报》。次年陈建华出席研究院周年庆，确立开化纸研究、纸张脱酸研究项目。

③ 《复旦学报》（哲学社会科学版）2015年2期封面《复旦大学人文社会科学研究中心介绍：中华古籍保护研究院》，《复旦学报》（自然科学版）2016年6期封面《中华古籍保护研究院简介》。

④ 参见：复旦大学新闻网：https://news.fudan.edu.cn/2019/1112/c4a102906/page.htm.

与修复的高端人才，建立中国特色的文物保护与修复学科体系。

杨玉良作为对人文艺术有很高造诣的科学家，以其精深的科学素养和积极的科普理念，为古籍和纸质文物开启了科学保护的崭新天地。

## 二、开启古籍保护多学科、综合性研究

杨玉良是国内顶尖的高分子材料科学家，与古籍保护需要解决的核心课题——古籍写印材料研究息息相关，因为古籍最重要的物质载体就是传统写印材料——纸和墨，而纸和墨皆属高分子材料，与杨玉良的专业领域密切相关。同时，正是由于杨玉良的加盟，古籍保护发展成为一门文理学科相融合的交叉科学，开启了古籍保护多学科研究。

杨玉良召集复旦大学的高分子材料、化学、生物、物理等方面的科学家参与中华古籍保护研究院的科研工作，亲自组织研究院的科学报告会。他请来高分子系张红东教授、化学系唐颐教授、生命科学学院植物生态学钟扬教授和微生物学钟江教授、文物与博物馆学系纸张研究专家陈刚教授、物理系俞宏坤副教授等参与古籍保护研究院的科研活动，还从文史院系引来古文字研究专家刘钊、古代史研究专家高智群、历史地理研究专家侯杨方等。另外他也积极引进青年科研人才，如意大利罗马大学演化生物学与生态学博士谢守斌、美国哈佛大学梵文藏文研究博士后李胜海、日本北海道大学生物资源科学博士张静语、日本京都市立艺术大学美术研究科日本画修复博士候选人汪晟，聘请北京大学原古籍编目专家沈乃文，哈佛大学原古籍鉴定专家沈津，上海图书馆原古籍修复专家赵嘉福、童芷珍，上海博物馆原古书画修复专家沈亚洲、沈维祝、孙坚，引进版画大师倪建明等；此外还从上海视觉艺术学院引进从事文物保护研究的化学博士余辉，从南京理工大学经济管理学院引进图情信息科学博士后薛春香；吸纳复旦大学化学博士王思浓和闫玥儿、化学博士后张宏斌和刘鹏、生物学博士后黄艳燕、哲学博士后王启元、社会学博士后陈熙、文献学博士后曹鑫等年轻学者加盟研究院，加上图书馆古籍编目专家吴格研究馆员、杨光辉研究馆员、眭骏研究馆员、乐怡副研究馆员以及书目数据库研究专家龙向洋研究馆员，形成了古籍保护研究院强大的多学科背景的研究团队，为古籍和纸质文物保护研究及人才培养提供了人力资源管理保障。

杨玉良参与解决古籍科学保护的几个主要问题，如探索传统纸墨等高分子写印材料涉及的科学保护，促进造纸、制墨和修复等传统非遗项目与新兴

科技相结合，推动古籍书画修复、传统造纸制墨等非遗项目与新兴科技相结合等。

## 三、创设全国首个古籍保护二级学科博士点，参与古籍保护博士研究生培养

作为曾经的国务院学位办主任兼教育部学位管理与研究生教育司司长，杨玉良对古籍保护这一根植于人文学科的新兴学科，具有异乎常人的敏锐的科学家眼光和独特的人文关怀。他一接触到古籍保护工作，就感到由于以往对古籍保护重视不够，导致科学保护力量缺失，大量古籍得不到妥善呵护，面临破损消亡的危险。作为具有人文情怀的科学家，杨玉良从接受任命担任中华古籍保护研究院（实际上研究院的名称就是由他确定的）院长起，就积极致力于古籍保护学科建设。

在杨玉良的率领下，研究院除了招收、培养专业硕士层级的人才，还积极推进博士层级的古籍保护人才培养。2017 年，该院向学校研究生院提交了《关于设立"古籍保护二级学科博士点"的申请报告》：

校研究生院：

中华古籍保护研究院自 2014 年成立以来，在杨玉良院长卓有成效的领导下，在文化部、国家古籍保护中心的大力扶持下，在复旦大学图书馆、相关院系、部处、校友等帮助下，研究院成立了"国家古籍保护人才培训基地""国家级古籍修复技艺传习中心复旦大学传习所"、古籍书目数据研究中心等。与文博系合作的"关于开化纸传统制作工艺的科学研究、以开化纸为代表的古籍印刷用纸的科学研究"，与上海质量监督局合作的"中华传统手工纸的标准化检验方法研究与应用"等多项广受社会关注的研究项目正全面展开。

近三年来，古籍保护研究院在科学研究、人才培养等方面取得快速发展，学术影响日益彰显。首届古籍保护方向专业硕士今年七月已顺利毕业。在研究生院支持下，今年正式招收博士生（由杨玉良院士、吴格教授指导）。

为进一步促进古籍保护学科建设与人才培养，我们希望在历史学一级学科下自设"古籍保护"二级学科点，含文献与古籍保护、文物

与古籍保护等方向，招生名额每年单列，以期更好地为国家培养急需的古籍保护博士层级的高端人才，恳请批准。

中华古籍保护研究院

2017年9月9日

研究生院院长钟扬当天即批复如下：

古籍保护研究院人才培养工作值得支持，可考虑自设二级学科点。请研究生院与文博系研究，报历史系学位委员会讨论，按有关规定审查。如通过，研究生院将做好服务、支持工作，争取上2018年博士招生简章。

钟扬

2017年9月9日

在杨玉良和钟扬的推动下，在历史系黄洋主任、文博系陆建松主任等的支持下，复旦大学在历史学大类，考古学一级学科下，专门设置"古籍保护二级学科博士点"，杨玉良亲自担任"物理化学与古籍保护方向"博士生导师，培养古籍保护博士研究生。杨玉良与博士生金超等合写的《复旦大学中华古籍保护研究院研究生人才培养》[①]一文，从招生情况、专业硕士生培养、博士生培养、学位点建设四个方面全面介绍研究院人才培养模式，关于博士生培养指出：

不同于专业硕士生培养对实践课程的重视程度，博士生主要以基础理论研究为主。研究院对博士生的培养要求，除全面、系统、深入地掌握高分子材料、文献学与古籍保护相关的基础理论知识、基本研究方法和实验技能外，还须在充分了解学科现状和最新发展动向的基础上，注重培养广阔的学术视野、独到的学术眼光、敏锐的学术嗅

① 参见：金超，杨玉良，高明明，等.复旦大学中华古籍保护研究院研究生人才培养[J].古籍保护研究：第三辑，2018：150–155.关于研究院的人才培养，亦可参见：谢守斌，马艺蓉.意大利纸质文物保护工作与文保教育概述——兼论中华古籍保护人才培养[J].文物保护与考古科学，2019，31(3)：133–139.

觉和深入的分析能力，具备独立解决高分子材料、文献学与古籍保护领域的理论和应用问题，开展原创性研究的能力。

古籍保护博士生培养和古籍保护自设二级学科甚为关键，研究生院对古籍保护博士点设置和招生的大力支持让人感念。杨玉良已招收的古籍保护博士生有金超、吴春芳、赵海波、金姗姗、张旭、朱子锐等。

## 四、扩大古籍保护社会影响力，吸引社会力量参与古籍保护

自2007年中华古籍保护计划实施以来，历经十余年的不懈努力，我国古籍保护事业已取得瞩目成就。然而，受人力、技术制约而造成的古籍保护与传承困境依然存在。为进一步提升古籍保护水平，扩大古籍保护的社会影响力，杨玉良鼓励研究院将古籍保护与社会服务相结合，形成了现代线装家谱制作等服务社会的品牌项目。

### （一）扩大古籍保护社会影响力

#### 1. 推广现代线装家谱制作

家谱是与国史、方志并列的中国特有的三大历史文献资源。现代线装家谱，既具有古籍的形式与理念，又能融入寻常百姓家庭，是推广古籍文化、“让古籍活起来”的重要形式。制作线装新家谱既是传承、延续文明之根，又是构建现代新型家庭关系的重要方式。杨玉良曾提及自家家谱被烧毁、家中长辈痛哭一事，认为当代重修家谱是非常必要的。

在杨玉良的支持下，中华古籍保护研究院、文物保护创新研究院提倡以“现代阅读、现代家庭观念及现代工艺技术”来制作线装家谱，将人文关怀、科学精神以及审美意识塑造三者相结合，培养参与体验者心中的真善美，有效组织研究生社团——家谱学社，在校内外举办现代线装家谱制作与文化推广活动。自2017年起，家谱学社先后与杨浦区方志办、杨浦区文化和旅游局、杨浦区图书馆、上海市教育委员会、扬州市图书馆、扬州古籍线装文化有限公司、上海外国语大学静安外国语小学、上海艺术品博物馆等单位合作举办家谱制作与文化推广活动，参与市民达4万余人次，累计制作家谱386组。2020年，研究院“线装家谱制作装订活动”获中国图书馆学会“全民阅读优秀项目”。

2021年7月，在杨玉良的积极推动下，复旦大学与上海艺术品博物馆共建图书情报专业学位研究生实践基地，合作开展线装家谱的制作与文化推广活

动,这是推进“古籍活化”的重要举措,也是古籍保护专业研究生把课堂所学转化为社会实践的有效途径。

2. 发表古籍保护与现代科技系列演讲

为更好地扩大古籍保护的社会影响力,让更多人了解现代科技在古籍保护中的应用,杨玉良在国家图书馆、上海辰山植物园、上海艺术品博物馆、兰州大学、西北大学、澳门科技大学以及德国、挪威等地发表演讲,以大量案例为引,用深入浅出的方式讲述中国传统写印材料的分析测试技术与科技保护方法。

2015 年 7 月 21 日,杨玉良应邀于国家图书馆发表《关于古籍保护与现代科技应用的浅见》演讲。2018 年 8 月 7—17 日,杨玉良受邀参加了由复旦发展研究院、复旦—欧洲中国研究中心联合北欧部长理事会、丹麦哥本哈根大学北欧亚洲研究院、挪威南森学院等机构共同发起的国际暑期研习班 NEWDAY——“南森东西方对话学院”活动,为来自中国、挪威、丹麦、德国、韩国的学者和学生就科技与文明、教育与社会等问题发表基调演讲,启发跨文化想象。2018 年 12 月 13—15 日,杨玉良受邀参加德国汉堡大学举行的“中国纸张作为书写载体:术语与标准”国际研讨会(Chinese Paper as Writing Support:Terminology and Standards),并作主持和学术报告。

2021 年 3 月 12 日,复旦大学图书馆、中华古籍保护研究院、文物保护创新研究院上海辰山植物园古籍保护专业学位研究生实践基地正式揭牌,杨玉良以“中国传统手工纸的化学与物理”为题开展讲座。同年 9 月 16 日,杨玉良出席由上海艺术品博物馆、长宁区科委、长宁区科协联合相关单位举办的“第四届国际青少儿艺术科普展”,并在 2021 年上海国际艺术·科普研讨会上发表《中国传统纸的预期寿命测量》主旨演讲。2022 年 7 月 14 日,杨玉良受邀在云南省图书馆为“第十三期全国少数民族古籍修复技术培训班”作题为《传统手工纸理化性能漫谈》的报告。

可以说,杨玉良为古籍保护科学普及、扩大古籍保护的社会影响力做出了特殊的贡献。

(二)大力促进古籍保护教育事业的发展

古籍保护涉及面广,既“专”且“深”,要求学生们不仅要有扎实的理论基础和科研能力,又需要具备一定的动手能力和实践经验。杨玉良出任中华古籍保护研究院院长后,多次参加古籍保护学科建设会议,促进高校古籍保护事业发展。在杨玉良等人的呼吁下，天津师范大学于2018年成立古籍保护研究院，目标是打造成位于我国北方的古籍保护教学和科研重镇。2021年，同样在杨玉良等人的积极推动下，贵州民族大学成立古籍保护研究院，并聘请杨玉良为研究院名誉院长。杨玉良还担任了陕西师范大学历史文化遗产保护教育部工程研究中心实验室技术委员会主任，为中心近年来在历史文化遗产保护科学研究、工程实施、产业开发、人才培养等方面面临的问题和困境提出了宝贵的意见。

在杨玉良等专家提议下，复旦大学中华古籍保护研究院、天津师范大学古籍保护研究院、贵州民族大学古籍保护研究院和中山大学信息管理学院将共同发起举办“古籍保护四校联席会议”，进一步促进高校古籍保护教学科研机构在人才培养、科学研究等领域的合作与交流，实现各校间优势互补，不断提升古籍保护教育事业的聚合力、传播力和影响力，共同推动古籍保护教育事业的蓬勃发展。

（三）吸引社会力量参与古籍保护

2022年4月，中共中央办公厅、国务院办公厅印发的《关于推进新时代古籍工作的意见》提出，鼓励社会各界积极参与古籍事业，营造全社会共同关心支持古籍工作的良好氛围。

杨玉良作为中华古籍保护研究院院长，甫一上任，便积极吸引社会力量参与古籍保护。2015年，浙江慈溪公牛集团董事长阮立平先生造访复旦大学中华古籍保护研究院，在聆听杨玉良关于研究院特色及未来发展规划后，当即表示愿意为中华古籍保护研究院提供资金支持。公牛集团捐赠中华古籍保护研究院共计600万元人民币，用于支持中华古籍保护研究、虞治卿研究与传习所人才培养工作。阮立平出任复旦大学中华古籍保护研究院首位董事，并为该院从古籍拍卖会上拍得“清木活字连排版框架”，用于该院教学及展示。

2018年，复旦大学校友、龙盛集团董事长阮伟祥受杨玉良邀请，出席中华古籍保护研究院会议，提出古籍材质比较脆弱，古籍保护工作需要多方面的知识和技术去开展，龙盛集团所从事的印、染工作，和古籍写印材料相关，可以合作建立世界先进的古籍保护实验室。随后，杨玉良带领研究院科研团队访问浙江绍兴上虞龙盛研究院，商议共建古籍修复保护研究中心事宜。龙盛集团捐赠中华古籍保护研究院500万元人民币，用于建设高水平的纸质文物修复中心和先进的科学保护实验室。

## 五、重视对外学术交流，促进古籍保护国际合作

杨玉良在《古籍保护须解“卡脑子”问题》一文中提到：

用传统工艺来制造中国的传统纸，日本和韩国做得不错。我们应该为此感到汗颜。为了赶超，我们觉得仅仅靠模仿别人是不行的。只有究其理义，将其深层的科学问题都搞清楚，才可以举一反三，这对任何研究工作都很重要。这也是一个成熟的国家和民族对待科学的理性态度。

杨玉良非常重视对外学术交流，引导研究院积极开展古籍保护的国际合作。

（一）与德国汉堡大学写本文化研究中心傅敏怡教授发起写印材料国际论坛

德国汉堡大学写本文化研究中心（Centre for the Study of Manuscript Cultures，简称 CSMC）是研究希伯来写本、欧亚写本，以及致力于写本保护的研究中心。该中心有丰富的写本资料，中心实验室拥有系列实验表征设备与仪器，对于写本的无损表征包括光谱学、显微学等的研究有很好的基础。CSMC 非常重视亚洲和中国文化，为促成中德学者之间的学术合作，杨玉良与 CSMC 傅敏怡（Michael Friedrich）教授共同倡议发起写印材料国际论坛，在纸、墨作为写印材料的技术与标准方面进行研讨与交流，建立长期、长效沟通交流机制并达成合作。自 2016 年起，已成功举办一届古籍写印材料科学问题工作坊与三届写印材料国际研讨会。2018 年 12 月 13—15 日，德国汉堡大学举办主题为“中国纸张作为书写载体：术语与标准”的国际研讨会，受大会组委傅敏怡教授的邀请，杨玉良担任此次会议的主持并做了学术报告。杨玉良访德期间，还与德国中西文物修复中心、巴登—符腾堡州档案修复中心、科隆应用技术大学修复人员开展学术交流[①]。

（二）与加拿大不列颠哥伦比亚大学合作，共建古籍保护联合实验室

加拿大不列颠哥伦比亚大学（University of British Columbia，简称 UBC）拥有加拿大第二大的图书馆系统，藏书超过 540 万册，其中亚洲语言书籍的数

① 参见：喻融．德国五家纸质文献修复机构考察情况及启示［J］．古籍保护研究，2021（2）：99-108．

量规模为全加拿大第一。UBC亚洲图书馆除实验室人员外，仅有一名古书修复师，主要从事西方书籍的装帧及修复，而馆藏大量破损中文古籍及明清字画因无人修复而被束之高阁。2018年10月，杨玉良受邀访问UBC，得知这一情况后，提出研究院可与UBC图书馆开展战略合作：双方建立联合工作坊，共建古籍保护联合实验室，互派研究人员定期交流，举办联合展览、家谱制作等中西文化交流活动，并对UBC图书馆藏民国文献目录开展整理研究。UBC图书馆常务副馆长Sheldon出席2018年复旦大学图书馆百年馆庆并做主旨报告，有效推进了两馆的合作。

（三）与埃及艾因霍姆斯大学合作，开展联合修复项目

埃及艾因霍姆斯大学（Ain Shams University）的莎草纸文献研究中心（Center for Papyrological Studies and Inscriptions，简称CPSI）成立于1978年，旨在对世界上的莎草纸文献和陶石片文进行发掘、研究、记录、数字化、出版、保存和传播。2017年9月17—26日，杨玉良一行出访埃及和以色列，考察埃及国家博物馆、艾因霍姆斯大学以及亚历山大图书馆古籍保护的历史与现状。杨玉良围绕修复材料与艾因霍姆斯大学研究人员做了深入交流，希望双方展开进一步合作。2018年7月，受艾因霍姆斯大学CPSI的盛情邀请，中华古籍保护研究院副研究员谢守斌与2017级古籍保护专业硕士研究生李俊文赴埃及参与了为期43天的联合修复项目，成功修复了艾因霍姆斯大学中央图书馆的珍藏西文善本。

（四）赴日本考察和纸等项目

2017年8月18—26日，杨玉良带队赴日本考察和纸制作及虞洽卿在日资料等。杨玉良一行在神户华侨历史博物馆了解早期留日华人华侨的历史资料，尤其是宁波商人吴锦堂和虞洽卿的资料；到奈良市田中奈良笔传统手工作坊，观摩学习作为日本经济产业省指定传统工艺品的奈良笔制作工艺；在兵库县多可町考察和纸杉原纸，了解杉原纸的传统工艺；考察位于岐阜县美浓市的本美浓纸和美浓史料馆及历史上的知名美浓纸商家今井家住宅。通过访问，杨玉良一行对日本和纸有了更多的感性认识，对中日手工纸的异同有了更多的了解。

（五）赴美交流古籍保护工作

2018年10月28日—11月9日，杨玉良一行访问美国洛杉矶亨廷顿图书馆，加州大学洛杉矶分校东亚图书馆、伯克利分校东亚图书馆，斯坦福大学东亚图

书馆，西雅图华盛顿大学东亚图书馆等。杨玉良一行参观了北美各图书馆文献修复实验室，并考察了中西文古籍修复保护工作，与修复人员交流了古籍保护科技中纸张保护（脱酸、修复等）的科学原理。

（六）赴英考察古籍保护工作

2019 年 9 月 22—29 日，杨玉良一行赴英国访问，考察牛津大学、剑桥大学、爱丁堡大学、诺丁汉大学等学校图书馆和研究机构，进一步加强同英国高校及研究机构图书馆在古籍图书的收藏与修复保护、古法纸张制作等方面的合作；商谈和筹备共同发起“古籍保护和文物修复国际联盟”，以建立长期、长效的沟通交流与合作机制。

在杨玉良带领下，研究院教学科研团队通过交流、考察、联合项目等形式，学习借鉴世界各国开展古籍保护工作的先进经验，着力提高古籍修复和保护技术的水平。同时，也对外宣传了中国古籍保护技术的最新发展成果以及中华古籍保护工作所取得的各项成就，与世界各国的同行形成了有效的合作意向，为下一步发展做了铺垫。

自 2014 年以来，杨玉良充分借助其曾担任复旦大学校长、高分子材料首席科学家、国务院学位办主任和中国科学院院士兼科学普及与教育工作委员会主任等职务的经历和社会影响力，对中华古籍保护的科学研究、学科建设、人才培养、活化普及、国际交流、资料珍藏做出了卓越贡献，有效促进了中国古籍保护事业的发展。不久后，他在云南西双版纳设立了“贝叶经研究院士工作站”，从根本上改变了贝叶经等少数民族古籍文献的保护现状，促进多民族、多文化的古籍保护事业发展。

（秦颖，复旦大学中华古籍保护研究院院长助理；刘鹏，复旦大学中华古籍保护研究院副研究员；袁玉红，复旦大学图书馆馆长助理、办公室主任；杨光辉，复旦大学图书馆副馆长、中华古籍保护研究院常务副院长）

参考文献：

[1] 复旦大学中华古籍保护研究院简介 [J]. 复旦学报（社会科学版），2015，2：封一 .

[2] 傅萱 . “钟扬式” 教学团队、科研团队亮相 [N]. 复旦，2020-09-15（12）.

[3] 魏晓敏，杨丽，任婷 . 杨玉良：古籍保护须解 “卡脑子” 问题 [N]. 新华日报，2019-10-22（18）.

[4] 杨光辉. 复旦大学“中华古籍保护研究院”的创建与构想 [J]. 古籍保护研究：第一辑，2015：28-31.

[5] 谢守斌，马艺蓉. 意大利纸质文物保护工作与文保教育概述——兼论中华古籍保护人才培养 [J]. 文物保护与考古科学. 2019，31（3）：133-139.

[6] 金超，杨玉良，高明明，等. 复旦大学中华古籍保护研究院研究生人才培养 [J]. 古籍保护研究：第三辑，2018：150-155.

[7] 喻融. 德国五家纸质文献修复机构考察情况及启示 [J]. 古籍保护研究，2021（2）：99-108.

# 《文献形役录》自序

An Author's Preface to *the Wenxian Xingyi Lu*

吴 格

**摘 要**:作者师承周子美等先生,先后供职于华东师范大学图书馆、复旦大学图书馆,从事古籍管理、整理和研究四十余年,成果丰硕。近期乃将历年研究文章结集为《文献形役录》一书,已由中华书局出版,此文为其自序。

**关键词**:吴格;周子美;王欣夫;顾廷龙

格少承庭训,粗知向学,年未弱冠,学稼江岛,栉风沐雨,荒废自伤。其时往来江上,惟以囊书做伴,读书三余,篝灯忘倦,十年泛览,幸免于盲。戊午(1978)之秋,获入上庠,侪伍群彦,问学高明。承师诲训,始识学问途径,而登高自卑,益惭寡学,三载分飞,实愧空疏。吴兴周子美(延年)师怜我朴斫,辛酉(1981)春导我入华东师大图书馆管理古籍,此固先生多年职司之所在也。先生精于目录版本之学,恂恂谨厚,尝先后典书南浔嘉业堂、沪上蟫隐庐及金陵泽存书库,于近代江南藏书源流聚散,莫不了如指掌,口讲笔谈,洋洋洒洒。格恭聆教言,获益良深。并世文献学家如王欣夫(大隆)、顾起潜(廷龙)诸先生之学行著述,亦由周师一一指示,铭诸心版。自此职司典藏,坐拥书城,万卷琳琅,开拓心胸,虽灰积尘封,而书灵潜耀,隐约相招,据书校目,日有所得,由是亲近斯文,尚友古人,转变气质,多益身心。周师年届九十,犹健于行,时临书库,植杖指授。至今思之,感恩怀德。数年摸索,初识流略,经史子集,仅窥大概。

岁丙寅(1986),转职复旦大学图书馆,仍以司书为业。乃勉承前辈遗轨,旁赖同人协力,采访补缺,编目分类,典藏修缮,阅览咨询,流通传布,古籍管理遂渐具规模，承前启后则团队以成。复旦图书馆庋藏旧籍，多承近世江南藏书家之绪余，晚近如乌程庞氏百匮楼、金山高氏吹万楼、南浔刘氏嘉业堂、吴县（今江苏苏州）王氏学礼斋所庋，分派合流，先后入藏，精金美玉，多具特色。其中王欣夫先生所藏，复含其师长曹君直（元忠）、曹复礼（元弼）、胡绥之（玉缙）诸老辈遗留之著述稿抄本，林林总总，校订有待。欣夫先生为20世纪最具特色之文献学家，格自少即已心仪，兼以师门世谊，拳拳服膺，讫无违言。先生学识博洽，品性温良，教学之余，集藏书、抄书、校书、编书于一身，而讫以延续清代考据学派传统、传播前贤未刊著述为职志，网罗放失，考订遗佚，辑校传抄，遗书满室，赍志以殁。小子不敏，与闻私淑，亦以继承先生遗愿为蕲向，遂于典书编目之间，逐年清理库书，取稿抄校本略事整理，校点影印，并举兼行。以此昼理群籍，夜守青灯，穷年矻矻，案牍劳形，日居月诸，忽忽头白，虽时逾卅载，讫未小休，而材薄力弱，其愿甚奢而所成甚微，时不我与，徒自嗟伤。

前蒙中华书局徐俊先生高谊，屡命结集文字，以便检索。自顾谫陋，迁延多载，先生犹督促再三，并落实复旦同学及中华编辑分执编校之役。同道错爱如此，只得腼颜从命。兹承柳向春等同学辛苦搜寻，汇集代校历年文字，师友同怀，情深义重。旧文浏览一过，殊少创获，甚愧浅薄，灾梨祸枣，实有违于师训。窃念自任图书馆员并习文献之学，固知征文考献，求真务实，形诸文字，则“述而不作，信而好古”，乃前贤自觉遵循之准则。身在书城，职司其分，编纂所及，偶有记述，恒思欣夫先生“他人著书，惟恐不出于己；予之此编，惟恐不出于人”（引宋卫湜《礼记集说后序》语）之训，又恪守顾廷龙先生“编纂目的，专为整理，不为新作；专为前贤形役，不为个人张本”（载《创办合众图书馆意见书》）之教，未敢逾越。顾老乃贡献卓著之图书馆事业家，受文献学人共同尊仰，而尤为图书馆古籍馆员之楷模。先生晚年尝以“收书、编书、印书”六字，概括其毕生劬劳文献之阅历，斯即其“专为前贤形役，不为个人张本”理念之践履。高山景行，晚学窃慕，不揣浅陋，即以“文献形役录”为是编题名焉。壬寅秋日吴格谨识于复旦大学光华西楼。

（吴格，复旦大学图书馆研究馆员）

名家谈古籍

# 中国书籍的起源与文明探源

An Exploration of the Origin of Chinese Books and Human Civilization

李致忠

**摘　要：**只要产生了书籍，世界便进入了人类文明的新阶段。我国典籍产生的时代可锁定在距今4300年至2500年前这段历史跨度内。5000年来产生、演化、发展、形成的文字，构成了书籍产生的前提性要素。据典籍产生的时间节点，我们可以毫不迟疑地说中华民族有5000多年的文明史。

**关键词：**书籍；起源；文明；中国

中华文明探源，可以从多方面入手，其中中国古代书籍的起源，应当是不容忽视的切入点。因为书籍产生的必备要素，要远远高于其他物质文明标识之上。不论什么民族、什么国度，只要产生了书籍，便是进入了人类文明的新阶段。

## 一、中国书籍的起源

书籍，在中国古代又称经籍、典籍、载籍等。在书史研究者看来，不是有文字者皆为书，书籍是指以传播知识、介绍经验、阐述思想、宣扬主张等为目的，经过编辑或创作，书写、刻、印在一定形制材料上的著作物。

书籍不是一般的社会产品，它既具有一般社会产品的物质形态，又有一般物质产品不具备的意识形态。《隋书·经籍志·总序》说“经籍也者，机神之妙旨，圣哲之能事”，意谓书籍是从人的思维中物化出来的“机神妙旨”，是圣哲能事的外在体现。这就是说，它在具备物质形态的同时又具备“意识形态”。所以有人定义书籍是“物化了的思维，凝固了的意识”，这概括得比较贴切。以这样一种尺度来探寻中国书籍的起源，西汉孔安国（前156—前74）《古文尚书序》中有如下表述：“古者伏羲氏之王天下也，始画八卦，造书契，以代结绳之政，由是文籍生焉。”

孔安国字子国，孔子第十一世孙，于西汉景帝至昭帝末年在世，西汉武帝时为经学博士，后为谏大夫，官至临淮太守。在他看来，文籍是由伏羲氏画八卦、造书契替代结绳之政后慢慢衍生出来的。

伏羲氏，又作宓羲、庖牺、包牺、伏戏、虙戏、牺皇、皇羲等，系三皇之首，华夏民族的人文始祖。大约生活在距今8000多年前新石器时代的早期，出生地在成纪（今属甘肃天水）。关于成纪之名，历史上有不同的说法。其中谓伏羲氏“画八卦以成纲纪”，后人为了纪念他，便将其出生之地称为“成纪”。西汉时设立了成纪县。唐李吉甫所著《元和郡县图志》卷三十九《成纪县》条载：“本汉旧县，属天水。伏羲氏母曰华胥，履大人迹，生伏羲于成纪，即此丘也。周成纪县，属略阳郡，隋开皇三年罢郡，县属秦州，皇朝因之。”

1987年12月11日《人民日报》海外版第五版，报道在河南舞阳城北贾湖新石器时代遗址，考古发掘出距今约8000多年前的甲骨契刻符号。这些契刻符号，刻在随葬于墓中的龟甲、骨器和石器上，比之前发现的陕西西安半坡仰韶文化陶器上的刻划符号和山东大汶口文化陶器上的文字年代要早一两千年。其中个别契刻符号的形体，与河南安阳殷墟甲骨上的某些字很近似。说明早在8000多年以前的新石器时代，中国的汉字可能已由图画逐渐向契刻符号演变了，这与伏羲氏生活的时代大体契合。契刻符号虽不能说已是文字，但这种符号足以替代靠结绳来管理社会的原始之政，同时也为文字逐步衍生并慢慢出现书籍提供了必备要素。足见孔安国《古文尚书序》所言不是空穴来风，也不是捕风捉影，而是大体可信的。

《尸子》卷下说：“虙犧氏之世，天下多兽，故教民以猎。”又曰：“伏羲始画八卦，列八节，而化天下。”意谓伏羲氏始画八卦，以定天地之位，分阴阳之数，以通神明之德；又列立春、春分、立夏、夏至、立秋、秋分、立冬、冬至之八节，以通二十四消息，借以指导农耕，开化天下。这些都是伏羲氏在人文方面所做出的贡献。

东汉应劭在《风俗通义》卷一《三皇》按语中引证《周易》的话说：“古者伏羲氏之王天下也，仰则观象于天，俯则观法于地，始作八卦，以通神明之德，以类万物之情。结绳为网罟，以田以渔。”

东汉蔡邕在《琴操》卷上《序首》中曰：“昔伏羲氏作琴，所以御邪僻，防心淫，以修身理性，反其天真也。”

2022 年 7 月 16 日晚，中央电视台中文国际频道推出一台中西文明互鉴节目，十分动人。互鉴的载体就是中国的古琴及西方的钢琴，其中谈到中国的古琴早在 3000 多年前就已经是七弦了，是农耕时代的产物；而西方的钢琴则是工业时代的产物。二者在时代、地域、种族、文化等方面相隔甚远，但钢琴弹出的中国古琴名曲《高山流水》，同样倾倒中西方的音乐爱好者；反过来，中国古琴弹奏的西方著名协奏曲，同样倾倒中西方的音乐爱好者。不同文明能否互鉴，关键是得深知己真知彼，否则互鉴是达不成的。伏羲氏时代的古琴弹奏能“御邪僻，防心淫，以修身理性，反其天真也”，表明那时已十分重视身心修养了。这是人类文明进步更高一层的表现。

由于伏羲氏是推动人类社会不断进步的古圣先贤，因而备受推崇和膜拜。只不过局限于当时的认知，人们对能带领他们不断进步、相对改善和提高他们生活水平的贤能，常常进行了神化。《元和郡县图志》说“伏羲氏母曰华胥，履大人迹，生伏羲于成纪”，已带有神话色彩。更有人描绘伏羲氏有蟒蛇之身、鳄鱼之首、雄鹿之角、猛虎之眼、红鲤之麟、巨蜥之腿、苍鹰之爪、白鲨之尾、长须鲸的胡须，可以说是荟萃了灵禽猛兽的所有优长，意在吹捧他不是常人，而是一位不可思议的神。古人如此美化、神化伏羲氏，固可满足大众推崇、信任和敬畏的心理，却未料如此夸张与神化，掩盖了历史的真实，给疑古虚无之人以否定真有其人的借口，使那时产生的许多人文事件和文化现象不见天日或似有若无。

为阐明中国古代书籍的起源，孔安国在《古文尚书序》中又进一步说：“伏羲、神农、黄帝之书，谓之《三坟》，言大道也；少昊、颛顼、高辛、唐、虞之书，谓之《五典》，言常道也。”意谓伏羲、神农、黄帝三皇时代出现的书籍总称为《三坟》，内容讲的是大道。少昊、颛顼、高辛、唐、虞五帝时代出现的书籍，总称为《五典》，内容讲的是常道。所谓“大道”与“常道”，《附释音尚书注疏》卷一引证唐孔颖达《尚书正义》曰：“坟，大也。以所论三皇之事其道至大，故曰‘言大道也’。以典者常也，言五帝之道可以百代常行，故曰‘言常道也’。”解释得虽不能尽如人意，但也算是大义可通。

孔安国讲了上述这些话之后，盖[illegible]疑三皇、五帝时代的那些书怎么到今天连一种也未传下来，所以他又接着说："先君孔子生于周末，睹史籍之烦文，惧览之者不一，遂乃定《礼》《乐》，明旧章；删《诗》为三百篇；约史记而修《春秋》；赞《易》道以黜《八索》；述《职方》以除《九丘》。讨论《坟》《典》，断自唐、虞以下，讫于周。芟夷烦乱，剪截浮辞，举其宏纲，撮其机要，足以垂世立教。"告诉人们，到了他先祖孔子登上历史舞台的春秋末期，目睹其时史籍的烦乱，担心览之者各取所需，不能有一致的认识，遂动手加以整理。首先是定《礼》《乐》，明旧章；删《诗》为三百篇；简约史记旧闻而修《春秋》；赞颂《易》道而罢黜流传已久的《八索》；述《职方》而废弃《九丘》。并对其文字"芟夷烦乱，剪截浮辞，举其宏纲，撮其机要"，遂成为可以"垂世立教"的《易》《书》《诗》《礼》《乐》《春秋》等六艺。

这段文字中最值得关注的，是"讨论《坟》《典》，断自唐、虞以下，讫于周"的断限主张。在孔安国看来，讨论中国书籍起源问题，应从实际出发，上限当断自唐、虞，下限当断自春秋末期。这是很符合实际、很有见地的断限。

"唐虞"指的是唐尧和虞舜。中国历史上的"唐虞时代"是个盛世，后人称之为"唐虞之治"。其时代大约在公元前2300年至前2100年的200年间，迄今约4000多年。后世对这个时代十分景仰和怀念，所以到春秋战国（前770—前221）时期的诸子，还常常称道唐、虞的贤能善政。

唐尧，乃帝喾之子，初封于陶，后改封于唐（今山西临汾）。名放勋，号陶唐，谥曰尧。"其仁如天，其知如神。就之如日，望之如云。富而不骄，贵而不舒……能明驯德，以亲九族。九族既睦，便章百姓。百姓昭明，合和万国"，这是司马迁《史记》卷一《五帝本纪》中对他的记载与称道。南朝宋裴骃《史记集解》引证皇甫谧的话说"尧以甲申岁生，甲辰即帝位，甲午征舜，甲寅舜代行天子事，辛巳崩。年百一十八，在位九十八年"（见中华书局1959年版第九次印刷本《史记》卷一《五帝本纪》注二）。此说若真是确凿可信，读者又不厌其烦，则可推出其具体的生卒年。

"虞舜者，名曰重华……舜年二十以孝闻。三十帝尧问可用者，四岳咸荐虞舜。曰可。"后经多年多样考查，"尧乃知舜之足授天下，尧老，使舜摄行天子政，巡狩。舜得举用事二十年，而尧使摄政。摄政八年而尧崩。三年丧毕，让丹朱，天下归舜……四海之内，咸戴帝舜之功……践帝位三十九年，南巡狩，崩于苍梧之野"（司马迁《史记》卷一《五帝本纪》中之尧本纪）。这也是凿凿实实的正史记载，毋庸怀疑。

孔安国将中国书籍起源上限断自唐、虞，下限则止于春秋之末，即从公元前2300年至前476年的1800余年的时间跨度内，正是五帝后期至夏、商、周三代时期。谓这个时期是中国书籍的起源期，非但有根有据，而且对中华文明探源也颇具深远意义。

书籍构成的基本要素是人的思想、阐释思想的文字、文字附着的载体材料及其生产制作的方法。没有文字，永远不会有书籍。因此考古学上通常将文字的出现，看作是人类社会步入文明时代的重要标志。但也不是文字一出现，马上就能写成书籍用以传情表意。因为复杂的思想表达，要有丰富的字词供人拣用并合乎逻辑地组成。所以，书籍的产生意味着在其之前必得有相当数量的文字先期行世。

众所周知，汉字的前身是图画，是远古人们交流思想的一种工具。据考古学家考证，早在旧石器时代（约300万—1万年前），我们的祖先就已经开始在所居住的洞穴墙壁上画画。有些画画得还很逼真，使人一看就知道是什么意思。例如要打猎，就画出一头鹿或一头牛和一个手持弓箭的人，作为信息公布出去，这样就达到了交流思想、约同狩猎的目的。所以有人把这种图画就称为图画文字。起初，这些画要画得很复杂、很细致、很逼真，目的就是让人一看就懂。待到人们对某些画所代表的意义都熟知了，画的结构和笔划就开始简化。即用简单的几笔勾勒一个大致的轮廓就行了，于是图画开始向符号演变。比如一头牛，有的勾勒全形，有的只画一头两角。即使是画全身，所取的角度与侧重也不完全相同。这表明，从图画演进到符号，再从符号演化为文字，又要经过一个漫长的过程。

1988年12月25日《北京晚报》第八版，摘登了《陕西日报》的一篇报道，称中国考古学者日前在西安的国际性考古学术会议上说，汉字出现于龙山文化时代的晚期，即黄帝时代及夏代初期，并向与会的美、英、日、苏、法、加拿大、德国等外国同行展示了10余枚刻划兽骨、骨器的拓片和幻灯片。这些形体小如蝇头，笔画细若蚊足，刀法古拙，刻迹清晰的符号和原始文字，其形体结构很多与殷墟甲骨上的文字近似。这说明在5000年以前，中国的汉字已经由图画经契刻符号衍化而生了。到殷商时代的甲骨文字，则已经是相当成熟的汉字了。

关于汉字的出现与形成，古人有种种说法。有的说是圣人造的，而《荀子》《吕氏春秋》《韩非子》等都说是仓颉造字。把造字的功劳归于某个人，肯定不符合历史事实。汉字一定是古代劳动人民共同创造的，而由某些人或某个人加以整理、划一、规范，则是完全合乎事物逻辑的。《荀子》卷十五《解蔽篇》中说："故好书者众矣，而仓颉独传者，一也。" 古人为这句话做注解，说："仓颉，黄帝史官。言古亦有好书者，不如仓颉一于其道，异术不能乱之，故独传也。" 清惠栋《周易述》卷二十亦谓："自古及今，未尝有两而能精者也。" 又小字注云："荀子言一而后精。后出古文云'惟精惟一'，先精后一，非古义也。" 都是说要"一于其道"，才能求精。后来又有人做了新解，说是古来喜好文字的人很多，为什么都不能传下来，而唯独仓颉的字能够流传下来呢？其原因就是仓颉对纷繁不一的文字，做了整理和统一的工作。这虽不是古人所解之义，但也不无道理。因为能将纷纭复杂、众体不一、写法各异的文字统一起来，首先要求自己专一此道、精深此学，否则是绝对统一不起来的。

南北朝刘勰《文心雕龙注》引证《叙世本》注曰"仓颉，黄帝之世，始立史官，仓颉、沮诵，居其职矣"（刘勰《文心雕龙注》卷四）。南北朝时魏收的《魏书》卷四上《帝纪第四上》亦说："在昔帝轩，创制造物，乃命仓颉因鸟兽之迹以立文字。自兹以降，随时改作，故篆隶草楷，并行于世。" 可知仓颉是黄帝时代的史官，职在摭拾收集、创造规范文字。

黄帝是5000年前的重要历史人物，孔安国尊他为三皇之末，司马迁《史记》则将之尊为五帝之首，并为之树碑立传："黄帝者，少典之子，姓公孙，名曰轩辕。" 其人敦敏聪明，生当神农衰世，群雄并起，暴虐百姓，"神农氏弗能征，于是轩辕乃习用干戈，以征不享，诸侯咸来宾从。而蚩尤最为暴，莫能伐。炎帝欲侵陵诸侯，诸侯咸归轩辕，轩辕乃修德振兵，治五气，蓺五种，抚万民，度四方……以与炎帝战于阪泉之野，三战，然后得其志。蚩尤作乱，不用帝命，于是黄帝乃征师诸侯，与蚩尤战于涿鹿之野，遂禽杀蚩尤。而诸侯咸尊轩辕为天子，代神农氏，是为黄帝……时播百谷草木，淳化鸟兽虫蛾，旁罗日月星辰水波土石金玉，劳勤心力耳目，节用水火材物，有土德之瑞，故号黄帝"（汉司马迁《史记》卷一《五帝本纪》之黄帝纪）。其中的"五气"，《史记集解》引证王肃的话说即"五行之气"。又引证《史记索隐》说五气即"春甲乙木气，夏丙丁火气之属"。"蓺"，树也、种也。"五种"，郑玄释为黍、稷、菽、麦、稻。良渚遗址考古发现的稻谷遗存，证实了这一点。黄帝这种教民播百谷、事农耕、驯鸟兽、促养殖、构屋室、避风雨的重大举措，都是中华民族进入文明社会的重要标志，何况又有了文字！

2022年5月27日下午，中共中央政治局进行第三十九次集体学习。习近平总书记在主持学习时发表的重要讲话中强调："经过几代学者接续努力，中华文明探源工程等重大工程的研究成果，实证了我国百万年的人类史、一万年的文化史、五千多年的文明史。" 他指出："我们运用生物学、分子生物学、化学、地学、物理学等前沿学科的最新技术分析我国古代遗存，使中华文明探源有了坚实的科技分析依据，拓展了我们对中国五千多年文明史的认知。对文明起源和形成的探究是一个既复杂又漫长的系统工程，需要把考古探索和文献研究同自然科学技术手段有机结合起来，综合把握物质、精神和社会关系形态等因素，逐步还原文明从涓涓溪流到江河汇流的发展历程。" 总书记的讲话既充分肯定了中华文明探源工程的丰硕成果，明确我们中华民族有百万年的人类史、一万年的文化史、五千年的文明史；同时指出考古探索、文献研究、自然科学的科技手段有机结合，才是研究方向。学习之后，获益良多，我们应该深刻理解讲话的丰富内涵，从中悟出一些新的内容。

农耕艺种、渔猎驯养、房屋搭建、城池构筑等，都可能是中华文明取为探源的载体，但比这些更为高深、涵盖更为复杂、文明层次更高的中国书籍起源问题，不知是否曾被列入文明探源的取资对象。这个问题，光靠考古恐怕有困难，原因盖是除少数"镂之金石，琢之盘盂" 的书籍可供考古研究之外，其他绝大多数"书于竹帛" 的典籍，都容易朽蠹腐烂，留存不下来。后世虽也有简、帛之书先后出土，但时代都比较晚，缺乏文明探源资质，所以关于书籍的探源就难以仅靠考古，而必须要多靠文献记载，再证以相关的考古成果。总的来说，考古与文献都不应单打独斗，而应紧密结合、相互印证。

孔安国本是西汉初期的经学博士，注释从他们家墙壁里发现的古文经书天经地义，注释蒇事之后写一篇序文冠诸卷首，也很顺理成章。然在序中大谈书籍起源，并将上限断自唐、虞，下限截至孔老夫子生活的春秋末年，似乎令人费解。《附释音尚书注疏》引证唐代孔颖达古文《尚书正义》曰："尚者，上也。言此上代以来之书，故曰《尚书》。" 原来《尚书》是辑录上代以来篇章典籍的总汇，孔安国传注这些篇章之后，无法绕开书籍起源问题的探讨，所以才在序中直面而谈。

设若研讨中国书籍真的应该"断自唐、虞，讫于周"，则在时间上应该是公元前 2300 年至前 711 年，若往后拉至孔子生活的春秋末期，则应该是公元前 476 年，中间大约有 1800 年的历史过程。夏、商、周三代也都包含在这段历史跨度之内了。这样，光书籍的起源距今就当在四千多年，而构成书籍要素之一的文字,则早在五千多年前的黄帝时代即已产生,并不断规范和划一。这都是中华民族进一步脱离蒙昧和野蛮之后而更加文明的重要标识。果如是,则中国书籍史研究也可助力中华文明探源的推进。因为中国书籍起源的历史时代,进一步证明我们中华民族确有一万年的文化史、五千多年的文明史。

## 二、文献记载的进一步印证

如果说孔安国关于书籍的论述尚属个人之见,那么下面的文献记载则可让我们知道,他的见识盖是时人的共识。

司马迁《史记》卷四十七《孔子世家》云:"孔子之时,周室微而《礼》《乐》废,《诗》《书》缺。追迹三代之礼,序《书传》。上纪唐、虞之际,下至秦缪,编次其事,曰:夏礼吾能言之,杞不足征也,殷礼吾能言之,宋不足征也,足则吾能征之矣。观殷、夏所损益,曰后虽百世可知也。以一文一质,周监二代,郁郁乎文哉,吾从周。故《书传》《礼记》自孔氏。"

这段话的意思是说,至孔子生活的春秋末期,周代之势已十分衰微,非但《礼》《乐》之书被废弃,《诗》《书》之类也很缺乏。孔子乃从夏、商、周三代中追寻《礼》迹,并序成《书传》。上起自唐尧、虞舜,下至秦穆公,编次其事,并说夏、商之礼我能说之,只是他们的后裔小国杞、宋未必能助其成。若能,则我能做成其事。世上物类相召,势数相生,变化有一定规律,所以观察殷、夏之礼的损益,则其后百世之礼亦可推知。而周视殷、夏,文章则富备,故我们今天所能见到的《礼记》和《尚书》,都是孔子辑佚整理出来的。说明在他之前这些内容的书籍都曾经是有过的,只是后来散佚了,所以才说是"追迹三代","吾从周"。

《史记》又云:"古者《诗》三千余篇,及至孔子,去其重,取可施于礼义。上采契、后稷,中述殷、周之盛……故曰《关雎》之乱以为《风》始;《鹿鸣》为《小雅》始;《文王》为《大雅》始;《清庙》为《颂》始,三百五篇,孔子皆弦歌之,以求合《韶》《武》《雅》《颂》之音。《礼》《乐》自此可得而述,以备王道,成六艺。"

这段话主要讲的是,孔子删《诗》,将《诗》由原来的3000多篇删节为305篇,并确定了风、雅(小雅、大雅)、颂的格局。然周景王元年(前544),吴季札曾经到鲁国观乐。鲁国为吴季札所歌的《诗》,据《左传》记载,其分类名目、先后次第等,已和今本《诗经》差不多。而吴季札赴鲁观乐的那一年,孔子才只有8岁,表明远在孔子之前,《诗经》的体制已与今本《诗经》相仿了。设若此说成立,则孔子删《诗》就成了子虚乌有,实际恐非如此。可以肯定,孔子删《诗》

之前,《诗经》一定有了选本,篇数格局也许和今本大体相仿,但不能据此怀疑孔子删《诗》的事实。都从3000余篇中删选,但弃取之由不同,得出的结果也会很不同。孔子删选的原则是“取可施于礼义”者。删选的时段是“上采契、后稷,中述殷、周之盛”。“契”,帝尧的异母弟,被封在商(今商丘),是商族的始祖,商汤的先祖。教民用火,推动社会前进。“稷”,姬姓,帝尧时生于稷山,今山西稷山县,被封为后稷之官,是周的始祖。教民稼穑,推动农耕前行。孔子删《诗》的采择时段,上自“契”“稷”,“中述殷、周”,与前边孔安国古文《尚书序》所说“讨论《坟》《典》,断自唐、虞以下,讫于周”,完全一致。所以孔子删《诗》,不能轻易否定。

《史记》又云:“孔子晚而喜《易》,序彖、系、象、说卦、文言。读《易》,韦编三绝。曰:‘假我数年,若是,我于《易》则彬彬矣。’孔子以《诗》《书》《礼》《乐》教,弟子盖三千焉,身通六艺者七十有二人。”

“孔子晚而喜《易》”,“读《易》,韦编三绝”,与前边孔安国古文《尚书序》中所说“赞《易》道以黜《八索》”十分契合。孔子所称赞的《易》道,已不是由伏羲所画八卦解释衍化而成的《八索》,而是经周文王进一步演算而成的《周易》。周文王,姬姓,名昌,陕西岐山人。原为殷商的诸侯,封为西伯。殷纣王暴虐无道,荒淫无度,他知而哀叹惋惜,被纣王知道后囚禁在羑里(今河南汤阴)长达7年之久,遂重演八卦,以成《周易》。这是文王被囚的原因,和重演八卦以成《周易》的背景。

前些年,上海博物馆入藏一批楚国简书,简书中有《容成氏》一节,谈到“(九邦叛纣),文王闻之曰:‘虽君无道,臣敢勿事乎?虽父无道,子敢勿事乎?孰天子而可反乎?’纣闻之,乃出王于夏台之下而问焉,曰‘九邦者其可来乎’?文王曰‘可’。”意谓文王听说不少诸侯小国反叛商纣,则说君虽无道,为臣者就敢不再事君了吗?犹如父亲无道,做儿子的难道就不再为儿而不尽事父之责了吗?哪有天子而可以反叛的?商纣王听到这话之后,觉得关了他这么多年,还能忠诚事君,本分为臣,很好,遂解除了对他的囚禁,并让他领兵弹压其他的诸侯小国,遂令其势力日强,为武王伐纣奠定了坚实基础。

《周易》分为“经”“传”两部分。“经”的部分为八八六十四卦和三百八十四爻,卦和爻各有说明,这就是卦辞和爻辞,专为占卜之用。“传”的部分是卦辞和爻辞的解释,称为《十翼》。孔子晚而喜《易》,称赞《易》道,不但废黜了《八索》,还使所喜读的《周易》“韦编三绝”,显然那是太喜欢了。要说透“韦编三绝”还真不是很容易,有两种解释值得参考。一说孔子晚年,也就是春秋末年,其时书籍多用竹、木简书写。一部书要用许多竹简或木简,这些竹、木简无论是先编简成册,还是先书字后编之成册,都有个用什么材料编制的问题。有人说“韦编”是编简的皮绳,意谓因披阅翻检的次数太多,连编简的皮绳都断了好几次。后来有人提出了质疑,说那时的牛羊皮能否熟到可以编简的程度,是个很大的疑问。遂又有人做出了另一种解释,谓编简成册之后的条条竹、木简,皆是上下走向,类乎经线,而编简之绳皆是横向走势,类乎纬线。古时“韦”“纬”可通,故“韦编”即是“纬编”,也就是编制竹、木简的横绳,因多次披阅翻检而断了多次。然中国的经、纬,乃经天地、纬阴阳,与阴阳五行等有关。而地球的经纬度,或说是经、纬线,则是公元前4世纪亚历山大东征时发现的,与“韦编三绝”之“韦”无关,所以还待进一步解释。好在我们说“韦编三绝”,意不在这个辞的解释,而在借此说明早在孔子晚年之前,《周易》早已成书。

“孔子以《诗》《书》《礼》《乐》教,弟子盖三千焉,身通六艺者七十有二人。”这几句话的意思是孔子以辑佚整理好的《诗经》《尚书》《礼记》《乐书》传授弟子,大约有3000人,而真正身通“六艺”的,只有72人。也就是《名贤集》所说的“三千徒众立,七十二贤人”。其实孔子整理旧籍而终成“六艺”者,乃指《易》《书》《诗》《礼》《乐》《春秋》。

孔子生活的时代,跟我们现代教书的方法不一样。现在是同一年级分成几个班同时上同一的课,机会均等,资源共享。而孔老夫子,很主张“因材施教”“循循善诱”“登堂入室”。30多年投奔他门下的学生3000多名,而真能登堂入室,直接聆听孔夫子讲课者,只有72人,其余都是这些入室弟子的弟子。这种教学方法,有好的一面,那就是重点突出,兼顾一般。但也有弊病,那就是师资不能共享,等再传,就难以守正存真了。而且这套办法施行了2000多年。《后汉书》卷三十五《郑玄传》记山东高密郑玄云:“少为乡啬夫,得休归,常诣学官,不乐为吏,父数怒之,不能禁,遂造太学受业。师事京兆第五元先,始通《京氏易》《公羊春秋》《三统历》《九章算术》。又从东郡张恭祖受《周官》《礼记》《左氏春秋》《韩诗》《古文尚书》。以山东无足问者,乃西入关,因涿郡卢植,事扶风马融。融门徒四百余人,升堂进者五十余生。融素骄贵,玄在门下三年不得见,乃使高业弟子传授于玄,玄日夜寻诵未尝怠倦。会融集诸生考论图纬,闻玄善算,乃召见于楼上,玄因从质诸疑义,问毕,辞归。融喟然谓门人曰:‘郑生今去,吾道东矣。’”可知到东汉,马融教学仍沿袭着孔老夫子那一套,400多名学生，只有 50 余人能登堂入室直接听他讲授，郑玄门下三年始得一见。一见便质之诸疑，得马融之精髓，且立即辞归，遂使融道东移。

《史记》卷四十七《孔子世家》第十七云："子曰：'弗乎弗乎，君子病没世而名不称焉。吾道不行矣，吾何以自见于后世哉？'乃因史记作《春秋》。上至隐公，下讫哀公十四年，十二公。据鲁，亲周。"

三国魏何晏《论语集注》卷四《论语述而第七》云："子曰'述而不作，信而好古，窃比于我老彭'。"这位"老彭"据说是殷商时的贤大夫，好讲述古事。孔子私下自比于老彭，也述之而不作。晋常璩《华阳国志》卷十一《后贤志》谓："闻之：善志者述而不作，序事者实而不华。"宋刘恕《资治通鉴外纪》卷九云："三十九年春，鲁西狩获麟，孔子曰吾道不行矣，乃因史记而作《春秋》，约其文辞，以绳当世。"这些记载，都说明孔子一生周游列国，推行自己的政治主张而未获践用。至周敬王三十九年，即鲁哀公十四年（前 481），哀公西狩大野，随从叔孙氏家臣射伤一只怪兽，牛尾、马蹄、鹿身，头上长一肉角，不知是何物。孔子却认出它是麒麟，本为吉祥之兽，今却受伤而死，意味世事要变，自己也明了其道已尽，遂改变一生述而不作的个性，就史记旧闻而创作了《春秋》。

《史记》卷二《夏本纪》载："帝启，禹之子。其母，涂山氏之女也。有扈氏不服，启伐之，大战于甘。将战，作《甘誓》。"宋陈经《尚书详解》卷七《甘誓》之下小注"夏书"二字。夏启时已有关于甘之战的正式记载，表明夏已有书。

《汉书》卷二十三载："夏有乱政，而作《禹刑》；商有乱政，而作《汤刑》；周有乱政，而作《九刑》。"这里的《禹刑》指的当是夏时的典刑，是法律方面的著作。

《尚书·多士篇》云："成周既成，迁殷顽民，周公以王命诰……惟尔知，惟殷先人，有册有典，殷革夏命。"

汉孔安国《尚书传》曰成周即"洛阳下都"，"殷大夫士心不则德义之经，故徙近王都教诲之"。

唐孔颖达正义曰："顽民，谓殷之大夫士从武庚叛者，以其无知，谓之顽民。民性安土，重迁或有怨恨，周公以成王之命诰此众士，言其须迁之意。"

南宋吕祖谦撰、其门人时澜增修之《增修东莱书说》卷二十四解释曰："以其父祖之旧闻而开谕之也……尔先人典册所载殷革夏命之事，历然可考。我周之革商，正如是耳。"

"殷革夏命"在公元前 16 世纪，孔老夫子生活的时代在公元前 551 年至前

479 年的春秋末期。据此，我们把中国典籍产生的时代锁定在距今 4300 年至 2500 年这段历史跨度内。加上 5000 多年前产生、演化、发展、形成的文字，构成书籍产生的前提性要素，我们可以毫不迟疑地说，中华民族有 5000 多年的文明史。

（李致忠，国家图书馆研究馆员）

# 宏烨斋学古笔记(一)

Ancient Book Reading Notes in Hongyezhai: Part One

沈 津

**摘 要:**所谓"不动笔墨不读书",前贤如顾廷龙、冀淑英先生者皆有随时笔记之习惯。本文之作亦来自数十年积累的学术笔记,内容基于多年古籍实践工作与研究心得,旨在搜集整理稀见文献学资料,以供学界同仁参考与利用。

**关键词:**读书笔记;版本;古籍

1960年3月,津踏入了版本目录学的领域。那时的我,求知欲望极高,业余时间里,除了喜读带有革命色彩的各种小说外,也读了不少前辈学者的读书笔记,诸如唐弢《晦庵书话》、郑振铎《劫中得书记》、谢国桢《明清笔记谈丛》、邓之诚《骨董琐记》,至于后来出版的《顾颉刚读书笔记》等都是我喜欢读的书。我在上海图书馆工作时,受教于馆长顾廷龙先生,杖履相随30年。先生为中国图书馆事业家、版本目录学家、书法家,衣服口袋中多携有一小本本,记有平时所见所闻所思之事,其中有随手记录经眼各种图书的特征等。我在编先生年谱时,曾获见并细读先生的各种小本数十册,获益良多。在参与《中国古籍善本书目》复审、定稿工作时,我又荣幸地与冀淑英先生(书目编委会副主编)同在一办公室工作,也时见冀先生用小本录入她认为重要之材料或例证。冀去世后,国图陈红彦女史告诉我,冀的笔记本都由她在保存,我也见证了红彦办公桌抽屉里放着的冀的许多小本本。

津天资昏拙,秉质柔弱,受顾、冀先生等诸大家的影响,也多留意于有关文献学资料的收集。无论我在什么地方，或国内（上海、北京等地），或美国各地重要的图书馆（如哈佛大学哈佛燕京图书馆、华盛顿国会图书馆等），闲暇读书翻书，稍有所得，都会将常人不易见到的有意思的材料记之于本本，盖不使遗忘也。多年来，积累之笔记甚多，有时也会想到，如将笔记整理出来，供研文史的学者参阅，未尝不是好事。予任其劳，而使继其后者受其逸；予费其时，而使后起同道乐其易也。这大约也是津从事图书馆事业60年的草民愿——为他人作嫁衣的一种心态吧！

1.《叶遐庵先生年谱》载："1926年5月，调查《高丽大藏经》版片。"《高丽大藏经》原版藏于海印寺，该寺只存一部，他无流传。后朝鲜总督府曾印刷三部，一部献于日本皇室，一部存府内书库，一部分赠日本名刹。叶先生以《高丽大藏经》，中土并无一部，拟发起流通。经托人向朝鲜总督府接洽，结果须印五部以上方可启行，计工料每部须日金十万元以上，遂未果印。津按：海印寺的寺名源自《华严经》中之"海印三昧"，是朝鲜佛教宗派曹溪宗的佛教总寺，1389年建成，位于韩国庆尚南道伽倻山，《高丽大藏经》的81258块版片即藏于此。津在香港中文大学图书馆见有一部，题"高丽国大藏都监奉敕雕造"，共1341册。高丽于公元11世纪初期（穆宗至显宗期间）始刻大藏经，以北宋所刊之蜀版《大藏经》为蓝本，后世称为《初雕藏》。1232年蒙古入侵，经版毁于火，乃于1236—1251年间据《初雕藏》重刻，历时14年，以桦木雕板81258块，刻成《再雕藏》。1398年《再雕藏》传入日本，日人奉为圭臬。明治以还，所刊行之大藏经，其著者如《缩刷藏》《大正藏》皆以此为底本，故《大藏经》中以《高丽藏》最具权威。《高丽藏》先后印刷7次，共60部，最后一次为1909年，中大本应为此年所印。中国香港、台湾两地仅此一部，中国内地似无收藏。美国仅加州大学伯克利分校东亚图书馆入藏。中大本每册厚约2.5cm，平均约125页，黄色经书纸印刷，用橙黄色厚纸封面，红线装订，红绢包角，有庄严古雅之貌。

2. 秦翰才（1895—1968），名之衔，字又元，上海嘉定人。中华职业教育社职业指导部委员。出身书香门第，学贯中西。好收藏历代名人年谱，其书斋称"千谱楼"。秦为研究左宗棠的专家，有《左文襄公在西北》《左宗棠全传》《左宗棠逸事汇编》《满宫残照记》等，晚年被聘为上海文史馆馆员。秦藏年谱甚多，其去世后，直到1989年，他的女儿秦小孟与我联络，希望将全部年谱捐献上海图书馆。我即请示先师顾廷龙先生，顾先生与秦先生1949年前就相熟，所以顾先生让我去办理此事。秦小孟是上海外国语学院教授，家住上海茂名南路的一条弄堂里，我去过三四次。最后，由我和馆里的一位同事用老虎塌车将这些年谱悉数运回馆。这批年谱有不少为木刻本、石印本，特别难得的是复写纸写的、油印的，还有的是从期刊或报纸上（连载）剪下来的。此外还有两个卡片盒，里面都是年谱的草片，是秦先生编制的。

3. 清王友亮《双佩斋诗集》卷八有《五月二日偷儿入船山斋中尽卷书画去戏作》，云："王郎软语贼颜泚，蔡侯奋呼盗魄褫。张君大度不谓然，引满一斗唯高眠。鼾声远闻招窃入，四顾斋中徒壁立。佳书佳画渠岂知，卷取胜于无一持。家人追踪不肯舍，君曰毋庸赏其雅。烟云过眼本悠悠，楚弓楚得何多求。君虽赏之彼则恼，故纸争如阿堵好。贺君此后扉夜开，偷知误矣不复来。"友亮，字景南，号葑亭，安徽婺源（今属江西）人。乾隆四十年（1775）进士。初以中书直枢廷，因母老乞养归，继授刑部郎，改擢御史，迁给事中，巡城巡漕，皆有清直声，后由太仆转通政。嘉庆二年（1797）卒于官，年五十六。《双佩斋诗集》，清嘉庆十五年（1810）刻本，此书不多见，美国哈佛大学哈佛燕京图书馆入藏。天津图书馆亦藏有《双佩斋诗集》八卷《文集》四卷《骈体文集》一卷《补梅书屋诗草》一卷，著录为"清嘉庆十至十五年（1805—1810）刻本"，不知是否同版。

4.《天一阁藏书经见录》卷上著录《钦明大狱录》二卷，明嘉靖刻本。前有嘉靖六年（1527）赐张璁等敕谕，后有璁等谢表。白口，双边，大字，绵纸印。按：此书乃明嘉靖六年九月署都察院事侍郎张孚敬以张寅（即李福达）先后狱词及上所裁定并所赐敕谕辑录成书。嘉靖五年（1526）七月至嘉靖六年九月，张璁、桂萼等人利用嘉靖帝朱厚熜的昏聩和专断，借李福达之狱制造了一起株连40多人的重大冤案，冤案经40年之后，直到隆庆初年才得到彻底平反。当年《钦明大狱录》上下两卷，共刊印1700部，分送在京各衙门大小官员各给一部，此外又有内外各衙门翻刻，包括布政司、按察司、都察院。但如今世间并无嘉靖刻本流传，当已湮灭不存。今所见者仅有美国哈佛大学哈佛燕京图书馆入藏明蓝格抄本延其一脉。明李诩撰《戒庵老人漫笔》有《论大狱》，涉《钦明大狱录》。

5. 季振宜乃清初重要藏书家，家为豪富，然其史料颇少见。清王友亮《双佩斋文集》卷三有《记季亢二家事》，云："泰兴有季家市，居人三百余家，半为季氏。相传市乃其先一家所居，环居为复道，每夕行，掫六十人。蓄伶甚众，又有女乐二部，稚齿韶颜，服饰皆直钜万，及笄，或自纳，或赠人。有修撰某，得其一，百方媚之，姬涕泣废飧，谓弗若其主家厮养，乃遣还。"《云自在龕随笔》卷四"书籍”记载：“毛子晋家书籍，其后人不能守，皆卖与季沧苇。牧斋之子，河南永城知县。上官时，尽以其零书与遵王，遵王亦归诸沧苇。沧苇之目，刻入士礼居，可信者甚多，然亦有杂糅者，如元版《四书大全》是也，或钞胥之误。沧苇赃吏，初任兰山，得数十万，河东巡盐，又得数十万。狼藉声名，纵恣嗜欲，身后即萧条矣。”（《云自在龛随笔》，商务印书馆 1958 年版第 105 页）

6. 误判而失之交臂例。明毛氏汲古阁影宋抄本《梅花衲》及《剪绡集》，序后及卷末均有“临安府棚北大街睦亲坊南陈宅书籍铺印”一行。《天禄琳琅》云：“毛晋藏宋本最多，其有世所罕见而藏之他氏不能得者，则选善手以佳纸墨影抄之，与刻本无异，名曰影宋抄，一时好事家皆仿效，而宋槧之无存者，赖以传之不朽。”此二书同为南浔张氏适园旧藏，“文革”期间，在苏州流散，为文学山房后人江澄波收得。南京图书馆的专家看到此书之后，查了《北京图书馆古籍善本书目》，发现也著录了这部书，也是明毛氏汲古阁影宋抄本。令他们犹豫的是，毛氏汲古阁不可能抄成两部，而成“双胞胎”。没几天，北京图书馆善本部冀淑英先生和丁瑜先生为《中国古籍善本书目》编辑事宜南下上海，路过南京，他们也看到了这部书，当场就认定为毛氏汲古阁影宋抄本，马上就买了下来。此事为丁瑜先生告知，现在此书已成为国家图书馆的收藏品。在此之前，北图此书之毛氏汲古阁影宋抄本，为清翁同龢藏本。翁藏本及张氏藏本行款字数不同，且张本有用白色粉末涂去错字校改之处。此次误判，也导致南京图书馆之后再也没有碰到过明代的毛氏汲古阁影宋抄本了。而在整个江苏省，也仅有苏州市图书馆藏有毛氏汲古阁影宋抄本，常熟市图书馆藏有毛晋稿本《汲古阁集》。

7.《宋人写本道德经》，容庚先生手装并校。容先生于 1959 年 12 月 19 日在封面上题云：“此经或分为八十一章，此残本至三十五章止，用金粟山藏经纸写，与河上公本颇有异同。”“此本与元延祐三年赵孟頫书《道德经》石刻大致相当。庚再记。”此《道德经》为人为割裂后粘贴在石印本古器物图之背面。中山大学图书馆藏，号为“3476”，一册。此本每行十二字，楷书大字，墨色不旧，用墨亦无光彩，绝非宋人笔，估人所为也，间有完整小印“金粟山藏经纸”，印不好，纸也为后人所制，较之原纸差很多，并钤伪印而已。津历年所见，仅二卷。2016 年，艾思仁兄来中大馆，津即以此本请教真伪，艾云：“此本书法，我都比他写得好。”艾思仁兄是美国籍瑞典人，鉴定中国古籍善本颇具只眼。他的中文书写能力较之众多外籍教授都要好，有中国书法遗韵，他过去给我的信件，我全部保存下来了。

8. 据统计，明清两代刊刻的《西厢记》有 151 种，其中明刻本 56 种，清刻本 95 种（1840 年前）。由于元刻本的失传，明代书坊主多言“悉依元本”，而在翻刻时又照顾讨好顾客，常依传奇体制对《西厢记》多所改动。为扩大影响，又约请名家予以品评。在《西厢记》的版本演变史上，明刻本尤为学界珍视，清代 95 种刻本，几乎都是金圣叹和毛奇龄评本的复刻本。蒋星煜先生是《西厢记》研究专家，他著有《西厢记》的专著共有 7 种之多，分别出版于中国北京、上海、台北和日本，如《〈西厢记〉新考》《〈西厢记〉罕见版本考》等。20 世纪 70 年代后期，他从上海市文化局分到上海图书馆特藏部古籍组工作，时间并不长，大约有半年之久，就离开去了上海艺术研究所当研究员。在上海图书馆古籍组期间，我们向他提供了所有馆藏《西厢记》的各种明清版本，供他研究。

9. 杨钧撰《草堂之灵》第 79 页有《辨蝯书》，谓为何绍基代笔者，有何宅西宾名毛兰陔者，酷似蝯书，累为蝯叟代笔。第 117 页又有《记苏斋图》。翁覃溪《苏斋图》，宋葆醇、洪范各绘一纸，宋为横幅，洪为直帧，皆尺方内外。江德量辈或为诗，或为记，共近十幅，惜纸质大小不一，不便装池。何蝯翁装成宽大横幅，如破衲衣，殊不雅观，非名品也。覃溪喜为东坡做寿，一时名士，咸集苏斋，各显所长，成书作画。图中有一人弹琴，及阅诗纪，始知为高道人，非苏斋主人，喧宾夺主，画手粗心处也。书藏美国哈佛大学哈佛燕京图书馆，号为“5558/428B”。

10. 津编先师《顾廷龙全集》（文集卷）出版后，又陆续发现数篇佚文，此张元济先生献寿辞即其一也。文曰：“菊生先生耆年硕德，经济文章，并为世重。余事致力目录、校勘之学，而尤以流通古籍为己任。数十年来钜编之辑印，孤本赖以不绝，其嘉惠后学，实非浅尠。综览先生行事，忠信笃敬，识胆具备，宜发为文章，词意并茂，语无空泛，洵足以信今而传后。生平所为诗文，如论政、宣教、碑记、序跋诸作，散布简策，荟萃有待。方今倡导百家争鸣之际，科学研究，欣欣向荣。举凡先生校印群籍，早播士林，读者于所撰各书跋文，咸谓探赜索隐，启发攸资。徒以分隶卷末，检阅不易。上海古典文学出版社，因以搜辑专业之责相委。窃为校雠之学，自汉刘氏向、歆父子导夫先河，千载而下，文字形体之变迁，传写摹刻之讹言为讹，递演益形纷繁，自非殚见洽闻，无能为之疏通证明。先生既创建东方图书馆，广搜善本，间复留意乡邦文献及先世遗泽，专精毕力于丹黄楮墨间，积累蕴蓄，倾吐心得于题跋文辞中，往往发前人所未发。方诸前贤，如义门、抱经、荛圃、千里辈无以过之。抑且访书南北，留珍海外，过眼琳琅，会神应手,允宜征引众说,阐幽发微,拾遗补阙,洞中要窍,此更前贤所未逮。文字之福,名山同寿,盛世元音,胡可废乎!先生秉赋特厚,神明强固。曩岁龙承命佐理校印《涵芬楼烬余书录》,时病偏左未久,偃仰床第,每忆旧作,辄口授指画,如某篇某句有误,应如何修正。又如某书某刻优劣所在,历历如绘。盖其博闻强识,虽数十年如一日。此岂常人所能企及!谓非耄耋期颐之征而何。今索其年十月卅一日,即农历九月廿八日,为先生九十揽揆之辰,谨掇拾宏绪,寿诸墨版,聊申后学介祝之忱。编录既竟,谨志数语,借颂祷并祈教正。一九五六年十月后学顾廷龙。"

11. 鲍廷博手抄并劳格校本《五峰集》六卷《文集》一卷《雁山十记》一卷,元李孝光撰。《补遗》三卷,清鲍廷博辑。清鲍廷博手抄本。四册。清鲍廷博、劳格校。中山大学图书馆藏。半页十行二十一字,无栏线。题"永嘉李孝光季和"。补遗题"歙鲍廷博以文手辑"。前有弘治十七年(1504)钱杲序。李孝光,字季和,浙江永嘉人。隐居教授白野,泰哈布哈尝师事之。至正七年(1347),诏征隐士,以秘书监著作郎召,明年升文林郎、秘书监丞。孝光所著诗文,岁久散佚。是编乃弘治间怀远钱杲为乐清令时,访求遗稿,得全集于儒生周纶家,因俾纶编次刊版,杲自为之序,仍以《五峰集》为名。其诗文不分卷帙,但以各体分编,今定以乐府四言诗为一卷,五七言古诗为一卷,五言律诗为一卷,七言律诗为一卷,绝句为一卷,杂文为一卷。卷首别有逸文目四篇,曰《南村草堂记》,曰《郭翼迁善斋记》,曰《姚文奂书声斋记》,曰《孝善坊记》,皆有录无书,盖传写复佚,今亦缺之。此本为鲍氏手抄,补遗中亦为鲍抄,上及下当为抄胥所为。"玄""弘"字避帝讳。按:劳格校语不多,小字方正,有朱笔、墨笔两种。卷一第二页"旧钞本有采莲曲一首,此见补遗",即为劳笔。《周叔弢古书经眼录》上册第217页:"《五峰集》六卷,钞本,劳季言手校。"卷末有跋云:"咸丰壬子六月,吴兴丁宝书以鲍渌饮先生手写本寄示,因据校一过。补诗十六首,鲍本后附补遗三卷,渌饮从《玉山雅集》诸书集录,又《文集》一卷(止十首)、《雁山十记》一卷,别录成帙。廿五日午刻,季言识。"钤印有"歙西长塘鲍氏知不足斋藏书印""老屋三间购书万卷""世守陈编之家""纸窗竹屋灯火青荧时于此间得少佳趣"。

12. 香港收藏家朋友赠予贝叶经十余片,然余不识其文字。查之于书本,知贝叶经是用铁笔在贝多罗树叶上所刻写的佛教经文。叶长七寸有奇,阔约二寸,古色斑然。两面俱书梵文,即印度古文,横书右行,为古今印度文字之本源。贝叶经，源于古代印度，在造纸技术还没有传到印度之前，印度人就用贝叶书写佛教经典和画佛像，贝叶经的名称乃由此而来。又佛典记载，贝叶经是释迦牟尼佛在世所讲的全部经典，经弟子们整理汇集而成，有如儒家的《论语》。当时尚未有纸张，于是用贝多罗树的树叶，将经文刻其上，再用墨汁染黑。在公元1—10世纪，古印度佛教徒携带贝叶经到亚洲各地弘法，后世的佛教徒亦有依此法制成贝叶经，只是制作方法非常麻烦，且都是以古锡兰文或古巴利文写成。这种贝叶经，对于研究佛学、藏学、佛教历史、佛教绘画、古印度文化和中印文化交流有重要文献价值。

13.《国家图书馆古籍藏书印选编》第十册第170页，有《顾刻四种》，书影为《钟嵘诗品》，作“明长洲埭川顾氏刻本”。按：此应为《阳山顾氏文房小说四十种》五十八卷之零种，明顾元庆编，明正德嘉靖间顾元庆刻本。国内北京国图、上海图书馆、北京大学图书馆、武汉大学图书馆四馆入藏。书中有“一九四九年武强贺孔才捐赠北平图书馆之图书”，又“南京解元”“六如居士”印，此两印为明唐寅印。唐生于成化六年(1470)，卒于嘉靖二年(1523)。又有“墨林子”印，似为项元汴之印，钤在“□□丁丑长洲埭川顾氏雕”之“□□”上。□内之字被估人挖改，再将“墨林子”印钤上。项印为伪印。“□□”应为“正德”，丁丑当为正德十二年(1517)，嘉靖无丁丑，再一个丁丑为万历五年(1577)。故项印、唐印俱为伪印。

14.李士棻(1821—1885)，字重叔，号芋仙，号二爱山人、悔余道人。重庆忠州(今忠县)人。为藏书家、诗人、书法家。道光二十九年(1849)拔贡生，同治初任彭泽知县，继移任于江西临川(今抚州)，政声卓著。以诗文为曾国藩所看重，与中江李鸿裔、剑州李榕号称“四川三李”。李氏有《天瘦阁诗半》，卷二有《新春忆琉璃厂肆收书之乐》云：“牙签锦袟堆如山，人作蠹鱼游其间。昔贤梦乡所履地，我乃亲到真琅嬛。南来作吏书废读，手检巾箱孺子哭。读书须带前生福，收书已耗今生禄。百年去半吁可悲，二酉再访津梁疲。贫来捡卖无人买，忍寒犹记典衣时。”李氏喜藏书，任彭泽令时，携书万卷自随，聚书益勤，其以藏书富而自骄，编有《忠州李氏藏书草目》。诗之末句云，“忍寒犹记典衣时”，恰可与其另首“典衣购书”合，诗云：“故衣吾鲍叔，缓急赖分金。质库毋嫌数，贪书不讳淫。囊看一钱涩，坐拥百城深。绝学名山在，青灯知此心。”实为爱书的读书人囊中羞涩之写照。李士棻辞去官职后，流寓上海，闲居20多年，在上海亦流连书肆，《天瘦阁诗半》卷五又有《沪上书肆日起岁增，不但外洋刊本麇至,而累朝有用之书及乾嘉诸老各种著述向未刊行者,时时层见迭出》云:“人言蜃市钱刀侈,我喜龙宫宝笈多。纸贵华夷工索价,学兼汉宋妙同科。新编旧撰皆精绝,夜读晨钞奈老何。三十年来求始得,得看目录备搜罗。”

15. 20世纪50年代初期,上海图书馆善本组组长为沈羹梅,组员有瞿凤起、胡吉宣、王育伊。沈羹梅,即沈兆奎(1885—1955),号无梦,江苏吴江人。清代重臣沈桂芬孙,傅增湘藏园三友之一。于方舆、典礼、音声、训诂,无不各造其极,且精于簿录。著有《无梦庵遗稿》。卒年71岁。胡吉宣(1895—1984),原名哲煊,字子珣,别署幽求室主人,晚号皋苏老人,浙江慈溪人,翻译家胡浚康子,早年就读于北京大学文预科,与顾颉刚同学,专攻语言文字学,1918年因病辍学。1934—1935年任明诚国学夜校教师。20世纪50年代供职于上图善本组及中华书局,1981年被聘为上海文史馆馆员。著有《玉篇校释》《字原》《字鉴》《玉篇引书考异》《六朝说文辑注》等。王育伊译有《美国经济生活史》。瞿凤起,清末常熟铁琴铜剑楼后人,予之师也。

16. 郑逸梅《逸梅丛谈》有一则云“秘戏册子”。“余友谭绳武谓曾见一秘戏册子,所绘均为蒙古人……笔墨又绝工丽,虽不署名,然可断定其为名家之作,固不得以秽亵薄之也。”津按:“马上行之”图,近30年来,海外及台湾地区出版的“秘戏”一类图录多有收之。然郑先生“断定其为名家之作”,则无依据,当为推论之语。

17. 北京师范大学图书馆于2007年从古籍拍卖会上征得明刻本《销释下生叹世宝卷》一册,为周一良先生旧藏。宝卷一直未被藏书家所重视,明清藏书家多不收藏宝卷。国内的宝卷收藏始于20世纪二三十年代,收藏家也仅限于郑振铎、马隅卿、傅惜华、吴晓铃、赵景深、胡士莹等几位学者。周先生共收藏20多部宝卷,虽为数不多,但多为孤本或珍本,其中《销释金刚科仪》,明嘉靖七年(1528)刊本,是现在可以见到的“金刚科仪”最早的本子。周先生的珍贵藏品,已经无偿捐献或低价转让给了国家,现分藏于国家图书馆、故宫博物院、天津图书馆。美国哈佛大学哈佛燕京图书馆所藏宝卷甚多,然属善本者仅数种,为明刻本《巍巍不动太山深根结果经》(又一部为清初抄本)、清康熙刻本《苦功悟道经》、明刻本《叹世无为经》、明刻本《破邪显证钥匙经》、明刻本《正信除疑无修证自在经》。这几种宝卷为20世纪90年代末,一位来自山西的先生携来售卖的。据说是几代家藏,从不示人,“文革”中匿之夹墙,而得以保存。

18. 徐珂著《康居笔记汇函》有丁氏八千卷楼事,云:“吾杭管驿后之汪、头发巷之丁，皆昔之巨富。其起家汪以鹾，丁以走水（互运南北货物之商也）。乙丑夏五，晤汪颂阁、丁竹孙，询财产之确数。”“丁曰：及吾身所见者，吾家之业为箔、为典、为绸庄、为酱园，家业极盛时，财产三十六万。盖吾曾祖，岁必自为会计，岁杪辄书其数于册。三十六万，光绪十二年（1886）之数也。明年祖卒矣。丁又言：吾祖父在时尚裕，既卒，而杭州丝厂、纱厂，温州银号相继折阅，遂破产。”余友石祥教授有《八千卷楼书事新考》，其云已交友人转交，余尚未得见。三年前，在前辈后人寓所得见丁申、丁丙致友朋札十数通，皆从未发表者，他日如能返沪，当荐石兄前往一读也。

19. 先祖父沈曾迈先生早年师从合肥张子开（文运），张先生博雅工书，文章行谊，冠绝一时。李审言曾云：“余未识子开时，见子开与吾友刘君泽源书，用笔宛转，谓刘君曰：‘子同县有此人，是淮肥间气所钟也。’刘以书告张，惊为非望。由是互通书疏，不异面谈。余甲辰客扬州，以素纸乞子开书，未几寄来扬州，余展卷，见所书为陶公《桃花源记》，此记‘欣然亲往’，宋本皆作‘规往’，余私意谓张君必不误书‘亲往’，张君博雅，尚差一筹。亟收卷观之，果‘规往’也。后语张君，吾辈定交，乃借雠校异同为羔雁。”（《李审言文集》第732页）

20. 津在香港时，获刘大步画《竹谱》一册，册页装。刘大步，别字鸾生、鉴珏，乳名亚极，又号罗浮山人、居竹楼主，广东惠阳人。1913年生于原河源县（今河源市）古岭乡新丰江畔风景秀丽的高田镇。祖父、伯父、父亲都是秀才，可谓书香门第。父刘天才，擅长书法，有堂兄，爱好美术。大步在这种环境熏陶下，10岁时始学画，临摹《芥子园画谱》及家藏书画，15岁时，作品已为乡人喜爱。惟于公余之暇写竹遣兴，旋以所习既多，艺乃精进。初摹拟古人笔法，后悟前贤绘事俱以写实中创造典型，遂专师造化，以绘竹为事。由是所作驰誉艺坛，笔法纯熟，潇洒灵活，粗干繁枝，妙合真形，时称写竹专家。1948年，移居香港，设立居竹楼画院，绘画授徒，游心艺事，有幽人逸士之趣。1963—1966年，先后环游英、法、意、荷、日等十余国。每到一国，即举行画展，或讲学、传艺以至应邀拍电影。1970年，他被香港大学聘为美术教授。最后一次展览是1982年2月19—20日，其应邀到澳门举行义展。1983年，他因心脏病猝发，抢救无效，溘然谢世，终年70岁。出版有《大步旅行画集》、《画竹浅说》（中英文对照）、《大步活页画选》、《国画入门》（中英文对照）等书。此为刘氏稿本，未曾出版。

21. 先师顾廷龙先生曾在其小笔记本上拟定一学术研究课题。文曰：“黄（丕烈）跋真假，有时颇难识别。当年章、吴辑稿，因原文难读，吴印丞即随手删改。跋文真伪，未及辨识。建议把各馆所藏黄跋汇编景印。编次方法，以编年为主。这样可以看荛圃字体之变迁，排比一览，真伪自见。否则鱼目混珠，以误传误，是科学鉴别之方。书名可题《荛圃藏书题识手迹》。黄跋有摹写的，有亲笔而后人加盖伪章的，有双胞胎的。章（钰）、吴印丞、王（欣夫）所抄得之，跋原件是否俱存。”津之老友沈燮元、姚伯岳先生，俱为研究黄丕烈专家，不知对此课题有兴趣否？

22. 在香港，予最为尊重并敬佩的学者，当推饶宗颐先生。饶宗颐先生曾赠予《选堂诗词集》，封面书名为饶先生自题，配图为敦煌画样，乃伯希和 P.4518 之 34，亦为先生摹绘。扉页书“沈津吾兄吟教。选堂敬贻”。前有夏书枚序，云：“一日宴集，见有貌渊静，言语温雅，绝类传记中所谓魏晋间人者，叩邻座，知为潮阳饶子选堂。未几，数相见，纵谈欢甚。盖饶子神气冲朗，款接人物，略无倦怠之容，故人皆乐与之近。但一至讨论学术，则绾综百氏，譬晓密微，如悬河泻水，注而不绝，听者每不能赞一辞。其不肯骫骳从人，和而不同，人盖以此多之。夫载籍极博，非洽闻广记，曷能至此？至有言及俗世功利得失者，则绝不措意，叩之亦不应，盖峻洁之性如此，以是学行为中西通人所重，岂偶然哉。选堂既宿学，词章绘事鼓琴，莫不著称于时，骈文倚声尤精善。尝自言以余力为诗，然观其所为，实兼采魏晋六朝唐宋人之长，随体而施，靡不尽其神趣，险峭森秀，清旷超迈，面目綦多，非琴瑟专一者可同年而语。”夏书枚（1892—1984），名叔美，字书枚，以字行，籍江西。毕业于北京大学，从政。1958 年寓港，执教新亚书院，与劳思光等有交。后迁美国。先生擅诗词与经学。

23.《选堂诗词集》分《选堂诗存》《选堂乐府》两个部分。《诗存》中《冰炭集》，有《敦煌卷尾每有写经生题记》，云：“墨迹依稀字似蝇，蜀江鱼子剡溪藤。何期折柱扬灰日，更见奇书出羽陵。写经无酒笔头干，万轴摩挲废寝餐。不及晁陈徐讨论，古悲枨触涕汍澜。”（第 127 页）。又有《哈佛图书馆裘开明教授出示宋元佳椠因题》，云：“万劫辛勤聚此堂，宋廛犹有十三王。残编遥出东宫日，异地同传楮墨香。”（《汉书·景十三王传》，袁克文旧藏）“东维题记久讹传，廉石新藏竟不全。能省误书良一适，况从山水会心源。”（元本《图绘宝鉴》，孙季逑所见者，尚缺杨维桢一序，《津逮》本有序矣，而舛误竟至三处。）（第 129 页，1978 年，选堂教授诗文编校委员会）

24. 2018 年 5 月 7 日，在山东某大学图书馆古籍部阅览室内为读者演示的数字化显像屏上看到清代方苞的稿本《方望溪文稿》。接待我的是杨先生，刚打开屏幕，我就发现此书有点不对劲，但不好意思说。杨说此书还有第二册，后有傅增湘跋。于是继续打开，只见傅跋为他人摹本，傅印为手绘。即告杨先生，并请工作人员从书库将原书取出一阅。果然傅印非钤印，我请杨找一放大镜细看，他看后说真的是描绘的。他又说，此书是该馆作为第一批善本报《国家珍贵古籍名录》的。我即请陪同的该大学的硕士研究生孙云霄查之《中国古籍善本书目》，发现此书除此大学馆外，安徽省博物馆也有入藏，估计徽博是原本，大学馆为抄本，补入伪傅跋，又傅跋不见《藏园群书题记》。（2018 年 5 月 23 日记）

25. 台北郭明芳兄告知（光绪）鼓山涌泉寺刻佛经，卷末列出刻经所有花费，云："若复有人观其十方僧俗助资芳名，开列刻在卷内一至十二。每卷字终尾页为刷，不失万卷流传，功德不朽。总共助入洋银柒百陆拾捌元叁百文，仅将一切费用开明：画佛像笔资去银壹拾四元五角；写稿全部去笔资银伍拾伍元；刻全部总共大小字及大小圈并总计壹拾贰万叁千余字；每字刊工三文五毫，共该工资银肆百叁拾余元。又刊佛像全部。去工资银贰拾元。另外加工修光字□去银叁拾元，又贴买上好红梨木板价昂银肆拾元。又挑板脚伐去银陆元，印刷叁拾部每部纸料并楠木夹皮刷庄工资，应该银叁元，共去洋银陆拾元。退光经箱画龙贴金陆元伍角。以上总共用去洋银柒百叁拾贰元。"（2018 年 5 月 24 日记）

26.《永乐大典》之余纸。《永乐大典》之珍贵、难得，已有很多学者进行研究，津所见仅 40 余册，其中一册为上海图书馆珍藏，哈佛燕京馆藏二册外，余皆在美国国会图书馆。国会图书馆藏本，津用了五天的时间，细细一览。所见每册之末页，皆有被割去之痕迹，极为明显。20 世纪 60 年代初，津受先师顾廷龙先生之命，开始收集翁方纲的各种资料，作为编纂《翁方纲年谱》之用。翁氏曾为四库全书馆纂修官，翁方纲有《永乐大典残页歌》。1917 年冬，邵章于厂肆获一残本《永乐大典》计 45 页，盖嘉靖重写之本。邵章有三跋于上，其一云："钱唐吴仲云振棫《养吉斋余录》云：《永乐大典》，每卷尾有余纸，署曰'侍郎臣拱上'。楷书，纸甚莹洁。开四库馆出此书，上命截其余幅，赐馆中诸臣，翁覃溪有歌纪其事。甲子冬孟中浣，伯褧邵章记于万松兰亭斋东轩。"其二云："按孔羿轩《仪郑堂骈丽文》载《与同年林编修树蕃札》云：'承惠《永乐大典》护叶纸，故府珍收，前朝旧制。比澄心于宋纸，殊镜面于吴笺。杜武库之蜜香，初分帝赐；张茂先之侧理，遂惠臣家。染墨匪轻，捧翰知重。谨谢。'观此则护叶纸，

久已为人截去矣。章再记。”（邵章跋《永乐大典》，见《傅斯年图书馆善本古籍题跋辑录》第158页）

27. 藏书家之间也有售书之举。台北“中研院”史语所《傅斯年图书馆善本古籍题跋辑录》第131页有《重刊巢氏诸病源候总论》50卷，元刻本，有佚名录清卢文弨跋，云：“文弨藏弆宋元版古书，访老友，过鲍氏知不足斋，邺架元刊麻沙坊本隋太医博士巢元方撰《病源论》一册，审之，狂喜欲舞，解金购归。每叶二十六行，每行二十三字，纸墨古香可爱。渌饮谓余曰：是书麻沙原本，从秀水朱氏重价购得。元版，藏书家绝少罕见，明刻本，藏书家者有之。此册邈不可得，乃竹垞故物，益足宝贵珍之。”读此，可知卢氏之本得之于鲍廷博，然不知其价几多也。

28. 文廷式汉译。廷式为清末政坛清流派领袖之一，帝党重要人物。津于1987年在美国芝加哥大学远东图书馆见有文氏手稿本数种。台北“中研院”史语所《傅斯年图书馆善本古籍题跋辑录》有《铁木真帖木儿用兵论二编》27章一册，俄罗斯宜万宁撰，日本参谋本部原译，佐原笃分译，清文廷式汉译。清文氏红格纸译稿本，1924年王礼培跋。王跋云：“此《铁木真帖木儿用兵论》，原书面载‘俄罗斯宜万宁撰，日本参谋本部原译，佐原笃分译，汉文萍乡文廷式治定’。为廷式手笔，廷式所著书，皆此红丝格写。”

29. 1843年魏源的《海国图志》出版，在国内几无反响，印数不过数千册。1851年，日本海关在检查中国入境商船时，发现3本此书，如获至宝，连印15版，极为畅销。1859年，价格已达首版3倍。1862年，日本维新派人士到上海，惊异地发现从中国淘来的本国畅销书在中国早已绝版。美国哈佛大学哈佛燕京图书馆藏有日本刻本一帙。津在退休前已将哈佛燕京图书馆所藏日本刻汉籍善本（此指中国作者所撰）约500种之序跋全部拍摄，并提供给台北的朋友撰写《日本汉籍善本书志》，此《海国图志》也在其中。

30. 徐康，字子晋，号窳叟，别署玉蟾馆主，江苏苏州人。生于嘉庆十九年（1814），约卒于光绪十四年（1888），终年约75岁。博雅嗜古，世擅岐黄，尤工篆隶。有《虚字浅说》一卷、《古人别号录》两册，毁于咸丰间兵燹。杨岘云：徐氏“精鉴赏，金石书画，到手皆能别其真赝，盖今日之宋商丘（荦）也”。江标云：“标生也晚，年十六七时，曾见窳叟于玄妙观世经堂书肆中，闻述访古源流，皆非寻常古董家。”“其子翰卿亦论收藏如读清秘藏，益叹家学之不可及。”李芝绶云：“凡书籍、字画、古器、奇珍，一入其目，真赝立辨。”徐氏自云：“道光十二年（1832）于破书堆中买不全《书影》二本，读之不忍释手。余之嗜书籍即于是年始。”藏书处为玉蟾馆。藏印曰“徐康”“徐康子晋”“结社溪山”等。徐撰《前尘梦影录》上下卷，随忆随录吴地所见古籍、书画、文物等。杨岘云：“诚考古家之指南，后来者之龟鉴矣。”此书为知见录之类，历来为目录家所重，光绪二十二年（1896），江标刻入《灵鹣阁丛书》。津曾见周叔弢先生藏《前尘梦影录》的批校本，后北京国图出版社为之影印出版，津并有序考之。

31. 徐同柏，原名大椿，字寿臧，号籀庄，嘉兴贡生。承舅氏张叔未指授，精研六书篆籀，多识古文奇字，叔未得古器必偕籀庄考证。有《从古堂款识学》十六卷，叔未所用印多出籀庄手，又能诗，善刻印，有《从古堂吟稿》。咸丰十年（1860）卒，终年86岁。《嘉兴府志》云：“同柏，性纯孝，居父丧，哀毁几灭性。舅氏张廷济指授六书，通篆籀，始辑《应仁乡兴金石文字纪》《古器物铭》。与海盐张开福契交，游屐所至，凡残碑零碣，下至井栏桥柱、瓦当坌砖，摩挲考证，有《从古堂款识释文》。晚辑《竹里诗存》。”

32.《风雨楼秘笈留真》之九，有日人野残《清仪阁古印附注》题记，题：“嘉兴张廷济叔未贮藏，清徐同柏撰。同柏号籀庄，岁贡生，工隶篆，嗜金石，张叔未先生之甥，同居新篁里，叔未每得古器物铭即属其考释。籀庄能识古字，妙有神悟，故恒得破解。叔未生平搜罗汉铜印甚多，于道光戊子成《清仪阁古印偶存》一书，籀庄逐印为之考释，为古印附注，积手稿成帙，意欲附梓印存，后未果而殁，其遗稿存嘉兴陈士藩家。余去岁购得其墨书，为道光戊子年原稿，其朱书者，则己未年再行订正者。内□纸□则其子士燕手笔，士燕号谷孙，嘉兴庠士，亦精隶篆，能继家学。《清仪阁古印偶存》，余曩藏有一部，版式广阔，蓝格，副页上有白文朱记，云：‘购古印四十余年，去其复者，得三百三十有奇，印三十五部，都六卷，朱纸工银六两。道光戊子夏日叔未张廷济记。’44字，其封面及标首亦叔未墨笔自书者，盖为初印之本，其后见有数部，版式较小，无上木记，乃其后印者也。叔未藏印后尽归吴平斋，今已散佚，多流出日本矣。丁巳春仲，水藤村人野残记。”

33. 津所见《一切如来心秘密全身舍利宝箧印陀罗尼经》（又称《雷峰塔藏经》），五代刻本约十数卷，而伪品则不下百件。上海图书馆及台北“国家图书馆”所藏原本，卷前皆有楼邨所绘《雷峰夕照》《雷峰塔图》。楼邨（1880—1950），原名卓立，字肖嵩，号新吾，又号玄根，亦号辛壶，浙江缙云人。善画山水，书学颜柳，篆刻则力摹秦汉，深得古媚之致。寓上海，曾入南社，与吴昌硕知交，西泠印社社员，上海美专、中国艺专教授。

34. 先师潘景郑先生撰有《潘家充圹铭》。民国拓本，一张。高 56cm，宽 40cm。额篆书，文为楷书。吴湖帆篆额并书。孙仲渊刻。铭文云："犹子家充，字新甫，吾伯兄博山之第三子，生而眉目秀发，解言笑，得曾大母欢。甫数月，以肺风痰喘殇。"家充生于 1930 年 9 月 29 日，卒于 1931 年 2 月 19 日。作圹铭时为 1932 年，时景郑先生 25 岁，湖帆先生 38 岁。刻石者为孙仲渊，时年 31 岁，孙亦为苏州人，生于装裱篆刻世家。上海市文史研究馆馆员，善刻碑、鉴定，为徐森玉、刘海粟所推崇。喜收藏，多珍贵书画、碑帖。后捐入故宫博物院、上海博物馆、苏州市博物馆、上海市文史研究馆。此铭为潘景郑先生赠予容庚先生者，容后来又捐予中山大学图书馆，号为"赠 589"。

35. 京外大小文武百官之职掌、姓名、出身、籍贯、字号，有记载之专书，曰《爵秩全函》，一曰《搢绅全函》，又曰《搢绅录》，略同于明之《同官录》、日本之《职员录》。盖京师琉璃厂南纸铺中人，就吏、兵二部之胥吏，详查档册，汇而成编者也。有爵者亦记之，别有专载武职之单行本，曰《中枢备览》，岁出四版，分春夏秋冬四季。其书以红纸为面，黄纸为签，绨锦为帙。官吏之入都也，辄买之，归以遗戚友。此书版权，初为吏部书吏某所专有，盖在乾隆末造和珅当国时，某以数千金贿珅，始禁止他人发行。久之而为各南纸铺所效尤，其最初者为荣禄斋，旋以"荣禄"二字嫌为僭，乃改"禄"为"录"。此见《清稗类钞》之爵秩类 1264 页。哈佛燕京图书馆藏有清乾隆二十二年（1757）至宣统三年（1911）刻本《搢绅录》，共 154 年，131 种，562 册，无论是品种的数量，还是册数，在国内来说，应可在前五之内。

36. 哈佛燕京图书馆藏清光绪十五年（1889）春季荣禄堂刻本《大清搢绅全书》，四册。扉页上刻有书价，"白纸文搢绅每部市白银六钱四分，白纸武搢绅每部市白银三钱二分，袖珍文搢绅每部市白银三钱二分，袖珍武搢绅每部市白银一钱六分"。又清光绪十八年（1892）冬季荣禄堂刻本《大清搢绅全书》，六册。书内粘有荣禄堂广告一纸，云："荣禄堂搢绅店，本堂吉刻各种例书、六部奏定新章程，南纸笔墨减价发售。"下列各书名及价银多少，如"新刻律例精言，二钱。奏对合编，三钱"等。末有"开设京都正阳门外琉璃厂中间路南三间门额便是"。

37. 天津师范大学图书馆藏清翁方纲手书《金刚般若波罗蜜经》（即《金刚经》）一册。2018 年 5 月，天师大中华古籍保护研究院成立，专门影印了该经作为礼品，赠送出席的嘉宾，我也得了一册。记得那次离津返沪去机场前，突接院方指示，要我到图书馆古籍部，细看翁方纲的手书原件。之所以要我去学习，盖因昔日研翁四十年，再多些见闻也。津以为，在各种写经中，《金刚经》是历代书写得最多的，而书写此经成帙最多者当推翁氏。据记载，翁氏早在乾隆五十一年（1786）即楷书《金刚经》了。翁氏尝谓“每年写《金刚经》四部”，如以嘉庆元年（1796）始，至二十二年（1817）止，共22年，翁应写有88部之多。津曾见《美国苏富比拍卖行图录》，有嘉庆二十二年翁氏85岁时所书的一册。而天师大所藏此翁氏手书，时间为嘉庆二十一年（1816）正月，为84岁时，越二年，翁氏即归道山。

38. 津早年曾在上海图书馆见翁方纲致铁保札，涉手书《金刚经》之事，此札为嘉庆二十二年八月二十八日所书，云：“再有欲奉劝者，如有禀请尊大人台安家报，乞为谆致，如临池作字时，何不专写《金刚经》，如不写细楷，即装册作界格，随意或一寸内外之楷皆可。日写此经，即日诵此经。方纲每年写四部，写一部讫，即再接写一部，其功益无量，消灾积福，不能一言尽也。古人如东坡，如董香光，皆多写此经，但每见此二先生墨迹，内中尚有脱误（今见尊刻临帖内亦然）。大约每写一行即细校一遍，每写完半部即细校一遍，写完一部再细校一遍，昔人谓作字甚敬即此，可以养福，可以永年。区区私祝，愚陋之见，幸见采择。”

2022年7月24日于美国北卡罗来纳州之落基山城

（沈津，复旦大学中华古籍保护研究院特聘教授）

# 一位西方图书馆管理员对《永乐大典》的思考

A Western Librarian's Thoughts on *The Yongle Encyclopedia*

(英)何大伟(David Helliwell)撰 许海燕译

**摘 要**:2014—2021年间,英国牛津大学博德利图书馆中文部何大伟先生在自己的博客上撰写了四篇关于《永乐大典》的文章:《我为什么要研究〈永乐大典〉》《〈四库全书〉签佚书单考》《影印版〈永乐大典〉》《存世〈永乐大典〉残卷的收藏情况》,从四个方面记录自己多年以来对《永乐大典》的研究情况。此文即上述文章的中译版,原文图片较多,翻译时有删减。

**关键词**:《永乐大典》;签佚书单;影印;收藏

## 一、我为什么要研究《永乐大典》

我对汉学唯一的原创性贡献是发现了一册未被著录的《永乐大典》,而《永乐大典》是中国著名的百科全书。

1997年4月,阿伯丁大学召开了一个纪念理雅各(James Legge)逝世100周年的会议。理雅各来自阿伯丁哈德利镇(Huntley,Aberdeen),曾在中国传教多年,后来成为著名汉学家及牛津大学首任汉学教授。

会议期间的一次晚会上,我问默特尔·安德森·史密斯(Myrtle Anderson Smith)女士,她所负责的特藏部有没有中文藏书。她唯一能想起来的就是一册黄色丝绸封面的大书,正文是朱、墨两色,这可能是某册《永乐大典》。第二天对这本书的鉴定证实了我的判断——《永乐大典》的封面和版式都与众不同,尺寸也远远大于其他中文图书,这些特点使人印象深刻并很容易回忆起来。所谓容易，是指如果你曾经看见过或者触摸过。

从此以后，我就被当作《永乐大典》研究领域的专家。2002 年，北京要举办一个纪念《永乐大典》编纂 600 周年的研讨会，我受邀参会并在会上介绍英国所藏《永乐大典》。为了准备这次发言，我开始尽可能多地收集关于《永乐大典》的各种资料，主要是 1900 年夏“使馆之围”以后，《永乐大典》残卷的下落情况。

后来，我又对这篇论文进行了扩充，涵盖了欧洲图书馆所藏《永乐大典》残卷，直到 10 月份我前往爱尔兰都柏林拜访切斯特·比蒂图书馆（Chester Beatty Library），这篇论文才最终完成。文章非常枯燥，内含大量脚注和一个详细的表格。内容基本上就是我在北京参会时的发言。

2009 年 3 月，阿伯丁大学中文学习小组邀请我去介绍阿伯丁大学藏《永乐大典》。借此机会，我写下了自己对中国百科全书的理解，以及《永乐大典》是如何编纂的。

最近，英国国家博物馆举办了明代文物展（Ming Exhibition），展品之一就是来自大英图书馆的一册《永乐大典》。《亚洲艺术》杂志刊登了一系列关于这个展览的文章，我的论文也是其中一篇［*Arts of Asia*，2014，44（6）：82-89］。应杂志要求，我对自己的论文进行了修订。

见过《永乐大典》残卷的人少之又少，更不用说触摸过了。因为我们所说的这部书从来没有印刷过，而且残卷散藏在世界各地的少数图书馆。中国国家图书馆收藏最多，但是，即使代表牛津大学博德利图书馆前去拜访中国国家图书馆，我也不会要求他们展示《永乐大典》。因为那就好像一位中国同行拜访博德利图书馆，要求我们展示一件《古腾堡圣经》（*Gutenberg Bible*），或《第一对开本》（*First Folio*，即莎士比亚剧作合集本）一样。无论如何，仿真复制品就可以较好地体现原书的风貌。

1773 年开始修《四库全书》时，《永乐大典》就被用于辑佚佚书。因此，《永乐大典》的内容已经被研究得非常透彻了。我现在还记得，2002 年的北京研讨会上，当一位参会者谈到这个话题时，听众反应冷淡。

我打算写三篇（或许更多）博客，来阐述《永乐大典》吸引我的地方。首先是编纂方式，独特而新颖。以下是我为博德利图书馆藏 19 册中一册所编的目录：

永乐大典　残一卷(19735)/(明)永乐中解缙等奉敕编
明嘉靖隆庆间内府重写本
包背装1册;51公分
MS.Backhouse 1j=Arch.O.a.6/17

这一册的封面曾经修复过,不过两个题签都保留下来了。有的残卷上,其中一个或者两个题签都不见了。左侧题签简单明了,是书名及卷数。这册只有一卷,不过大多数《永乐大典》包含两卷或者三卷。卷数连续编排,根据卷数无法判断内容,内容是由右上侧的题签体现的。

《永乐大典》问世之前,中国规模最大的书是《太平御览》(1000卷,公元983年完成)及《册府元龟》(也是1000卷,公元1013年完成)。这是"宋四大书"中的两种(另外两种是《太平广记》和《文苑英华》,分别于公元981年和公元982年完成)。这些书都按主题编排。

但是《永乐大典》的规模超出"四大书"的2000倍。据《明实录》记载,皇帝本人要求条目按韵编排,这样查找起来"便如探囊取物"[①](《明太宗文皇帝实录》卷二十一,叶九)。据我所知,这是中国百科全书第一次不按主题而按韵目编排——类似英文中的按字母排序。从某种意义上来说,这种做法有点儿随心所欲。

《永乐大典》据《洪武正韵》编排。当时《洪武正韵》刚刚编成不久,已被确定为标准。它是遵照明朝第一个皇帝明太祖的旨意编纂的,公元1375年编成,本意是将中原正音作为标准,实则反映了编纂者的南方口音。

博德利图书馆有两部明版《洪武正韵》,借此机会介绍一下:

洪武正韵　十六卷/(明)洪武八年[1375]乐韶凤等奉敕撰
明嘉靖四十年[1561]巡按直隶监察御史刘以节刊本
线装5册;31公分
Backhouse 406
洪武正韵　十六卷/(明)洪武八年[1375]乐韶凤等奉敕撰
明刊本

---

① 原文为"庶几考索之便,如探囊取物"——译注。

线装 5 册;30 公分

Sinica 539

这两个版本的版式相同,由此可以看出,这两个版本显然属于同一个系统。与 CALIS 数据库里查到的其他版本一样,这两个版本一定是根据初刻本刊刻的,而初刻本很可能是明初官刻本(imperial edition),尽管我在任何目录里都没有找到这样著录的版本。数据库里唯一的例外是一个明朝末期的版本,即明崇祯四年(1631)刻本。

《洪武正韵》首先根据四声(与现代汉语的四声不同)编排,每一个声调之下再按韵目编排。博德利所藏版本保留了原书的封面及题签(略受损,不过我会安排修复的),因此我们能看出检索如何方便,的确,如探囊取物。

回到上述《永乐大典》,由封面题签可以看出,这册是"屋"字韵第 76 册(一共 251 册),"屋"字在入声里排在第一位。不过,至少对我来说,找到这个字并非便如探囊取物。

《永乐大典》目录,如果曾经有的话,久已失传。但是,袁同礼在 1932 年的《国立北平图书馆馆刊》(*Bulletin of the National Library of Peiping*)上影印了该馆新入藏的抄本《永乐大典》目录,目录上钤有翰林院印章,而《永乐大典》之前正是藏在翰林院[《永乐大典存目》,载《国立北平图书馆馆刊》1932,6(1):93-133]。袁同礼(1895—1965)毕业于北京大学,后来成为卓越的图书馆学家。他痴迷《永乐大典》,花费了很多时间和精力来调查《永乐大典》残卷的下落,正如我在《欧洲图书馆藏〈永乐大典〉》一文里介绍的那样。(写于 2014 年 12 月 3 日)

## 二、《四库全书》签佚书单考

在我博客的其他文章里[①],我已经介绍了中国百科全书的性质,以及他们在辑佚书方面的重要性。

众所周知,《四库全书》是乾隆时期纂修的,其中 385 种书(超过收书总数的十分之一)已经失传,是从《永乐大典》里辑出来的。但很多人不知道的是,辑佚的方式是非常严谨的。这也是《永乐大典》多年来一直吸引我的第二个特

① 文章链接为 https://serica.blog/category/encyclopaedias/.

点，即粘贴在原书内封的《四库全书》签佚书单。博德利图书馆所藏19册《永乐大典》中，4册有书单；其中3张是刻印的，另一张是手写的。

这些书单极为珍贵，因为我们可以借此一窥《四库全书》编纂者们如何利用《永乐大典》进行辑佚。如果没有这些书单，这一过程就没有任何记录——那个时代的中国学者（如果不是所有时代的所有学者）对这种单调乏味的俗务没有兴趣。因此，在研究欧洲图书馆藏《永乐大典》的时候，我对有无书单的情况做了详细记录，并归纳如下：欧洲所藏59册中，12册有书单，16册有书单留下的痕迹，31册没有书单。

欧洲所藏《永乐大典》仅占原书的0.5%，而有书单或者书单痕迹的还不到一半。不但样本数量太少，而且我们也不知道那些没有书单的残卷是压根就没有，还是在修复过程中消失了。起初我以为没人研究这些书单，因为能接触到原书的机会实在是太少了，而中华书局1960/1984年影印版（我的论文中引用过）仅收录了正文，未收录封面、封底及相关内容。所以，尽管欧洲图书馆的样本数量不多，但我以为研究的大门是敞开的，要么我自己为汉学研究做出第二个原创性贡献，要么一个聪明的学生就这个题目写一篇学位论文。但是昨天，我的希望破灭了：在“中国知网”期刊数据库里检索之后，我发现了一篇这个专题的文章，作者是北京师范大学明清文献学教授张升［《〈四库〉馆签佚书单考》，载《中国典籍与文化》，2006（3）：61-66］，四库学是其研究方向之一。

张升先介绍了签佚书单的结构。这是显而易见的，接下来我会用博德利图书馆藏《永乐大典》所含书单进行展示。然后他根据书单对参与各卷辑佚工作的30位学者进行考证。根据所看到的书单（主要收藏在中国和日本），他考证出20位学者的姓氏，以及每位学者分别使用了哪些卷《永乐大典》。奇怪的是，他使用了博德利图书馆一册《永乐大典》（卷5244—5245）的书单，却没有提及另外两册（卷15073—15075和卷16217—16218），而后者能够帮他填补空白，考证出另外两位学者的姓氏，即来自广东的闵和陈。他也没有利用美国及欧洲其他机构所藏《永乐大典》。接下来，他考证了辑佚的过程，最后确定了辑佚的确切时间。在上述四个方面的考证中，书单即使不是唯一依据，也是主要依据。

这就是博德利图书馆一册《永乐大典》所含书单，各项内容分别做了标记：

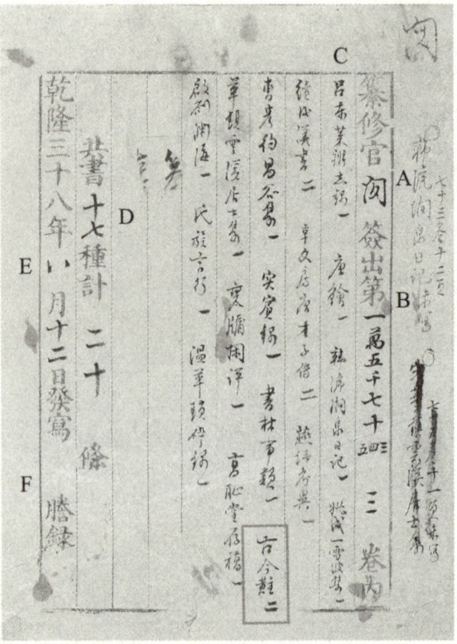


图 1　博德利图书馆《四库全书》签佚书单

A. 签出该册的纂修官的姓氏

B. 该册所含卷序号

C. 所辑佚书的书名，以及辑出内容的条数

D. 所辑佚书的种数，以及辑出内容的总条数（一种书辑出的内容可能不止一条）

E. 签出该册的日期

F. 指派誊录佚书学者的姓氏

所有的书单都是用同一块版刻印的，上面的时间是乾隆三十八年（1773）——只有月份和日期需要手写（E），据此可知辑佚的确切时间。不知道为什么，所有残存的书单都没有填写誊录者的姓氏（F）。

由上面的书单可知，乾隆三十八年八月十二日（公历 1773 年 9 月 27 日），一位闵姓纂修官签出卷 15073—15075，并从里面的 17 种书中誊录 20 条佚文。

还有一种考证辑佚书数量的方法张升没有提到。下面这两个例子就验证了这一方法。2003 年，江苏古籍出版社仿真影印出版了《永乐大典》卷 7889—7890（非常逼真，像真的一样），其中包含一张书单；博德利图书馆藏《永乐大典》卷 1036—1037 则包含了一张手写书单。

在这里，佚书的书名并无二致，但是签出的条数则以圆圈而不是数字来表示，纂修官一定是一边翻阅，一边画圈，以免遗漏。因此我们能够得知他们当时是怎样工作的，跟我们今天所使用的方法并没有什么区别。

我在博德利图书馆藏卷 13872—13873 里还发现了一个有趣的证据，这册的内封有书单的痕迹，还有一张小纸条，上面写着“此本无签”。这个纸条肯定不止字面意思这么简单，那么，还有什么含义呢？

回到上面那张完整的书单上，可以看到从《古今黈》中辑出两段佚文，在《四库全书》及之后的刻本中，书名著录为《敬斋古今黈》。“敬斋”是作者李冶（1192—1279）的号，李冶是元代著名数学家。辑出的内容包含他的笔记：

辑出两段佚文中的第一段在这里：

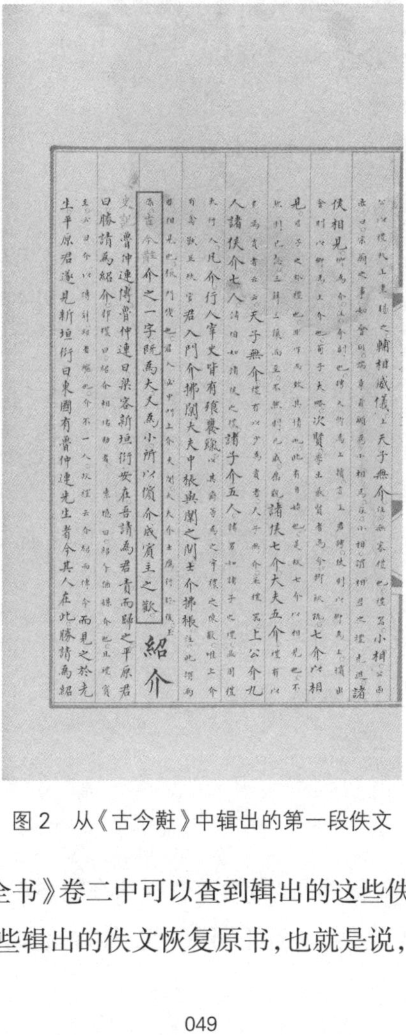
紹介
介之一字既爲大夫爲小所以儐介成賓主之歡

图 2　从《古今黈》中辑出的第一段佚文

从在线版《四库全书》卷二中可以查到辑出的这些佚文是怎么结束的。

至于如何根据这些辑出的佚文恢复原书，也就是说，根据什么顺序把这些片段缀合起来,以及如何分卷,我完全没有头绪。

时至今日,每当浏览这些《永乐大典》残卷,看到某些失传的古书能够从《永乐大典》中辑出,以及精确记录辑佚过程的这些证据,我依然无法抑制自己的激动之情。这些卷的顺序是否合适是另一回事,我会继续研究。(写于2014年12月9日)

## 三、影印版《永乐大典》

中华书局1960年影印版收录了绝大多数存世的《永乐大典》,共计730卷,分为20函202册。1984年,中华书局进行了重印,重印版增加了67卷,分为2函20册。下面是我所编的目录:

永乐大典/(明)永乐中解缙等奉敕撰
北京:中华书局,1960—1984
线装222册;20公分
影印嘉靖隆庆间内府重写本残卷
内容:
第1—20函　永乐大典　残七百三十卷.-1960.-202册
第21—22函　永乐大典　残六十七卷.-1984.-20册

之后,《永乐大典》残卷在世界各地时有发现,并不时被单独或汇集起来影印出版。最近,博德利图书馆已经完成了所藏19册《永乐大典》的数字化工作。德国柏林国家图书馆所藏一册也已经数字化,并可以在线阅览。

2002年北京研讨会之后,一批新发现的《永乐大典》被影印出版:

海外新发现永乐大典十七卷/胡道静撰序;许仲毅,余岚责任编辑
上海:上海辞书出版社,2003
精装1册;30公分
ISBN 7-5326-1285-6

不得不承认,这让我很郁闷,因为其中3册在爱尔兰,而我还以为自己了解欧洲所藏的所有《永乐大典》。这下可好,我还得继续调查。

令人恼火的是,影印本仅注明所在国家,没有提及详细的收藏机构。不过在我看来,这比中华书局影印本稍好一点,因为后者没有提供任何细节。新发现的17卷中,美国和日本各2卷、英国5卷、爱尔兰8卷。

英国所藏的5卷在英国国家图书馆,分为两册,同事告诉我爱尔兰的8卷藏在切斯特·比蒂图书馆。不久之后,我就从网上查到了美国和日本的收藏情况。详情如下,一共7册:

1. 卷803—806　爱尔兰切斯特·比蒂图书馆
2. 卷8569—8570　日本黑川古文化研究所
3. 卷10110—10112　爱尔兰切斯特·比蒂图书馆
4. 卷13201—13203　英国国家图书馆
5. 卷14219—14220　英国国家图书馆
6. 卷15957—15958　美国纽约公共图书馆
7. 卷19866　爱尔兰切斯特·比蒂图书馆

实际上,最后这一册,即卷19866,中华书局1984年已影印,但是缺第八页上半页,也许是1931年拍照复制的时候漏掉了。上海辞书出版社出版的时候把这页补上了。

不过,跟中华书局的影印版一样,上海辞书出版社也仅仅影印了正文,没有收录封面、封底等。因此,影印版里没有《四库全书》签佚书单(见前),也没有任何能够表明其来源的文字或者细节。无论是有意还是无意,这些《永乐大典》的流传轨迹都被清除了。

1900年的"使馆之围"中,因为有火灾,后又救火,因此有些《永乐大典》残卷上有大片水渍,切斯特·比蒂图书馆藏其中一册的最后一页尤为明显——我从马啸鸿(Shane McCausland)的 *Copying and transmitting, knowledge and nonsense*(《复制与传播、知识与无意义》)[载 *Original intentions: essays on production, reproduction, and interpretation in the arts of China*(《原意:中国艺术的生产、复制和诠释论文集》),佛罗里达大学出版社2012年版]里复制了这一页,同时也复制了上海辞书出版社影印版的这一页。

在影印出版过程中,对书影进行了很多的加工。比如,并没有按原书的形式去影印,而是把黑色文字提取出来,然后整齐划一地加上红色框线。可能是因为编者用的是黑白或者灰度图片，但是又想做得跟原书一样。但是，在切斯特·比蒂图书馆藏的某一册里，出现了一个奇怪的现象：插图也被印上了红色的栏线。

最近，中国国家图书馆副馆长李虹霖和国家图书馆出版社社长方自今前来拜访博德利图书馆。他们计划原大仿真影印出版所有存世的《永乐大典》。为此，上周我们向他们赠送了博德利图书馆所藏 19 册《永乐大典》的高清电子文件。如前所述，这些文件已经全部发布在网络上，并已被中华书局 1960 年影印版所收录。博德利图书馆也有一套中华书局所使用的缩微胶卷。这是 20 世纪 50 年代牛津大学出版社为我们复制的，很可能是因为当时博德利图书馆没有拍摄缩微胶卷的设备。

中国国家图书馆出版社的仿真影印版会是什么样子呢？我拭目以待。我尤其关注修图问题，因为卷 14607—14709（*MS. Chin. b.9*）卷端有一段话，毫无疑问记录了这一册的来源：

> 北京，1900 年。1900 年义和团运动期间，从翰林院的废墟中抢救出的一册……T. Biggin（写于 2015 年 5 月 29 日）

附记：

2014 年 10 月 17 日，星期五，机缘巧合之下，我得知美国洛杉矶汉庭顿图书馆新发现一册《永乐大典》。当时我正在位于都柏林的切斯特·比蒂图书馆查阅该馆收藏的《永乐大典》，那几册就放在我的电脑旁边。休息的间隙，我用电脑查收电子邮件，博德利图书馆同事发来的一个信息引起了我的注意，于是我看到了《洛杉矶时报》（*L.A. Times*）的报道。

我记得当时很恼火，因为报道里提到“让我们回到 19 世纪中叶，当时英法联军侵略中国。在劫掠过程中，不少《永乐大典》失踪或被损毁”。这种说法没有根据。事实是，1900 年“使馆之围”期间，我们偷窃 / 抢救（随便你们用哪个词）了一些《永乐大典》。还好，汉庭顿的报道没有重复这个错误。我打算在第四篇博客里对此进行反驳。

## 四、存世《永乐大典》残卷的收藏情况

2014年12月至2015年5月，我写了三篇关于《永乐大典》的博客。我一直想写第四篇，关于存世《永乐大典》残卷的收藏情况。1900年6月23日，星期六，“使馆之围”期间，翰林院失火，仅有约一半《永乐大典》得以幸存。在此期间，去年巴黎新发现的两册《永乐大典》为我提供了新的线索，借此机会一并写出来。

巴黎新发现的两册分别是卷2268—2269和卷7391—7392，翁连溪（故宫博物院图书馆研究馆员、中国殿版古籍研究专家）和高树伟（北京大学在读古典文献专业博士，硕士论文主题即关于《永乐大典》）已经分别撰文进行了详细介绍[①]。

巴黎当地时间2020年7月7日，星期二下午2时，巴黎知名博桑—勒费福尔拍卖行（Beaussant Lefèvre）举行亚洲艺术品拍卖会（Archéologie-Art d’Asie），两册《永乐大典》是拍品Lot 231，单册预估价为5000—8000欧元。

很难找到有关拍卖细节的英文介绍。尽管这一消息对中国人的重要性远超西方，但是我当时在网上收藏的一些中文报道已经找不到了。因此，我要感谢中国国家图书馆出版社的许海燕女士，她目前负责存世《永乐大典》的仿真影印工作。这篇文章里的很多信息都是她帮我收集的。我已经把这些信息复制了下来，以便长期保存。

下午4时47分，两册《永乐大典》以1万欧元起拍，瞬间突破50万欧元，1分半钟之后，竞拍价已经突破拍卖公司显示屏的极限，竞拍价无法显示。当天竞拍成功的那位中国女士从200万欧元时开始竞价，最终以640万欧元拍得。据悉，拍卖行的拍卖佣金为27%。因此，两册《永乐大典》的最终成交价为812.8万欧元。换言之，超出预估价1000倍以上。

那位中国女士的身份我还不清楚，她代表一位名叫金亮的中国商人前来竞拍，而金亮是被翁连溪告知拍卖一事并参与竞拍的。金亮是浙江人，上海春竹集团有限公司、浙江奥特莱斯广场有限公司董事长。他资金雄厚且对古籍至爱，又乐于公事，曾捐宋版书于浙江图书馆、敦煌卷子于栖霞寺。对中国人来

① 这两篇文章分别是翁连溪《新出现的两册〈永乐大典〉趣闻》和高树伟《读巴黎新见两册〈永乐大典〉记》。

说,这两册《永乐大典》能够回归中国当然是天大的好事,希望有朝一日它们能够归于公藏。

这件事使我重新思考写这篇文章的目的,即存世《永乐大典》残卷的收藏情况。对中国人来说,其中大约一半藏在国外是一件非常敏感的事情。2002年4月,中国国家图书馆举办了纪念《永乐大典》编纂600周年的国际研讨会,我在会上宣读了英国图书馆藏《永乐大典》的论文。我后来对那篇论文进行了扩充,涵盖了欧洲图书馆所藏《永乐大典》,收录在国家图书馆出版社影印出版的所有欧洲图书馆藏《永乐大典》里。就是在这次会议上,我认识到了中国人对《永乐大典》的这份敏感。

在研讨会的招待会上,一群年轻而愤怒的记者包围了我,他们指责我是贼,要求我立刻把《永乐大典》还给中国。我个人是无辜的,但是这一辩解无济于事;我也没有资格把《永乐大典》还给中国,同样无济于事。一直到现在,我的博客下面还不时有这种愤怒的留言。

他们把《永乐大典》的散失与圆明园浩劫等同起来。但是,这两件事情完全不能相提并论。1860年圆明园惨遭破坏,完全是英法联军所作所为,这件事情我越想越难过。而"使馆之围"的情况并不相同[①]。

据估算,失火之前翰林院藏有大约800册《永乐大典》;其中约400册毁于大火,400册幸免于难。幸存的《永乐大典》,大约一半在中国,其余的在"使馆之围"后,很快就被外国人带走了。但是,很多中国人认为,翰林院跟圆明园同时遭到劫掠,互联网上能搜到很多这样的说法。但是,我不同意这种观点。我亲自翻阅了欧洲所藏的每一册《永乐大典》,并在论文所附的表格里进行了详细的描述。他们的来源无一例外指向"使馆之围"。没有证据表明,其中任何一册在此之前来到欧洲,更没有此前偷来并隐藏于公众视线之外的情况发生。

但是,巴黎新发现两册《永乐大典》的来源则不同。《永乐大典》对我而言早已不再神秘,现在我唯一感兴趣的就是他们的来源。非常不幸,人们对此知之甚少——或者,披露的信息太少——好似雾里看花。在文章最后,翁连溪说,据卖家介绍,这两册《永乐大典》乃家传,他们祖上有一位法国海军军人,19世纪70年代在中国与一些官员相交颇深,获赠了很多东西,其中便包括这两册

---

① 关于"使馆之围"的情况,本人已在《欧洲图书馆所藏〈永乐大典〉综述》(载2016年5月第3期《文献》)一文中介绍,此处不再赘述。

《永乐大典》,基本确定来源有一定可信度。

如果这一说法属实,这两册《永乐大典》就是唯一在“使馆之围”之前来到欧洲的,而不是外国人从翰林院带走的。

之所以写下这篇博客,并不是为了证明《永乐大典》残卷流传至国外并被收藏是合理的,而是为了廓清被情感以及缺乏理智所遮盖的事实。(写于 2021 年 3 月 18 日,完)

(何大伟,英国牛津大学博德利图书馆中文部主任;许海燕,国家图书馆出版社编审)

古籍保护综述

# 《国家珍贵古籍名录》医学古籍综述

An Overview of the Ancient Books of Traditional Chinese Medicine in *The National Directory of Rare Ancient Books*

杨照坤

**摘　要:** 中医古籍作为中华古籍的重要组成部分，从20世纪50年代第一次联合目录编纂算起，其普查整理、开发利用等工作已持续开展六十余年。本文结合国家珍贵古籍名录评审工作，概述“中华古籍保护计划”开展以来，中医古籍的保护工作的新情况、新进展，首次系统分析入选《国家珍贵古籍名录》的中医古籍，分类列举入选医书的重点和亮点，展望未来中医古籍保护工作的发展方向。

**关键词:** 中医古籍;《国家珍贵古籍名录》; 中华古籍保护计划

中医典籍卷帙浩繁，自春秋战国以降，凝聚着先人智慧的医经、本草、方书、诊法、养生等医籍，广泛传播，普惠民生，是中华民族宝贵的文化遗产。中华人民共和国成立之初，开展中医古籍资源普查与联合目录编纂工作，历经三次编纂与修订，引入“分类编年”法，完成《中国中医古籍总目》，为深入研究中医古籍奠定了基础。伴随“中华古籍保护计划”的开展，我国古籍保护工作进入新阶段，中医古籍保护工作也开启了新篇章。

## 一、《国家珍贵古籍名录》医学古籍评审工作

《国家珍贵古籍名录》（以下简称《名录》）是“中华古籍保护计划”的重要内容。建立《名录》的目的是建立珍贵古籍档案，确保珍贵古籍安全，推动古籍

保护工作，提高公民的古籍保护意识，促进国际文化交流与合作。自 2007 年“中华古籍保护计划”推行以来，已完成六批《国家珍贵古籍名录》评审，入选各类古籍 13026 部，包括医学古籍 371 部。

（一）医学古籍的申报

2007—2020 年，国家古籍保护中心先后开展共 6 批《名录》评审工作，全国共有 479 家单位（个人申报未计入单位数量统计）的古籍入选《名录》。《名录》的确定经过单位申报、省中心整合、分部评审、整理上报文化和旅游部、呈报国务院审核、最终确认公布等阶段。其中各单位的申报及分部评审工作至关重要。一般而言，各省中心负责组织本省的《名录》申报工作；中医古籍申报还有另外一个途径，即由全国中医行业古籍保护中心（中国中医科学院中医药信息研究所）组织申报。《名录》共收录包括中国中医科学院、各地医学院校图书馆在内的 23 家中医药相关单位的中医古籍 133 部，超过入选中医古籍总数的四分之一（详见表 1）。

**表 1　医学单位入选《名录》医学古籍情况一览表**

| 单　位 | 入选部数 |
|---|---|
| 中国中医科学院图书馆 | 44 |
| 中国科学院上海生命科学信息中心生命科学图书馆 | 12 |
| 上海中医药大学图书馆 | 11 |
| 北京中医药大学图书馆 | 8 |
| 新疆维吾尔医学专科学校维吾尔医药古籍文献研究所 | 8 |
| 中国医科大学图书馆 | 5 |
| 安徽中医药大学图书馆 | 4 |
| 甘肃中医药大学图书馆 | 4 |
| 南京中医药大学图书馆 | 4 |
| 青海藏医药文化博物馆 | 4 |
| 青海大学医学院图书馆 | 4 |
| 西藏藏医学院图书馆 | 4 |
| 华中科技大学同济医学院图书馆 | 3 |
| 天津中医药大学图书馆 | 3 |
| 新疆维吾尔自治区维吾尔医药研究所 | 3 |

续表

| 单 位 | 入选部数 |
| --- | --- |
| 成都中医药大学图书馆 | 2 |
| 天津市医学科学技术信息研究所图书馆 | 2 |
| 天津医学高等专科学校图书馆 | 2 |
| 西藏自治区藏医院 | 2 |
| 广州中医药大学图书馆 | 1 |
| 河南中医学院图书馆 | 1 |
| 黑龙江中医药大学图书馆 | 1 |
| 陕西中医学院图书馆 | 1 |
| 合计 | 133 |

（二）医学古籍的评审

《名录》评审以四部分类法为基础，分为经、史、子、集各部，加上简帛古籍、敦煌佛经、碑帖拓本、古地图、少数民族文字古籍、西文古籍等，各组聘请相关专家分别评审。专家们在评审过程中客观严谨，事先对申报材料进行调查了解，评审会上逐一确定，对有争议的古籍展开讨论；初审未解决的问题，会进一步核查，在复审及终审过程中逐一解决。医学古籍评审主要归在子部医家类，由子部专家评出；另有简帛医书、少数民族文字医书，分别归由简帛组、民语组评出。因医学古籍的专业性强，在子部评审组中，历次均邀请中医古籍版本专家参评，将子部医家类古籍分专题单独评审。

《名录》中包括医学古籍在内的汉文古籍评审基本参照《汉文古籍特藏藏品定级　第 1 部分：古籍》（GB/T 31076.1-2014）所规定的一、二级古籍的评定标准，原则上从一、二级古籍中甄选出“时代早、流传少、价值高”的珍贵古籍。评审过程中对具有特殊版本价值、学术价值的古籍提级纳入，如：金陵本《本草纲目》刊刻时间在明万历年间，如仅按照古籍等级的年代界定，当划入三级，不在《名录》收纳范围内，但该书为本草医籍中承上启下的划时代巨著，祖本刊刻年代即为万历时期，因而，评审专家根据其重要的学术价值特点提升为一级古籍，建议收入《名录》。此外，万历本《仲景全书》也根据其重要医学价值收入《名录》。

## 二、入选《国家珍贵古籍名录》中医古籍情况分析

### （一）数量与分布

《名录》共收录医学古籍369部，涵盖全国26个省87家单位，包括简帛类医书18种、汉文医学古籍（中医古籍）320种、少数民族文字医学古籍31种（详见表2）。

**表2　六批《名录》入选医学古籍数量统计表**

| 名录批次 | 简帛医书（部） | 中医古籍（部） | 少数民族文字医学古籍（部） |
| --- | --- | --- | --- |
| 第一批 | 17 | 97 | 3 |
| 第二批 | 1 | 117 | 10 |
| 第三批 |  | 57 |  |
| 第四批 |  | 21 | 10 |
| 第五批 |  | 17 | 4 |
| 第六批 |  | 11 | 4 |
| 合计 | 369 |  |  |

入选《名录》中医古籍按照《中国古籍善本总目》子部医家古籍分类，涉及：医经，藏象、骨度、经络、运气、病因病机，伤寒金匮，养生，本草，方书，诊法，针灸推拿，内科，女科，儿科，外科、伤科，眼科，医案医话，通论，全书、丛书等，共16类（详见表3）。其中，医经、方书和本草类古籍占到所有入选医籍的一半以上，体现了中医发展过程中，重视基础理论研究和遣方用药的特点。

**表3　入选《名录》中医古籍分类统计表**

| 序号 | 分　类 | 入选部数 |
| --- | --- | --- |
| 1 | 医经 | 65 |
| 2 | 藏象、骨度、经络、运气、病因病机 | 7 |
| 3 | 伤寒金匮 | 18 |
| 4 | 养生 | 7 |
| 5 | 本草 | 47 |
| 6 | 方书 | 63 |
| 7 | 诊法 | 8 |

续表

| 序号 | 分　类 | 入选部数 |
|---|---|---|
| 8 | 针灸推拿 | 6 |
| 9 | 内科 | 4 |
| 10 | 女科 | 7 |
| 11 | 儿科 | 16 |
| 12 | 外科、伤科 | 6 |
| 13 | 眼科 | 3 |
| 14 | 医案医话 | 13 |
| 15 | 通论 | 34 |
| 16 | 全书、丛书 | 16 |
| 共计 | 16类 | 320 |

（二）价值与意义

1. 汇集中医古籍精华

**（1）载体丰富。**除各时期纸质文献外，《名录》收录早期简帛医书18部，包括竹简6部、木简2部，帛书10部。这些20世纪七八十年代出土于马王堆、张家山等地的中医典籍是了解早期医学发展的宝贵材料，内容涉及经络针灸、养生导引、脉法诊疗、医方用药等内容。

**（2）版本全面。**入选《名录》的中医古籍包括宋元古籍71部、明清古籍249部，是目前国内已知1.3万余种中医文献中的代表著作，涵盖国内所藏汉文中医典籍的各类珍贵版本。包括：中医学经典之作《黄帝内经》《伤寒杂病论》国内所存各类早期版本，我国现存最早的脉学专著《脉经》[元天历三年（1330）广勤书堂刻本]、现存最早的外科专著《刘涓子鬼遗方》（宋刻本）、第一部病候学专著《诸病源候论》（元刻本），唐代孙思邈所著《千金要方》（元刻本），宋代《太平惠民和剂局方》[元至正二十六年（1366）高氏日新堂刻本]、《圣济总录》[元大德三年至四年（1299—1300）江浙等处行中书省刻本　存三十一卷]等大型官修医药著作，现存最早的彩绘地方药谱《履巉岩本草》（明抄彩绘本），金元时期各大医家的代表著作以及明清时期临证各科专著。

2011年5月23日，我国申报的元后至元五年（1339）胡氏古林书堂刻本《黄帝内经》（《素问》《灵枢》合报）和明万历二十一年（1593）金陵本《本草纲目》顺利入选《世界记忆名录》，这两部医书也是入选《国家珍贵古籍名录》的珍品。

2. 纳入少数民族医药典籍

除传统中医古籍外，藏医、维医、蒙医等少数民族医学，也有文献遗存。入选名录的少数民族医药典籍共有 33 部，包括藏文、察合台文、蒙古文、满文、水文等 5 种民族文字，是少数民族医药典籍珍贵的原始资料。如藏医学代表著作《四部医典》，记述维吾尔医药学内容的 17 世纪察合台文写本《治疗指南》等。此外，汉文古籍中收录的《饮膳正要》，作为早期食疗本草专书，体现了蒙古族人民独特的医药饮食文化。

## 三、《国家珍贵古籍名录》医书举要

### （一）《黄帝内经》古林书堂刻本再发现

《名录》共收入医经类医籍 65 部，主要包括《黄帝内经》《难经》为代表的经典医籍及相关注释、研究类文献。《黄帝内经》后世简称《内经》，成书于公元前 2 世纪，全面总结了汉以前医学成就，奠定了中医学发展的理论基础。该书包括中医理论著作《素问》和针灸经络著作《灵枢》两部分。原书十八卷，其中九卷名《素问》；另外九卷无书名，汉、晋医家以《九卷》为名（见张仲景《伤寒杂病论·序》、皇甫谧《针灸甲乙经·序》），因开篇便有“先立《针经》”之语，故也称《针经》，唐代王冰时称为《灵枢》，至宋代史崧献家藏《灵枢经》并予以刊行，《灵枢》始有定本。《内经》存世重要版本，《名录》均有收录。其中，金刻本《黄帝内经素问》（名录号 00626）为《素问》传世最早版本，残存十三卷，首尾均缺；元读书堂刻本《新刊黄帝内经素问》（名录号 12375），为保存完整的《素问》最早的版本；而《素问》《灵枢》相合的现存最早版本当属元后至元五年（1339）胡氏古林书堂刻本。国家图书馆藏古林书堂本《素问》《灵枢》入选《第一批国家珍贵古籍名录》（名录号 00627、00633），此二本已于 2011 年入选《世界记忆名录》。吉林图书馆藏古林书堂本《素问》《灵枢》入选《第三批国家珍贵古籍名录》（名录号 07136、07137）。《中国古籍善本书目》未著录该馆，经专家比对，吉林图书馆两部藏本与国图本当为同版早印，且书品好于国图，虽是残本，仍属可贵。

### （二）《本草纲目》金陵本新发现

《名录》共收入本草类医籍 47 部，涵盖中药学存世重要著作。包括：宋嘉定四年（1211）刘甲刻本《经史证类备急本草》（名录号 00635），元大德六年（1302）宗文书院刻本《经史证类大观本草》（名录号 00636、00637、00638、00639），蒙古定宗四年（1249）平阳张存惠晦明轩刻本《重修政和经史证类备用本草》（名录号 00640、12377），明万历二十一年（1593）金陵胡承龙刻本《本草纲目》（名录号 01798、08384）。其中，金陵本《本草纲目》为本草类医书承前启后的重要著作。该书由明代著名医药学家李时珍花费毕生精力、历时 27 年写成，总结了我国明代以前的药物学知识，17 世纪传入亚洲、欧洲，其中亚洲以日本的传习最为广泛。明万历二十一年金陵胡承龙刻本《本草纲目》又称“金陵本”，为该书最早版本，也是经过李氏家族亲自校订过的原始刊本，是后世众多《本草纲目》版本之祖本，存世极罕。《名录》共收录金陵本 2 部，分别为：中国中医科学院藏本入选《第一批国家珍贵古籍名录》（名录号 01798），此本已于 2011 年成功入选《世界记忆名录》；白河书斋藏本《本草纲目》入选《第三批国家珍贵古籍名录》（名录号 08384）。作为《本草纲目》所有版本祖本的金陵本，此前海内外共存全帙 8 部，残卷 4 部，分藏中国、日本、美国，其中国内只藏 2 部。白河书斋藏本由私人申报，属《名录》评审过程中的新发现。这一发现，使金陵本《本草纲目》全本存世量增加到 9 部，国内全本增加至 3 部，意义重大。因为该书卷前有“制锦堂”刻书木记，内叶有多处补版，评审专家将其明确著录为“明万历二十一年金陵胡承龙刻明重修本”，既反映了此部古籍原貌，也体现其版本特点。

（三）伤寒金匮医籍早期版本俱备

《名录》共收入伤寒金匮类医籍 18 部，为中医论述外感病与内科杂病的重要医籍，包括宋元刻本 8 部，明万历二十七年（1599）赵开美刻本《仲景全书》3 部（名录号 04567、04568、10427），以及相关研究类明清医书 7 部。伤寒金匮类医书源自汉代医家张仲景《伤寒杂病论》，是中医临床论治的经典著作，原书早佚，后经晋代王叔和整理为《伤寒论》《金匮要略》，并在宋代校订刊行；此后，《伤寒论》内容再经金代成无己注解，因注释详明，此前无注的宋本《伤寒论》再无刊印，逐渐亡佚；今人通称的宋本《伤寒论》，实为明万历赵开美翻刻北宋小字本《伤寒论》。入选《名录》的 8 部宋元刻本中，有 6 部均未著录于《中医古籍总目》，对研究早期伤寒金匮类文献意义重大（详见表 4）。

表 4 《中医古籍总目》未收录伤寒金匮宋元刻本统计表

| 名录号 | 《中医古籍总目》未收录伤寒金匮宋元刻本 |
|---|---|
| 00646 | 伤寒论注解十卷图解一卷 （金）成无已撰　元至正二十五年（1365）西园余氏刻本　朱颜校　国家图书馆 |
| 00647 | 伤寒论注解附释音十卷图解运气钤一卷 （汉）张机撰 （晋）王叔和编（金）成无已注解　元初刻本　北京大学图书馆 |
| 00649 | 张仲景注解伤寒百证歌五卷 （宋）许叔微撰　元刻本　国家图书馆 |
| 00650 | 张仲景注解伤寒百证歌五卷新编张仲景注解发微论二卷 （宋）许叔微撰　元刻本　南京图书馆 |
| 00651 | 伤寒要旨一卷药方一卷 （宋）李柽撰　宋乾道七年（1171）姑孰郡斋刻本　杨象济题款　黄丕烈跋　国家图书馆 |
| 00653 | 新编金匮方论三卷 （汉）张机撰 （晋）王叔和辑 （宋）林亿诠次　元至元刻本　杨守敬跋　北京大学图书馆 |

其中,《伤寒论注解》是唯一一部对《伤寒论》全本进行注解的著作,对了解早期《伤寒论》原貌具有重要意义。《伤寒百证歌》与《伤寒发微论》为南宋著名医家许叔微的主要著作,元刊本为该书目前存世的最早刻本,已知有 3 部,分藏国家图书馆、南京图书馆和日本静嘉堂文库。因 3 部书皆缺原序,造成此书编目不清。评审专家根据台北“国家图书馆”藏影抄元刊本该书自序中“歌括百首,次为五卷,名之曰《伤寒百证歌》”“复作《发微论》上下卷、《义论》二十二条,续次于末”的记载,将南京图书馆申报的该书元刻本的著录确定为《伤寒百证歌》五卷在先,《伤寒发微论》二卷在后,还原了该书刊刻原貌[1]。赵开美刻本《仲景全书》,包括:宋本《伤寒论》、成无已《注解伤寒论》、宋云公《伤寒类证》《金匮要略》。已知存世有 5 部,《名录》收录 3 部。该书虽为万历刻本,但为《仲景全书》初刻本,其中翻刻已亡佚宋本《伤寒论》,使之流传,具有存亡继绝的重要意义[2],故收入名录。

（四）中医图谱类古籍珍本汇集

《名录》共收入中医图谱类医籍 12 部,内容包括养生导引图、针灸经络图、脏腑图、本草图等,图本形式包括早期写绘图集、版刻插图及明清彩绘图谱等（详见表 5）。其中尤以明抄彩绘本草图谱最为精美。此类图谱,《名录》中共有 3 部,分别为《本草品汇精要》《补遗雷公炮制便览》《本草图谱》。《本草品汇精要》是我国古代最大的一部本草彩绘图谱,为宫廷画师所绘,工笔重彩、绚丽非常。而

《本草图谱》则是摹绘自《本草品汇精要》,两书图谱内容非常相似。《本草图谱》在《中国古籍善本书目》《中国古籍总目》中仅著录国图存三卷。第二批《名录》申报时,中医科学院首先申报该书另外二卷存卷,至第四批《名录》评审时,国家图书馆申报所存三卷。两部分图谱相合虽仍为残卷,但互为补充,最大程度还原该书存世全貌。另一部《补遗雷公炮制便览》则是从《本草品汇精要》中选取部分药图,再增绘新图。三部书的特点也正体现了明代彩绘本草的起始和流传。

**表 5　入选《名录》的中医图谱类古籍统计表**

| 名录批次 | 名录号 | 入选医籍 |
|---|---|---|
| 第 1 批 | 00116 | 导引图　西汉　帛书　湖南长沙马王堆 3 号汉墓　湖南省博物馆 |
| 第 1 批 | 01799 | 补遗雷公炮制便览十四卷　明万历十九年（1591）内府写彩绘稿本　中国中医科学院图书馆<br>存十三卷（一至十一、十三至十四） |
| 第 1 批 | 01820 | 鼎雕铜人腧穴针灸图经三卷　（宋）王惟一辑　明书林宗文堂刻本　中国中医科学院图书馆 |
| 第 2 批 | 04548 | 图注八十一难经八卷　（明）张世贤撰　明沈氏碧梧亭刻本　开封市图书馆 |
| 第 2 批 | 04561 | 履巉岩本草三卷　题（宋）琅琊默庵撰　明抄彩绘本　国家图书馆 |
| 第 2 批 | 04564 | 本草图谱□卷　明周荣起抄周淑祜、周淑禧彩绘本　中国中医科学院图书馆<br>存二卷（草类、禽类） |
| 第 2 批 | 04565 | 图注王叔和脉诀四卷附方一卷　（明）张世贤撰　明沈氏碧梧亭刻本　开封市图书馆 |
| 第 2 批 | 04627 | 十四经络歌诀图不分卷　明抄本　西北大学图书馆 |
| 第 3 批 | 08377 | 图注八十一难经八卷　（明）张世贤撰　明沈氏碧梧亭刻本　国家图书馆 |
| 第 3 批 | 08414 | 人体经穴脏腑图一卷　清彩绘本　浙江图书馆 |
| 第 4 批 | 10425 | 本草图谱□卷　明周荣起抄周淑祜、周淑禧彩绘本　国家图书馆<br>存三卷（金石类、草类、木类） |
| 第 5 批 | 11729 | 本草品汇精要四十二卷　（明）刘文泰　徐镇等撰　明抄彩绘本　国家图书馆<br>存十一卷（一至二、十三、二十四至二十六、三十、三十二、三十四至三十五、四十） |

此外，《名录》入选医书尚有以下几点遗憾：与《本草纲目》同时代的《针灸大成》，属于中医针灸学集大成之作，但因其祖本未定，暂未纳入，有待探明初刻本后将其收入；老官山医简作为近年来出土的重要简帛医学文献，因直到第六批申报工作结束时，仍未完成出土文献整理工作，暂未收入《名录》；温病学派形成时代较晚，相关医籍至早成书在明末清初，未有纳入，但其具有重要的现实意义和临床指导意义，同样应考虑收录。

## 四、中医古籍保护工作展望

中医古籍入选《国家珍贵古籍名录》是中医古籍普查利用的新起点，随着"中华古籍保护计划"的进一步开展，中医古籍保护工作也在不断推进中。"十四五"时期，通过医籍普查、人才培养、学科建设、影印出版、古籍数字化等工作，必将进一步发挥中医古籍在中医文献研究和临床应用中的作用。

（一）推进中医古籍深度普查和分级保护

1. 全国古籍普查工作的成果积累为中医古籍深度普查奠定了基础。2007年出版的《中医古籍总目》共收录150家图书馆（博物馆）所藏中医文献（含民国文献）13455种，其中包括中医古籍近8000种。同年，"中华古籍保护计划"正式启动，十余年的古籍普查工作从单位数量到古籍数量都有了很大的飞跃。截至2020年底，全国共完成2700余家古籍公藏单位的古籍普查，总量超过270余万部汉文古籍，另藏文古籍1.8万函。目前，通过"全国古籍普查登记基本数据库"累计发布260余家单位普查数据超过80万条，其中中医古籍数据约有1.5万条，为正在开展的新一次中医古籍普查提供了基础数据。

2.《名录》评审工作为《中医珍贵古籍名录》的建立提供了契机。设立《国家珍贵古籍名录》同时，全国已有20个省区设立《省级珍贵古籍名录》。中医古籍作为一批具有临床指导意义的重要医学文献，有三次联合目录编纂的基础，结合全国古籍普查成果，在国家古籍保护中心和全国中医古籍保护中心的推动下，可开展《中医珍贵古籍名录》评审工作，建立中医珍贵古籍的档案系统和保护体系。

（二）加强中医古籍保护人才培养和学科建设

目前，国家古籍保护中心在全国共设立了12家国家古籍保护人才培训基地、32家国家级古籍修复技艺传习所。多年来，国家古籍保护中心与多所高校合作培养古籍保护人才，建立古籍保护专业硕士培养点，复旦大学、天津师范大学、贵州民族大学等多所高校先后成立了古籍保护研究院，学科体系建设稳步推进。日前，中国中医科学院大学已确定建立，以此为契机，可推动中医院校成立古籍保护研究院，针对中医古籍保护和利用的特点，培养具有中医理论基础、具备医学临床能力、掌握古籍保护知识的复合型人才。

（三）深化中医古籍影印出版及数字化工作

多年来，中医古籍整理出版和数字化一直持续推进，一批海内外珍贵医籍影印出版，“全国中医药珍善本古籍档案系统”“国医典藏中医古籍数据库”等多个医学资源库发布。在“中华古籍保护计划”框架下正式设立的《中华医藏》，是迄今国内外最大的中医古籍整理保护项目。该项目的基础工作是医藏选目，由国家古籍保护中心联合全国中医行业古籍保护中心组织图书馆界、中医界的古籍文献专家开展。选目吸收《国家珍贵古籍名录》评审经验，坚持“去粗取精、去伪存真”，逐条细审、充分论证，详列每部医籍收录原因，遴选医书近2300种，为项目分编出版、提要编纂等工作提供了坚实基础。2019年，《中共中央国务院关于促进中医药传承创新发展的意见》明确提出“加强典籍研究利用，编纂《中华医藏》”。2021年3月，习近平总书记在看望全国政协十三届四次会议的医药卫生界、教育界委员时，详细询问了中国中医科学院黄璐琦院士《中华医藏》的编纂情况，指示要做好中医药守正创新、传承发展工作，使传统中医药发扬光大。落实习近平总书记指示，加强中医古籍的保护与传承，是时代赋予我们的光荣使命，也是中医古籍保护工作的坚定目标。

（杨照坤，国家图书馆馆员，国家古籍保护中心办公室培训组组长）

参考文献：

[1] 李致忠．元刊许叔微伤寒百证歌与伤寒发微论 [J]. 收藏家，2013（3）：41-46.

[2] 钱超尘．宋本《伤寒论》[M]. 北京：北京科学技术出版社，2020：前言．

# 中国古籍保护协会古籍编目专业委员会成立会议综述

A Summary of the Founding Conference of the Cataloging Committee of China Association of Ancient Book Preservation and Conservation

董桂存

**摘　要**:2022年6月29日,中国古籍保护协会古籍编目专业委员会成立会议暨天津师范大学古籍保护研究院建院四周年院庆在天津师范大学主会场及线上举行。古籍编目专业委员会是中国古籍保护协会2015年成立以来下设的第十个分支机构,在全国范围内聘请权威古籍编目专家和相关领导加入,意在通过组织开展各种活动,将古籍编目理论研究与实践应用相结合,积极推动古籍编目的社会协作和国际合作,帮助国内外各古籍收藏单位提高古籍编目水平,促进古籍编目工作和研究全面深入发展,为我国乃至国外图书馆古籍编目工作持之以恒地高质量进行打下坚实基础,提供永续动力。

**关键词**:古籍编目;中国古籍保护协会;古籍编目专业委员会

2022年6月29日上午,中国古籍保护协会古籍编目专业委员会成立会议暨天津师范大学古籍保护研究院建院四周年院庆成功举办。本次会议主会场设在天津师范大学,分会场设在中国古籍保护协会,各地委员通过线上形式参会。天津市政协原副主席、天津师范大学古籍保护研究院院长高玉葆,天津师范大学校长钟英华,中国古籍保护协会会长刘惠平,中国古籍保护协会常务副会长、国家图书馆副馆长、国家古籍保护中心副主任张志清,中国古籍保护协会秘书长王红蕾,以及中国古籍保护协会古籍编目专业委员会全体委员、天津师范大学部分师生50余人参加会议[1]。

## 一、古籍编目专业委员会成立缘起

古籍编目是对传世古籍所进行的鉴定、著录、标引、加工及目录组织等一系列工作，是揭示古籍的形式和内容并使无序的古籍变为有序的过程。通过古籍编目，可以揭示、反映、宣传传世古籍，使利用者能够迅速、准确地查找到其所需要的资料。古籍编目是古籍保护的核心内容和基础工作，是古籍典藏、阅览、展示、数字化及影印出版等工作的前提条件[2]。因此，要妥善保藏和有效利用古籍，首要工作就是编目。

自 2007 年“中华古籍保护计划”实行以来，所实施的“古籍普查登记”和“建立珍贵古籍名录”两大任务都属于古籍编目的范畴。在此计划推动下，全国各类型古籍收藏机构的古籍编目工作取得了很大进展。但随着我国古籍保护工作的大力开展，古籍编目工作中存在的一些问题也逐渐显露出来。如古籍未编书的编目任务，编目格式、著录规则、标引方法互不兼容，古籍分类法和古籍主题词表不够标准，全国性古籍编目平台和发布平台功能不够完备，古籍编目人才严重匮乏，古籍编目理论研究不足且缺乏国际视野，等等。鉴于存在上述问题，古籍编目亟应成为我国古籍保护事业的重点关注对象，积极投入力量改变现状。

中国古籍保护协会下设古籍编目专业委员会，是希望通过该专业委员会在古籍编目领域所开展的各项活动，践行国家“十四五”规划中提出的传承弘扬中华优秀传统文化的使命，落实国家古籍保护工程，做好古籍管理工作，圆满完成古籍普查登记，摸清家底，为全社会了解古籍、认识古籍、更好地利用古籍创造有利条件。

天津师范大学古籍保护研究院于 2021 年 9 月 28 日向中国古籍保护协会正式提出成立协会下的古籍编目专业委员会的申请。经中国古籍保护协会于 2022 年 4 月 20 日召开的二届二次常务理事会审议，正式批准成立中国古籍保护协会古籍编目专业委员会，挂靠单位为天津师范大学。这是中国古籍保护协会自 2015 年 1 月成立以来下设的第十个分支机构。此次成立古籍编目专业委员会，在全国范围内聘请权威古籍编目专家和相关领导加入，意在通过本专委会组织开展各种活动，将古籍编目理论研究与实践应用相结合，积极推动古籍编目的社会协作和国际合作，帮助国内外各古籍收藏单位提高古籍编目水平，促进古籍编目工作和研究全面深入发展，为我国乃至国外图书馆古籍编目工作持之以恒地高质量进行打下坚实的基础，提供永续的动力。

## 二、古籍编目专业委员会成立会议概况

2022 年 6 月 29 日上午，在中国古籍保护协会古籍编目专业委员会成立会议上，天津师范大学古籍保护研究院院长高玉葆首先发表讲话，对中国古籍保护协会批准成立古籍编目专业委员会并挂靠天津师范大学表示感谢，表示天津师范大学古籍保护研究院必将不辱使命，对古籍编目工作予以倾力支持。

中国古籍保护协会常务副会长张志清代表协会对天津师范大学古籍保护研究院积极筹办古籍编目专业委员会的行动表示赞赏，对专委会今后的工作开展提出了四点要求，即继承并发扬过去古籍编目的优良传统，在标准规范制定上要尽量与国际接轨，补齐古籍保护的完整链条，重视古籍编目人才培养和学科建设。他在讲话中还对天津师范大学给予的大力支持表示感谢。

受协会委托，中国古籍保护协会秘书长王红蕾宣读了中国古籍保护协会关于古籍编目专业委员会筹备成立的批复文件、古籍编目专业委员会成员名单及负责人建议名单。各专委会委员随后通过腾讯会议系统进行古籍编目专业委员会负责人的投票选举。根据《中国古籍保护协会章程》《中国古籍保护协会分支机构管理办法》，专委会委员一致通过，选举天津师范大学古籍保护研究院常务副院长姚伯岳教授为古籍编目专业委员会主任委员，国家图书馆古籍馆副馆长谢冬荣研究馆员、南京大学图书馆副馆长史梅研究馆员为副主任委员，史梅兼任专委会秘书长，天津师范大学古籍编目研习中心主任凌一鸣为副秘书长。专委会成员涵盖高校、公共、专业图书馆系统以及博物馆系统等，地域范围涵盖全国各地区。此外另设观察员若干名，邀请港澳台地区以及国外欧美等地古籍存藏机构专家或负责人担任，以加强古籍编目的海内外合作。选举结束后，刘惠平会长向委员代表颁发了聘书。

姚伯岳主任委员代表古籍编目专委会作表态发言，表示本专委会将在中国古籍保护协会统一领导下，积极开展各种活动，全力推动古籍编目工作的进步和发展。

最后，天津师范大学校长钟英华发表讲话，对古籍编目专业委员会挂靠天津师范大学深感荣幸。他回顾了天津师范大学古籍保护研究院建院四年来的发展历程，强调指出古籍编目是天津师范大学古籍保护研究院的优势所在，并表示天津师范大学将鼎力支持古籍编目专委会的工作。

## 三、《开创古籍编目的新时代》的主旨报告

成立会议之后,中国古籍保护协会古籍编目专业委员会举行第一次全体会议,主任委员姚伯岳教授首先作了题为《开创古籍编目的新时代》的主旨报告。报告指出古籍编目工作目前存在的诸多问题,并据此提出了专委会今后的主要任务、五年规划以及活动方式与活动内容。

(一)古籍编目专业委员会的主要任务

1. 践行"十四五"规划中传承弘扬中华优秀传统文化的使命,落实国家古籍保护工程,组织社会力量关注古籍编目事业。

2. 发挥专委会的协调作用,了解古籍编目的行业情况和行业诉求,及时向文化主管部门传递行业的需求、意见和建议;积极向古籍收藏机构和有关个人宣传贯彻古籍编目的相关政策和措施要求。

3. 建立古籍编目行业协作机制,协调行业内部工作,促进行业合作。

4. 组织开展古籍编目相关学术研究,就古籍编目思想、原理、方法、格式、标准等问题进行深入探讨。

5. 组织或指导成员提出和申报古籍编目方面的科研项目。

6. 推动古籍编目的人才培养。

7. 将古籍编目与古籍阅读推广等社会活动结合,在宣传推广中充分利用编目成果,借助自媒体等新技术、新手段、新理念,向大众介绍古籍编目工作,引起社会对古籍编目工作的重视。

8. 强化古籍编目的国际意识,考察海外汉籍的编目情况,加强国际联系,推动国际合作。

(二)古籍编目专业委员会今后五年的具体规划

1. 调研目前古籍编目在岗人员数量、素质,探讨改进的方式方法。

2. 调研目前古籍编目的人才培养情况,为加强古籍编目人员队伍建设、建立古籍编目人才培养的长效机制创造条件。

3. 调研全国各古籍收藏机构未编目古籍的数量和状况,寻求尽快完成古籍未编书编目任务的解决方案。

4. 各委员所在单位发挥中心辐射作用,为本地区古籍收藏机构的古籍编目提供指导和帮助,完善其古籍编目工作,加快古籍未编书的编目进程。

5. 调研目前全国各古籍收藏机构从事古籍编目所使用的编目格式、标准

规范、著录规则，以及分类、主题标引方法，为古籍编目的标准化、统一化创造条件。

6. 调研目前已有的古籍数字化编目平台和发布系统，推动全国性古籍收藏机构古籍编目平台及发布系统的建立和完善。

7. 调研海外汉籍收藏单位的编目情况，寻求古籍编目的国际合作。

8. 总结特种古籍编目的成果与案例，探索特种古籍文献编目方法。

9. 积极推动古籍编目成果和古籍编目著述的更大规模出版。

（三）古籍编目专业委员会的活动方式与活动内容，具体包括：

1. 定期举办古籍编目年会。

2. 分专题逐次举办学术研讨会，研讨古籍编目格式、古籍著录规则、古籍分类法、古籍主题法、古籍定级标准、特种古籍编目及古籍书目系统建设等问题。

3. 根据需要举办各类古籍编目培训班。

4. 积极倡导在各级各类科研项目中申报古籍编目方面的课题，组织编纂古籍编目工具书、参考资料、专著、教材和大众普及类读物，并努力推动其正式出版。

5. 专委会逐年编制《古籍编目年报》，记录反映上一年度古籍编目各方面的情况和进展。

## 四、委员共议专委会的未来发展

在主任委员姚伯岳的主旨报告之后，副主任委员史梅主持委员代表发言讨论。

天津图书馆研究馆员李国庆提出，《中华古籍总目》是继《汉书·艺文志》《隋书·经籍志》《四库全书总目》之后出现的第四部国家现存古籍总目，建议中国古籍保护协会组织会员单位及社会力量投入一定的财力参与《中华古籍总目·分省卷》的编制过程；发挥专业特长参与《中华古籍总目·分省卷》最后的审稿环节；专委会应联合多方力量共同发力，推动《中华古籍总目·分省卷》的编纂出版，以实现从古籍普查到分省卷编纂的华丽转身。

上海图书馆历史文献中心古籍部研究馆员郭立暄结合多年的古籍编目经历，指出当前是古籍编目环境基础和知识基础最好的时期。他充分肯定了“中华古籍保护计划”自 2007 年启动以来对基层编目人员实践工作的有力帮助，认为专委会由在编目理论和实践上卓有成绩的姚伯岳主任委员、谢冬荣和史梅副主任委员主持工作，在古籍编目的研究、培训等方面一定会有序推进，取得非凡的成绩。

中山大学图书馆副馆长王蕾将古籍编目专委会的未来发展概括为"巩固基础、拓展领域、创新标准、面向国际、拥抱数字新时代、做更多的传承活化"，并从五个方面进行了详细阐述：一是对中华古籍保护计划未来的持续发展，古籍编目专委会在理论和实践层面的指导、参与和推进是很重要的。进一步促进中华古籍保护计划的发展，有利于海外古籍编目事业的推进及海内外古籍编目的联动性发展。在这方面，古籍编目专委会应充分发挥作用。二是对古籍资源全类型的整理和保护，致力于古籍编目标准体系的建立，补齐短板。过去关注的重点是四部典籍的标准，但对少数民族文献、文书档案类文献、金石碑拓类文献等在分类和著录方面的研究显得参差不齐。三是面向古籍保护的全过程和全领域，探索与古籍相关领域（如文献的载体、内容、保护、传播和利用等一系列过程）的深度标引、组织和揭示。四是进行古籍数字化管理和开发共享的探索，为古籍资源的知识管理和服务提供编目理论和技术基础。从编目领域出发，为积极开展古籍文本结构化、知识体系化、利用智能化的研究和实践，中国古籍保护协会建立了古籍智能开发与利用专业委员会。古籍智能开发与利用专委会将研究与实践紧密相连，不断地推进古籍整理的转型与升级，尤其是对不同类型的古籍资源知识本体的构建、内容的深度标引和知识挖掘，以及文献信息的深度关联，知识单元的多元重组。从知识服务角度和知识管理角度出发，思考古籍编目未来的理论和方向。五是古籍活化及探索古籍研究和实践的新领域、新技术、新思想和新方法。

浙江省图书馆古籍部主任陈谊针对"中华古籍保护计划"实施和古籍普查实践以来凸显出来的问题，强调以中国古籍保护协会古籍编目专业委员会的成立为分水岭，今后要从加强古籍编目理论的研究、古籍编目流程的合理化、落实古籍编目的规范细则、树立联合编目的意识、加强实践性的编目培训、将古籍编目与叙录、提要和图录出版相结合等六个方向推进我国古籍编目工作，使之进入到一个有组织的、规范的、流程合理的方向。

云南省图书馆历史文献部主任计思诚从该馆古籍编目的经验出发，谈及了少数民族古籍编目发展的问题及解决方法，希望古籍编目专业委员会能够与挂靠本馆的少数民族古籍保护专业委员会联手，以《中华古籍总目·分省卷》的编纂、《中国古籍善本书目》的补充完善等一些大型项目为抓手，进而带动一批全国古籍编目人才的培养。

辽宁省图书馆古籍文献中心主任刘冰针对《中华古籍总目》编纂的问题提出建议：古籍普查作为《中华古籍总目》编纂的基础性工作，强调的是客观著录，客观著录是要保持款目之间的差异性。而《中华古籍总目·分省卷》的编纂过程，则体现的是款目之间的共性。这种由客观著录到标准著录的转变，造成许多经验不足的编目员无所适从。希望专委会在技术上给予编目人员指导与支持，使《中华古籍总目·分省卷》能够顺利完成。

中国中医科学院图书馆古籍部主任李鸿涛结合所在单位建馆至今完成的四次大规模中医古籍编目和普查的经验，探讨了目前中医古籍编目整个行业面临的基础问题。例如，各馆著录标准不够统一，在流传的过程中中医古籍因其自身的特点，致使各馆的分类状况不够统一，造成著录标准不够规范，各家水平参差不齐；编目人员的水平问题、指导思想问题等，造成著录项不够完整和正确；版本鉴定和考证中的失误，造成在组织中医图书联合目录过程中遇到了很多困难。同时，他还谈及该馆在著录规范和分类方法上所做的努力，如从前年开始在行业内陆续发布中医古籍的分类法、分类标准和著录规则。他希望在后续工作中得到专委会的大力支持，将中医古籍编目工作推向中医行业的各个单位，从而提升整个行业的编目水平，以利于新时代对中医古籍的发掘和利用。

最后，专委会副主任委员、国家图书馆古籍馆副馆长谢冬荣作总结发言，希望本专委会的成立能够促进古籍编目工作的全面发展与国际合作。主任委员姚伯岳鼓励专委会各位委员应怀有使命感和责任感，为古籍编目事业贡献力量。

## 附：中国古籍保护协会古籍编目专业委员会成员名单（24人）

**主任委员**

姚伯岳　天津师范大学古籍保护研究院常务副院长、教授

**副主任委员**

谢冬荣　国家图书馆古籍馆副馆长、研究馆员

史　梅　南京大学图书馆副馆长、研究馆员

**秘书长**

史　梅（兼）

**副秘书长**

凌一鸣　天津师范大学古籍编目研习中心主任

**委员（按姓氏笔画排序）**

王　洋　国家图书馆中文采编部主任、副研究馆员

王　蕾　中山大学图书馆副馆长、研究馆员

计思诚　云南省图书馆历史文献部主任、研究馆员

刘　冰　辽宁省图书馆古籍文献中心主任、副研究馆员

刘净贤　故宫博物院图书馆古籍一组副研究馆员

许建平　福建省图书馆特藏部主任、研究馆员

李国庆　天津图书馆研究馆员

李勇慧　山东省图书馆副馆长、研究馆员

李鸿涛　中国中医科学院图书馆古籍部主任、研究员

陈　谊　浙江图书馆古籍部主任、研究馆员

杨　光　山西大学图书馆馆长、研究馆员

林　英　成都中医药大学图书馆馆长助理兼古籍部主任、研究馆员

周　荣　武汉大学图书馆古籍部主任、研究馆员

周　蓉　南京图书馆历史文献部副主任、研究馆员

倪俊明　广东省立中山图书馆研究馆员

郭立暄　上海图书馆历史文献中心古籍部研究馆员

眭　骏　复旦大学图书馆古籍部主任、研究馆员

韩松涛　浙江大学图书馆古籍特藏部主任、副研究馆员

喻乒乒　北京大学图书馆古籍馆古籍编目组组长、副研究馆员

鲁朝阳　广西师范大学出版社文献分社社长、副编审

**观察员（7人）**

邓骏捷　澳门文献信息学会会长

曾纪刚　台北故宫博物院图书文献馆研究员

沈志佳　美国华盛顿大学东亚图书馆馆长

林海青　美国加州大学伯克利分校东亚图书馆编目部主任

刘　静　加拿大不列颠哥伦比亚大学亚洲图书馆研究馆员

乔晓勤　加拿大多伦多大学东亚图书馆中文部主任

罗栖霞　法国国家图书馆写本部文献数字化及中文编目负责人

（董桂存，天津师范大学图书馆馆员）

参考文献：

[1] 中国古籍保护协会古籍编目专业委员会成立 [EB/OL].（2022-06-30）[ 2022-08-30 ] . http://www.chinaabp.cn/dtzx/tpxw/202206/t20220630_211625.htm.

[2] 姚伯岳 . 我国图书馆古籍编目工作存在的问题及建议 [J]. 图书情报工作，2020（10）：28-34.

# 无锡市图书馆古籍保护工作综述

## ——写在全国古籍重点保护单位复核之际

A Summary of the Preservation and Conservation of Ancient Books in Wuxi Library

陈小青

**摘　要:**据《文化和旅游部办公厅关于开展全国古籍重点保护单位复核工作的通知》(办公共发〔2022〕6号文件),为不断改善古籍存藏环境,确保古籍实体安全,文化和旅游部于2022年对全国古籍重点保护单位开展复核工作。本文针对复核内容做了梳理,介绍了无锡市图书馆十余年来的古籍保护工作情况。文章从管理机构、人才建设、规章制度、书库改造、古籍普查、整理出版、数字资源、课题服务、宣传推广等多角度做了详细说明,展示了一个地市级公共图书馆在古籍保护方面的坚持与努力。文末还就古籍保护工作提出了建议,希望对以后的工作有所帮助。

**关键词:**无锡市图书馆;古籍保护

笔者就职的无锡市图书馆前身为创建于1912年的无锡县图书馆,是国内较早创立的公共图书馆之一。百年积淀,底蕴深厚,现有馆藏430万册(件),古籍30万册,其中善本约2万册。2009年成功入选第二批全国古籍重点保护单位。十多年来,本馆不断加大古籍保护和开发力度,充分发挥馆藏资源优势,先后完成标准化古籍书库改造与馆藏古籍普查,影印出版系列珍贵古籍丛书,建设馆藏古籍全文数据库,新辟特色专题家谱馆、方志馆,举办展览、直播等宣传推广活动。在保护好馆藏古籍的同时,让珍藏在古籍里的文字走出“深闺”,

为越来越多的市民读者所认识并喜爱，逐渐成为无锡市弘扬优秀传统文化、开展爱国主义教育的重要阵地。

## 一、完善工作机制，发挥保护职能

### （一）专设保护机构

本馆专设历史文献中心，负责馆藏历史文献的收藏、整理、开放、保护、开发、利用、研究、管理等。2012年，又设立无锡市古籍保护中心，同时创建无锡市古籍保护网，在无锡地区宣传、普及并推动古籍保护工作。多年来，积极发挥地区古籍保护中心职能，指导宜兴市图书馆、无锡市开原寺图书馆、无锡市中医院图书馆、无锡市辅仁中学图书馆等基层馆开展古籍保护和整理工作，帮助锡山区图书馆完成馆藏古籍的普查。

### （二）培养人才队伍

近年来，本馆先后引进古文献及古籍修复专业人才3名，以充实古籍保护力量。历史文献中心在编人员最多时达10名，编外4名，目前编内8名、编外3名。十多年来，先后选派业务骨干参加由国家、江苏省古籍保护中心举办的各类专题培训班16人次，为本馆古籍保护工作的顺利开展提供了有力的人才支撑和技能保障。

## 二、坚持长效投入，优化保护环境

### （一）争取专项投入

充分认识到加强古籍保护工作的重要性后，本馆将古籍保护工作纳入重要议事日程，并积极争取上级政府、部门的重视和支持。2009—2012年先后争取到省、市专项保护经费300多万元，用于古籍书库标准化改造和保护环境完善。十多年来，市级财政每年向本馆下拨古籍保护专项经费30万元左右（每年10万—50万元不等），保障了本馆古籍保护工作的常态化开展。

### （二）改善保护条件

本馆专门设有善本书库、普本书库、荣氏文库等古籍书库。书库总面积达1200余平方米，阅览室面积约850平方米。改造后的古籍书库拥有恒温恒湿中央空调系统、二氧化碳自动灭火系统、火灾报警系统、24小时监控系统及全新樟木书橱。添置了除湿机、空气净化器、防水报警器、温湿度检测仪、修复台、古籍专用赛数扫描仪及存储磁盘阵列等相关设备。为加强保护力度，2021年年底筹备提升安保系统，目前正在建设之中。同时，修订完善了《善本书库管理制度》《古籍（地方文献、民国文献）书库管理制度》等一系列古籍保护与管理办法，为本馆古籍保护工作顺利开展提供了重要依据。高标准的软、硬件配置，使得本馆古籍保护工作走上了更高更新的台阶。

## 三、积极申报名录，完成古籍普查

### （一）申报成果显著

实现"中华古籍保护计划"，其中一项重要工作就是珍贵古籍名录的申报。本馆对此高度重视，指派专人负责，全程参与了历次国家级、省级珍贵古籍名录申报工作。2008 年至今，先后已有 112 部古籍入选国家级珍贵古籍名录，318 部古籍入选省级珍贵古籍名录，跻身全省同级图书馆前列。

### （二）普查顺利完成

古籍普查是古籍保护工作的基础，也是重点。本馆成立专门的普查小组，及时制订详细方案，严格按照《古籍普查规范》积极推进馆藏古籍的整理和摸底排查工作。自 2009 年至 2018 年，共完成 11324 部 13 万余册馆藏古籍的普查。古籍藏量居江苏省内地市级公共图书馆前列。作为普查工作重要成果，《江苏省无锡市图书馆古籍普查登记目录》也于 2021 年 5 月由国家图书馆出版社正式出版[1]。笔者曾撰写专文介绍了本馆的普查工作[2]。

## 四、注重藏用并举，推动古籍活化

### （一）加强特藏建设

为缓解古籍保护与利用的矛盾，本馆每年从购书经费中划出 40 万—50 万元，用于补充再版古籍，在满足读者查阅需求的同时，最大限度地降低古籍原件的损耗。十多年来，有计划、有针对性地补充采购四库系列丛书、《中国地方志集成》、《著名图书馆藏稀见方志丛刊》等再版古籍，方志特色馆藏已渐成体系，基本达到研究级馆藏水平。

### （二）持续整理出版

为让珍贵古籍更好地服务读者，本馆先后从入选国家、省级珍贵古籍名录的馆藏古籍中精选书单，编辑整理出版《荣德生遗命捐赠、无锡图书馆馆藏国家珍贵古籍选刊》《无锡市图书馆藏古籍珍本丛刊》《无锡市图书馆藏地方孤本丛书》等十余种文献（详见表 1）。持续十多年的系列整理与出版，既充分展示了无锡地区深厚的文化底蕴，又宣传了本馆特色古籍。

表1　2005年起无锡市图书馆整理出版情况

| 序号 | 年度 | 书名 | 册数 | 出版社 |
|---|---|---|---|---|
| 1 | 2005 | 无锡市图书馆藏精品丛书——锡山先哲丛刊 | 4册 | 凤凰出版传媒集团<br>江苏古籍出版社 |
| 2 | 2005 | 百年无锡名人谱 | 1册 | 新华出版社 |
| 3 | 2006 | 裘国骥作品选——山水篇、人物篇 | 2册 | 上海画报出版社 |
| 4 | 2006 | 惠山记·惠山记续编 | 1册 | 古吴轩出版社 |
| 5 | 2007 | 无锡望族与名人传记续编 | 1册 | 中国文联出版社 |
| 6 | 2007 | 梁溪古园——无锡古典园林史料辑录 | 1册 | 方志出版社 |
| 7 | 2008 | 寄畅园法帖 | 7册 | 凤凰出版传媒集团<br>江苏教育出版社 |
| 8 | 2009 | 荣德生遗命捐赠、无锡图书馆馆藏国家珍贵古籍选刊 | 8册 | 广陵书社 |
| 9 | 2009 | 民国时期无锡年鉴资料选编 | 1册 | 广陵书社 |
| 10 | 2010 | 无锡市图书馆藏古籍珍本丛刊——比璞山房罪言（风雩漫录、滴露漫录） | 4册 | 凤凰出版传媒集团<br>江苏教育出版社 |
| 11 | 2011 | 无锡市图书馆藏古籍珍本丛刊——朱子节要 | 2册 | 凤凰出版传媒集团<br>江苏教育出版社 |
| 12 | 2012 | 无锡市图书馆藏古籍珍本丛刊——华氏传芳集 | 4册 | 凤凰出版传媒集团<br>江苏人民出版社 |
| 13 | 2013 | 无锡市图书馆藏古籍珍本丛刊——秋水集 | 2册 | 广陵书社 |
| 14 | 2014 | 瞻桥小志 | 1册 | 广陵书社 |
| 15 | 2015 | 无锡地区家谱知见目录 | 1册 | 广陵书社 |
| 16 | 2019 | 无锡市图书馆藏地方孤本丛书·第一辑 | 1册 | 广陵书社 |
| 17 | 2021 | 江苏省无锡市图书馆古籍普查登记目录 | 1册 | 国家图书馆出版社 |

（三）加快数字转化

积极开展馆藏古籍数据库建设，探索古籍数字化保存和活化利用的新途径。本馆于2011年始建"无锡市图书馆馆藏古籍全文数据库"，至今已完成155部647册44540页馆藏古籍数字化，具有图文原貌对照浏览、全文检索等功能。据了解，江苏省内地市级以上公共图书馆已建古籍数据库的有4家，其中"南通市图书馆·静海藏书"可图文对照、全文检索，"苏州图书馆古籍库"可图文对照，“连云港市图书馆·典藏古籍数据库”“泰州历史文献特色库”可图片浏览。

2017年本馆与上海图书馆合作，启动馆藏民国时期无锡地方报纸全文数字化工程，2021年已完成建设。数据库名称为“民国时期无锡地方报纸数据库”，报种数量52种，实现了馆内电脑查阅，在江苏省内属于领先。

“无锡市图书馆馆藏古籍全文数据库”“民国时期无锡地方报纸数据库”向读者开放后，受到一致好评，促成了地方文史研究成果的集中涌现，如《无锡：一座江南水城的百年回望》《滨湖文库》等。

## 五、合理整合资源，打造特色专馆

### （一）建设家谱专馆

2007年在业内率先成立市谱牒文化研究会，开展谱牒文化研究和家谱特色服务。多年来通过多种渠道征集新旧家谱，大大丰富了馆藏，成绩喜人（详见表2、表3）。

表2 无锡市图书馆新谱征集情况（2007—2021）

| 年度 | 种数 | 部数 | 册数 |
|---|---|---|---|
| 2007 | 4 | 4 | 6 |
| 2008 | 19 | 19 | 44 |
| 2009 | 39 | 42 | 99 |
| 2010 | 68 | 70 | 400 |
| 2011 | 78 | 89 | 559 |
| 2012 | 71 | 75 | 563 |
| 2013 | 72 | 79 | 428 |
| 2014 | 101 | 111 | 828 |
| 2015 | 125 | 136 | 732 |
| 2016 | 116 | 130 | 738 |
| 2017 | 120 | 138 | 843 |
| 2018 | 116 | 153 | 770 |
| 2019 | 112 | 137 | 806 |
| 2020 | 120 | 137 | 817 |
| 2021 | 116 | 138 | 1101 |

**表 3 无锡市图书馆旧谱征集情况（2005—2021）**

| 年度 | 姓氏 | 册数 |
|---|---|---|
| 2005 | 倪 | 40 |
| 2007 | 钱 | 24 |
| 2010 | 孙 | 14 |
| 2010 | 张 | 20 |
| 2011 | 余 | 16 |
| 2012 | 程 | 1 |
| 2015 | 秦 | 28 |
| 2016 | 蔡 | 14 |
| 2016 | 姚 | 10 |
| 2016 | 骆 | 4 |
| 2016 | 钱 | 12 |
| 2017 | 朱 | 1 |
| 2017 | 杨 | 2 |
| 2017 | 周 | 10 |
| 2018 | 陆 | 2 |
| 2018 | 陈 | 4 |
| 2019 | 蔡 | 10 |
| 2019 | 蔡 | 14 |
| 2021 | 杜 | 6 |
| 2021 | 徐 | 114 |
| 2021 | 周 | 12 |
| 2021 | 鄞 | 1 |
| 2021 | 朱 | 8 |

截至 2021 年年底，征集新谱总计 1277 种 1458 部 8734 册，征集旧谱 23 种 23 部 367 册。其中不乏珍贵稀见家谱。如：民国四年（1915）清闷阁木活字印本元代大画家倪瓒家谱、稿本华裔水彩画大师程及家谱、清光绪三十一年（1905）古十笏堂木活字印本《锡山徐氏宗谱》等，后者全球原仅日本东京大学东洋文化研究所图书馆、日本东洋文库和上海图书馆收藏。

目前本馆馆藏家谱总量已达两千余种 1.8 万余册，涉及姓氏 160 余个，形成专题特色。为更好地服务读者，本馆于2020年开设特色家谱馆，为读者提供馆藏家谱目录检索、查阅复制、课题咨询等服务。开放后社会反响非常强烈，前来查阅咨询者络绎不绝。

（二）开设方志专馆

方志具有“资治、教化、存史”三大功能，编修方志是中国悠久的文化传统。本馆古籍藏品中方志类典籍为数不少。新馆开馆20余年来，又有计划地补充采购方志类再版古籍及相关研究成果，至今已形成相当规模，总量达8000余册，在地市级图书馆中较为突出。为更好发挥馆藏资源优势，为方志爱好者和研究者创造更加优越的环境，本馆于2018年专设特色方志馆，向读者提供更专业更全面的服务。开放后得到良好反馈，不仅大量读者前来查阅，而且在业内也引起广泛关注，有不少同行前来咨询、交流、参观。

## 六、提升服务能力，强化宣传推广

（一）深耕课题服务

《无锡文库》是无锡地区有史以来最大的地方历史文献集成，也是省内首部完成的城市历史文化总集。本馆作为无锡地区文献资源中心，不仅承担家谱和年谱两辑的编纂任务，还全程参与前期选目、底本提供、各辑分编、提要撰写等工作，为文库的编辑出版提供了全方位深层次的课题服务[1]前言。另外还积极抽调人员参与《江苏文库·史料编》《江苏经籍志·书志》等书的提要撰写，并为《江苏文库·书目编》提供书目数据。配合滨湖区委、区政府开展《滨湖文库》的编撰工作，该书目前已出版。自2020年始，参与上海图书馆主持的国家社科基金项目重大课题“1949年以来中国家谱总目”的编纂等等。十多年来，通过参与各种层级和类型的课题服务，馆员业务能力和服务水平得到极大提升，许多课题服务成果获省、市级奖项或荣誉，图书馆参与文献类大型课题的口碑和影响日渐显著。

（二）提升社会影响

多年来，通过开办展览、讲座等活动多渠道宣传馆藏历史文献，普及市民古籍保护意识，传承并弘扬优秀传统文化。先后举办“无锡市谱牒文化成果展”“天禄遗珠——无锡市图书馆、无锡博物院藏古籍珍本联展”等，展示馆藏精品。联合《江南晚报》开展“追忆往锡”专题服务，挖掘乡邦历史，宣传地域文化。近两年来，多途径宣传家谱馆和特色馆藏，接受各类媒体采访数十次，相关报道被“新华网”“人民网”“光明网”等网络媒体转载，取得了极好的社会反响。策划“序昭穆　传家风——走进锡图家谱馆”和“‘吉光片羽’锡图典籍文化推广——荣氏文库”等主题直播活动，通过“新华网”“新浪无锡”等媒体全程直播、转播，吸引近70万人观看和参与互动，让珍贵古籍走近寻常人。

## 七、努力自有回报，喜获多方肯定

通过多年辛勤耕耘和努力付出，本馆的古籍保护工作得到上级主管部门和社会各方的认可，荣获多项殊荣，多位馆员获评江苏省古籍保护工作先进个人，课题服务、学术成果、特色服务等更是硕果累累（详见表4）。

**表4　无锡市图书馆获得荣誉一览表**

| 序号 | 年度 | 获得荣誉 |
|---|---|---|
| 1 | 2009 | 全国古籍重点保护单位 |
| 2 | 2009 | 江苏省古籍重点保护单位 |
| 3 | 2011 | 江苏省古籍保护工作先进单位 |
| 4 | 2011 | 江苏省古籍保护工作先进个人 |
| 5 | 2014 | “参编大型地方文献集《无锡文库》”获第六届江苏省公共图书馆优秀服务成果一等奖 |
| 6 | 2014 | “‘追忆往锡’专题推送”获第六届江苏省公共图书馆优秀服务成果二等奖 |
| 7 | 2016 | 江苏省古籍保护工作先进单位 |
| 8 | 2016 | 江苏省古籍保护工作先进个人 |
| 9 | 2016 | “挖掘传统文化精髓　助力‘中国梦’实现——无锡市图书馆谱牒文献特色服务”获第七届江苏省公共图书馆优秀服务成果三等奖 |
| 10 | 2016 | 编撰出版的《无锡地区家谱知见目录》获江苏省第五届图书馆学情报学学术成果二等奖 |
| 11 | 2019 | 历史文献中心荣获无锡工人先锋号称号 |
| 12 | 2019 | “传承历史基因　守护江南文脉”获2019年中图学会学术论文和业务案例征集活动一等案例 |
| 13 | 2021 | “心中有谱　家传良风——无锡市图书馆家谱文化特色服务案例”获“江苏省图书馆学会2020—2021学术年会论文和业务案例”案例类一等奖 |
| 14 | 2021 | 编辑出版的《无锡市图书馆藏地方孤本丛书》获无锡市十五届哲学社会科学优秀成果二等奖 |
| 15 | 2021 | 指导编修并选送的《无锡陆氏西园支世谱》获江苏省首届新修家谱评选一等奖第一名 |

## 八、建议与思考

（一）专题馆室建设

创建古籍专题馆室是展示公共图书馆古籍特色馆藏的重要手段，也是开展古籍保护工作的新型方式之一。公共图书馆可以根据自己的馆藏特色选定合适的专题，如某个重要历史人物、重大历史事件、重要思想、标志性建筑、特定日期、特殊物品等，建立相关的专题馆室，既能展示特色馆藏，又可满足读者更多的需求。

（二）创新收藏模式

目前，大多数国内公共图书馆新增古籍来源渠道多仅限于接受捐赠，且数量很少，而各大拍卖现场古籍却频频现身，最后大抵为个人收藏。这种状况很不利于古籍的保护。因此建议公共图书馆能够创新收藏模式，积极涉足古籍拍卖活动，选拍合适的古籍，让流离在外的古籍尽可能回归，以更好地延续传承中华文化。

2022 年 4 月，中共中央办公厅、国务院办公厅印发了《关于推进新时代古籍工作的意见》，古籍事业迎来新的发展机遇[3]。公共图书馆应该认真学习并贯彻落实意见精神，继续坚持做好古籍的存藏保护、开发利用及传承弘扬工作，让古籍更好地为读者服务、为社会服务，让古籍里的文字真正“活”起来。

（陈小青，无锡市图书馆馆员）

参考文献：

[1]《江苏省无锡市图书馆古籍普查登记目录》编委会 . 江苏省无锡市图书馆古籍普查登记目录 [M]. 北京：国家图书馆出版社，2021.

[2] 陈小青 . 无锡市图书馆古籍普查札记 [J]. 古籍保护研究，2022（1）：40–47.

[3] 中共中央办公厅，国务院办公厅 . 关于推进新时代古籍工作的意见 [EB/OL].（2022-04-11）[2022-07-26]. http://www.gov.cn/zhengce/2022-04/11/content_5684555.htm.

# 小议《春秋公羊疏》著者的著录

A Note on the Bibliographical Description of the Author of *Chunqiu Gongyang Shu*

樊长远

**摘　要：**当代各种古籍目录中，《春秋公羊疏》的著者都题为“唐徐彦”。但元明清各种版本的《春秋公羊疏》都没有刊刻徐彦之名；隋唐以迄南宋的官私藏书目录中著录的《春秋公羊疏》都没有题著者，仅有传闻著者为徐彦而已，其时代也不明确。《春秋公羊疏》的文本生成时代问题，历代学者做了大量考证，但聚讼纷纭，并没有一个学界普遍承认的结论。因此，《春秋公羊疏》的著者实为佚名，古籍目录中径题为“唐徐彦”的做法是错误的。

**关键词：**《公羊疏》；徐彦；著录

## 一、从版本实物看《春秋公羊疏》著者的题署

《春秋公羊疏》（以下简称《公羊疏》），主要版本有单疏本和注疏合刻本两大系统。单疏本是疏文与经注别行，自为一书。注疏合刻本即作为群经注疏之一，现存版本有十行本、嘉靖本、北监本、汲古阁本、武英殿本、阮刻本。

（一）单疏本，三十卷

国家图书馆收藏宋刻递修本一部，残存卷一至七（见图 1）。《中华再造善本》已影印。此本各卷端首行题“春秋公羊疏卷第几，某公几”，次行为本卷起讫年代“起某年 / 月，尽某年 / 月”，未题著者。日本蓬左文库有抄本一部，为全本，“行款虽与今存宋刻本不同，但卷端题格式与宋刻本同”[1]。

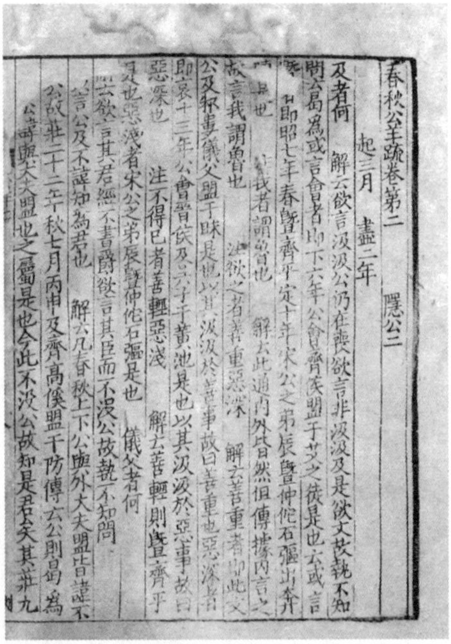

春秋公羊疏卷第二　隱公二
起三月　盡二年
及者何　解云欲言汲汲公仍在喪欲言非汲汲及是欲文故執不知
問若為或言會者即下六年公會齊侯盟于艾之徒是也云或言
暨即昭七年春暨齊平定十年宋公之弟辰暨仲佗石彄出奔
陳是也　注我者謂魯也　解云此通內外皆然但傳據內言之
故言我謂魯也　注欲之者善重惡深　解云善重者即此文
公及邾婁儀父盟于眛是也以其汲汲於善事故曰善重也惡深者
即哀十三年公會晉侯及吳子于黃池是也以其汲汲於惡事故曰
惡深也　注不得已者善輕惡淺　解云善輕則暨齊平
是也惡淺者宋公之弟辰暨仲佗石彄是也　儀父者何
解云欲言其君經不書爵欲言其臣而不沒公故執不知問
注言公及不諱知為君也　解云凡春秋上下公與外大夫盟皆諱不
言公故莊二十二年秋七月丙申及齊高傒盟于防傳云公則曷為
不言公諱與大夫盟也之屬是也今此不沒公故知是君也其并九

图 1　单疏本

（二）十行本，二十八卷

元泰定间刻，书版在明正德间曾经修补重刷，故又称正德本（见图 2）。《中华再造善本》亦有影印。卷一卷端首行题“监本附音春秋公羊注疏隐公卷第一，起某年尽某年（双行小字）”，次行题“春秋公羊经传解诂隐公第一”，以下双行疏文，疏文完毕，另起一行题“何休学”，再次行为正文。卷二以下卷端首行题“监本附音春秋公羊注疏某公第几，起某年尽某年（双行小字）”，次行即题“何休学”，再次行为正文。元刻十行本是据南宋建阳坊刻十行本翻刻，宋本版式应与元本相同，今已不存世。

（三）嘉靖本，二十八卷

明嘉靖间福建御史李元阳刻，又称李元阳本、闽本（见图 3）。各卷端首行题“春秋公羊传注疏”；次行题“汉何休学，■疏”，“疏”字上为一长方墨钉，约当小字五个字；第三行题“明御史李元阳、提学佥事江以达校刊”；第四行起为正文。

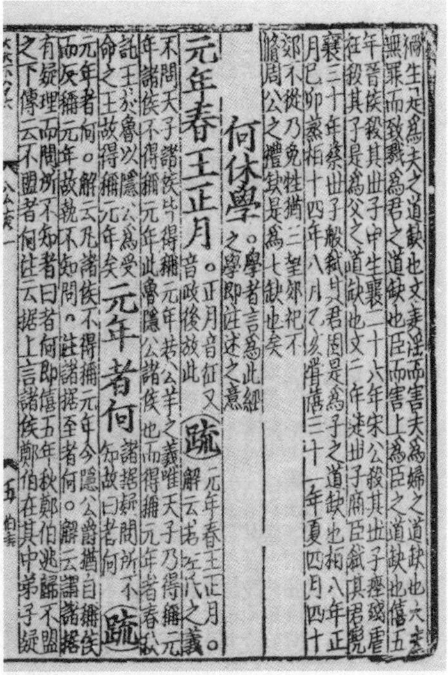
猶生走爲夫之道缺也文姜淫而害夫爲婦之道缺也六年
無罪而致戮爲君之道缺也臣而害上爲臣之道缺也僖五
年晉侯殺其世子申生襄二十六年宋公殺其世子痤殘虐
枉殺其子是爲父之道缺也文元年楚世子商臣弒其君髡
襄三十年蔡世子般弒其君固是爲子之道缺也桓八年正
月己卯烝桓十四年八月乙亥嘗僖三十一年夏四月四卜
郊不從乃免牲猶三望郊祀不
脩周公之禮缺是爲七缺也矣
何休學。學者言爲此經之學即注述之意
元年春王正月。正月音征又音政後放此　疏　元年春王正月。解云若左氏之義
不問天子諸侯皆得稱元年若公羊之義唯天子乃得稱元
年諸侯不得稱元年此魯隱公諸侯也而得稱元年者春秋
託王於魯以隱公爲受命之王故得稱元年矣　元年者何　諸據疑問所不知故曰者何　疏
元年者何。解云凡諸侯不得稱元年今隱公爵猶自稱侯
而反稱元年故執不知問。注諸據至者何。解云謂諸據
有疑理而問所不知者曰者何即僖五年秋鄭伯逃歸不盟
之下傳云不盟者何注云據上言諸侯鄭伯在其中弟子疑

图 2　十行本

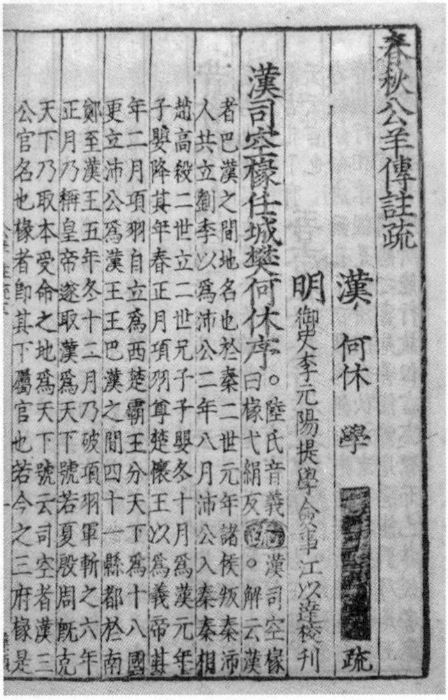
春秋公羊傳註疏
漢　何休　學　疏
明　御史李元陽提學僉事江以達校刊
漢司空掾任城樊何休序。陸氏音義曰掾弋絹反　疏　漢司空掾
者巴漢之間地名也於秦二世元年諸侯叛秦沛
人共立劉季以爲沛公二年八月沛公入秦秦相
趙高殺二世立二世兄子子嬰冬十月爲漢元年
子嬰降其年春正月項羽尊楚懷王以爲義帝其
年二月項羽自立爲西楚霸王分天下爲十八國
更立沛公爲漢王王巴漢之間四十一縣都於南
鄭至漢王五年冬十二月乃破項羽軍斬之六年
正月乃稱皇帝遂取漢爲天下號若夏殷周既克
天下乃取本受命之地爲天下號云司空者漢三
公官名也掾者即其下屬官也若今之三府掾是

图 3　嘉靖本

（四）北监本，二十八卷

明万历二十一年（1593）北京国子监刻，又称万历本（见图 4）。各卷端首行题“春秋公羊注疏某公卷第几，起某年尽某年（双行小字），汉何休学”，第二至三行题国子监校刊者衔名“皇明朝列大夫国子监祭酒臣曾朝节等奉旨重校修”，第四行起为正文。

春秋公羊註疏隱公卷第一 起元年盡元年 漢何休學
皇明朝列大夫國子監祭酒臣曾朝節等奉
旨重校修
春秋公羊經傳解詁隱公第一 ○陸曰解詁佳買反下音古訓也 何
休學 ○學者言為此經之學即註述之意 疏 春秋至第一 ○解云案
舊題云春秋隱公經傳解詁第一公羊何氏則云春秋者一部之總名隱
公者魯侯之謚號經傳者雜彝之稱解詁者何所
自曰第一者無先之辭公羊者傳之別名何氏者
邵公之姓也今定本則升公羊字在經傳上退隱
公字在解詁之下未知自誰始也又云何休學今
案博物志曰何休註公羊云何休學有不解者答
答曰休謙辭受學於師乃宣此義不出於已此言
為允是其義也 ○問曰左氏以為魯哀十一年夫

图 4　北监本

（五）汲古阁本，二十八卷

明崇祯七年（1634）虞山毛氏汲古阁刻（见图 5）。各卷端首行题“春秋公羊注疏某公卷第几，起某年尽某年（双行小字）”，次行题“汉何休学”；第三行起为正文。清嘉庆三年（1798）金阊书业堂刻本、嘉庆十八年（1813）四友堂刻本都是翻刻汲古阁本，版式相同。

（六）武英殿本，二十八卷

清乾隆间内府武英殿刻，习称殿本（见图 6）。各卷端首行题“春秋公羊传注疏卷几，起某公某年尽某年（双行小字）”，次行题“汉何休学，唐陆德明音义”，第三行题“某公”，第四行起为正文。清同治十年（1871）广东书局据武英殿本翻刻，版式相同。

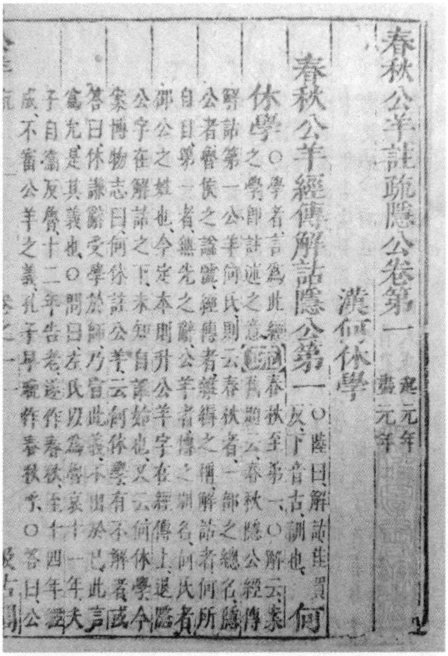
春秋公羊註疏隱公卷第一 起元年盡元年
漢何休學
春秋公羊經傳解詁隱公第一 ○陸曰解詁佳買反下音古訓也
何休學 ○學者言為此經之學即註述之意 [疏] 春秋至第一 ○解云案
解詁第一公羊何氏則云春秋者一部之總名隱公經傳隱
公者魯侯之諡號經傳者雜縟之稱解詁者何氏所
自目第一者無先之辭公羊者傳之別名何氏者
邵公之姓也今定本則升公羊字在經傳上退隱
公字在解詁之下未知自誰始也又云何休學今
案博物志曰何休注公羊云何休學有不解者或
答曰休謙辭受學於師乃宣此義不出於己此言
為允是其義也○問曰左氏以為魯哀十一年夫
子自衛反魯十二年告老遂作春秋至十四年經
成不審公羊之義孔子早晚作春秋乎○答曰公

图 5　汲古阁本

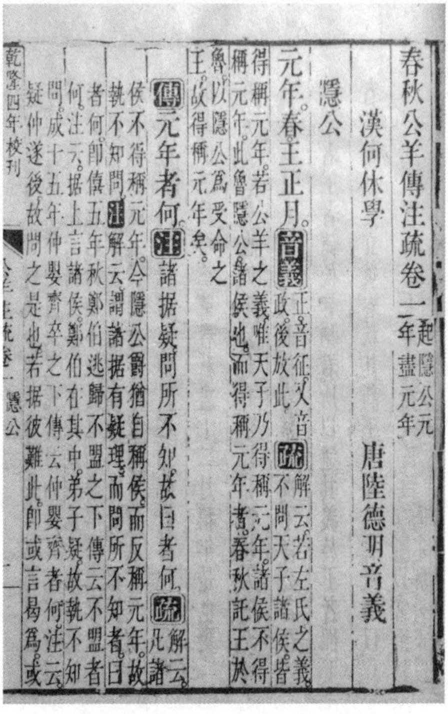
春秋公羊傳注疏卷一 起隱公元年盡元年
漢何休學 唐陸德明音義
隱公
元年春王正月 [音義] 正音征又音政後放此 [疏] 解云若左氏之義
得稱元年若公羊之義唯天子乃得稱元年諸侯不得
稱元年此魯隱公諸侯也而得稱元年者春秋託王於
魯以隱公為受命之王故得稱元年矣
[傳] 元年者何 [注] 諸據疑問所不知故曰者何 [疏] 解云凡諸
侯不得稱元年今隱公爵猶自稱侯而反稱元年故
執不知問 [注] 解云謂諸據有疑理而問所不知者曰
者何即僖五年秋鄭伯逃歸不盟之下傳云不盟者
何注云据上言諸侯鄭伯在其中弟子疑故執不知
問成十五年仲嬰齊卒之下傳云仲嬰齊者何注云
疑仲遂後故問之是也若据彼難此即或言曷為或
乾隆四年校刊
公羊注疏卷一 隱公

图 6　武英殿本

(七)阮刻本,二十八卷

清嘉庆二十一年(1816)江西南昌府学刻,因系阮元主持校刻,习称阮本(见图7)。据十行本翻刻,版式相同。清同治十三年(1874)湖南书局刻本、光绪十三年(1887)脉望仙馆影印本、光绪三十年(1904)同文升记影印本、民国十五年(1926)上海锦章图书局石印本、民国间上海中华书局铅印本等都从阮本出,版式相同。

禍生是爲夫之道缺也文姜淫而害夫爲婦之道缺也大夫
無罪而致戮爲君之道缺也臣而害上爲臣之道缺也僖五
年晉侯殺其世子申生襄二十六年宋公殺其世子痤殘虐
枉殺其子是爲父之道缺也文元年楚世子商臣弑其君髡
襄三十年蔡世子般弑其君固是爲子之道缺也桓八年正
月己卯烝桓十四年八月乙亥嘗僖三十一年夏四月四卜
郊不從乃免牲猶三望郊祀不
脩周公之禮缺是爲七缺也矣
何休學 之。學者言爲此經之學即注述之意
元年春王正月 。正月音征又音政後放此 疏 元年春王正月。解云若左氏之義
不問天子諸侯皆得稱元年若公羊之義唯天子乃得稱元
年諸侯不得稱元年此魯隱公諸侯也而得稱元年者春秋
託王於魯以隱公爲受
命之王故得稱元年矣
元年者何 諸據疑問所不知故曰者何 疏
元年者何。解云凡諸侯不得稱元年今隱公爵猶自稱侯
而反稱元年故執不知問。注諸據至者何。解云謂諸據
有疑理而問所不知者曰者何即僖五年秋鄭伯逃歸不盟
之下傳云不盟者何注云據上言諸侯鄭伯在其中弟子疑

图7 阮刻本

以上《公羊疏》的各个版本,没有一本明确刊刻作疏者的名氏和时代。按照古籍版本著录的通行规范做法,只能对作疏者做出推测。

## 二、古籍书目对《公羊疏》著者的著录

《四库全书总目》卷二十六春秋类载:“《春秋公羊传注疏》二十八卷,内府藏本。汉公羊寿传,何休解诂,唐徐彦疏。”[2] 提要云:

> 彦疏《唐志》不载,《崇文总目》始著录,称“不著撰人名氏,或云徐彦”。董逌《广川藏书志》亦称“世传徐彦,不知时代,意其在贞元、长庆之后”。考疏中“邲之战”一条,犹及见孙炎《尔雅注》完本,知

在宋以前；又“葬桓王”一条，全袭用杨士勋《穀梁传疏》，知在贞观以后；中多自设问答，文繁语复，与邱光庭《兼明书》相近，亦唐末之文体。董逌所云，不为无理，故今从逌之说，定为唐人焉。

按:《四库》提要云“彦疏《唐志》不载”，谓在《旧唐书·经籍志》和《新唐书·艺文志》中不见记载；云“《崇文总目》始著录”，不确。《公羊疏》最早见于《隋书·经籍志》，《隋书·经籍志》春秋类载“《春秋公羊疏》十二卷”，无著者，此与后世收入《十三经注疏》中的二十八卷或三十卷（由二十八卷离析而来）本《公羊疏》卷数迥异，不知是否同一书，阮元谓“参差无考”[3]。《崇文总目》系北宋仁宗时王尧臣等奉敕编纂，原书已佚，元马端临《文献通考》卷一百八十二《经籍考》著录《春秋公羊疏》三十卷，引《崇文总目》云:“不著撰人名氏。援证浅局，出于近世。或云徐彦撰。皇朝邢昺等奉诏是正，始令太学传授，以备《春秋》三家之旨。”[4] 董逌为南宋初藏书家，著有《广川藏书志》二十六卷，亦已亡佚，《四库》提要云云转引自陈振孙《直斋书录解题》。除《崇文总目》和《广川藏书志》二家外，南宋初的郑樵撰《通志》，卷六十三《艺文略》系抄撮旧目而成，其中春秋类之三传义疏小类载:“《春秋公羊疏》十二卷（原注:见《隋志》）。《春秋公羊疏》三十卷。”亦不著撰人。南宋晁公武《郡斋读书志》卷三著录:“《春秋公羊疏》三十卷。右不著撰人。李献民云徐彦撰，亦不详何代人也。《崇文总目》谓其‘援证浅局，出于近世’。”[5] 陈振孙《直斋书录解题》卷三著录:“《春秋公羊传疏》三十卷。不著撰者名氏。《唐志》亦不载。《广川藏书志》云世传徐彦撰，不知何据。然亦不能知其定出何代，意其在贞元、长庆后也。景德中，侍讲邢昺校定传之。”[6] 由此可见，隋唐以迄南宋的官私藏书中的《公羊疏》都没有题著者，仅是传闻为徐彦而已，其时代也不明确，所以后世的刻本都不刻撰疏者名氏。将徐彦著录为《公羊疏》的著者最早见于宋末王应麟《小学绀珠》卷四“三传疏”条，元代编修的《宋史·艺文志》春秋类著录“《公羊疏》三十卷”，隔十九条书目又载“徐彦《公羊疏》三十卷”，不知是重出抑或内容不同的书，颇疑王应麟以及《宋志》是根据董逌等传闻误题。《公羊疏》不书撰者的原因可以用清武英殿本所附的考证中的一条按语总结，按语是武英殿本《十三经注疏》编纂者张照所撰:

臣照按:《唐志》惟载《春秋正义》三十六卷，孔颖达等撰，又杨士勋《穀梁传疏》十二卷,而《公羊疏》不言撰人,是以宋刻十三经疏惟《公羊》不书撰疏名氏,历代相沿至今。今考《唐志》固不言撰疏人名氏,《宋志》则既以《公羊疏》三十卷与孔颖达《左传正义》、杨士勋《穀梁疏》并列矣,又云徐彦《公羊疏》三十卷,不知同乎?异乎?抑共此一书,特前后重见以传疑乎?马端临《文献通考》谓《崇文总目》不著撰人名氏,而王应麟《小学绀珠》直谓《公羊疏》徐彦撰,倘即《宋史》所据乎?抑别有考也?

这条按语道出了从宋至清历代书目编纂者和注疏刊刻者对《公羊疏》著者的重重疑问。

## 三、历代学者对《公羊疏》著者的考证

《公羊疏》的著者问题,或曰《公羊疏》的文本生成时代问题,是经学史上的一大难题。历代学者做了大量考证,可谓聚讼纷纭,归纳起来,有以下说法:

(一)徐彦。董逌称“世传徐彦,不知时代,意其在贞元、长庆之后”,朱彝尊《经义考》据此径著录为“徐氏彦《春秋公羊传疏》”[7]。《四库提要》亦从之,并作了进一步推定。段熙仲《春秋公羊学讲疏》力驳此说,考证作此疏之时间下不逮唐[8]。而今人龚鹏程重申唐代说,见所著《唐代〈公羊〉学:徐彦义疏研究》[9]。

(二)徐遵明。王鸣盛《蛾术编》卷七“公羊传疏”条云“《公羊疏》必徐遵明作”,但没有任何举证,纯出臆断。编刻《蛾术编》的迮鹤寿对此条加按语云:“《广川藏书志》云‘《公羊》世传徐彦作’,先生以为无据,今乃归诸徐遵明,更何据邪?”[10]而阮元《公羊注疏校勘记序》、周中孚《郑堂读书记》卷十并从王氏之说,以为系徐遵明作,理由是“盖其文章似六朝人,不似唐人所为者”[11],这种推测难以服人。

(三)南北朝人。持此论者最多,见洪颐煊《读书丛录》、姚范《援鹑堂笔记》、严可均《铁桥漫稿·书〈公羊疏〉后》、吴承仕《〈公羊〉徐疏考》[12]、日本重泽俊郎《〈公羊传疏〉作者时代考》[13]及近人潘重规《〈春秋公羊疏〉作者考》[14]、段熙仲《春秋公羊学讲疏》,今人姜宁《〈公羊疏〉与北朝学风》[15]、高亮《〈春秋公羊传注疏〉产生年代考——兼论其作者》[16]等,除段熙仲外,诸家皆主北朝说,段氏则推断“其人既下不逮隋,上不过宋,则为南士当在齐梁以降,北人则在北齐之世矣”[17]。若细分之,则有北齐、南朝梁、北魏等不同说法;潘重规推测作者

为北魏的高允，其他各家未推定主名。

（四）积累说，即认为此书是魏晋至唐代积累而成，不是一时一人之作，以近代日本学者狩野直喜《〈公羊疏〉作者年代考》、杉浦丰治《关于〈公羊疏〉成立时代的考察》、河口音彦《〈公羊传疏〉成立年代私考》、森秀树《关于〈春秋公羊疏〉》等论文为代表。《中国文哲研究通讯》第十二卷第二期、第三期有日本学者论《公羊注疏》专辑，收入了上举狩野直喜、重泽俊郎、杉浦丰治、河口音彦、森秀树等《公羊学》论文的汉译文章，可以参考。

综观以上诸家的论证和结论，可知《公羊疏》的著者并不能确定是何人，成书时代也有很大争议，至今仍没有一个为学界普遍承认的说法，文献不足，只能阙疑。

## 四、论当代古籍目录径题徐彦之不当

无论是从版本实物、早期记载还是内容考证来看，《公羊疏》的著者都不能确指为何代何人，只能说是佚名撰。但是1949年以来出版的各种古籍目录，如各图书馆的馆藏目录《北京图书馆善本书目》（1959）、《北京图书馆古籍善本书目》（1987）、《中国科学院图书馆藏中文古籍善本书目》和《北京大学图书馆藏古籍善本书目》等，又如联合目录《中国古籍善本书目》《中国古籍总目》《国家珍贵古籍名录》等，以及台湾地区的《"国立中央图书馆"善本书目》《"国立故宫博物院"善本旧籍总目》等，对各版本的《公羊疏》的著者全都径题为"唐徐彦"，这是十分不严谨的。唯一的例外是《中国丛书综录》，是将各版本的《公羊疏》著者题为"（□）□□撰"，这是一种实事求是的、符合古籍著录规范的做法，其他各种书目中的"唐徐彦"都应删去。

（樊长远，国家图书馆副研究馆员）

参考文献：

[1] 张丽娟．宋代经书注疏刊刻研究 [M]. 北京：北京大学出版社，2013：241.

[2] 永瑢，等．四库全书总目 [M]. 北京：中华书局，2003：210.

[3] 附释音春秋公羊注疏 [M]. 刻本．江西：南昌府学，1815（清嘉庆二十年）.

[4] 马端临．文献通考 [M]. 上海师范大学古籍研究所，华东师范大学古籍研究所，点校．北京：中华书局，2011：5385.

[5] 晁公武．郡斋读书志校证 [M]. 孙猛，校证．上海：上海古籍出版社，1990：107.

[6] 陈振孙．直斋书录解题 [M]. 徐小蛮，顾美华，点校．上海：上海古籍出版社，1987：54.

[7] 朱彝尊．经义考新校 [M]. 林庆彰，等主编．上海：上海世纪出版公司，上海古籍出版社，2010：3245.

[8] 段熙仲．春秋公羊学讲疏 [M]. 南京：南京师范大学出版社，2002：25-26.

[9] 龚鹏程．唐代《公羊》学：徐彦义疏研究 [J]. 兴大中文学报，1999（12）：31.

[10] 王鸣盛．蛾术编 [M]. 顾美华，标校．上海：上海书店出版社，2012：112.

[11] 附释音春秋公羊注疏 [M]. 刻本．江西：南昌府学，1815（清嘉庆二十年）：阮元．公羊注疏校勘记序；周中孚．郑堂读书记 [M]. 黄曙辉，印晓峰，标校．上海：上海书店出版社，2008：157.

[12] 吴承仕．《公羊》徐疏考 [J]. 师大国学丛刊，1930，1（1）：1.

[13] 重泽俊郎．《公羊传疏》作者时代考 [J]. 孙彬，译．中国文哲研究通讯，2002，12（2）：11.

[14] 潘重规．《春秋公羊疏》作者考 [J]. 学术季刊，1955，4（1）：1.

[15] 姜宁．《公羊疏》与北朝学风——兼论《公羊疏》的成书时代问题 [J]. 古籍整理研究学刊，2010（4）：10.

[16] 高亮．《春秋公羊传注疏》产生年代考——兼论其作者 [J]. 国学新视野：夏季号，2012：117；又参见：高亮．北方的南州与生涩的科段——《春秋公羊疏》文本生成时代新证 [J]. 中华文史论丛，2020（1）：21.

[17] 段熙仲．春秋公羊学讲疏 [M]. 南京：南京师范大学出版社，2002：26.

# 《国家珍贵古籍名录》所收<br>徐积《节孝先生文集》版本著录辨析

A Bibliographical Analysis of Xu Ji's *Collected Works of Jiexiao* in *The National Directory of Rare Ancient Books*

包菊香

**摘　要:**《国家珍贵古籍名录》收录宋人徐积所撰《节孝先生文集》8部,但其版本著录混乱不一,有欠妥当。本文对这8部《节孝先生文集》的版本加以考辨:将"清康熙六十年(1721)王邦采刻本"考订为"清雍正锡山王邦采刻本",并考证其底本为宋淳祐十年(1250)王夬亨刻本;将"明嘉靖四十四年(1565)刘祜刻本"考订为"元刻明嘉靖四十四年(1565)刘祜重修本",并对刘祜生平事迹略做钩沉,又对刘祜所修之版的刊刻情况进行了考证,最终对多家藏本及《国家珍贵古籍名录》所收8部《节孝先生文集》的版本著录进行了修订。

**关键词:**徐积;文集;版本;王邦采;刘祜

《国家珍贵古籍名录》是由国务院及文化和旅游部[①]公布的我国现存珍贵古籍目录,旨在集中人力、财力,对浩瀚古籍中具有特别重要文献价值、文物价值、艺术价值的古籍予以重点保护。截至目前,共公布六批《国家珍贵古籍名录》,全国487家机构或个人收藏的13026部古籍入选。在这六批《国家珍贵古籍名录》中,收录宋人徐积所撰《节孝先生文集》达8部之多,即:

① 第一批至第五批《国家珍贵古籍名录》由国务院公布,第六批《国家珍贵古籍名录》经国务院批准同意,由文化和旅游部公布。

01094　节孝先生文集三十卷　（宋）徐积撰　节孝先生语一卷事实一卷本朝名臣言行录一卷皇朝东都事略卓行传序一卷诸君子帖一卷　元刻明修本（卷一民国二十九年抄配）　北京大学图书馆

01095　节孝先生文集三十卷　（宋）徐积撰　语录一卷事实一卷　元刻明嘉靖四十四年（1565）刘祐修补本　泰州市图书馆

07213　节孝先生文集三十卷　（宋）徐积撰　节孝先生语一卷事实一卷本朝名臣言行录一卷皇朝东都事略卓行传序一卷诸君子帖一卷　元刻明修本　北京师范大学图书馆

08842　节孝先生文集三十卷　（宋）徐积撰　节孝先生语一卷节孝集事实一卷附载一卷　清康熙六十年（1721）王邦采刻本　苏州图书馆

10627　节孝先生文集三十卷　（宋）徐积撰　语录一卷事实一卷　明嘉靖四十四年（1565）刘祐刻本　湖北省图书馆

10628　节孝先生文集三十卷　（宋）徐积撰　语录一卷事实一卷　明嘉靖四十四年（1565）刘祐刻本　山东大学图书馆

11468　节孝先生文集三十卷　（宋）徐积撰　节孝先生语一卷事实一卷本朝名臣言行录一卷皇朝东都事略卓行传序一卷诸君子帖一卷　元刻明修本　重庆图书馆

12394　节孝先生文集三十卷　（宋）徐积撰　节孝先生语一卷事实一卷本朝名臣言行录一卷皇朝东都事略卓行传序一卷诸君子帖一卷　元刻明嘉靖四十四年（1565）刘祐重修本　何宝善题识　南开大学图书馆

这8部古籍，按版本著录分，可分为五类，如表1。

**表1 《国家珍贵古籍名录》中8部《节孝先生文集》之著录信息**

| 版本著录 | 名录号及单位 |
|---|---|
| 元刻明修本 | 01094　北京大学图书馆<br>07213　北京师范大学图书馆<br>11468　重庆图书馆 |
| 元刻明嘉靖四十四年（1565）刘祐修补本 | 01095　泰州市图书馆 |

续表

| 版本著录 | 名录号及单位 |
| --- | --- |
| 元刻明嘉靖四十四年（1565）刘祜重修本 | 12394　南开大学图书馆 |
| 明嘉靖四十四年（1565）刘祐刻本 | 10627　湖北省图书馆<br>10628　山东大学图书馆 |
| 清康熙六十年（1721）王邦采刻本 | 08842　苏州图书馆 |

可以看出，其中前四类的版本著录混乱不一，有欠妥当。因此，有必要对《国家珍贵古籍名录》所收徐积《节孝先生文集》的版本进行考证辨析。

## 一、徐积其人

徐积（1028—1103），字仲车，北宋楚州山阳（今江苏淮安）人。3岁丧父，事母至孝。从胡瑗学。治平四年（1067）进士。神宗数召对，因耳疾不仕。屏处乡里，而四方事无不知晓。元祐元年（1086），以近臣举荐，除扬州司户参军充楚州州学教授。绍圣三年（1096）转和州防御推官。建中靖国元年（1101）改宣德郎。崇宁二年（1103）除监西京嵩山中岳庙，卒，年七十六。政和六年（1116）赐谥“节孝处士”。

徐积“养亲以孝著，居乡以廉闻，其道义、文学显于东南者垂三十年。久处乡校，以教育为事，秉德纯一，士民归仰”（《节孝集事实》之《吏部符充楚州教授》[1]537），“一方之人服其道义、节行”（《节孝集事实》之《臣寮奏乞以判官充教授》[1]537）。宋苏轼称之为“古之独行也，于陵仲子不能过”（《节孝先生语》卷首[1]701，苏轼《仇池笔记》卷下“徐仲车二反”条[2]无“也”字）。宋李邴称“其为学无所不综，而一出于正，曰‘正者，所以存吾诚也，正则无往而不为善’”（《楚州教授厅题名记》）[1]699。徐积事迹详见《节孝集事实》[1]537-548、《宋史》卷四五九《卓行传》[3]。段朝端（1844—1925）编有《宋徐节孝先生年谱》一卷[4]。

## 二、徐积文集版本流传情况概述

据宋王资深《徐积行状》载，徐积“自少及老，日作一诗”[1]543，“晚乃著书，未成而病，尝曰：‘吾之书大要以正治心、以直养气而已’”[1]543，“大观二年（1108）五月，内哲宗实录院取索文集数十卷并《行状》，载之国史”[1]544，又“有歌诗、杂文、训解数十卷，藏于家”[1]544。今传世者，仅文集三十卷及其门人江端礼所录《节孝先生语》一卷。

清丘象随（1631—1701）最早总结徐积文集自宋至明的刊刻情况，清康熙三十五年（1696）丘迈等刻本《节孝先生集》卷首有其《重刻〈节孝先生集〉序》，序中道：

按先生文集，其初事剞劂者无从考，而绍兴初，先生子安道为刻龟山先生所跋赠贻诗①，或其昉于兹乎？顾予所知者，则绍兴戊辰（十八年，1148）②，太守王直阁恐先生文章湮泯，得遗稿数万言，镂板广其传。迨乾道己丑（五年，1169），教授许及之方为锓先生《燕闲语》③，兼采《东坡志林》《吕氏童蒙训》附以载，且云"嘉禾已刊先生文集"，疑又一板已。越理宗淳祐中，乡之朝请大夫王夬亨以山阳旧板毁于兵火，复就先生四世孙坦家取所藏嘉禾墨本，及诸老往来之帖④，门人问答之辞⑤，与《东都事略》⑥《名臣言行录》⑦裒集汇订，再用板行，始为全书。未几，景定末，翁教授蒙正不知何以辄重编次之。自后逾元历明，遂三百年不复征有厘补者。而今所仅存，则嘉靖乙丑（四十四年，1565）太守刘祐之刻，顾亦已百有三十二年，若存若亡，几无完本[5]294-295。

北京大学图书馆藏元刻明修本⑧（以下简称"北大本"）《节孝先生文集》卷首有民国二十九年（1940）薛祈龄跋，跋中亦概括了徐积文集自宋至清的刊刻情况：

是集自宋至清凡八刻：宋有绍兴戊辰山阳本、乾道己丑嘉禾本、

① 即《诸君子帖》，其末有杨时《跋诸公与徐仲车诗简》。杨时（1053—1135），字中立，号龟山，学者称龟山先生。

② 括号内年份为笔者所加，下同。

③ 即《节孝先生语》。

④ 即《诸君子帖》。

⑤ 即《节孝先生语》。

⑥ 即《皇朝东都事略卓行传序》（元刻明修本目录中为"皇朝东都事略卓行传并序"），其内容为宋王称《东都事略》卷一一七《卓行传》序及徐积传。

⑦ 即《本朝名臣言行录》（元刻明修本目录中为"皇朝言行录"），其内容为宋朱熹《三朝名臣言行录》卷一四之四"节孝徐先生"。

⑧ 实为元刻明嘉靖四十四年刘祐重修本，详见下文。

淳祐庚戌（十年，1250）王央亨序编本、景定甲子（五年，1264）翁蒙正校刊本，元有皇庆癸丑（二年，1313）本，明有嘉靖乙丑（四十四年，1565）本，清有康熙丙子（三十五年，1696）本、宣统辛亥（三年，1911）本，此其板本之可考者也[6]卷首第2叶。

徐积文集，宋刻本今已不存，现存最早之本为元刻明修本。徐积文集现存如下版本①，见表2。

**表2　徐积文集现存版本**

| 类型 | 题名 | 版本 | 版式 |
|---|---|---|---|
| 单行本 | 《节孝先生文集》三十卷《节孝先生语》一卷《节孝集事实》一卷《诸君子帖》一卷② | 元刻明修本 | 半叶10行20字，白口，四周单边 |
| | | 元刻明嘉靖四十四年（1565）刘祐重修本③ | 半叶10行20字，白口，四周单边 |
| | | 明抄本 | 半叶10行20字，无格 |
| | | 清雍正锡山王邦采刻本④ | 半叶9行18字，细黑口，四周单边 |
| | 《节孝先生集》三十二卷《事实》一卷 | 清康熙三十五年（1696）丘迈等刻本⑤ | 半叶10行20字，白口，左右双边 |

① 徐积诗文选集，如《宋诗钞》所收《节孝诗钞》一卷、《宋代五十六家诗集》所收《节孝诗集》一卷、《宋诗钞补》所收《节孝集补钞》一卷，此处暂不列入。

② 《中国古籍善本书目·集部》（编号：2661）著录时，将“《本朝名臣言行录》一卷”“《皇朝东都事略卓行传序》一卷”单独列出，今查北京大学图书馆藏本在目录中将二者归入《节孝集事实》，且二者均属于他书所记徐积之传记资料，此处亦将二者归入《节孝集事实》。《诸君子帖》，北京大学图书馆藏本在目录中亦归入《节孝集事实》，因其非徐积传记资料，又参考苏州图书馆藏清雍正锡山王邦采刻本中《诸君子帖》《节孝集事实》各自编排并不相关这一情况，因此此处单独列出。另有宋李郈撰《楚州教授厅题名记》一篇，以“附载”之名目附于文集三十卷之后，因仅有1篇，此处不列“《附载》一卷”之目。

③ 《中国古籍善本书目》《中国古籍总目》著录为“明嘉靖四十四年刘祐刻本”，著录有误，详见下文。

④ 《中国古籍善本书目》《中国古籍总目》著录为“清康熙六十年王邦采刻本”“清锡山王氏刻本”，著录不准确，详见下文。

⑤ 《中国古籍总目·集部》（编号：集10202328）著录为“清康熙三十五年山阳邱氏刻本”。

续表

| 类型 | 题名 | 版本 | 版式 |
|---|---|---|---|
| 单行本 | 《节孝先生文集》① 三十卷《节孝先生语录》一卷《节孝集事实》一卷《节孝集附载》一卷 | 清宣统三年（1911）鄞县（今鄞州区，下同）徐士琛、徐其炘刻本② | 半叶10行21字，黑口，左右双边 |
| 丛书子目 | 《节孝集》三十二卷③ | 清乾隆内府写《四库全书》本 | 半叶8行21字，白口，四周双边，红格 |
| | 《节孝先生集》④ 三十卷《节孝先生语》一卷《事实》一卷《附载》一卷《附录》一卷⑤ | 民国十一年（1922）淮安志局刻《楚州丛书》本 | 半叶10行24字，黑口，左右双边 |

## 三、清王邦采刻本⑥ 的著录及其考辨

### （一）各书目著录情况

通过对各古籍书目及相关数据库的查索，可知清王邦采刻本的著录情况，

① 此本内封题作“宋徐节孝先生文集”，此处题名据卷一卷端著录。

② 《中国古籍总目·集部》（编号：集10202327）著录为“清宣统三年山阳徐氏刻本”。此本牌记镌“宣统三年三月本支后裔重刊”，《中国古籍总目》编纂者或据此误认刊刻者为山阳徐氏，实际为鄞县徐氏，具体而言则为徐士琛、徐其炘。此本卷三十后有清宣统三年徐士琛、徐其炘跋，称徐积五世孙由山阳迁余姚，元末八世孙由姚江迁鄞，清宣统时聚族于鄞者四百余户。序中称当湖葛氏守先阁藏有徐积全集，二人观后认为是宋椠，遂请人影抄以归，继而刊刻以广其传。段朝端《徐集小笺》卷首自序（《楚州丛书》第4册，广陵书社2018年版，第301页）称“鲁玙复以鄞县新刻本见示，系据当湖葛氏所藏宋刻影钞上板”，即指此本。

③ 据《景印文渊阁四库全书》（台北商务印书馆2008年版，第1101册第779—987页），卷三十一为《语录》，卷三十二为《附录》，包括《事实》（含《名臣言行录》《东都事略卓行传序》）及《诸君子帖》内容（苏东坡帖、黄山谷帖、秦淮海帖、张宛丘帖、邹道乡帖、蒋颖叔帖，并未以“诸君子帖”立目，杨时《跋诸公与徐仲车诗简》亦未录）。

④ 此本内封题作“宋徐节孝先生文集”，此处题名据卷端著录。

⑤ 此本《本朝名臣言行录》《皇朝东都事略卓行传并序》版心均镌“徐集事实”，其后《楚州教授厅题名记》《诸君子帖》版心均镌“徐集附载”，其后《重刻〈节孝先生集〉邱序》《重刻〈节孝先生集〉倪跋》版心镌“徐集序”“徐集跋”，其后为《节孝先生集（邱刻附录）》，即《元明以后传赞碑记序跋》，版心镌“徐集附录”。

⑥ 在未作详细考证前，暂时将“清雍正锡山王邦采刻本”称作“清王邦采刻本”。

如表3所示①。

表3 清王邦采刻本的著录情况

| 收藏单位 | 书目或数据库出处 | 版本著录 |
| --- | --- | --- |
| 国家图书馆 | 全国古籍普查登记基本数据库（普查编号：110000-0101-0029386、110000-0101-0029387） | 清刻本 |
| | 国家图书馆联机公共目录查询系统② | 清康熙六十年王邦采刻本 |
| 首都图书馆 | 全国古籍普查登记基本数据库（普查编号：110000-0102-0003863、110000-0102-0003900） | 清雍正刻本 |
| 中国人民大学图书馆 | 学苑汲古——高校古文献资源库（典藏号：PG45/272） | 清康熙六十年锡山王邦采刻本 |
| 首都师范大学③ | 《首都师范大学图书馆古籍普查登记目录》（普查编号：110000-0146-0000486）[7] | 清康熙六十年王邦采刻本 |

① 此处主要是举例说明各家著录之差异，限于时间和精力，主要调查国内公藏单位的收藏著录情况，书目范围以《中国古籍善本书目》《中国古籍总目》及各收藏单位的《古籍普查登记目录》为主。表中所列收藏单位，按照《中国古籍善本书目》之《〈中国古籍善本书目〉藏书单位代码表》中的单位代码排序。因部分收藏单位的古籍普查数据已通过“全国古籍普查登记基本数据库”（网址：http://202.96.31.78/xlsworkbench/publish）公开发布，表中不再列出这些单位的《古籍普查登记目录》，仅列出数据库名及藏品之普查编号以供查核。在“学苑汲古——高校古文献资源库”（网址：http://rbsc.calis.edu.cn：8086/aopac/jsp/indexXyjg.jsp）中著录的，亦仅列出数据库名及藏品之典藏号以供查核。

② 国家图书馆联机公共目录查询系统（网址：http://opac.nlc.cn），将检索字段设为“索取号”，检索词分别设为“T03707”“T03708”，即可检索得到相应数据。

③ 首都师范大学图书馆藏本，索书号：SG/845.15/953，二函十册，在“全国古籍普查登记平台”（国家中心服务器）、“全国古籍普查登记平台”（北京中心服务器）均有登记，且上传两幅书影，其中一幅为第一册首叶王央亨序的书影，前面副页钤“五福五代堂宝”“八征耄念之宝”“太上皇帝之宝”朱文方印，王央亨序页面钤“乾隆御览之宝”朱文椭圆印、“天禄继鉴”白文方印，印章样式与刘蔷《天禄琳琅研究》（北京大学出版社2012年版，第41页，图1-11）所示“中三玺”之稍大者相同，钤盖方式也同于其他天禄琳琅藏书。清彭元瑞等所撰《天禄琳琅书目后编》卷六“宋版集部”著录一部《节孝先生文集》，刘蔷《天禄琳琅知见书录》（北京大学出版社2017年版，第228页）将之著录为“宋淳祐十年淮南东路王央亨刊本”，且称“尚不知是否仍在世间”。笔者怀疑首都师范大学图书馆藏本即是该书，目前看不见原书，待将来有机会做进一步研究。

续表

| 收藏单位 | 书目或数据库出处 | 版本著录 |
| --- | --- | --- |
| 中央民族大学图书馆 | 《中国古籍善本书目·集部》（编号：2666）[8] | 清康熙六十年王邦采刻本 |
| 故宫博物院 | 《中国古籍善本书目·集部》（编号：2666） | 清康熙六十年王邦采刻本 |
| 复旦大学图书馆 | 《中国古籍善本书目·集部》（编号：2666）<br>《中国古籍总目·集部》（编号：集 10202326）[9] | 清康熙六十年王邦采刻本 |
| | 全国古籍普查登记基本数据库（普查编号：310000-0241-0019570） | 清初刻本 |
| 天津图书馆 | 《中国古籍总目·集部》（编号：集 10202327）<br>全国古籍普查登记基本数据库（普查编号：120000-0301-0006736） | 清锡山王氏刻本 |
| 山西师范大学图书馆 | 《中国古籍善本书目·集部》（编号：2666） | 清康熙六十年王邦采刻本 |
| | 《山西师范大学图书馆古籍普查登记目录》（普查编号：140000-0542-002869）[10] | 清康熙六十年锡山王邦采仿宋精刻本 |
| 辽宁省图书馆 | 《中国古籍善本书目·集部》（编号：2666）<br>《中国古籍总目·集部》（编号：集 10202326）<br>全国古籍普查登记基本数据库（普查编号：210000-0701-0002423） | 清康熙六十年王邦采刻本 |
| 陕西省图书馆 | 全国古籍普查登记基本数据库（普查编号：610000-1001-0009545） | 清刻本 |
| 孔子博物馆 | 《中国古籍善本书目·集部》（编号：2666） | 清康熙六十年王邦采刻本 |
| | 全国古籍普查登记基本数据库（普查编号：370000-1587-0004207） | 清康熙六十年锡山王邦采刻本 |
| 南京图书馆 | 《南京图书馆古籍普查登记目录》（普查编号：320000-1601-0020538[11]、320000-1601-0048418[12]） | 清雍正刻本 |
| 苏州图书馆 | 全国古籍普查登记基本数据库（普查编号：320000-1605-0000176）<br>《第三批国家珍贵古籍名录》（名录号：08842） | 清康熙六十年王邦采刻本 |

**续表**

| 收藏单位 | 书目或数据库出处 | 版本著录 |
| --- | --- | --- |
| 嘉兴市图书馆 | 全国古籍普查登记基本数据库（普查编号：330000-1710-0010882） | 清康熙六十年刻本 |
| 平湖市图书馆 | 全国古籍普查登记基本数据库（普查编号：330000-1712-0004409） | 清康熙六十年刻本 |
| 浙江大学图书馆 | 《中国古籍善本书目·集部》（编号：2666）<br>《浙江大学图书馆古籍普查登记目录》（普查编号：330000-1741-0007554[13]290、330000-1741-0007567[13]291） | 清康熙六十年王邦采刻本 |
| 湖南图书馆 | 《中国古籍善本书目·集部》（编号：2666） | 清康熙六十年王邦采刻本 |
| | 全国古籍普查登记基本数据库（普查编号：430000-2401-0026534） | 清康熙六十年锡山王邦采刻本 |
| 重庆图书馆 | 《重庆图书馆古籍普查登记目录》（普查编号：500000-8701-0003504） | 清康熙六十年锡山王氏刻本 |
| 香港中文大学图书馆 | 《香港中文大学图书馆古籍善本书录》（编号：564，索书号：PL2687.H75 1700z）[14] | 清刻本 |
| | 学苑汲古——高校古文献资源库（典藏号：b15555252） | 清初刻本 |
| 台北故宫博物院 | 《"国立故宫博物院"善本旧籍总目》[15] | 清康熙间覆宋刊本 |

由上表可见，清王邦采刻本的著录情况五花八门，大致可分为两类：

1. 对刊刻者的表述不一，"锡山王氏""王邦采""锡山王邦采"均有，其中以"锡山王邦采"最为明确，著录时宜采用。

2. 因不知具体刊刻者，部分书目笼统著录为"清刻本""清初刻本""清雍正刻本"。徐积文集诸刻中，版式为半叶9行18字的仅有清王邦采刻本，其实颇易分辨。部分书目之所以不明刊刻者，大多因为其著录之本丢失了记录版本关键信息的内封及王邦采序叶面，加之对徐积文集诸刻版式亦不了解，从而对版本无法作出准确的判断。

罗振常《善本书所见录》曾著录清王邦采刻本，谈及此本被误认为宋刻之事：

《节孝先生文集》三十二卷，覆宋刻。封面有“依宋本刊”及“锡山王氏藏板”字。康熙辛丑锡山王邦采序（草书，半页四行），至正十二年门人胡翰序（大字，半页七行），承仕郎太常博士东阳胡助序（同上）①，淳祐庚戌王夬亨序。次目录。半页九行，十八字。宋讳皆缺笔。书口上有字数号码，多行书。附《语录》一卷《附载》一卷。此康熙中锡山王氏覆宋刊本也。向闻南山阳田氏藏宋本《徐节孝集》，恨未得见。岁壬子，自东瀛返淮安，适田君鲁玙②亦自山左返里，因介人求观。田君慎重出之，刻印绝精，宋讳悉缺笔，然知非宋本。主人见余踟蹰，叩其故。予告以此非宋刻原书，乃国初覆刊耳。主人以品者既多，咸曰宋本，斥为妄。予笑而谢之。然此覆刊本绝少见，亦无由证其非宋刻。丁巳仲冬至历城，复见此本，初展卷疑即田氏物，既观前有锡山王邦采序，而田本无之，知为两书，而刻本则一。盖田本为书贾将王序取③除，伪作宋刻，博数百金，田君不能辨也。此本印工与彼相埒，而纸眉宽阔，则出田本之上，楮墨古旧，虽非宋刻，亦可谓下真一等，可宝也。予既幸前说不谬，而不得就田君质之，殊为憾耳[16]。

民国十一年（1922）淮安志局刻《楚州丛书》本《节孝先生集》卷末有田毓璠跋，亦谈及此事，谓：

节孝先生，予幼即宗仰，时时搜访遗集。壬寅客荆州，始购得，纸墨精雅，前只王夬亨序，宋讳缺笔。归质段蔗丈④，疑为宋刻，嗣罗经之⑤证为康熙锡山王氏刻本，实视吾邑邱刻⑥为善。[5]323

由此可见，记录版本关键信息的页面一旦丢失，对版本鉴定带来的影响有

① 胡翰、胡助二序当为清王邦采刻本《渊颖诗注》之序。胡翰师从吴莱学古文，故得称“门生”。罗振常下文只言田氏本无王邦采序，书贾将王序除去，未言及此二序，亦是明证。

② 田毓璠（1865—1954），字鲁渔、鲁玙，晚号耐佣老人，江苏淮安人。

③ “取”字，原作“□”，据《善本书所见录》（商务印书馆1958年版）第152页补。

④ 段朝端，字笏林，号蔗叟、蔗湖退叟，江苏淮安人。

⑤ 罗振常（1875—1942），字子经、子敬、经之，号心井、顽夫，晚号邈园，浙江上虞人。

⑥ “吾邑邱刻”，即清康熙三十五年（1696）丘迈等刻本。

多大。清王邦采刻本现存各家藏本大多缺失内封及王邦采序，推测其主要原因亦是书贾撤去相关页面以充宋刻牟利。

（二）清王邦采刻本之刊刻时间

王邦采之序写于清康熙辛丑（六十年，1721），很多书目据此将清王邦采刻本刊刻时间定为“清康熙六十年”，但也有书目定为“雍正”的。清王邦采刻本具体刊刻于何时？这个问题值得研究。

通过对苏州图书馆藏清王邦采刻本（以下简称“苏图本”）① 的考察，发现苏图本避清讳“玄”“弦”“真”“填”等字（亦有不避者），“弘”“泓”等字均不避。由此可知，此本实刊刻于清雍正年间。刊刻时间稍晚于写序时间，亦是常见之事。南京图书馆、首都图书馆将之著录为“清雍正刻本”，颇有见地，如果能进一步著录为“清雍正锡山王邦采刻本”，则更为准确。

（三）清雍正锡山王邦采刻本之底本

清雍正锡山王邦采刻本“依宋本刊”，其底本当为宋淳祐十年（1250）王夬亨刻本，理由如下：

1. 由王夬亨序中“他如皇朝名臣之录②，东都卓行之传③，及先生与门人问答之辞④，苏、黄诸老往来之帖⑤，莫不附见，再用板行，观者不待旁搜远讨而了然在目矣”[1]526 之语可知，最早由王夬亨将《节孝先生语》《节孝集事实》《诸君子帖》与《节孝先生文集》汇为一编并刊刻行世。这四部分内容，苏图本完整无缺，可见其来源于王夬亨汇编本。

2. 将苏图本与国家图书馆藏元刻明修本⑥（以下简称“国图甲本”）[17]、国家图书馆藏元刻明修本⑦（以下简称“国图乙本”）[18] 对校，发现苏图本与这两部元刻明修本有如下明显区别，如表 4。

---

① 其全文影像已在“苏州图书馆古籍库”中发布，网址为：https://fzk.szlib.com/book/detail?bookId=310，但全书影像仅限苏州图书馆内浏览。

② 即《本朝名臣言行录》。

③ 即《皇朝东都事略卓行传》。

④ 即《节孝先生语》。

⑤ 即《诸君子帖》。

⑥ 国家图书馆索书号：07660，国家图书馆将之著录为“明嘉靖四十四年刘祐刻本”，经考证，当为元刻明修本，详见下文。此本即《宋集珍本丛刊》第 15 册《节孝先生文集》影印所据底本。

⑦ 国家图书馆索书号：03572，国家图书馆将之著录为“明嘉靖四十四年刘祐刻本”，经考证，当为元刻明修本，详见下文。

**表 4 国图甲本、国图乙本、苏图本之异同**

| 区别点 | 国图甲本 | 国图乙本 | 苏图本 |
| --- | --- | --- | --- |
| 各部分编排顺序 | 首为徐积像及元人像赞，次为宋淳祐庚戌王夬亨序，次为目录，次为《节孝集事实》一卷（含《本朝名臣言行录》《皇朝东都事略卓行传序》），次为《诸君子帖》一卷，次为文集三十卷，次为"附载"《楚州教授厅题名记》，次为宋绍兴戊辰□萃（不详其姓）跋，次为《节孝先生语》一卷（末有宋乾道己丑许及之跋）。 | 首为王夬亨序，次为目录，次为文集三十卷，次为"附载"《楚州教授厅题名记》，次为绍兴□萃跋，次为《节孝先生语》一卷（末有许及之跋），次为《节孝集事实》一卷（含《本朝名臣言行录》《皇朝东都事略卓行传序》），次为《诸君子帖》一卷[①]。 | 首为《节孝先生语》一卷（末有许及之跋），次为"附载"《楚州教授厅题名记》，次为《诸君子帖》一卷，次为王夬亨序，次为《节孝集事实》一卷（含《本朝名臣言行录》《皇朝东都事略卓行传序》），次为目录，次为文集三十卷。 |
| 宋绍兴□萃跋 | "附载"《楚州教授厅题名记》后有此跋。 | | 无此跋。 |
| 目录 | 先列事实一卷（将《皇朝言行录》《皇朝东都事略卓行传并序》《诸君子帖》均纳入）；再列文集三十卷之篇目，各卷先概述体裁，大多还统计篇数，如卷一至十、卷十二至十四为"古诗××首"，卷十五至二十四为"律诗××首"，卷二十五至二十六为"律诗"，卷二十七为"挽词"，卷二十八至三十为"杂文"；最后将《语录》列为第三十一卷，末有"迪功郎淮安州州学教授翁蒙正景定甲子孟秋初吉重行编次校定"二行。 | | 仅列文集三十卷之篇目，各卷先概述体裁，其中卷一至二十七为"诗"，卷二十八至三十为"杂文"，均不言篇数，目录末无翁蒙正编校二行。 |
| 文集各卷卷端 | 卷一至十四卷端作"古诗××首"，卷十五至二十六卷端作"律诗××首"，卷二十七卷端作"挽词"，卷二十八至三十卷端作"杂文"。 | | 卷一至二十七卷端作"诗××首"，卷二十八至三十卷端作"杂文"。 |

上表所列，正可看出翁蒙正编次前、后之差异。苏图本尚是翁蒙正编校前的面貌，国图甲本、国图乙本已是翁蒙正编校后的面貌。

3. 苏图本避宋讳"敬""惊""境""镜""殷""匡""恒""贞""征""让""树""桓"

① 较之国图甲本，国图乙本无徐积像及元人像赞，且将《节孝集事实》置于最后。

"完""构""慎""敦"等字，避讳不太严谨，时避时不避。

4. 王央亨序中"高大父"三字之前，元刻明修本没有空格，而苏图本有一个空格，由此可见王央亨刊刻时特意留空，用以表示对其高祖王资深的尊敬。后世翻刻本往往会删去这类空格，而苏图本此处有空格，表明其底本当是王央亨刻本。

综上所述，苏图本保留了王央亨汇编的各部分内容，又是翁蒙正编校前的面貌，又避宋讳，且保留王央亨对其高祖表示尊敬的空格，这四点理由足以说明，清雍正锡山王邦采刻本之底本是宋淳祐十年王央亨刻本。当然，以上的推断是在王邦采刊刻时忠实还原宋本面貌、没有妄加篡改的基础上得出的。

（四）清雍正锡山王邦采刻本之校勘价值

在将苏图本与国图甲本、国图乙本对校时，发现文字方面，苏图本与国图甲本、国图乙本代表的元刻明修本亦有不少差异，且苏图本往往优于元刻明修本，具有较高的校勘价值。

1. 元刻明修本有讹字，苏图本不讹。如目录之第十五卷，"吊屈平"，元刻明修本误"屈"为"屋"；目录之第十六卷，"和蒋颖叔二首"，元刻明修本误"颖"为"隷"；《节孝集事实》之王资深《徐积行状》，"夏挥扇去蚊蚋"，元刻明修本误"蚊"为"蛟"；《诸君子帖》之邹浩《书先生诗编之后》，"尔来冠带谁其伦"，元刻明修本误"来"为"末"；卷一《忠烈诗》，"聚为伏枭，起为攫兽"，元刻明修本误"枭"为"袅"；卷一《和杨掾月蚀篇》，"柬之不忍蔽可吁""荀彧所蔽不早图"，元刻明修本误"柬"为"东"、误"彧"为"或"；卷二《双树海棠》，"相吊复相哀"，元刻明修本误"复"为"伤"；卷七《戏答》，"小鲸走入尾闾内"，元刻明修本误"闾"为"问"。

2. 元刻明修本有脱字，苏图本不脱。如卷三《赠子瞻》，"海门山外潮头起"，元刻明修本脱"外"字；卷四《送蒋宪颖叔》，"抚而怀之，不可无术"，元刻明修本脱"抚而怀之"四字；卷二十六《锦被堆》，"绿波深处盖鸳鸯"，元刻明修本脱"处"字。

3. 元刻明修本有缺字，苏图本不缺或缺字较少。如卷一《大河上天章公顾子敦》，"水既有游息，堤亦无所毁"，元刻明修本后半句作"堤无所□毁"；卷九《送蔡守》，"孰威以□，孰明以周"，苏图本仅缺一字，元刻明修本前四字均缺。

以上只是稍举几例说明清雍正锡山王邦采刻本之校勘价值。徐积文集的宋刻本现已不存，而清雍正锡山王邦采刻本保留了宋淳祐十年王央亨刻本的面貌，且具有较高的校勘价值，这也是其最大价值所在。

## 四、元刻明修本、明嘉靖四十四年本①的著录及其考辨

### （一）各书目著录情况

通过对各古籍书目及相关数据库的查索，可知元刻明修本、明嘉靖四十四年本的著录情况如下表②：

**表 5　元刻明修本、明嘉靖四十四年本的著录情况**

| 收藏单位 | 书目 | 版本著录 |
|---|---|---|
| 国家图书馆 | 《中国古籍善本书目·集部》（编号：2662）<br>《中国古籍总目·集部》（编号：集 10202326）<br>全国古籍普查登记基本数据库（普查编号：110000-0101-0003337、110000-0101-0007342） | 明嘉靖四十四年刘祐刻本 |
| 北京大学图书馆 | 《中国古籍善本书目·集部》（编号：2661）<br>《中国古籍总目·集部》（编号：集 10202325）<br>《第一批国家珍贵古籍名录》（名录号：01094） | 元刻明修本 |
| | 《北京大学图书馆藏古籍善本书目》[19] | 元刻明补本 |
| | 学苑汲古——高校古文献资源库（典藏号：NC/5366/2928） | 元刻本 |
| 北京师范大学图书馆 | 《中国古籍善本书目·集部》（编号：2661）<br>《中国古籍总目·集部》（编号：集 10202325）<br>《第三批国家珍贵古籍名录》（名录号：07213） | 元刻明修本 |
| | 全国古籍普查登记基本数据库（普查编号：110000-0144-0021264） | 元刻明补刻本 |
| 中国社会科学院历史研究所 | 《中国古籍善本书目·集部》（编号：2662） | 明嘉靖四十四年刘祐刻本 |

① 在未作详细考证前，暂时将“元刻明嘉靖四十四年刘祐重修本”称作“明嘉靖四十四年本”。

② 此处主要是举例说明各家著录之差异，限于时间和精力，主要调查国内公藏单位的收藏著录情况，书目范围以《中国古籍善本书目》《中国古籍总目》及各收藏单位的《古籍普查登记目录》为主。表中所列收藏单位，按照《中国古籍善本书目》之《〈中国古籍善本书目〉藏书单位代码表》中的单位代码排序。因部分收藏单位的古籍普查数据已通过“全国古籍普查登记基本数据库”公开发布，表中不再列出这些单位的《古籍普查登记目录》，仅列出数据库名及藏品之普查编号以供查核。在“学苑汲古——高校古文献资源库”中著录的，亦仅列出数据库名及藏品之典藏号以供查核。

**续表**

| 收藏单位 | 书目 | 版本著录 |
| --- | --- | --- |
| 上海图书馆 | 《中国古籍善本书目·集部》（编号：2662）<br>《中国古籍总目·集部》（编号：集 10202326） | 明嘉靖四十四年刘祐刻本 |
| 南开大学图书馆 | 《中国古籍善本书目·集部》（编号：2661） | 元刻明修本 |
| | 全国古籍普查登记基本数据库（普查编号：120000-0341-0001265） | 元皇庆二年刻明嘉靖四十四年修补本 |
| | 《第六批国家珍贵古籍名录》（名录号：12394） | 元刻明嘉靖四十四年刘祜重修本 |
| 山西省文物局 | 《中国古籍善本书目·集部》（编号：2662） | 明嘉靖四十四年刘祐刻本 |
| 山东大学图书馆 | 《中国古籍善本书目·集部》（编号：2662）<br>《第四批国家珍贵古籍名录》（名录号：10628） | 明嘉靖四十四年刘祐刻本 |
| 南京图书馆① | 《中国古籍善本书目·集部》（编号：2663）<br>《中国古籍总目·集部》（编号：集 10202326）<br>《南京图书馆古籍普查登记目录》（普查编号：320000-1601-0038086）[20] | 明嘉靖四十四年刘祐刻本 |
| 泰州市图书馆 | 《第一批国家珍贵古籍名录》（名录号：01095） | 元刻明嘉靖四十四年刘祐修补本 |
| 湖北省图书馆 | 《中国古籍善本书目·集部》（编号：2662）<br>《第四批国家珍贵古籍名录》（名录号：10627） | 明嘉靖四十四年刘祐刻本 |
| 中山大学图书馆 | 《中国古籍善本书目·集部》（编号：2662） | 明嘉靖四十四年刘祐刻本 |
| | 学苑汲古——高校古文献资源库（典藏号：1651） | 明嘉靖四十四年刘祜刻本 |
| 重庆图书馆 | 《中国古籍善本书目·集部》（编号：2661）<br>《第五批国家珍贵古籍名录》（名录号：11468） | 元刻明修本 |
| | 全国古籍普查登记基本数据库（普查编号：500000-8701-0000012） | 元刻本 |
| | 《中国古籍善本书目·集部》（编号：2662） | 明嘉靖四十四年刘祐刻本 |
| | 全国古籍普查登记基本数据库（普查编号：500000-8701-0000283） | 明嘉靖刘祐翻宋刻本 |

① 南京图书馆藏本，缺《节孝集事实》一卷，清丁丙跋。

**续表**

| 收藏单位 | 书目 | 版本著录 |
|---|---|---|
| 台北“中央图书馆” | 《“国立中央图书馆”善本书目》[21] | 明嘉靖乙丑(四十四年)准安知府刘祜修补旧刊本① |
| | 《“国立中央图书馆”善本书目初稿》[22]、该馆古籍影像检索系统[23] | 明嘉靖乙丑(四十四年)淮安知府刘祐修补旧刊本 |
| 台北故宫博物院 | 《“国立故宫博物院”善本旧籍总目》[15] | 明嘉靖乙丑(四十四年)淮安知府刘祐修补旧刊本 |
| 美国哈佛大学哈佛燕京图书馆 | 《美国哈佛大学哈佛燕京图书馆藏中文善本书志》[24]、《美国哈佛大学哈佛燕京图书馆中文古籍目录》[25] | 明刻本 |

由上表可见,元刻明修本、明嘉靖四十四年本的著录情况十分混乱,焦点问题在于:(1)明嘉靖四十四年本是翻刻还是修版重印?主持者是刘祐还是刘祜?(2)元刻本具体刻于何时?元刻明修本与明嘉靖四十四年本是什么关系?

(二)明嘉靖四十四年本为刘祜修版重印之本

要研究明嘉靖四十四年本,需要以其最完整之本——台北“中央图书馆”藏本(该馆索书号:402.52 10099,以下简称“台图本”)为例。《“国立中央图书馆”善本书目》将之著录为“明嘉靖乙丑(四十四年)准安知府刘祜修补旧刊本”,而该馆古籍影像检索系统发布此本全文影像[23]时,又将“刘祜”误著录为“刘祐”。

台图本首为徐积像,次为元人像赞,次为明嘉靖乙丑刘祜《重刻〈节孝先生文集〉序》,次为宋淳祐庚戌王夬亨序,次为目录,目录末有“迪功郎淮安州州学教授翁蒙正景定甲子孟秋初吉重行编次校定”二行,次为《节孝集事实》一卷(含《本朝名臣言行录》《皇朝东都事略卓行传序》),次为《诸君子帖》一卷,次为《文集》卷一至三十,次为“附载”《楚州教授厅题名记》,后接宋绍兴戊辰□萃跋,次为《节孝先生语》一卷,次为明嘉靖己丑唐龙《重修节孝祠记》,末为明嘉靖乙丑刘祜《重修徐节孝先生祠记》。

① “准安”,原书如此,当为“淮安”之讹。

台图本“刘祜”之名两次出现，卷首《重刻〈节孝先生文集〉序》称“嘉靖癸亥，余来守淮郡，展谒先正祠宇。节孝先生祠乃在郭之东郊，见其木偶清光，犹肃肃动人心骨，顾栋宇周垣悉就摧毁，稍葺而新之……淮为隽国，蔚然文兴，余思风其乡之后进，其惟乡之先正乎？乃取节孝先生之文以程学者。郡故有刻，日久板湮缺难观，余为之剔其湮、补其缺，字画完好，观者可琅琅彻矣”，末署“嘉靖乙丑岁季冬吉日，赐进士第、中宪大夫、奉敕整饬淮扬兵备、浙江按察司副使、前兵科左给事中、东莱后学刘祜拜书”，卷末《重修徐节孝先生祠记》末署“嘉靖乙丑三月朔，整饬淮扬海防兵备、浙江按察司副使、前知淮安府事、东莱后学刘祜顿首拜撰”。由此可知，明嘉靖四十四年本是由刘祜在郡刻旧版的基础上进行了修版，“剔其湮、补其缺”后重印的。

（三）刘祜其人

查《嘉靖三十二年进士登科录》，刘祜为该年第三甲第一百九十七名进士，“贯山东莱州府掖县，匠籍。国子生。治《诗经》。字淑修，行一，年二十八，正月十一日生。曾祖通。祖真。父廷佩，省祭官。母宫氏。具庆下。弟祚。娶徐氏。山东乡试第三十六名，会试第二百五十五名”[26]。据此及明叶向高《刘祜墓志铭》（《苍霞草》卷十七）[27]1791-1799、明李春芳《刘廷佩墓志铭》（《贻安堂集》卷七）[28]等资料，可考知，刘祜（1526—1598）① 字淑修、叔修，别号拙斋[27]1791，山东掖县人，明嘉靖三十二年（1553）进士，授真定推官②，入为兵科给事中[27]1792，又经吏科给事中、刑科右给事中、兵科左给事中[27]1793，嘉靖四十二年（1563）任淮安知府③，嘉靖四十四年（1565）为整饬淮扬海防兵备、浙江按察司副使④，又晋浙江右参政[27]1794，七个月后，晋都察院右佥都御史、巡抚大同[27]1795，时在明隆庆元年（1567）[29]。

刘祜曾校书、印书、编书，如参与明嘉靖三十五年（1556）樊献科、于德昌

---

① 据《嘉靖三十二年进士登科录》，该年刘祜28岁，可推知其生于明嘉靖五年（1526）。明叶向高《刘祜墓志铭》称其年七十三，知其卒年为明万历二十六年（1598）。

② 明李春芳《刘廷佩墓志铭》称“嘉靖己酉，给谏君举于乡，癸丑举进士，授真定府推官”。给谏君即指刘祜。

③ 刘祜《重刻〈节孝先生文集〉序》称“嘉靖癸亥，余来守淮郡”，又刘祜《重修徐节孝先生祠记》署“前知淮安府事”。

④ 刘祜《重刻〈节孝先生文集〉序》称“乙丑春，余奉命督海上诸军事以行”，又此序署“奉敕整饬淮扬兵备、浙江按察司副使”及刘祜《重修徐节孝先生祠记》署“整饬淮扬海防兵备、浙江按察司副使”。

刻本明刘伯温《太师诚意伯刘文成公集》之校正工作①,亦曾为明嘉靖四十三年(1564)钱之选刻本明王廷辑《两汉书抄》十六卷作跋,末署“嘉靖甲子仲秋吉,属下淮安府知府东莱刘祜谨跋”。嘉靖四十四年,刘祜除了修版重印《节孝先生文集》外,还在明正德九年(1514)张缙刻本明宋濂《宋学士文集》旧版基础上补修重印,其《重修〈宋学士文集〉跋》曰:“宋公集旧刻于郡斋,岁久漫缺,欲事重刊,顾缘时诎未能也,因为补修,俾无病观者,庶永其传焉。”刘祜曾编选《文章正论》二十卷,明万历十九年(1591)徐图刊于扬州官署,卷首有刘祜序,末署“万历辛卯春王正月,赐进士出身、都察院右佥都御史、奉敕巡抚大同地方管理军务、前兵科左给事中东莱刘祜撰”[30]426,卷一卷端题“巡抚大同、都察院右佥都御史、东莱刘祜选”[30]437。

“祜”“祐”二字,字形相近,刊刻时容易讹误,如李春芳《刘廷佩墓志铭》中就将“刘祜”讹作“刘祐”[28]355;《[万历]扬州府志》在列举“海防兵备副使”时,将“刘祜”讹作“刘祐”;《[乾隆]莱州府志》卷十有刘祜小传,却将名字讹作“刘祐”。徐积文集明嘉靖四十四年本,著录时“刘祜”常讹作“刘祐”,推测其原因是诸家藏本缺失刘祜《重刻〈节孝先生文集〉序》及《重修徐节孝先生祠记》,加之《四库全书总目》提要有“景定甲子淮安州学教授翁蒙正合编刊行,明嘉靖间淮安兵备副使刘祐又因翁本重刊”[31]之语,亦误作“刘祐”,所以后人往往沿袭前人之误。

(四)刘祜所修之版之刊刻时间考

将国图甲本、国图乙本、美国哈佛大学哈佛燕京图书馆藏本(以下简称哈佛本)、北大本与台图本对校,通过对断版痕迹及文字笔画清晰完整程度的仔细对比,可以发现,这五个藏本均为同版,主要区别在于刷印早晚和部分叶面修版甚至重刻,五本的刷印早晚排序依次为:国图甲本、国图乙本、哈佛本、北大本、台图本,其中国图甲本刷印最早,他本有断版痕迹处,国图甲本断版痕迹最细微甚至没有,文字笔画也较完整清晰;国图乙本②刷印时间稍晚于国图甲本,文字清晰完整度亦稍次之,较哈佛本稍高;哈佛本稍晚于国图乙本刷印,有

① 该刻本《凡例》后所镌校正人名中有“直隶大名府推官东莱刘祜”。

② 国图乙本行栏均完整无缺,偶见行栏旁有时续时断的旧行栏痕迹,同一行栏亦有粗细之分,其较细部位往往是国图甲本、哈佛本的行栏断口,怀疑其行栏曾经描润。因看不见原书,暂且存疑。

国图乙本笔画清楚而哈佛本笔画缺损甚至模糊不清的，断版缺口较国图甲本放大，版面也更漫漶；台图本则断版缺口更为扩大，版面最为漫漶，有些版面对部分文字进行了修补，因此同版文字墨色深浅不一，墨色较深者往往为修补之字，有的则整版重刻。

《增订四库简明目录标注》邵章《续录》称："曾见嘉靖刘祐本，十行二十字，其中所存元板甚多，不过稍加修补耳。"[32] 潘景郑《明嘉靖补修元皇庆本徐节孝集跋》称"余所藏嘉靖补本，审其字迹，元刻多漫漶，而嘉靖补版点画挺秀，不待望气可辨也。全书经嘉靖补版者，不逮十之一二"[33]239 经过对台图本的实际考察，情况确实如此。从版心所镌册次看，全书原本订为五册，各册叶次连续计数，全书共计 366 叶①，而台图本整叶重刻者共计 40 叶②，占全书之十分之一强。

值得注意的是，在诸本对校中发现，台图本重刻之叶，北大本除了第一册为抄补无从比较外，其他处均与台图本相同，且字迹往往较台图本更清晰，可见北大本已是明嘉靖四十四年刘祐重修之本，且刷印时间应早于台图本。

刘祐所修之版到底为何时刊刻？清吴焯《绣谷亭薰习录》认为其藏本为"淮安州教授翁蒙正重编，景定甲子刊本也"，又曰"前有《事实》一卷，后增门人江端礼季恭录《节孝语》一卷。曝书亭本有皇庆癸丑玉霄宾序，元刻增节孝像及题赞，明嘉靖刻又增《祠堂记》。余所见元板漫漶，不及景定摹本"[34]。潘景郑《明嘉靖补修元皇庆本徐节孝集跋》称：

> 《徐节孝先生集》三十卷，附录《事实》《语录》各一卷，初刊于绍兴戊辰山阳儒学，至景定甲子，淮安州学教授翁蒙正重编刊行。天水两本，今皆不可得见。元皇庆中，复刊一本于山阳之节孝祠，增画先生

① 自《节孝集事实》至《诸君子帖》，版心均镌"一册"，计29叶；自卷一至七，版心均镌"二册"，计72叶；自卷八至十六，版心均镌"三册"，计75叶；自卷十七至二十七，版心均镌"四册"，计76叶；自卷二十八至三十、附载及《节孝先生语》，版心均镌"五册"，计91叶，加上卷首徐积像及像赞2叶、王夬亨序1叶及目录20叶，全书共计366叶。

② 台图本整叶重刻者具体情况如下：王夬亨序1叶，目录第3—8叶（"第四卷"起6叶），目录第16—18叶（"第二十四卷"起3叶），第一册第7—8、14、19—20、23叶，第二册第3、23—24叶，第三册第4、18、50、64叶，第四册第32、40、51（版心误镌"五十三"）、54、55、58（版心误镌"五十一"）叶，第五册第13（版心误镌"十二"）、15、22、66、68、71—73、75、85、90叶。

遗象于首，而系以时贤赞语，所谓“祠堂本”者是也。此本流传最久，至嘉靖癸亥刘祜守淮郡，展谒先生祠宇，虑集板日久，湮缺难观，于是剔湮补缺，勒成完书，而别增《重修祠堂记》二首于首尾，所谓“嘉靖重修本”者是也。近世藏家，多视皇庆、嘉靖为两本，而有以嘉靖祖景定者，讹矣。余所藏嘉靖补本，审其字迹，元刻多漫漶，而嘉靖补版点画挺秀，不待望气可辨也。全书经嘉靖补版者，不逮十之一二，开卷即是节孝先生遗象，其为元椠无疑矣。旧序止存淳祐庚戌王夬亭一序，嘉靖所益则刘祐重刻序及重修祠堂之记，卷末别有唐渔石先生《祠堂记》一首，审亦同时所补入者[33]238-239。

吴焯认为其藏本为“景定甲子刊本”，又称“曝书亭本有皇庆癸丑玉霄宾序，元刻增节孝像及题赞”，潘景郑认为“元皇庆中，复刊一本于山阳之节孝祠，增画先生遗象于首，而系以时贤赞语，所谓‘祠堂本’者是也”，并批评“近世藏家，多视皇庆、嘉靖为两本，而有以嘉靖祖景定者，讹矣”。笔者亦认同明嘉靖四十四年刘祜所修之版为元刻本，理由为：

1. 将国图甲本、国图乙本、哈佛本翻阅一过，可以发现，书中除了多处避宋讳“桓”字①外，未避其他宋讳字，又多用俗字②，由此可确认，刘祜所修之版为元刻本而非宋刻本。

2. 结合之前国图甲本、国图乙本与苏图本的比较，可知刘祜所修之版为宋景定五年翁蒙正编校之后的面貌。

3. 明嘉靖四十四年刘祜《重刻〈节孝先生文集〉序》中称“郡故有刻，日久板湮缺难观，余为之剔其湮、补其缺”，可知刘祜所修之版为淮安刻本。

综合以上可知，刘祜所修之版当为元代淮安刻本，且底本直接或间接来源于宋景定五年翁蒙正编校本。至于确切的刊刻时间，或如前人所说，为元皇庆

① 卷一《和杨掾月蚀篇》“安得慷慨之士如桓伊，把笛为予吹”，《节孝先生语》“及桓温之召”，“昵于桓景而陶回面折”，“问谢安之立诸桓是耶非耶”及其后8个“桓”字，元刻明修本均缺末笔。

② 相较苏图本，元刻明修本多用俗字，如“豐”作“豊”，“實”作“寔”，“定”作“㝎”，“關”作“関”，“聲”作“声”，“雁”作“鴈”，“雞”作“鷄”，“船”作“舡”，“怪”作“恠”等（此处为了说明，引号内文字据原书照录，不转为简体字）。

时刊刻。国图甲本、哈佛本卷首有徐积像及赵良珏、玉霄宾（滕宾）①、祖可②、李秀发③四人像赞，其中李秀发题赞中称“先生之七世孙文明字涣甫，与秀发同里，又甚厚，故尝得阅其家藏前贤翰墨、诸名公跋文，因求先生之真像，传写而珍袭之”，末署“大德丙午（十年，1306）四月既望，山阳李秀发薰沐敬赞”；赵良珏题赞末署“大德丙午立秋，庐陵后学赵良珏拜手谨题山阳李君实所藏仲车徐先生真像”，祖可题赞作于大德丁未（十一年，1307），滕宾题赞作于皇庆癸丑（二年，1313），祖可、滕宾二人题赞中亦提及“君实”，“君实”当为李秀发之字号。由四人题赞可知，刊刻时间当在元皇庆二年滕宾题赞之后。李秀发是淮安山阳人，与徐积七世孙徐文明交游密切，可以获观徐氏“家藏前贤翰墨、诸名公跋文”，或可推测，此本刊刻者即为李秀发。潘景郑《明嘉靖补修元皇庆本徐节孝集跋》称“元皇庆中，复刊一本于山阳之节孝祠”[33]238–239，不知其依据为何，留待以后考证。

（五）诸本对校所用各家藏本之版本著录修订

诸本对校所用各家藏本之版本著录均有错误之处，应加以修订。上文已提及北大本是明嘉靖四十四年刘祜重修之本，因此北大本、台图本之著录均当改为“元刻明嘉靖四十四年刘祜重修本”。国图甲本、国图乙本、哈佛本有部分叶面文字墨色深浅不一，显然亦曾经修版，且三本修版时间似亦不完全相同，但修版时间均在明嘉靖四十四年刘祜修版之前。从元皇庆年间至明嘉靖四十四年，历经二百五十余年，多次修版刷印也在情理之中，前贤定为“元刻明修本”似亦妥当。国家图书馆将此二本著录为“明嘉靖四十四年刘祐刻本”，哈佛大学哈佛燕京图书馆著录为“明刻本”，但诸本对校的结果显示，国图甲本、国图乙本、哈佛本均是未经刘祜重修之本，应著录为“元刻明修本”为宜。

---

① 滕宾，一名斌，字玉霄，河南睢阳（今河南商丘）人，一说黄冈（今湖北黄冈）人。中年游历于燕、赵、齐、鲁、吴、越、交、广、江、淮、汶、济、漯间。至大间为应奉翰林文字同知制诰兼国史院编修，皇庆、延祐出为文林郎、江西等处儒学提举。后弃家入天台山为道士（《全元文》第31册，凤凰出版社2004年版，第9页）。曾为《韵府群玉》作序。

② 其像赞末署“大德丁未春，无发士祖可敬赞”，姓名有二说，缪荃孙《艺风藏书记》（上海古籍出版社2007年版，第142页）、北大本卷首薛祈龄跋作“祖可敬”，张元济《涵芬楼烬余书录》（《张元济全集》第8卷，商务印书馆2009年版，第397页）作“祖可”。因李秀发题赞亦有“敬赞”之语，此处取“祖可”为姓名。

③ 李秀发，北大本卷首薛祈龄跋作“李士发”，且注曰“士发，各刻本及《潜采堂书目》均作‘秀发’”。缪荃孙《艺风藏书记》亦作“李士发”。不知二人何据，记此俟考。

## 五、《国家珍贵古籍名录》中徐积文集版本著录修订

经过上述考察，可以对《国家珍贵古籍名录》所收 8 部《节孝先生文集》的版本著录进行如下修订：

表 6 《国家珍贵古籍名录》所收 8 部《节孝先生文集》的版本著录之修订建议

| 名录号 | 收藏单位 | 版本著录（修订前） | 版本著录（修订后）① |
|---|---|---|---|
| 01094 | 北京大学图书馆 | 元刻明修本（卷一民国二十九年抄配） | 元刻明嘉靖四十四年（1565）刘祜重修本（第一册民国二十九年抄配） |
| 07213 | 北京师范大学图书馆 | 元刻明修本 | 元刻明嘉靖四十四年（1565）刘祜重修本② |
| 11468 | 重庆图书馆 | 元刻明修本 | |
| 01095 | 泰州市图书馆 | 元刻明嘉靖四十四年（1565）刘祐修补本 | 元刻明嘉靖四十四年（1565）刘祜重修本（卷一至七清抄配③） |
| 12394 | 南开大学图书馆 | 元刻明嘉靖四十四年（1565）刘祜重修本 | |
| 10627 | 湖北省图书馆 | 明嘉靖四十四年（1565）刘祐刻本 | 元刻明嘉靖四十四年（1565）刘祜重修本 |
| 10628 | 山东大学图书馆 | 明嘉靖四十四年（1565）刘祐刻本 | 元刻明嘉靖四十四年（1565）刘祜重修本 |
| 08842 | 苏州图书馆 | 清康熙六十年（1721）王邦采刻本 | 清雍正锡山王邦采刻本 |

（包菊香，国家图书馆国家古籍保护中心办公室馆员）

参考文献：

[1] 徐积．节孝先生文集 [M]．明嘉靖四十四年刘祐刻本 // 四川大学古籍所．宋集珍本丛刊：第 15 册．北京：线装书局，2004.

---

① 若原本之著录无须修订，则不在此列重出。

② 北京师范大学图书馆藏本中，王央亨序、目录等相应页面与台图本相同，可见已是明嘉靖四十四年刘祜重修之本。

③ 抄配信息据该馆申报《国家珍贵古籍名录》之申报书。

[2] 苏轼 . 东坡志林　仇池笔记 [M]// 宋人笔记小说 . 上海：华东师范大学出版社，1983：240.

[3] 脱脱，等 . 宋史：第 38 册 [M]. 北京：中华书局，1977：13473—13474.

[4] 段朝端 . 宋徐节孝先生年谱 [M]// 冒广生 . 楚州丛书：第 4 册 . 扬州：广陵书社，2018：415—446.

[5] 徐积 . 节孝先生集 [M]. 民国十一年淮安志局刻本 // 冒广生 . 楚州丛书：第 2 册 . 扬州：广陵书社，2018.

[6] 徐积 . 节孝先生文集 [M]. 元刻明修本 // 中华再造善本：第 687 号第 1 册 . 北京：北京图书馆出版社，2006.

[7] 首都师范大学图书馆 . 首都师范大学图书馆古籍普查登记目录 [M]. 北京：国家图书馆出版社，2020：23.

[8]《中国古籍善本书目》编辑委员会 . 中国古籍善本书目：集部：上册 [M]. 上海：上海古籍出版社，1996：226.

[9]《中国古籍总目》编纂委员会 . 中国古籍总目：集部：第 1 册 [M]. 北京：中华书局，2012：217.

[10] 山西师范大学图书馆 . 山西师范大学图书馆古籍普查登记目录 [M]. 北京：国家图书馆出版社，2019：184.

[11] 南京图书馆 . 南京图书馆古籍普查登记目录：第 2 册 [M]. 北京：国家图书馆出版社，2019：288.

[12] 南京图书馆 . 南京图书馆古籍普查登记目录：第 4 册 [M]. 北京：国家图书馆出版社，2019：197.

[13]《浙江大学图书馆古籍普查登记目录》编委会 . 浙江大学图书馆古籍普查登记目录 [M]. 北京：国家图书馆出版社，2019.

[14] 香港中文大学图书馆系统 . 香港中文大学图书馆古籍善本书录 [M]. 香港：中文大学出版社，1999：224.

[15] “国立故宫博物院” . “国立故宫博物院” 善本旧籍总目：下 [M]. 台北：“国立故宫博物院”，1983：1052.

[16] 罗振常 . 善本书所见录 [M]. 上海：上海古籍出版社，2014：146—147.

[17] 徐积 . 节孝先生文集 [M/OL]. 明嘉靖四十四年刘祐刻本 [2021-06-18].http://read.nlc.cn/allSearch/searchDetail?searchType=&showType=1&indexName=data_8911999014047.

[18] 徐积 . 节孝先生文集 [M/OL]. 明嘉靖四十四年刘祐刻本 [2021-06-18].http://read.

nlc.cn/allSearch/searchDetail?searchType=&showType=1&indexName=data_892&fid=411999008679.

[19] 北京大学图书馆 . 北京大学图书馆藏古籍善本书目 [M]. 北京：北京大学出版社，1999：424.

[20] 南京图书馆 . 南京图书馆古籍普查登记目录：第 3 册 [M]. 北京：国家图书馆出版社，2019：401.

[21] "国立中央图书馆" . "国立中央图书馆" 善本书目：中册 [M]. 台北："中华" 丛书委员会，1957：45.

[22] 屈万里 . "国立中央图书馆" 善本书目初稿 [M]// 屈万里先生全集：第三辑：16. 台北：联经，1985：207.

[23] 徐积 . 节孝先生文集 [M/OL]. 明嘉靖乙丑淮安知府刘祐修补旧刊本 [2021-06-18]. http://rbook.ncl.edu.tw/NCLSearch/Search/SearchDetail?item=99f7446a58fa412ba577ff324c6b9534fDQzMTIx0&image=1&page=&whereString=&sourceWhereString=&SourceID=.

[24] 沈津 . 美国哈佛大学哈佛燕京图书馆藏中文善本书志：第 4 册：集部：上 [M]. 桂林：广西师范大学出版社，2011：1421.

[25] 哈佛燕京图书馆，中华书局 . 美国哈佛大学哈佛燕京图书馆中文古籍目录：第 3 册 [M]. 北京：中华书局，2020：1175.

[26] 龚延明，毛晓阳 . 天一阁藏明代科举录选刊：登科录：点校本：下册 [M]. 宁波：宁波出版社，2016：157.

[27] 叶向高 . 苍霞草全集：第 4 册 [M]. 扬州：江苏广陵古籍刻印社，1994.

[28] 李春芳 . 李文定公贻安堂集 [M]// 泰州文献：第 4 辑 . 南京：凤凰出版社，2015：355—357.

[29] 王轩，杨笃，等 . 山西通志：清光绪版：卷一二 [M]. 太原：三晋出版社，2013：952.

[30] 刘祜 . 文章正论 [M]. 明万历十九年徐图扬州官署刻本 // 四库全书存目丛书：集部第 309 册 . 济南：齐鲁书社，1997.

[31] 永瑢，等 . 四库全书总目 [M]. 北京：中华书局，1965：1323.

[32] 邵懿辰，邵章 . 增订四库简明目录标注 [M]. 上海：上海古籍出版社，1979：695.

[33] 潘景郑 . 著砚楼书跋 [M]. 上海：上海古籍出版社，2006.

[34] 吴焯 . 绣谷亭薰习录 [M]. 民国七年仁和吴氏双照楼刊《松邻丛书》本 // 清人书目题跋丛刊：第 10 册 . 北京：中华书局，1995：569.

# 《古籍特藏破损定级标准》与古籍破损定级实践

On *A Standard for Damage Assessment of Specially Collected Ancient Books* and Its Application

黄正仪　张毕佳

**摘　要**:《古籍特藏破损定级标准》是古籍保护与修复实践的重要工具。通过将其与《馆藏纸质文物病害分类与图示》《纸质档案抢救与修复规范第1部分:破损等级的划分》对比,可得出结论:应各自设置相互“参照”,指引跨部属的相关人员互相参见。在破损古籍甄定实践中运用“坐标系”标示破损位置与破损面积测算,符合破损古籍档案数字化要求。

**关键词**:标准;参照;破损比例;坐标系;图例

中国传统的古代书籍修复行业,多用“书品”来评判需要修复的古籍。书品有两层意思:其一是指古籍的开本,如开本宽大者,即可称之为“书品上佳”;其二是指古籍的外观,如书籍出现“残破”,即称为“书品差”[1]。可见,过去对古籍破损的界定是模糊的。杜伟生在《中国古籍修复与装裱技术图解》一书中提出“常见破损界定标准”,将破损古籍划分为,“严重,破损书叶数80%以上;重度,破损书叶数80%左右;中度,破损书叶数50%左右;轻度,破损书叶数量在25%左右;轻微,书叶破损面积不超过20%”[2]。古籍破损书叶按百分比进行划分,这样的划分方式,反映出传统古籍修复行业转变过程中的重要特征,从某种意义上可以认为是《古籍特藏破损定级标准》划分级次的基础。

《古籍特藏破损定级标准》[3]在继承的基础上运用新的观念与新的技术手段,覆盖不同程度的破损古籍,在严重、比较严重、中度、轻度和轻微区分破损古籍的基础上，划分出具体的级别，使保护与修复能在轻、重、缓、急等不同情况下优先选出所需修复的破损古籍，进而有效地提高修复工作的效率。引入“破损面积”的概念，并运用到书叶面积与破损书叶面积、破损书叶数与整册书叶数的比重关系之中，对破损程度进行量化的方法符合修复档案数字化、修复工作科学化，并适用于公、私收藏中破损古籍的记录，形成新的共同遵守约定的规则。

《古籍特藏破损定级标准》（以下简称为“古籍破损标准”）于2006年颁布实施以后，国家文物局于2010年10月颁布实施《馆藏纸质文物病害分类与图示》[4]（以下简称为“文物破损标准”）等标准；国家档案局也于2018年1月颁布实施《纸质档案抢救与修复规范第1部分：破损等级的划分》[5]（以下简称为“档案破损标准”），其中“文物破损标准”与“档案破损标准”在制定说明中表示参照或参考了“古籍破损标准”。笔者用对比分析术语和定义的方法，尝试找出标准中相同相似或不相同的术语、定义，使“古籍破损标准”能够参照另两类标准中相关条款，以满足破损古籍甄定等级的需要，探索馆藏纸质文献破损定级标准相互参照的可能性。

## 一、古籍、文物和档案的破损定级标准术语之比较

“古籍破损标准”中的术语、定义是对破损古籍各类破损情况进行的文字表述。“古籍破损标准”“文物破损标准”“档案破损标准”以及《古籍修复技术规范与质量要求》共计49条术语①，这些术语、定义的表述充分体现古籍、文物以及档案三大行业对馆藏纸质文献破损甄定的特点。

**表1　古籍、文物、档案术语、定义对比②**

| 术语 | 古籍 | 文物 | 档案 |
| --- | --- | --- | --- |
| 酸化 | 纸张酸性增强，pH值降低 | 纸质文物病害：因物理、化学、生物及人为等因素对纸质文物造成的损害 | 纸张接受了一定数量交换性氢离子，导致pH值降低，酸性增大的过程。是纸张酸性增大、纸张老化的主要原因 |

① 注：“术语”仅指《古籍特藏破损定级标准》《馆藏纸质文物病害分类与图示》《纸质档案抢救与修复规范第1部分：破损等级的划分》中所有术语定义，以及《古籍修复技术规范与质量要求》3条术语和定义。

② 注：本表将霉、虫鼠、絮排列在粘连之前，反映出纸张粘连与霉、虫鼠、絮之间的关联性。

续表

| 术语 | 古籍 | 文物 | 档案 |
| --- | --- | --- | --- |
| 老化 | 受各种自然因素的影响导致的纸张劣化，如纸张变色、焦脆、掉渣或呈粉状等 | 变色：因物理、化学或生物等原因导致化学结构发生变化，纸张颜色发生改变<br>断裂：纸张从一个整体断为两个甚至多个部分 | 档案制成材料在保存和利用过程中，因自身或外部因素，性能逐渐降低的现象 |
| 霉蚀 | 因霉菌分泌物腐蚀作用所导致的纸张纤维素降解，机械强度降低 | 微生物损害：微生物的滋生对纸张造成损害 | 霉变：霉菌作用于档案制成材料上导致其理化性能下降或污染档案的现象 |
| 虫蛀 | 昆虫蛀食对书叶造成的损坏 | 昆虫、鼠类等动物活动对纸张造成污染或损害 | 档案制成材料被档案害虫蛀食、污染的现象 |
| 絮化 | 书芯四周因过度磨损或其他原因导致呈棉絮状 | 因物理、化学或生物原因造成纸张棉絮状 | 纸张老化（发黄、发脆、絮化等）比较严重，机械强度明显降低 |
| 粘连 | 因受潮、霉蚀等原因造成的书叶黏结 | 因受潮、霉蚀、虫蛀等原因造成的纸张之间的黏结 | 由于潮湿、灰尘、霉菌、长期堆放挤压等原因而造成档案纸张彼此黏结在一起的现象 |
| 缺损 | 书叶局部残缺 | 使用或保管不当等原因，导致纸张出现缺失，无法保持其完整 | 档案制成材料呈现残破、缺失或装订受损等现象 |
| 跑墨<br>烘色 | 跑墨：墨迹遇水后或在外力作用下使墨洇染出字迹以外<br>烘色：颜色遇水后洇染出原有区域 | 晕色：颜色较深部位的呈色物质向浅色部位扩散或沾染的现象 | 字迹遇水、水溶液、油或有机溶剂后，色素向四周扩散，导致字迹模糊，影响识读的现象 |
| 褪色 | 颜色因水和光的作用及其他原因消退或变浅 | 因物理、化学及生物等因素的作用，导致字迹或颜料色度降低或改变 | 各种原因引起的档案字迹色素色度减退而逐渐模糊，影响识读的现象 |

通过表1可以看到，古籍、文物和档案定级标准对酸化、老化、霉蚀、虫蛀、絮化、粘连、缺损以及跑墨、烘色、褪色等术语表述基本相同。“古籍破损标准”与其他两类标准同属于馆藏纸质文献破损定级标准，说明在表述纸质文献的主要破损形态与类别时是相同的。可以理解为，古籍、文物以及档案破损标准

共同认为酸化、老化、霉蚀、粘连、虫蛀、絮化、缺损是纸质文献破损的主要类型，因此它们之间具有一定的相互关联、相互兼容的性质。同时“古籍破损标准”与“文物破损标准”还有10项不相同，与“档案破损标准”有2项不相同，这些不相同的术语表述反映出文物、档案行业不同标准的特点。“文物破损标准”与“档案破损标准”有污渍、皱纹折痕、变形断裂、字迹洇化扩散、字迹褪色5项基本相同，这两类标准亦可以相互补充。

## 二、《古籍特藏破损定级标准》参照

行业标准总是与行业特点密切相关，从古籍破损定级标准与文物、档案术语表述中观察到，“古籍破损标准”特点是由古籍“册叶”的装帧形制来体现的。该标准以“册”为单位甄定古籍破损的等级。以“撕裂”“断线”为例，是指一册古籍中一叶书叶撕裂或断线的破损情况。

破损级次，是通过一册古籍中一叶书叶的破损面积数与一叶书叶的面积数之间的比例，与一册书的破损书叶数与整册书叶数之间比例的比值进行级次划分。而“文物破损标准”中脱落、锈蚀、字迹洇化、字迹扩散、字迹模糊等表述，则反映出文物中“字画”藏品破损的特点。档案纸质材料不一，以破损面积百分比作为权重，体现出档案形式的多样性，字迹酸蚀反映了对民国时期纸质档案老化破损级次划分的特点。

笔者认为，“古籍破损标准”虽然涵盖了大部分纸质文献破损级次的划分，仍不能做到全面、完善地容纳其他两类标准中的所有破损条目。在教学实践中，笔者曾调查了复旦古籍馆藏部分清末民初铅印古籍680册，其中出现跑墨烘色、字迹酸蚀的古籍175册，占比四分之一。然而字迹酸蚀以及“水渍、皱褶、锈蚀”等古籍破损类型都没有被纳入《古籍特藏破损定级标准》。因此，“古籍破损标准”需要吸纳与融合其他两类标准中适合古籍破损的类型的破损定级款项作为古籍破损定级标准的参考补充，以满足破损古籍，特别是急需修复的清末民初古籍破损等级甄定的需要。

### （一）参照

参照法又称引见法，是指引读者从目录中的一条标目或一部分去查阅另一条款目或另一部分的方法。它的作用在于帮助读者从任何方面，即使是和著录所采用的标目不同的方向来寻找图书时，都可以找到所需要的图书。它还可以表示目录各个部分之间的相互联系和相互依赖。它还可以表示各种目录之间的联系，使各种目录能互相补充而成为一个整体[6]。笔者引用以上有关图书馆目录体系中“参照”的概念，是因为“古籍破损标准”与“文物破损标准”“档案破损标准”有基本相同的术语表述，说明同是以纸质文献破损为甄定对象的标准是相互关联的，将它们看作不同类型的图书分类法，运用图书分类法中“参照”的概念与作用，将“古籍破损标准”所缺的条款列入可“参照”之项，可以补充所藏破损古籍甄定的需要，指引跨行业的相关人员互相参照，使这三类标准能够在同是纸质文献修复，不同行业中得以施行。“文物破损标准”在前言部分注明“部分内容参照了 WH/T 22—2006《古籍特藏破损定级标准》”，“档案破损标准”也有参照记载，笔者认为古籍文献破损定级标准采用相互“参照”的方法是可行的也是最便捷的。

“古籍破损标准”可参照“文物破损标准”有水渍、污渍、皱褶、折痕、变形、糟朽、锈蚀、书脊开裂、字迹模糊、字迹残缺等项，以及“档案破损标准”中的污染、字迹酸蚀。

（二）《古籍特藏破损定级标准》参照

“古籍破损标准”的参照分为两种：一是该标准的内部参照；二是参照文物与档案标准中相似条款。

1.“古籍破损标准”内部参照，参照破损面积甄定级次

（1）明确霉蚀、鼠啮、烬毁、絮化，均按书叶破损面积作为甄定级次的参照标准。

（2）黄斑：参照老化破损面积甄定级次。

（3）书口开裂：是因“书口磨损”而导致的“书叶书口开裂”，具有絮化破损的特征，参照“絮化”破损面积甄定级次。

（4）书角磨损：参照“絮化”破损面积甄定级次。

2.“古籍破损标准”参照文物与档案标准中相似条款

（1）与“文物破损标准”中水渍、污渍、皱褶、折痕、变形、糟朽、锈蚀、书脊开裂、字迹模糊、字迹残缺等项相似。

（2）与“档案破损标准”中污染、皱纹折痕、变形断裂、字迹洇化扩散、字迹褪色、字迹酸蚀等相关条款相似。

## 三、《古籍特藏破损定级标准》操作实践

（一）级次甄定

《古籍特藏破损定级标准》是为古籍保护与修复分轻、重、缓、急科学有序地开展工作而制定的行业标准，是开展古籍修复工作的重要工具。据笔者对部分图

书馆在“古籍破损标准”操作实践中对所修古籍予以定级时，存在仅以破损面积与书叶面积之百分比定级；或以破损书叶数作为定级依据的情况了解，认为与“古籍破损标准”的制定有关。一是该标准使用较多文字描述破损级次甄定的要求，导致实际操作困难增加，如酸化、老化破损等级的甄定。二是标准中明确按破损面积与破损书叶数计算甄定级次的只有粘连、虫蛀两类，限制了絮化、鼠啮、缺损、烬毁，甚至大面积黄斑、局部老化等可以按破损面积甄定级次的划分。限定按面积甄定级次，反映出标准制定者的“担忧”，认为在以破损的类别、部位、破损面积和破损书叶数量为定级依据时，要避免“单纯依据破损面积定级”。这一现象在破损定级实践中是存在的：当破损书叶面积与总书叶面积比例，以及破损书叶与总书叶数的比例定得过高或过低时，就会出现甄定级次或高或低的情况。

1. 情况分析示例

（1）馆藏《绎史》卷二十至二十二，1 册，开本 28 × 17.5cm，整册书叶 81 叶，虫蛀书叶 37 叶。书叶面积 980cm$^2$；破损面积 369.6cm$^2$，破损面积占比 37.71%。整册书叶 81 叶，破损书叶数 37 叶，占比 45.68%。若以虫蛀二级甄定，虽然虫蛀破损面积超过规定的 30%，而虫蛀破损书叶数只占整册书叶数的 45.68%，未达到该标准 60% 以上的要求，在这样的情况下甄定者往往会对“破损面积”或“破损书叶数”进行选择，“单纯依据破损面积定级”出现在满足破损书叶面积的情况下选择级次高的甄定级次。

（2）馆藏《天演论》，1 册，开本 24.5 × 16.6cm，书叶面积 813.4cm$^2$，整册书叶 58 叶。虫蛀破损面积 232cm$^2$，占比 28.52%；虫蛀破损书叶 38 叶，占比 65.52%。此例虽然破损书叶叶数已超过破损二级 60% 的要求，但破损书叶面积未达到 30% 以上的要求。即出现选择满足破损书叶数达目标级次，以破损书叶数甄定等级，出现只记破损书叶数的情况。

册叶式古籍的开本大小与传统造纸、雕版印刷密不可分。一般来讲，古籍书叶的面积是版面设计决定，而纸幅尺寸大小则影响书叶开数，受这些因素的影响，每种册叶式古籍的书叶面积以及叶数各不相同①。因此，以册叶式古籍为

① 全张纸对折从中间裁开成为对开；平均折二次为四开，依次从中间折三折为八开或称八版。宣纸的规格，二尺宣：46 × 70cm；三尺宣：70 × 100cm（大），53 × 100cm（小）；四尺宣：69 × 138cm；五尺宣：84 × 153cm 等。见王淮珠编《书刊装订工艺》，印刷工业出版社 1988 年版，第 30 页；杜伟生编《中国古籍修复与装裱技术图解》，中华书局 2013 年版，第 50 页。

特定对象的《古籍特藏破损定级标准》设置的书叶面积数与书叶数百分比不确定，百分比比值或权重的关系受到影响。从以上例子中可以看到，标准在操作实践中设定的百分比比值、权重关系决定了破损级次的划分结果会出现单纯以破损面积或以破损书叶数甄定古籍破损级次的情况。

笔者也不认为限制以破损面积甄定级次是有效的方法。甄定级次指标的核心在于，破损面积数、破损书叶数与书叶面积、书叶数之间比重是否均衡合理。例如标准在虫蛀一级破损的级次比例规定得过高。

如：馆藏《金涂铜塔考》1 册，开本 28×18.5cm，书叶面积 1036cm$^2$，整册书叶数 25 叶。以虫蛀破损一级标准：破损书叶面积 50% 以上，且虫蛀书叶达到整册书叶的 80% 以上的规定，破损书叶面积为 518cm$^2$，破损书叶数 20 叶。如果仅从标准的百分比数字的表述，可以理解为 20 叶破损书叶。由此可见，虫蛀破损一级的比例明显过高。

2. 建议按破损面积与书叶面积之比例甄定级次

从以下图表中我们可以清晰地看到，如果在破损级次中，适当降低各级次比例，书叶面积与破损面积比例定在 10%—30%，书叶数与破损书叶数比例在 20%—40%，各级次一级至三级间比例指标就能得到合理均衡。其次，降低一级级次百分比比例，增加四级百分比，《古籍特藏破损定级标准》将容纳更多的破损古籍，破损古籍的甄定工作则更加便捷。

在调整比例的同时，建议在破损等级甄定实践中明确“古籍破损标准”中“老化、霉蚀、鼠啮、缺损、烬毁”均按破损面积与书叶面积之比例甄定级次。

（1）老化破损（主要指书叶纸色改变与黄褐斑破损级次）

老化三级：老化面积达到 5%，老化书叶达到 20%。

黄褐斑二级：黄斑面积达到 20%，黄斑书叶数达到 30%。

黄褐斑三级：黄斑面积达到 10%，黄斑书叶数达到 20%。

黄褐斑四级：黄斑面积达到 5%—10%，黄斑书叶数达到 5%—10%。

（2）虫蛀破损（见图 1）

一级：书叶虫蛀面积达到 40%，且虫蛀书叶达到整册书叶的 50% 以上。

二级：书叶虫蛀面积达到 30%，且虫蛀书叶达到整册书叶的 40% 以上。

三级：书叶虫蛀面积达到 20%，且虫蛀书叶达到整册书叶的 30% 以上。

四级：书叶虫蛀面积达到 10%，且虫蛀书叶达到整册书叶的 10% 以上。

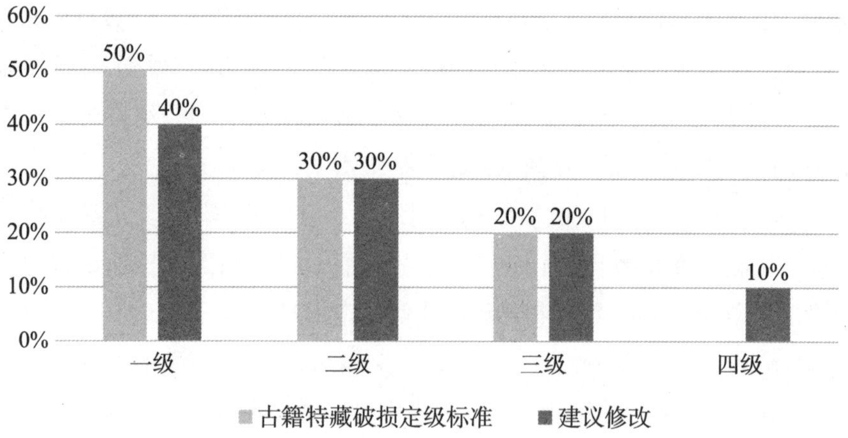


图 1 《古籍特藏破损定级标准》与建议修改标准虫蛀级次对比图

（3）缺损

一级：书叶缺损面积达到 30%，且缺损书叶数达到 40%。

二级：书叶缺损面积达到 20%，且缺损书叶数达到 30%。

三级：书叶缺损面积达到 10%，且缺损书叶数达到 20%。

（4）粘连、霉蚀、絮化、鼠啮、烬毁

古籍书叶发生粘连，是因为书摆放时书与书之间的相互挤压，以及空气中湿气的助力。此外，自然界生物、微生物对古籍的侵害，也会让古籍书叶发生粘连。如虫蛀、霉蚀对古籍的侵害过程中吸收空气中的水汽，让原本受潮粘连的书叶愈发潮湿，粘连亦更加严重。因此，书叶粘连的发生与虫蛀、霉蚀、絮化存在关联。在古籍破损定级中，应将这种关联性体现出来，帮助甄定者更好地理解标准，规范甄定操作。

一级：书叶粘连面积达到 30%，且粘连书叶达到整册书叶的 40% 以上。

二级：书叶粘连面积达到 20%，且粘连书叶达到整册书叶的 30% 以上。

三级：书叶粘连面积达到 10%，且粘连书叶达到整册书叶的 20% 以上。

四级：书叶粘连面积达到 10%，且粘连书叶达到整册书叶的 10% 以上。

霉蚀、絮化、鼠啮、烬毁：一至四级同上。

絮化五级：书叶开口面积达到 $0.2cm^2$，且开口书叶达到整册书叶的 10% 以上。

（二）坐标

笔者已在前文中表明“古籍书叶破损面积”的概念是将古籍破损程度进行量化的先进方法，是甄定级次的重要依据。通过多年教学实践，笔者找到利用坐标系解决古籍破损等级甄定中“破损面积计算”，以及指示“破损位置”的方法。即:一是利用“坐标轴 X、Y 的数值”标明书叶、叶破损位置,替代天头、地脚、书芯、书脑、书背等“模糊术语”。二是利用坐标轴 X、Y 计算破损面积,让“古籍破损标准”的甄定十分便捷。

1. 平面坐标系—绝对坐标

绝对坐标:是以点“0”为原点,作为参考,来定位平面内某一点的具体位置表示的方法:A(X,Y)。

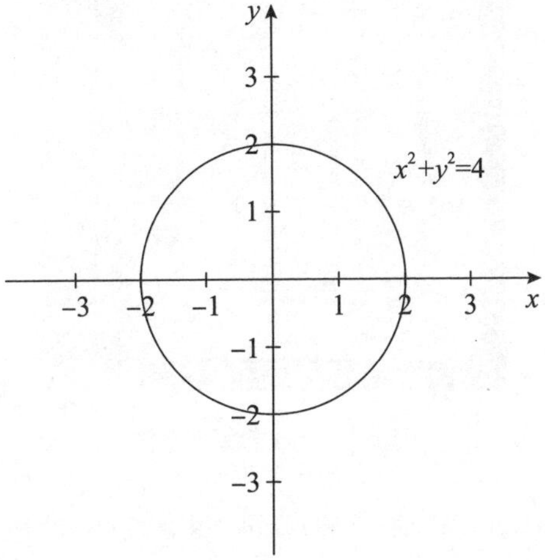


图 2 坐标系示意图

2. 平面坐标系的实际应用

在对破损古籍书叶面积进行甄定时,我们只需要利用坐标中的“正数”部分。设该册书叶的左下角“0”为原点,横向向右→为 X 轴,纵向向上↑为 Y 轴。(注:以古籍书叶半叶为标示物)

如下:

标识破损面积:

(1)X 轴 =0—18.5cm,Y 轴 =22—28.5cm;四点连线,此区域面积 $120.25cm^2$。

(2)X 轴 =0—3.5cm,Y 轴 =5—17cm;四点连线,此区域面积 $42cm^2$。

(3)X 轴 =11—14cm,Y 轴 =8.5—17cm;四点连线,此区域面积 $25.5cm^2$。

标识破损位置:

(1)X 轴 =0—18.5cm,Y 轴 =22—28.5cm,四点连线,此区域为传统古籍位置称谓天头。

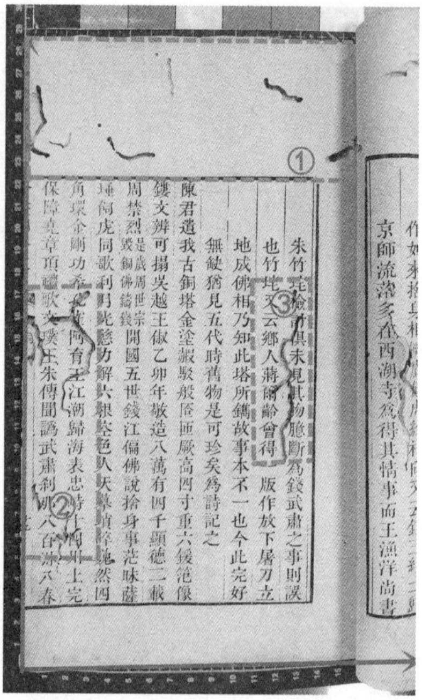


图 3　使用坐标系示意图

（2）X 轴 =0—3.5cm，Y 轴 =5—17cm；四点连线，此区域为传统古籍位置称谓书口。

（3）X 轴 =11—14cm，Y 轴 =8.5—17cm；四点连线，此区域为传统古籍位置称谓叶面（书面）。

（三）标准中不易操作——单纯以表述为标准

“古籍破损标准”在实际工作中不易操作，主要是指文字表述过多且含义模糊以及需要仪器设备检测的条款不易操作，如老化、絮化、变色、炆毁等。以老化破损为例，书叶纸张老化严重，纸张机械强度严重降低，书叶翻动时出现掉渣、裂口、破碎、变色的表述是书叶纸张老化时的情况，书叶纸张老化的本质是纸质劣化，机械强度是否降低，需要酸碱值检测以及纸张拉力的检测来判断。甄定者在缺乏仪器检测的情况下，主要是通过目验与参考条款表述来判断。标准不但表述模糊，也没有用破损面积与破损书叶数的关系来加以限定，仅按照书叶老化的现象来甄定破损级次，由于对标准理解的差异，甄定者操作的难度增加。

1. 书叶老化严重

以馆藏《稽瑞楼书目》为例（见图 4）。《稽瑞楼书目》，写刻本，1 册，开本

24.8×15.4cm，半叶10行，计46叶。馆藏索书号566048。

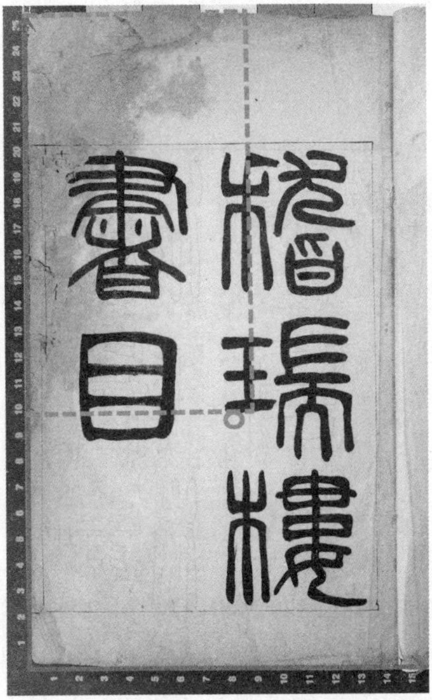

图4 《稽瑞楼书目》首叶书叶破损

是书出现老化特征，以老化破损甄定级次，可以出现以下两种情况：

（1）是书掉渣、裂口、破碎，计3叶。依《古籍特藏破损定级标准》第4.2条，书叶纸张老化严重，纸张机械强度严重降低，书叶翻动时出现掉渣、裂口、破碎的现象，定为老化一级破损。

（2）是书老化出现在首叶的左上角，目测书叶破损面积约占四分之一。破损书叶数约12叶。

设是书左下角“0”为原点并为起点，X轴为横向向右→；Y轴为纵向向上↑。

（1）书叶原纸色与取点位置：①位置：X轴=8.5cm，Y轴=8—24.8cm；②色度值：L×71.79　a×10.73　b×20.35。

（2）书叶变色与取点位置：①位置：X轴=2.5cm，Y轴=20cm；②色度值：L×56.29　a×12.74　b×22.86。

（3）书叶面积：X轴=15.2cm，Y轴=24.8cm，四点连线，区域面积763.84cm²。书叶变色面积：X轴=0—9cm，Y轴=9.8—24.8cm，四点连线，区域面积270cm²，占比：35.34%。

（4）老化变色书叶数12叶，占比26.09%。

以上例子中我们看到，当老化破损面积不大以及破损书叶数不多的情况下，会出现仅以标准中含义模糊的术语表述，而与实际情况具有差距时，甄定为较高的级次。因此，建议运用破损面积的概念将未出现破碎老化的书叶作量化处理，并依百分比甄定级次会更加合理。如当老化变色面积达到20%，书叶数达到30%时，可甄定为老化破损二级。

2. 书叶变色

古籍破损定级标准：二级破损，书叶纸张老化比较严重，纸张机械强度明显降低，书叶变色严重；三级破损，书叶纸张老化，纸张机械强度降低，书叶四周变色。

以上古籍老化二、三级中的“书叶变色”含有主观色彩的表述，让破损等级甄定者对书叶纸色改变同样较难把握。

古籍纸张的“颜色”主要有两种，一种为白色，基本上认为是略带一点浅黄色的白色，或者是经漂粉漂白而成的白色，另一种是浅黄色，这种浅黄色是因竹子在造纸过程中未经漂白（漂粉）而呈现的。书叶纸张的白色与黄色是古代书籍常有的两种颜色，仅依目测并不能明确判断出它们原本的颜色，进而也就不能判断纸色改变后的色度是怎样，没有可以比对的参照物为基础，“变色”的依据即是不可靠的。不过，在科学技术日趋发达的今天，利用科学仪器——色度仪，通过色度仪的a、b色度值的比较，可以大致反映纸色改变程度。

古籍书叶纸色的改变反映的是书叶纸张老化的一种特征，这种老化特征比较容易观察。就笔者所见，古籍四周纸色的改变分两种。例如，书叶中心位置的纸色与边缘书叶纸色有较明显的颜色差别，且没有明显的“色差”边界线，变色宽度较大，有的可以直达书叶中心位置。而古籍四周变色则是因自然光或灯光对古籍的影响，以及书叶纸张自身老化而形成的，是书叶四周边缘纸色的改变（多装有四合函套装护），纸张变色的宽度不会太宽，约在1—2cm范围的居多，如“古籍破损标准”中的老化：四周变色。

以《御批资治通鉴纲目》为例（见图5）。《御批资治通鉴纲目》卷一、卷二，石印本，1册，开本19.5×12.9cm，版框16×11.4cm，整册书叶计91叶。馆藏索书号410043。

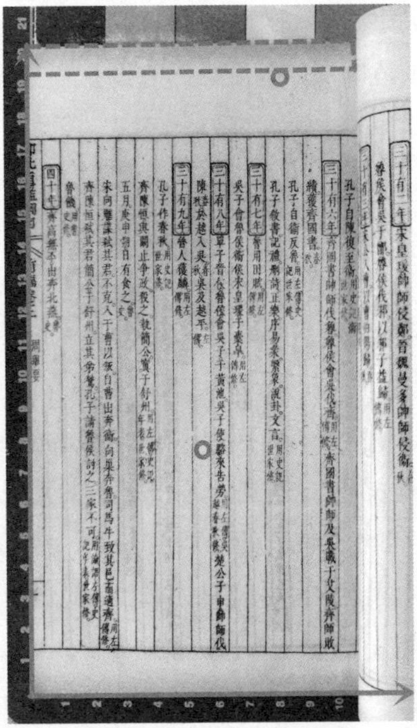

图 5 《御批资治通鉴纲目》前编卷三第十叶

设是书左下角“0”为原点并为起点。X 轴为横向向右→，Y 轴为纵向向上↑。

（1）书叶白度取点：①位置：X 轴 =0—5.2cm，Y 轴 =0—7.5cm；②色度值：L × 83.43　a × 4.35　b × 10.82。

（2）书叶纸色改变取点：①位置：X 轴 =0—8cm，Y 轴 =0—19cm；②书叶纸色色度值：L × 73.50　a × 10.53　b × 18.80。

（3）变色宽度 1cm，变色面积 $25.8cm^2$，占比 5.13%。

（4）整册书叶计 91 叶，变色书叶数 51 叶，占比 56.04%。

（5）建议依老化破损面积甄定为老化破损三级。

此例，四周老化变色的实际情况其变色的宽度约 1cm，面积占比不到 10%。虽然破损书叶数占比较高，在甄定等级时还是需要从实际出发，不能单单依破损书叶数甄定级次，而将等级高定。建议记录四周变色宽度以及以变色面积甄定级次，进而体现标准的合理性。

综上所述，《标准》中不易甄定操作的原因是，在定级实践中上述老化破损都可能出现书叶局部与部分书叶老化的现象。在缺乏“破损面积”以及不记录变色程度的情况下，可以坚持在破损书叶出现“局部”“纸色改变”的情况下，运用破损面积与破损书叶数比重关系，甄定老化破损的级次。其次，运用“纸张色度仪”记录“纸色改变的色度值”，有助积累数据。建议修改老化破损标准。

3. 黄褐斑

“古籍破损标准”关于黄褐斑的描述是：书叶纸张轻微老化，有明显黄褐斑，甄定为老化四级。档案对黄褐斑划分等级：纸张机械强度有一定程度降低或有少量的氧化斑甄定为中度破损。这两类标准共同认为：纸张机械强度有一定程度降低（轻微老化）时会出现“氧化斑—黄斑”，但甄定级次时却不相同。黄褐斑在高倍显微镜的观察下，该区域中，黄色物质已渗入纸张纤维并呈现出明显色差，且纤维十分脆弱。“这种斑点不仅对图书美观造成极坏的影响，使书籍的价值遭到破坏，而且经过较长的一段时间后，它的范围还会扩大，甚至渗透到下面的书叶中。”① 显然“古籍破损标准”将其定为老化四级，不足以引起人们对“黄褐斑”的重视。

（1）笔者建议提升“黄褐斑”的级次，即由二级起始：1. 二级，黄褐斑面积达到 20%，书叶数达到 30%；2. 三级，黄褐斑面积达到 10%，书叶数达到 20%；3. 四级，黄褐斑面积 10% 以下，书叶数不到 10%。

以《新郑彝器》为例（见图 6）。《新郑彝器》，印本，1 册，开本 33.5 × 21.5cm，版框 24 × 17.5cm，整册 73 叶。馆藏索书号 581061。

设是书左下角“0”为原点并为起点。X 轴为横向向右→，Y 轴为纵向向上↑。

①纸色取点：X 轴 =2.5lcm，Y 轴 =14.6cm。

②色度值：L × 88.97　a × 3.10　b × 9.64。

③色斑取点：X 轴 =4.1cm，Y 轴 =14.6cm。

④色度值：L × 83.22　a × 7.37　b × 17.84。

依“古籍破损标准”第 7.1 条“书叶纸张轻微老化，有明显黄褐斑点”甄定为破损四级。

（2）参照“档案破损标准”：“纸张机械强度有一定程度降低，有少量的氧化斑”甄定为老化—氧化斑，老化中度破损。

---

① 陈刚，张田. 近代书籍纸张中“狐斑”的发生特点研究[J]. 文物保护与考古科学，2012，24（4）：66-70.

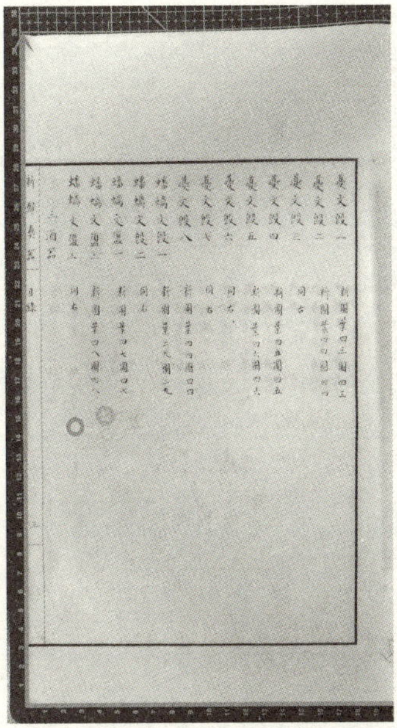

图 6 《新郑彝器》目录第三叶

以《皇极经世书·绪言》为例(见图 7)。《皇极经世书·绪言》,铅印本,1 册,开本 20.06×13.2cm,版框 14.8×10.08cm,每半叶 13 行 26 字,整册书叶计 92 叶。馆藏索书号 751007(2)序号 868597。黄褐斑计 23 叶。

设是书左下角"0"为原点并为起点。X 轴为横向向右→,Y 轴为纵向向上↑。

①原书纸色取点位置:X 轴 =0—6,Y 轴 =0—17.6。

②色度值:L×84.36　a×4.03　b×10.96。

③黄斑面积 100%。

④破损书叶数 23 叶,占比 25%。

参照档案标准甄定为老化—氧化斑,中度破损。建议修改标准为老化—黄斑二级。

4. 书叶面积—虫蛀面积的测算(为测量的便利,只测书叶的单面,但计算书叶面积或破损书叶面积,则需要以整张书叶的面积来测算)

虫蛀破损在《古籍特藏定级标准》中按"破损面积"与"书叶面积"之比甄定级次。在破损古籍等级甄定实践中,一般会将书叶上"虫道"形状区分出"沟渠"型、"上下贯穿"型、"筛子"型等类。笔者以为,其一,虫蛀面积无论是什么样的类型,都应以最大限度将虫道"连成片"的方式,计算破损面积;其二,在同一叶上的虫道,可以相加一起;其三,整张书叶虫洞密布型的,按整叶面积计算。

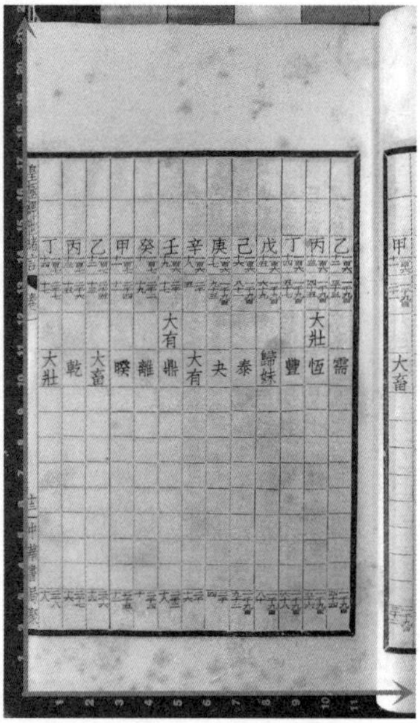

图 7 《皇极经世书·绪言》卷一第十三叶

（1）将虫孔连成片

以《金涂铜塔考》为例（见前，图 3 和图 8）。《金涂铜塔考》，刻本，1 册，开本 28×18.5cm，版框半叶 18.9×13.6cm，左右双栏，半叶 10 行，行 23 字，整册 25 叶。馆藏索书号 581039。

设是书左下角“0”为原点并为起点。X 轴为横向向右→，Y 轴为纵向向上↑。

①取点：X 轴 =0—18.5cm，Y 轴 =12.7—28cm，四点连线，此区域面积 283.05$cm^2$。书叶破损面积 566.1$cm^2$，占比 54.64%。

②破损书叶数 17 叶，占比 68%。

③依《古籍特藏破损定级标准》第 5.4 条款“书叶虫蛀面积 30% 以上，且虫蛀书叶达到整册书叶的 60% 以上”，甄定为破损等级二级。

（2）将虫孔相加

是书同上。取点——第 19 叶，整册 25 叶。

① X 轴 =0—18.5cm，Y 轴 =22—28.5cm；四点连线，此区域面积 240.5$cm^2$。

② X 轴 =0—3.5cm，Y 轴 =5—17cm；四点连线，此区域面积 84$cm^2$。

③ X 轴 =11—14cm，Y 轴 =8.5—17cm；四点连线，此区域面积 51$cm^2$。

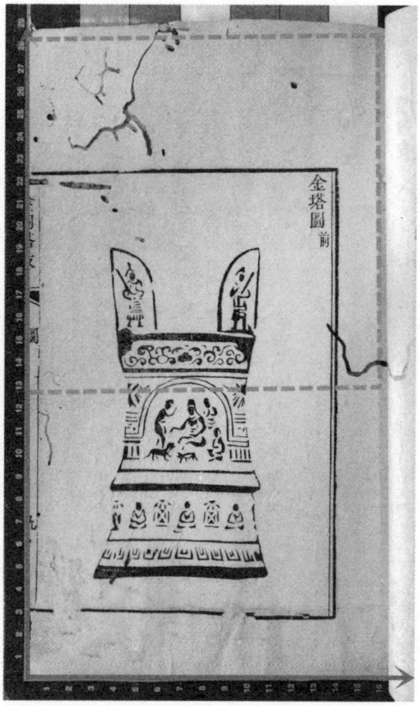

图 8 《金涂铜塔考》第十一叶

④以上破损面积相加，破损面积 375.5cm²。

⑤书叶面积 1036cm²，占比 36.25%。

⑥破损书叶数 15 叶，占比 60%。

⑦参照《古籍特藏破损定级标准》第 5.4 条“书叶虫蛀面积 30% 以上，且虫蛀书叶达到整册书叶的 60% 以上”，甄定为破损二级。

（四）参照

《古籍特藏破损定级标准》参照《纸质档案抢救与修复规范第 1 部分：破损等级的划分》。根据其中“术语和定义——3.11 字迹酸蚀：酸性字迹材料因氢离子作用于纸张，导致其出现老化或破损的现象”，将书叶的字迹酸蚀现象视为书叶老化。

以《小腆纪年》为例（见图 9）。《小腆纪年》，石印本，12 册 2 函，开本 27.8 × 17cm，版框 19.8 × 14.5cm，四周双栏，半叶 11 行 22 字。序号 16231，馆藏索书号 440073。

图 9 《小腆纪年》卷十一第二十五叶

①破损书叶面积，占比 100%。

②破损书叶数 22 叶，占比 37.29%。

③参照《纸质档案抢救与修复规范第 1 部分：破损等级的划分》中“术语和定义——3.11 字迹酸蚀：酸性字迹材料因氢离子作用于纸张，导致其出现老化或破损的现象”，等级划分为特残破损。

《古籍特藏破损定级标准》参照以上标准，甄定为书叶老化破损二级。参照《纸质档案抢救与修复规范第 1 部分：破损等级的划分》第 3.6 条定义“污染：由于各种原因在档案制成材料上留下污斑、污迹的现象，包括水渍、油斑、墨斑、金属锈斑、蜡斑、霉斑、泥斑等”。

再者，关于油斑之问题。

以《仪礼韵言》为例（见图 10）。《仪礼韵言》，刻本，开本 25×15.25cm，整册计 58 叶。馆藏索书号 331023。

设是书左下角“0”为原点并为起点，横向向右为 X 轴→，纵向向上为 Y 轴↑。

①油渍位置：X 轴 =0—4.5cm，Y 轴 =0—25cm。

②油渍面积 225$cm^2$，占比 29.51%。

③油渍书叶数 19 叶，占比 32.76%。

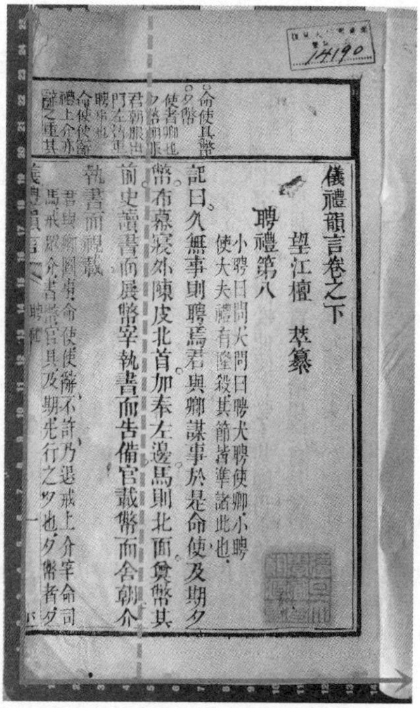
儀禮韻言卷之下
望江檀 萃纂
聘禮第八
記曰久無事則聘焉君與卿謀事於是命使及期夕幣布幕寢外陳皮北首加奉左邊馬則北面奠幣其前史讀書而展幣宰執書而告備官載幣而舍朝介執書而視載

图 10 《仪礼韵言》卷下首叶

④参照《纸质档案抢救与修复规范第 1 部分：破损等级的划分》“污染：20% ＜污染面积≤ 60%”，甄定为严重破损。

## 四、结语

古籍、文物与档案这三类破损定级标准几乎涵盖全部纸质文献，又因为标准体现的是其自身行业藏品的特点，不能完全满足所有藏品的定级需求。例如，档案破损定级标准，不能满足所藏破损古籍的定级要求；古籍破损定级标准，同样不能满足图书馆对破损字画的定级要求；博物馆也一样。希望通过对这三类纸质文献的标准的对比，探讨标准设立相互参照款目的可能性，为制定统一的“纸质文献破损定级标准”提供参考。

古籍破损定级标准是古籍修复工作中重要工具，标准中的量化指标需要通过计算才能得到完成。破损面积的测算曾一度难以进行，例如虫蛀破损面积的测定。虫蛀书叶因虫蛀食的方式不同，虫孔在书面呈现不同的形状，如弯弯曲曲的沟壑型，上大下小的洞孔型，层层叠叠分层腐蚀型。各种各样的虫孔，或从上到下，或从左到右穿行，给实际的测量工作带来很大的困难。笔者认为，运用好坐标才可以找到准确测算破损面积的门道,其因有二:一是坐标上的数值,可以四点连线,构成一个区域面积;二是坐标上设置的 X 轴、Y 轴上的数值可以标示位置,将古籍传统位置模糊的称谓天头地脚、书口书背等等用数值表示,既方便破损面积的测算还方便数据库的使用。此文仅是抛砖引玉,希望后来者能够对破损古籍的甄定有更深入的研究。

(黄正仪,复旦大学中华古籍保护研究院馆员;张毕佳,复旦大学中华古籍保护研究院硕士研究生)

参考文献:

[1] 肖振棠,丁瑜 . 中国古籍装订修补技术 [M]. 北京:书目文献出版社,1980.

[2] 杜伟生 . 中国古籍修复与装裱技术图解 [M]. 北京:中华书局,2013:71-72.

[3] 中华人民共和国文化行业标准:古籍特藏破损定级标准 [S]. 中华人民共和国文化部,2006.

[4] 中华人民共和国文物保护行业标准:馆藏纸质文物病害分类与图示 [S]. 中华人民共和国国家文物局,2010.

[5] 中华人民共和国档案行业标准:纸质档案抢救与修复规范第 1 部分:破损等级的划分 [S]. 国家档案局,2018.

[6] 刘国钧,陈绍业,王凤翥 . 图书馆目录 [M]. 北京:高等教育出版社,1957:102.

# 纸质文献表面微生物的检测初探

## ——以清屯溪同文堂刻本《幼学须知直解》为例

A Preliminary Study of Detecting Microorganism on the Surface of Paper Documents: A Case Study of the Tunxi Tongwentang Edition of *Youxue Xuzhi Zhijie* (*Notes to Stories for Children*) in the Qing Dynasty

孔杰旦　黄艳燕*

**摘　要**:微生物广泛存在于纸质文献当中,其生长、代谢过程会产生生物活性酶、有机酸、水汽、色素等,造成纸张的酸化、老化、霉变,不利于纸质文献的保存与利用。清屯溪同文堂本《幼学须知直解》有明显的菌落痕迹以及污渍、粘连等污损状况。本研究通过对其纸表及破损处的微生物进行采样、实验室初步分离、鉴定,探究纸表以及纸质文物破损处微生物的存在情况,了解、分析民间文献流传过程中的微生物侵害情况及保存环境,对纸质文献的保护修复以及妥善保存提供科学数据。

**关键词**:纸质文献;微生物;《幼学须知直解》;保护修复

我国文献材料用纸种类丰富,造纸原料有麻、楮、藤、桑、竹、稻等,这些原料经过造纸工艺的处理后,主要保留纤维素、半纤维素、木质素等成分,而这些成分则成为微生物生长所需的营养,在适宜的温湿度下,微生物会大量生长繁殖,并附着在文献材料中随之流传,对纸张产生危害。

---

*　通讯作者,邮箱:huangyy@fudan.edu.cn.

微生物会在纸质文献中产生色素并形成色斑,分布于书叶之上,影响读者的阅读与利用。同时,“微生物在代谢过程中会产生有机酸,使纸张的酸度提高,从而降低纤维素配糖键破裂的活化能,加快水解速度,使纤维素长链断裂,最终导致纸张变黄脆裂,强度降低”[1]。而且“微生物在纸张上繁殖时可能使纤维素变得湿润、胶粘,使纸张间相互粘连,严重时会形成‘书砖’,无法阅读”[2]。

近年来已经有越来越多的中外学者对纸表微生物进行了研究。故宫博物院的马燕莹对藏文大藏经进行了检测,显示附着在大藏经表面的微生物种类包括毛壳菌属、曲霉属、毛霉属和白僵菌属等,其中藏经表面绿色霉斑为烟曲霉[3]。复旦大学的周言君对清末民初的手工皮纸抄本《周本纪摘要》的检测结果显示,该书丰度最高的是糖多孢菌属和曲霉属,同时存在显著多的糖多孢菌属、假诺卡氏菌属、牛肝菌目以及爪甲团囊菌目[4]。重庆中国三峡博物馆的唐欢等人对三峡库区某博物馆带有霉斑的纸质书画进行检测,发现其中含有曲霉属还有部分根霉属和木霉属[5]。王珊等人对吴煦档案进行检测,共采集到黄曲霉、黑曲霉、杂色曲霉、青霉、球毛壳霉、木霉、交链孢霉、黑根霉、宛氏拟青霉等8属10种霉菌[6]。姚娜对多种纸质印刷品检测发现其优势菌主要为曲霉属,其他常见霉菌类型有青霉属、木霉属和根霉属[7]。

Bronislaw Zyska从1919—1977年间的图书馆书籍以及其他材料中分离了84属234种真菌,显著多的是青霉属、曲霉属、毛壳菌属,其次是链格孢属、枝孢霉、葡柄霉、木霉属等[8]。Simona Isabela Dunca对19世纪末和1870年的两部书籍进行检测发现有青霉属、链格孢属、芽孢杆菌、梭状芽孢杆菌、假单胞菌和微球[9]。Czerwińska曾指出纸质文献中的霉菌种类主要包括青霉属、曲霉属、毛壳霉属、毛霉属、根霉属、镰刀霉属、葡柄霉属、支孢霉属、葡萄穗霉属、交链孢霉属与木霉属[10]。

从文献报道中可以发现,曲霉属和青霉属普遍存在于纸质文献中,其次还有根霉属、木霉属等。但世界各地的气候环境与保存状态的不同也会在不同的纸质文献中产生不同的菌落;同时纸质文献上的生物侵害类型不同,比如虫蛀、水渍、油渍等,其微生物种类也会有所变化,如何针对破损处微生物的情况对纸质文献进行保护修复,需要更多的案例来进行检测以及对比研究。

清屯溪同文堂本《幼学须知直解》是笔者从孔夫子旧书网上购买所得,《中国古籍总目》及普查目录等未见著录。该书表面有灰色脏污。将该书拆开后,订线处的书叶颜色即原书颜色,与书叶其他部分相差较大,且有肉眼可见的菌落痕迹和虫子残留物。本研究通过对其纸张表面微生物进行检测，分析微生物在本书中的分布情况，探讨微生物与纸质文献破损的关系，以便对其进行保护修复以及妥善保存。

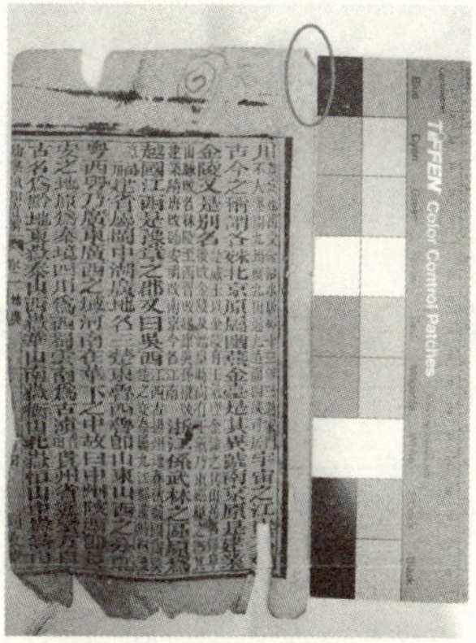


图 1　书叶表面脏污

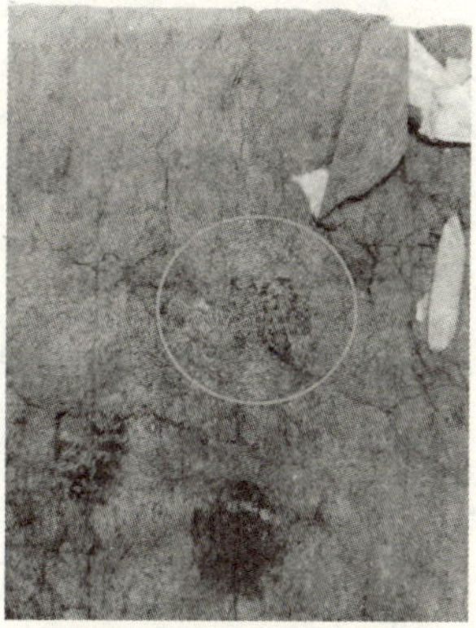

图 2　白色点状菌斑

图 3　虫子残留物

## 一、实验方法

### （一）微生物采样点设定

1. 采样点描述

检视全书，根据古籍破损的类型，对于可能出现微生物的污损书叶位置进行重点记录，对于具有对比价值的书叶适当采样。

**表 1 微生物采样点状态表**

| 页码 | 微生物分布状态 |
|---|---|
| 书衣首 | 虫蛀、菌落、虫子残留物。书衣由两张纸通过糨糊粘在一起，两张书叶之间有成片白色点状菌斑。 |
| 书衣尾 | 粉色晕染、污渍，粘连。 |
| P1 | 黄色污渍，被书衣染色、虫蛀，橘黄色衬纸上出现油渍和白色菌斑。 |
| P2 | 油渍、虫蛀。 |
| P3 | 黄色污渍、修补纸背面有虫子残留物。 |
| P6 | 黄色污渍，AB 叶间粘连。 |
| P18 | 一块白色菌斑，中心处呈现淡黄色。 |
| P32—37 | 洋红色书衣将书叶晕染，导致书叶间粘连并出现水渍。 |
| P38 | 洋红色书衣将书叶晕染，导致书叶间粘连并出现水渍、虫蛀。 |
| P39—40 | 洋红色书衣将书叶晕染，导致书叶间粘连并出现水渍、虫蛀、铜钱状黄色污渍。 |
| P41—44 | 洋红色书衣将书叶晕染，导致书叶间粘连并出现水渍、铜钱状黄色污渍。 |
| P45 | 洋红色书衣将书叶晕染，导致书叶间粘连并出现水渍、铜钱状黄色污渍。 |
| P46 | 洋红色书衣将书叶晕染，导致书叶间粘连并出现水渍、铜钱状黄色污渍。 |

2. 采样点分类

将本书采样点进行归纳与分类，根据分类采用不同的采样方法，也便于之后的取样培养。本书可能出现的微生物侵害状态可分为三类。

第一类，是书衣首叶、书衣尾叶、卷端首叶与最后一叶。书衣直接与外界环境相接触，在本书无装具的情况下，书衣是微生物侵害古籍的首先接触对象，而第一叶、最后一叶和前后书衣由于直接接触，导致其微生物生长的微环境极其相似。因此将这四叶归为一类，提取其表面微生物，以便于对本书的保存环境进行分析。

第二类，是选取书籍中间位置、比较完整、目视较干净的书叶，作为背景微生物。由于本书是从孔夫子旧书网上购买所得，之前该书的递藏情况从现有信息中无法考证，该书之前的保存环境只能通过微生物分析所得，无法找到与该书保存环境相一致的书籍做对比，因此选取中间干净完整的书叶作为本书的原始背景环境，以便与其保存环境相对比。

第三类，是本书出现的一些特殊的生物侵害状态，如第三叶的修补纸上的虫子残留物、第六叶的粘连、第十八叶的菌斑、第三十二叶至第四十六叶的书衣晕染粘连和水渍、第三十八叶的虫蛀、第三十九叶至第四十六叶的铜钱状黄色污渍，以此来分析该书在递藏和流转的过程中可能会出现的情况。

（二）采样方法探索

1. 擦拭取样

针对古籍的微生物擦拭取样方法可以分为干擦法和湿擦法。干擦法多用于有明显微生物生长痕迹的位点取样，如霉斑等处，此法较为便捷，不会给古籍纸表带来额外的化学试剂影响，但对于一些干净的叶面或后续不依赖于培养的微生物分析检测，干擦法往往无法获得足量的微生物。湿擦法是先将棉签拭子蘸取含有微量表面活性剂的润湿液，再于纸表进行擦拭取样。此法能有效提升获取的微生物数量与种类，故大部分纸表微生物多样性的研究会选用湿擦法，但该法在取样过程中可能会引入外来化学试剂，对古籍造成一定程度的影响，尤其是纸质脆弱的古籍，水分及化学试剂可能会增加古籍破损的风险，故需进一步完善采样细节，如擦拭方向、擦拭次数、残留润湿液的去除等，以期降低对古籍纸张的破坏。

在实际操作中要根据古籍微生物侵害情况以及古籍纸张的厚度、强度、原料情况，对其纸张进行预实验，选择适合实验样品的采样方法，再实际采样。本研究为了更加全面地获取本书中的微生物种类，选取了湿擦法。对于古籍的研究与实验都是以保护古籍为出发点，因此在实验过程中要最大限度降低湿擦法可能对古籍纸张造成的影响。此次实验需要根据本书情况对湿擦法进行预实验与改进，测试本书纸张表面同一位置无损害取样可擦拭次数的最大值，减少同一采样点的擦拭面积及次数，降低对纸张的损害。

选取本书掉落的无字的纸张碎片，用无菌无纺布拭子蘸取无菌水擦拭纸张表面，当擦拭次数超过六次时，纸张表面纤维开始有聚合的趋势，因此在不损伤本书纸张表面的情况下，该纸张取样时同一地方最多擦拭六次。在第二类的背景微生物进行取样时，采用五点取样法，即本书叶天头的左右部分、书叶中心以及地脚的左右部分各选取一点，擦拭六次，作为此叶的微生物样品。

2. 微生物培养

将擦拭过本书纸张碎片的无纺布取下，放入装有 500μLPDA 培养液的容器中；将纸张碎片也放入装有 PDA 培养液的容器中；同时设置一个只有 PDA 培养液的空白对照组。将三个样品进行旋涡震荡 30 秒后，涂布于培养皿上，将其放入 28℃培养箱中。24 小时后取出后，发现放入残叶之后震荡得到的样品的培养皿中的菌更多，生长有很多密密麻麻的白色点状的菌落且表面有很明显的菌丝体，而通过表面擦拭得到的样品的培养皿中的菌则相对较少，且只有极少量的菌丝体，由此发现在本书中可能菌丝体更多地存在于纸张纤维之间。

（三）微生物分离培养

通过预实验，发现培养皿中的菌生长过多，无法提取出独立的菌体，因此正式实验时需要将培养液再稀释两倍至 1 毫升。

按照之前所分三类对本书进行擦拭采样，震荡后放入培养皿中，放入培养箱中观察。具体采集点如下表：

**表 2　微生物采样表（采样时间：2018 年 12 月 11 日）**

| 页码 | 具体位置 | 采集点状态 | 样品编号 |
|---|---|---|---|
| 书衣首 A | 右侧边缘 | 虫蛀 | 1 |
| 书衣首 A | 右侧上缘 | 白色霉菌 | 2 |
| 书衣首 B | 左侧下缘 | 虫子残留物 | 3 |
| 书衣尾 | 右上方 | 粘连、污渍 | 4 |
| P1A | 右侧上方 | 书衣染色 | 5 |
| P1B | 下侧中间处 | 油渍 | 6 |
| P1B | 上方 | 虫蛀、油渍 | 7 |
| 衬纸 | 中间 | 菌斑 | 8 |
| P20—25，P33—36 取 3 叶 | | | 9—11 |
| 书衣 + 书尾干净处 | | | 12—13 |
| P3 | 修补纸上 | 菌斑 | 14 |
| P3A | 中间 | 大面积污渍 | 15 |
| P6A | 左侧上角 | 污渍、粘连 | 16 |

**续表**

| 页码 | 具体位置 | 采集点状态 | 样品编号 |
|---|---|---|---|
| P18B | 右侧上缘 | 虫蛀、残留物 | 17 |
| P38A | 左侧上缘 | 虫蛀 | 18 |
| P40A | 中间上缘 | 钱币状污渍 | 19 |
| P38—40 | 中间 | 书尾晕染粘连 | 20 |
| P40 | 下侧 | 水渍 | 21 |
| P40A | 上方 | 虫蛀 | 22 |
| 书衣首 A | 左侧上方 | 虫蛀 | 23 |
| 书衣首 AB 面间 | 下方中间 | 白色霉菌 | 24 |

经 24 小时的培养后，发现 1 号、2 号、12 号、23 号样品的培养皿中的菌体过多，可能书衣上存在着大量的菌体。这种情况下依然无法提取独立的菌体，因此根据培养皿中菌的密度，将 1 号、2 号样品稀释 10 倍，12 号、23 号样品梯度稀释 100 倍。

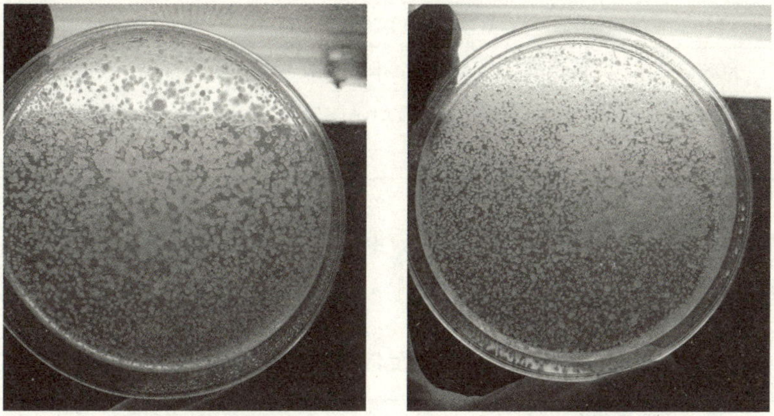

12 号样品稀释前　　23 号样品稀释前

图 4　样品菌体过多需要稀释

观察培养的菌落形态可知，本书所提取样本中的微生物主要有如下几种：

（1）圆形，边缘规则，表面光滑、湿润、有光泽，黄色菌落；

（2）圆形，边缘规则，表面光滑、湿润、有光泽，白色菌落；

（3）圆形，边缘规则，带有菌丝体，周围绕以不透明白色圈，绿色菌落；

（4）圆形，边缘规则，带有菌丝体，白色菌落；

（5）圆形，边缘不规则，带有菌丝体，周围绕透明与不透明交替的圈，白色菌落；

（6）边缘不规则，有浅色边缘，周围绕以不透明圈的白色菌落；

（7）边缘不规则，带有菌丝体，绿色菌落；

（8）边缘不规则，带有菌丝体，白色菌落；

（9）边缘不规则，有浅色不透明边缘，表面光滑、湿润、有光泽，白色菌落；

（10）丝状，带有菌丝体，白色菌落。

（四）分类鉴定

前文已从菌落形态方面大概判断其微生物的种类，据此选取并标记每个样本的培养皿中不同菌体的单菌落，在进行过预实验后，将所有菌体的单菌落分别取样放入划线的平板上，放入培养箱中培养。24 小时后，将所有菌体进行 PCR 检测。加入引物，引物如下表所示：

**表 3　引物**

| Primer 名称 | 引物序列（5'to3'） | 备注 |
|---|---|---|
| 8F | AGAGTTTGATCCTGGCTCAG | 细菌引物 |
| 805R | GACTACCAGGGTATCTAATC | 细菌引物 |
| ITS1 | CTTGGTCATTTAGAGGAAGTAA | 真菌引物 |
| ITS2 | GCTGCGTTCTTCATCGATGC | 真菌引物 |

PCR 体系如表 4 所示，反应结束后取 5μL 反应产物，加入 GeneGreen Acid Dye 作为蓝色染料，琼脂凝胶电泳检测。

**表 4　PCR 反应体系组成表**

| 组成成分 | 体积 |
|---|---|
| Template | ＜ 1μL |
| Primer 1（10Um） | 1μL |
| Primer 2（10Um） | 1μL |
| 2xTaq PCR MasterMix | 12.5μL |
| ddH2O | 补至 25μL |

PCR 循环过程为：94℃预变性 1min；94℃变性 30s，52℃退火 30s，72℃延

伸 30s,此步骤循环 35 次;72℃延伸 10min。

（五）数据分析

PCR 检测后,将所提取的菌挑选有单一条带的样本送上海美吉生物医药科技有限公司进行测序,得到对应的序列。将测序所得序列用 NCBI 网站上的 Blast 功能进行比对,可得到序列对应的物种信息及相似度。选取相似度最高的物种信息并进行整合,最终得到各样本中的微生物物种信息。根据相关文献分析本书中的菌种及其来源,比较本书各处破损情况在菌种的数量和种类上的差别,分析微生物对本书所造成的影响。

## 二、实验结果

上海美吉生物医药科技有限公司将测序所得序列进行比对,选取相似度最高的物种信息并进行整合,得到各样本的微生物物种信息。除了无法识别的微生物外,本书所采样品中共鉴定出 13 类微生物。

**表 5　样品微生物物种信息**

| 序号 | 菌类 | 中文名 | 拉丁文名 | 所在样品号 |
|---|---|---|---|---|
| 1 | 真菌 | 曲霉属 | *Aspergillus sp.* | 2、5、6、12、13、17、18、23 |
| 2 | 真菌 | 念珠菌属 | *Candida sp.* | 6 |
| 3 | 真菌 | 白色念珠菌 | *Candida albicans* | 3、10、14 |
| 4 | 真菌 | 棒状杆菌属 | *Corynebacterium sp.* | 2、7 |
| 5 | 真菌 | 地霉属 | *Geotrichum sp.* | 6 |
| 6 | 真菌 | 青霉属 | *Penicillium sp.* | 1、2、3、4、5、6、7、8、10、11、12、13、14、15、18、20、23、24 |
| 7 | 真菌 | 根霉属 | *Rhizopus sp.* | 22 |
| 8 | 真菌 | 酵母菌属 | *Saccharomyces sp.* | 7、19、23 |
| 9 | 细菌 | 芽孢杆菌属 | *Bacillus sp.* | 1、2、3、4、6、7、8、9、10、11、14、15、16、17、18、20、21、22、23、24 |
| 10 | 细菌 | 枯草芽孢杆菌 | *Bacillus subtilis* | 5 |
| 11 | 细菌 | 肠杆菌属 | *Enterbacter sp.* | 4、12、13 |
| 12 | 细菌 | 假单胞菌属 | *Pseudomonas sp.* | 4、9、11、16、17、18、19、21、22、23 |
| 13 | 细菌 | 葡萄球菌属 | *Staphylococcus sp.* | 3、14 |

（一）书衣

在古籍无装具的情况下，书衣首先接触到环境中的微生物，并且长期、大面积暴露在环境中，它是阻隔环境中微生物侵袭内叶的第一道物理屏障。将书衣书尾干净处（12—13 号样本）与内叶干净处（9—11 号样本）进行比较，可以了解到环境中微生物与古籍内叶微生物的数量、种类差异，从而得知书衣对古籍内叶微生物的阻隔作用及效用大小，同时指导今后的古籍修复工作。

计算古籍表面微生物菌落总数，其计算公式为：X=N/（M× 稀释倍数 ×S）。其中，X：每平方厘米纸张表面的微生物总数，单位 $CFU/cm^2$；N：平板计数所得菌落数；M：涂板时所用的液体量，单位 ml；S：纸表取样面积，取样面积一般限定在 3×3cm 范围内，单位 $cm^2$。

通过平板计数，书衣书尾干净处的微生物总数约为 $1.64\times10^4$，内叶微生物总数为 $1.2\times10^3$—$1.38\times10^3$，即该古籍书衣表面上的微生物数量为 $273CFU/cm^2$，内叶干净处的纸表微生物数量为 20—23 $CFU/cm^2$，两者相差约 12—14 倍。从数量可知，书衣上的微生物远远多于内叶微生物。

观察培养皿中微生物的形态发现，书衣上的微生物虽然数量较多，但类型比较单一（霉菌），可能是由于优势菌种占据了纸表的生态位，导致其他微生物无法生长；而在内叶，微生物的种类更为丰富，且外界环境中的霉菌已经不再是内叶的优势菌，细菌逐渐成为主要的微生物种类。

从微生物物种种类方面来看，书衣中含有青霉属、曲霉属和肠杆菌属。高新景指出青霉与曲霉是主要的空气真菌致病原，往往被认为是衡量室内空气质量的重要指标[11]。周言君则提到与纸表损伤相关的真菌类群多为曲霉属、青霉属、木霉属、链格孢属和毛壳菌属[4]。Konkol 也发现青霉属和曲霉属在纸质文献中最为普遍可见[12]，这一点在众多的研究中也得到证实。本书所测样品中青霉属和曲霉属这两种真菌几乎分布于所有检测样本中，而从书衣的样本培养皿的形态观察中也发现，霉菌几乎占据纸表生态位，空气中主要的菌体——青霉属和曲霉属成为书衣上的主要菌种和优势菌种。书衣与人体的触碰相对较多，且由于书衣经过托裱，里面含有大量糨糊，更有利于菌体的繁衍。但曲霉属并没有出现在内叶干净处，且内叶干净处出现了新的真菌——白色念珠菌。书衣上的优势菌种不再是内叶干净处的优势菌种，内叶干净处的细菌种类相较书衣中有所增多。这说明书衣对空气中的菌体起到了一定的阻隔作用，在一定程度上保护了古籍的内叶。

（二）虫蛀及相关污渍、残留

虫蛀是古籍破损的主要原因之一，除了缺损字迹并在纸张呈现形式上不利于阅读外，虫蛀也会产生微生物危害古籍。样品1、3、7、17、18、22、23是虫蛀以及未知书虫产生的代谢分泌物的相关样品。

内叶干净处是内叶书叶的背景微生物，在背景微生物中含有白色念珠菌，而“念珠菌属在前臂、手背和指缝等部位丰度较高”[13]。去除虫蛀样本所含背景微生物，发现虫蛀处有棒状杆菌属、根霉属、酵母菌属这四类菌体生长繁殖，同时也不排除虫蛀也会产生背景微生物中所含有的菌体。

从其在培养皿中的形态来看，这四类菌体有真菌有细菌，它们共同占据内叶纸表生态位。

（三）霉斑

本书中在多处发现肉眼可见的白色点状霉斑。这种情况出现在许多古籍中，霉斑会影响纸张的强度，影响阅读的同时，严重缩减古籍的保存寿命。在本书中，我们明确观察到数个霉斑的对应样本为2、8、14、24。

**表6　霉斑中的微生物**

| 样本序号 | 取样位置 | 菌类 | 中文名 | 拉丁文名 |
|---|---|---|---|---|
| 2 | 书衣 | 真菌 | 曲霉属 | *Aspergillus sp.* |
| | | | 青霉属 | *Penicillium sp.* |
| | | | 棒状杆菌属 | *Corynebacterium sp.* |
| | | 细菌 | 芽孢杆菌属 | *Bacillus sp.* |
| 8 | 衬纸 | 真菌 | 曲霉属 | *Aspergillus sp.* |
| | | 细菌 | 芽孢杆菌属 | *Bacillus sp.* |
| 14 | 修补纸 | 真菌 | 曲霉属 | *Aspergillus sp.* |
| | | | 青霉属 | *Penicillium sp.* |
| | | | 白色念珠菌 | *Candida albicans* |
| | | 细菌 | 葡萄球菌属 | *Staphylococcus sp.* |
| 24 | 书衣 | 真菌 | 青霉属 | *Penicillium sp.* |
| | | 细菌 | 芽孢杆菌属 | *Bacillus sp.* |

书衣、修补纸和第一叶衬纸上产生了明显肉眼可见的菌斑。书衣和修补纸中含有大量糨糊，糨糊中的淀粉以及面粉糨糊中的蛋白质和氨基酸，都为霉菌

的生长提供了营养物质。且书衣本就暴露于环境中大量接触菌体，同时更多地接触到人体，而衬纸和书衣直接接触，这些位置更易滋生微生物。

（四）其他

本书中除了出现虫蛀和霉斑等主要侵害外，还有油渍、污渍、水渍及其导致的晕染和粘连等侵害情况。排除书衣、虫蛀等干扰因素，油渍、污渍和水渍分别对应样品 6、15 和 21。

**表 7　其他微生物侵害情况**

| 样品序号 | 侵害类型 | 菌类 | 微生物种类 | 拉丁文名 |
| --- | --- | --- | --- | --- |
| 6 | 油渍 | 真菌 | 曲霉属 | *Aspergillus sp.* |
| | | | 青霉属 | *Penicillium sp.* |
| | | | 念珠菌属 | *Candida sp.* |
| | | | 地霉属 | *Geotrichum sp.* |
| | | 细菌 | 芽孢杆菌属 | *Bacillus sp.* |
| 15 | 污渍 | 真菌 | 青霉属 | *Penicillium sp.* |
| | | 细菌 | 芽孢杆菌属 | *Bacillus sp.* |
| 21 | 水渍 | 细菌 | 假单胞菌属 | *Pseudomonas sp.* |
| | | | 芽孢杆菌属 | *Bacillus sp.* |

从上表中可以发现，在污渍与油渍中细菌和真菌并存，而水渍中则是细菌成为优势菌种，占据纸表生态位，其中油渍中存在的菌体种类最为丰富。青霉属与曲霉属作为空气中常见的微生物，出现在污渍和油渍之中，但在水渍中却没有出现。对比内叶背景微生物（9、10、11 号样品），最常见的芽孢杆菌属仍旧存在于这三类破损中，人体前臂、手背和指缝较常见的念珠菌属则出现在水渍中，同时地霉菌出现在油渍中，而水渍中也出现特殊微生物——假单胞菌属。油渍、污渍、水渍等破损导致了微生物的大量繁殖，而微生物的大量繁殖同时又导致了破损的产生，大大缩短了纸质文献的寿命。

## 三、总结

从本书样本检测结果来看，在本书中真菌的种类明显多于细菌。在已有的纸表微生物研究中，大多数研究者认为真菌是纸张的主要破坏者，但细菌在纸张损害中的危害性也不可忽视。

本书中检测出青霉属、曲霉属和芽孢杆菌属普遍存在于本书的各种破损情况中，而在这些微生物存在的情况下，每类破损中也出现了不同的特殊微生物。这些特殊微生物的出现是每类纸质文献破损的普遍现象还是偶然现象，还需要更多的案例进行对比研究，以便根据微生物的存在特点对纸质文献进行保护修复以及妥善保存。

（孔杰旦，复旦大学档案馆助理馆员；黄艳燕，复旦大学中华古籍保护研究院讲师）

参考文献：

[1] 田金英，王春蕾．霉菌对文物的影响初探 [J]. 中国博物馆，1999（1）：82-86.

[2] 孙兆富，温爱英．霉菌对档案的危害及其防治 [J]. 山西档案，1994（5）：32-33.

[3] 马燕莹，张凤玉，潘皎．藏文大藏经金色经文成分及纸张微生物分析 [J]. 文物保护与考古科学，2020，32（6）：78-86.

[4] 周言君，钟江．古籍纸张表面微生物群落组成的初步研究 [J]. 复旦学报（自然科学版），2016，55（6）：707-714.

[5] 唐欢，范文奇，王春，等．一幅油画藏品微生物病害的检测分析 [C]//. 中国文物保护技术协会、重庆市文化遗产研究院．中国文物保护技术协会第九次学术年会论文集．北京：科学出版社，2018：136-142.

[6] 王珊，李玮，王珏．清代吴煦档案的流转保存与生物病害防治 [J]. 中国文物科学研究，2017（2）：74-81.

[7] 姚娜．纸质印刷品霉变类型及防治技术探讨 [D]. 北京：北京印刷学院，2016：4-29.

[8] ZYSKA B. Fungi isolated from library materials：A review of the literature[J]. International Biodeterioration & Biodegradation，1997，40（1）：43-51.

[9] DUNCA S I，TANASE C，Padurariu C. Study of the contaminating microbiota of old paper supports[J]. European Scientific Journal，2014：237-251.

[10] CZERWINSKA E，KOWALIK R. Microbiodeterioration of Audiovisual Collections[J]. Restaurator，1979，3（1-2）：63-80.

[11] 高新景．北京某图书馆室内外空气真菌浓度时空变化及快速检测技术的初步研究 [D]. 北京：中国人民解放军军事医学科学院，2006：27.

[12] KONKOL N，MCNAMARA C J，MITCHELL R. Fluorometric detection and

estimation of fungal biomass on cultural heritage materials[J]. Journal of Microbiological Methods, 2009, 80: 178-182.

[13] 迟亮，谭渊，全哲学．上海健康人群夏冬两季皮肤真菌群落组成：基于高通量测序技术的研究 [J]. 复旦学报（自然科学版），2014（6）：697-703.

# 图书馆古籍数字化过程中的保护与应急修复*

The Protection Strategy and Emergency Restoration of Ancient Books in Library Digitization Process

汪　帆　刘　华　刘晓立

**摘　要**：在图书馆古籍数字化实践过程中，常常会出现如断线、纸钉断裂等突发现象，如果处理不好，会造成古籍损坏，影响古籍安全。为规避这种“人为”的损坏，在图书馆古籍数字化工作中，古籍修复人员应提前介入，并全程参与古籍数字化的过程，对古籍数字化过程中的突发问题要进行针对性的应急修复。

**关键词**：古籍；数字化过程；应急修复

近年来，随着国家古籍保护中心领导的全国古籍普查工作[1]和以北京大学图书馆为首的高等教育文献保障系统（CALIS）特色项目“学苑汲古”工作的开展，全国各地的古籍数字化工作已取得重要的阶段性成果，完成了多种古籍文献书目数据库和古籍全文数据库的建设，并以免费开放的形式供读者查阅。但由于一些古籍数字化工作参与者古籍保护意识薄弱，实践中又没有形成系统化和规范化的统一规则，导致数字化过程中经常出现古籍受损的现象。本文拟以古籍数字化过程中出现的突发问题为切入点，探讨古籍数字化过程中的保护策略及若干应急修复问题。

* 本文系国家社科基金重大项目“古籍保护学科建设与基础理论研究”（编号19ZDA343）“古籍修复研究”子课题成果之一。

## 一、数字化过程中的古籍保护策略

目前,图书馆古籍数字化工作主要是通过项目外包的模式进行。外包人员除具备对古籍进行拍照、扫描、图像检查与处理等专业技术之外,还必须掌握一定的古籍版本、编目、保护及修复知识,同时更要具有强烈的责任心和职业操守。可惜的是,从目前情况看,虽然通过对外包人员进行短期业务培训,可以相对提升外包人员的部分专业素养,然而在实际操作过程中,由于外包人员古籍保护意识淡漠,缺乏专业预判和实践操作技能,仍需要经验丰富的专业古籍修复人员全程参与,以杜绝出现人为造成的古籍损伤现象。根据图书馆古籍数字化工作的特点与现状,笔者以为,古籍修复人员应该从以下三方面进行保护:

（一）图书馆古籍数字化前期的介入保护

古籍修复人员对图书馆古籍数字化前期介入的保护,包括两个方面的内容:

1. 数字化前,由修复人员制定相关的扫描、图像处理等操作规范及执行标准,组织外包人员认真学习,并要求其在操作过程中严格执行。

2. 古籍修复人员必须对拍摄、扫描的古籍进行前期排查、评估,判断其状态是否可以直接进入数字化流程。此状态评估可分为三个等级并采取不同处理方法:第一等级,轻微破损状态的扫描对象,应对其进行简单的基础修复、维护;第二等级,外表状态看似良好,实质上却有劣化可能性的扫描对象,应进行局部加固、保护;第三等级,破损状态严重,或纸张强度降解严重之扫描对象,应暂缓扫描,由古籍修复人员制定修复方案进行修复后,方可进入数字化流程。

（二）图书馆古籍数字化工作过程中的保护

在图书馆古籍数字化实际操作过程中,如遇到突发情况,如线装古籍在扫描过程中订线崩裂,毛装古籍纸钉断裂,古籍书脊距离板框太近需要拆线、拆哪一部位、是否需要拆到纸钉等问题的应急处理,应暂停操作,并及时告知古籍修复人员,在后者制定相应的应急保护措施后,方得继续进行数字化操作。

（三）图书馆古籍数字化工作结束后的保护

在图书馆古籍数字化工作结束后,要对因扫描需要而拆解的古籍及时进行复原处理,以免造成书叶丢失等重大事故。对于在数字化过程中排查出来的破损严重,或因风化、脆化、絮化等不适宜数字化的书叶,修复人员应提出修复建议,排入修复日程,及时进行修复,以利于古籍的保护。

## 二、图书馆古籍数字化过程中的若干应急修复

在图书馆古籍数字化过程中出现的突发情况，前期往往是很难预料的。所以，外包人员在操作过程中遇到突发情况，首先应暂停操作，并及时告知古籍修复人员，由古籍修复人员到现场进行应急修复。从各地古籍数字化过程中出现的突发情况分析，古籍修复人员需要及时、直接参与应急修复处理的，主要是以下这些情况：

（一）断线的处理

在图书馆古籍数字化过程中，最容易发生的突发情况就是古籍断线。古籍存放时间久远出现的糟朽或磨损，都是断线的主要原因。对这类突发情况的应急修复，修复人员可以采取全部换线、局部接线或拆线的方法处理。

全部换线法适用于古籍大面积断线，存在因断线而导致散叶的可能，此时需要更换新丝线。局部接线法适用于局部断线的古籍，在不致散叶或影响阅读的情况下，断线部位接新丝线后重新穿线，这样在加固维护的同时，也保留了原物（见图 1—2）。但需注意，在接线操作过程中，尽量将接线线头藏于线洞中以保持美观。

拆线法适用于数字化过程中订线压字必须拆除的情况，后续可采用接线法复原。此法耗时，但可保留原物，符合古籍保护理念。

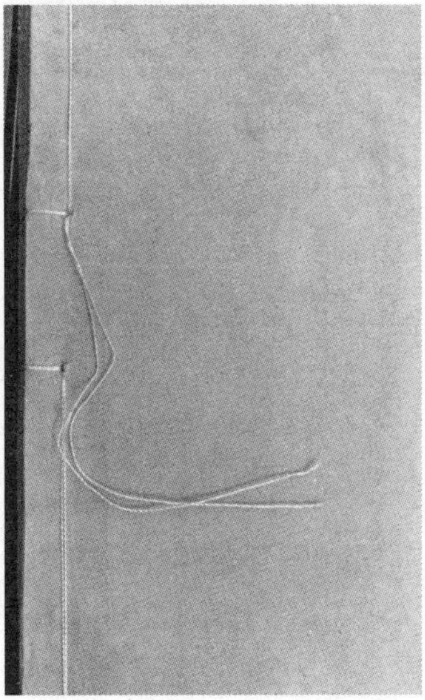

图 1　局部断线古籍修复前

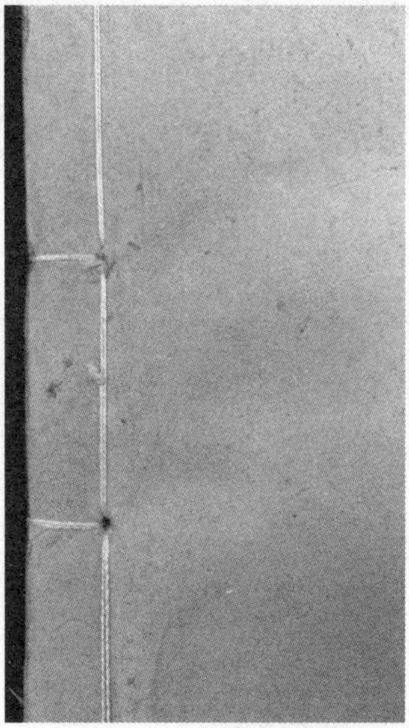

图 2　局部断线古籍中间接线处理后

（二）毛装纸钉断裂的处理

在图书馆古籍数字化过程中，比较容易发生的突发情况，还有毛装纸钉的断裂。毛装随意性大，纸钉情况较为复杂，有单纸钉也有双纸钉。遇到此类突发情况，修复人员一般选择韧性较强的皮纸重新制作纸钉替代。国家图书馆的张平老师曾多次以一部特殊文献举例：国家图书馆善本库房内收藏的一件“善拓”的纸钉被捻成圆盘，近观像盘龙，远观像纽扣，形式尤为特殊。他认为，在修复这些特殊装帧形式的文献时，要考虑到留“旧”，最好不要用剪刀粗暴剪断纸捻，唯有把纸钉慢慢松开，小心地退出书叶，修复完成后利用原有的纸钉，并恢复其原始状态才是最佳方法。我们曾在对六册毛装古籍进行维护时采用了此方法。依照张平老师所述，以数张书叶为一叠，小心把纸钉从书叶中退出，用新皮纸包裹老纸钉，按原样捻回，最后装帧复原（见图 3—8）。

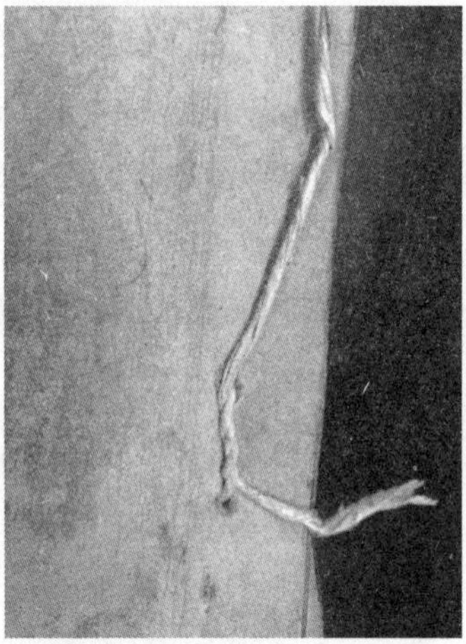

图 3　毛装纸钉原始状态

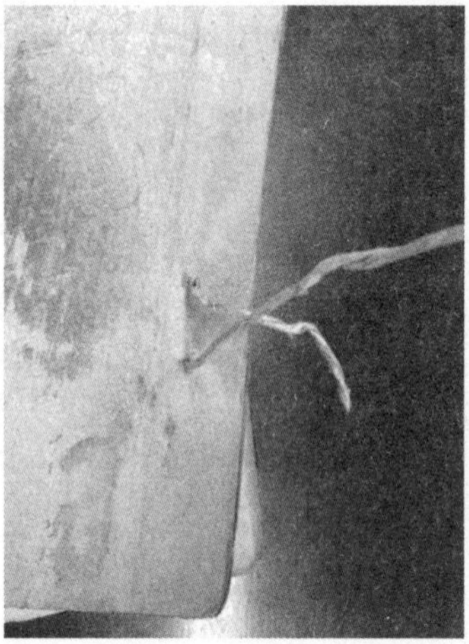

图 4　解散纸钉

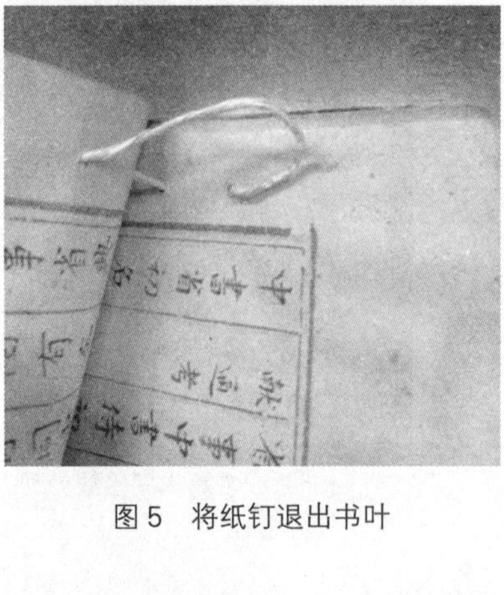

图 5　将纸钉退出书叶

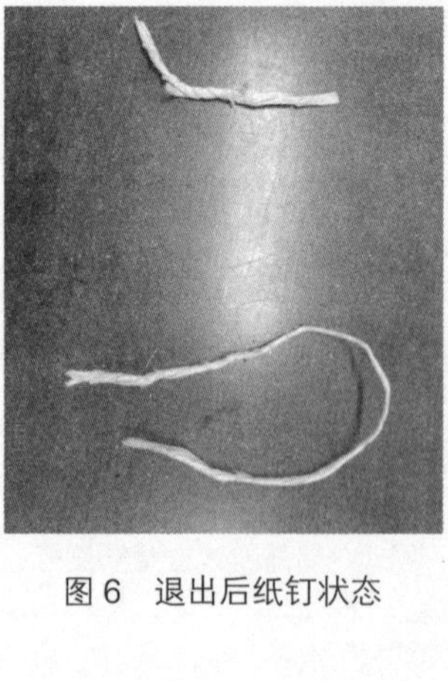

图 6　退出后纸钉状态

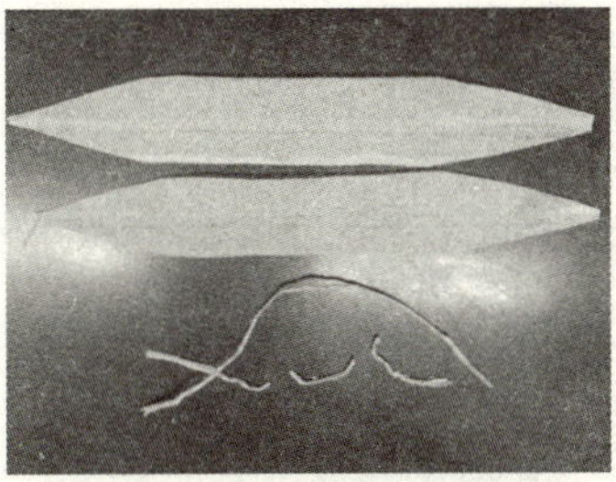

图 7　新旧纸钉

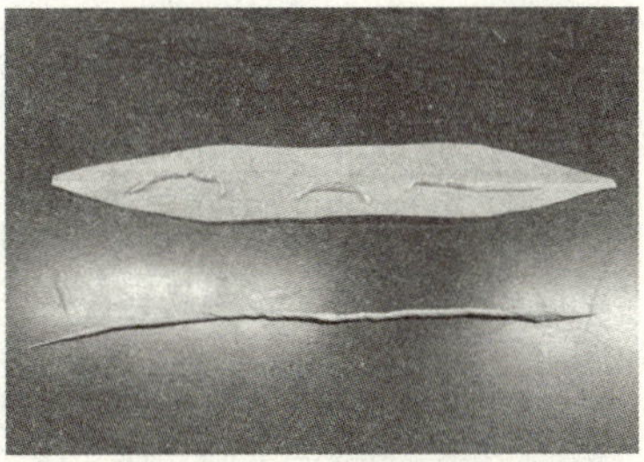

图 8　加固后的纸钉

（三）透字衬纸的处理

在图书馆古籍数字化过程中，扫描时常发现透字问题，如果不对其进行应急修复处理，会严重影响扫描与阅读效果。对于这类情况，我们一般采用衬纸法处理，即在筒子叶中衬入纸张以隔绝透字。因需要衬纸的书叶往往纸张特别软薄，应急处理时应遵循衬纸“宁薄勿厚、宁软勿硬”的原则，以避免撑破书口。即使操作难度增加、修复速度降低，也要把文献安全放在首位，可不衬纸的尽量不衬，可少衬纸的尽量少衬，可局部衬纸的尽量局部衬。必须全书衬时，也应根据书的厚薄，衬完部分后即刻拍摄，撤出衬纸后，再衬剩余部分。总之，随衬随拍，拍完立刻撤出衬纸，以避免书叶被撑变形（见图 9—10）。

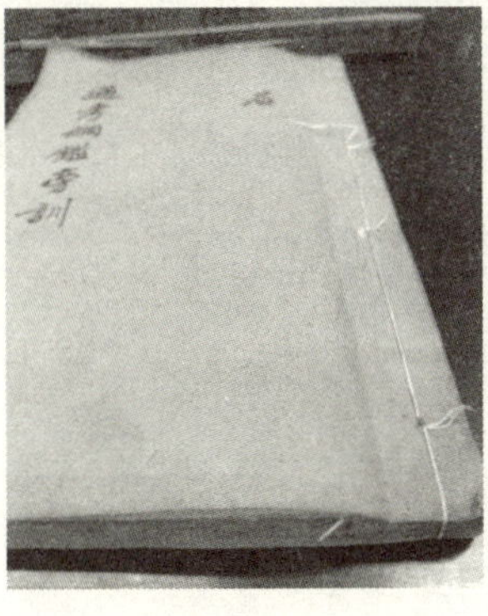

图 9　局部衬纸的书本状态

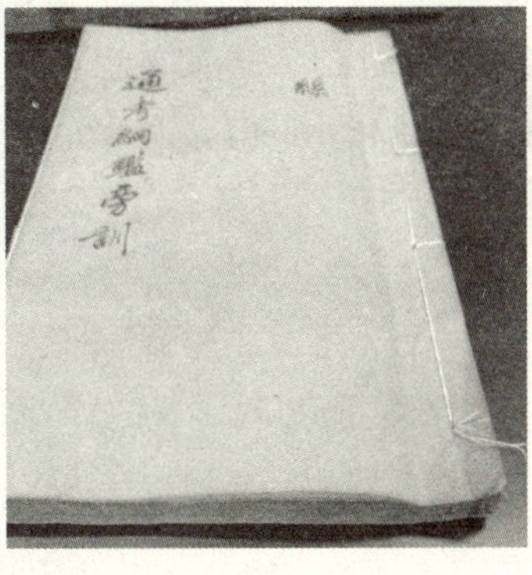

图 10　完全撤出衬纸后的书本状态

（四）金镶玉装及包角书籍的处理

图书馆古籍数字化过程中，还会遇到像金镶玉装及包角书籍等特殊装帧的古籍。对于这些古籍，在扫描时要采取特殊方案，即使压字也不建议做拆线或拆纸钉处理，否则会导致书叶移动、镶料脱落或包角破裂等现象。对于包角绫绢糟朽或纸张老化等情况，需在拍摄前进行加固维护，以免操作时包角破裂脱落（见图 11—12）。

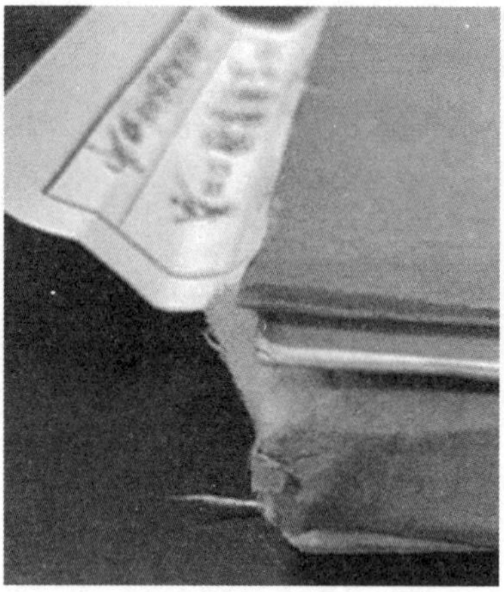

图 11　包角剥离

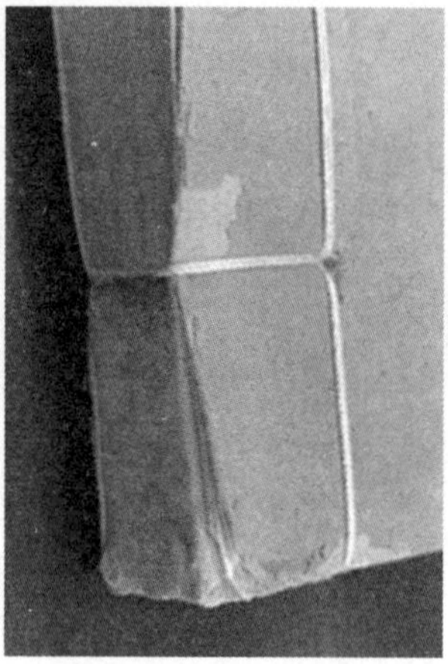

图 12　包角修复还原

（五）破损书叶的修复

图书馆古籍数字化过程中，如果发现破损书叶，应考虑在尽量不拆书的前提下，由古籍修复人员对影响拍摄的破损书叶进行简单的应急修复和加固。此类修复可采用掏补法及垫纸干燥法，例如书口部位破损缺失，可将吸水纸垫在破损书叶下方以避免沾湿其他书叶，再将补纸对折成书口状，衬入破损处，同时将毛笔伸入补纸与书叶间涂上糨水，并按压固定，完成临时性修复。对破损书叶应急修复后，需在修复部位上下衬入数层吸水纸，并压上重物吸潮，防止书叶由于潮湿引起的变形以及潮气对上下书叶的影响（见图 13—14）。

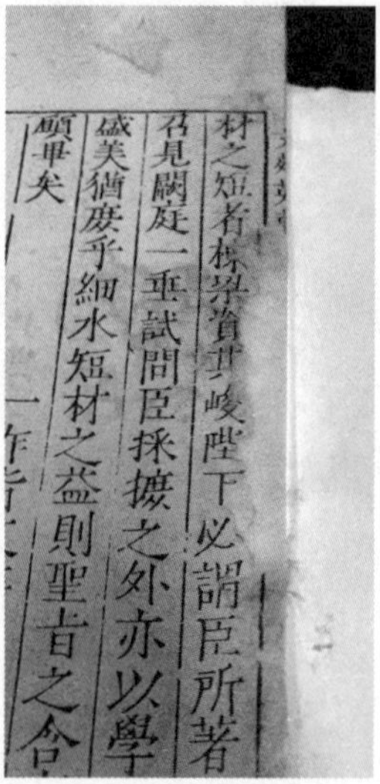

图 13　掏补法加固后示意图

由于数字化现场一般可选择的修复纸张品种较为单一，应尽量选择颜色、材质、厚薄近似的材料予以处理。如实在无合适材料，修复也应遵循可逆性原则，待日后进入正常修复流程，重新修复处理。

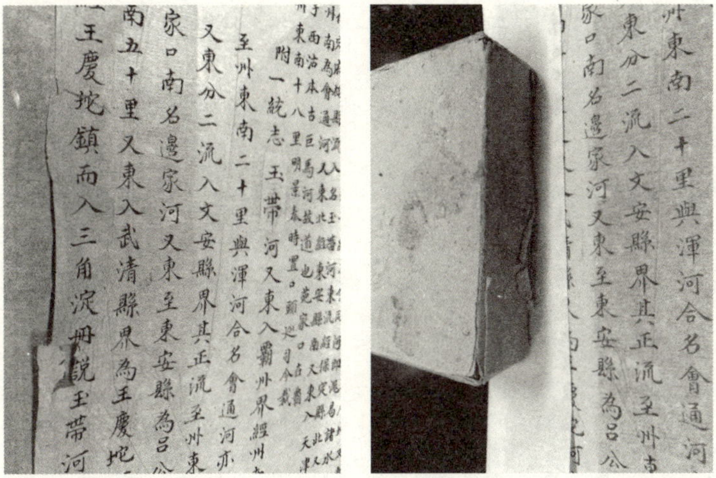

图 14　垫纸干燥法修复后示意图

（六）糟朽书叶的处理

在图书馆古籍数字化过程中，时常会碰到书衣因酸化、老化而导致的纸性缺失、纸张呈片状脱落，稍有触碰即成粉状破碎的问题（见图 15—16）。但由于部分书衣上存有印章、墨迹等信息，无论从其文物性或资料性角度而言，都不可随意更换。这种情况可以采取两种应急处理方案：

方案一：去除酸化、老化书衣，将书衣上有文字信息的部分单独保留，用皮纸托裱加固后，四角少量点浆，粘贴于护叶上。更换新书衣，装帧还原。拆除的原破损书衣用密封袋装回，与书籍一起交还书库。这个方案的弊端是原书衣无法与书籍同册保存，但从保护角度考虑是有利的，可有效降低老化、脆化书衣内所含酸性物质对内叶文献的影响。

方案二：使用补纸修复原破损书衣，托裱加固平整后粘贴还原至书册，同时在原书衣外添加新护叶和新书衣，按照装帧形式还原。这种处理方案的有利处是原书衣修复完成后，用新护叶、新书衣保护于内，能与书籍同册保存；但也存在一定的弊端，即未去除酸性物质对内叶文献的影响，且用浆较多，有虫患隐忧。同时，由于本身纸性缺失，仅采用托裱加固法，未能解决根本问题。纸张仍然存在开裂、脆化的可能。

这两个方案各有利弊，为更多保留原始信息，宜采用方案二。但在实际操作过程中我们发现，原书衣为双层托裱的纸张，且粘贴牢固，在揭裱过程中，由于纸张强度完全缺失，褙纸泥化严重，需要用搓揭法揭取，耗时久，效果也不甚理想。所以，如何妥善解决这一问题，还需进一步探讨研究。

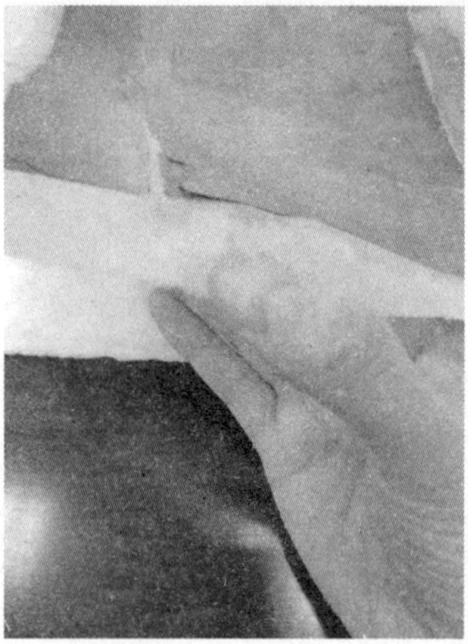

图 15　糟朽书叶示意图

图 16　泥化的褙纸示意图

图书馆古籍数字化工作已在全国范围内开展了十余年，虽已取得巨大成果，但强化外包人员的古籍保护意识，提高古籍修复人员基本应急处理技能，仍是两个非常重要的问题。本文的主要目的在于抛砖引玉，吸引更多的学者重视图书馆古籍数字化过程中古籍保护与应急修复相关问题的研究。

（汪帆，浙江图书馆副研究馆员；刘华，浙江师范大学图书馆副研究馆员；刘晓立，河北阅读传媒有限责任公司《藏书报·古籍保护专刊》主编）

参考文献：

[1] 国务院办公厅．关于进一步加强古籍保护工作的意见（国办发〔2007〕6 号）[EB/OL].（2007-01-29）[2022-7-25]. http://www.gov.cn/zwgk/2007-01/29/content_511825.htm.

# 明内府刻本《资治通鉴纲目》瓷青色绢质书衣的修复

The Restoration of the Celadon Silk Book Cover of the Imperial Court Edition of *Zizhi Tongjian Gangmu* (*An Outline of A General Mirror for the Governance*) in the Ming Dynasty

田婷婷

**摘　要：**书衣作为古籍的外衣，其修复的效果直接影响整册古籍的品相。绢质书衣的破损，虽有以纸补绢的先例，但遇到重要藏品时仍须寻找近似补绢修补。《资治通鉴纲目》为国家图书馆“天禄琳琅”藏书，以瓷青色绢为书衣，卷十六这一册书衣大面积残损。修复中采用以绢补绢的方法，注重书衣修补材料的选择与染色加工，借鉴了蓝染并结合植物染料煮染为补绢染色，注意修补环节的细节处理，最后取得了理想的修复效果。本文在细述瓷青绢质书衣修复材料选配、染色与修补具体做法的基础上，从补绢材料匹配方面对如何解决修复材料不足与匹配度的问题提出了一些建议。

**关键词：**书衣；补绢；靛蓝；煮染；修补

近几年，国家图书馆藏“天禄琳琅”修复项目持续开展。项目进行过程中，修复团队对修补材质及加工方式特殊的书衣以及修补材料的选配与加工方面开展了探索与研究。书衣作为古籍的外衣，既有保护作用，也有美化装饰之意，其修复质量也直接影响古籍的品相。绢质书衣不同于纸质，其材料的加工与具体修复方法也有所不同。瓷青色在古籍文献中虽比较常见，但关于瓷青色修复材料的染色加工却鲜有论及，一般多采用花青颜料染制。明内府刻本《资治通鉴纲目》瓷青色绢质书衣的修复项目在补绢的选配、染色方面都有所创新，修补方面也注重各细节处理，修复效果理想。故而，笔者细述做法，分享经验，以期抛砖引玉，有益于同道。

## 一、《资治通鉴纲目》书衣基本情况

《资治通鉴纲目》五十九卷，为明内府刻本，是国家图书馆藏“天禄琳琅”中的一种，属未编书，存 37 卷 19 册。待修一册书签上题写“明板资治通鉴纲目　卷十六之十七”，两卷为一册，后文以卷十六代称此册。

此册高约 37.4cm，宽约 22.5cm，厚约 2cm。书叶连同护叶共 90 叶，书叶材质经检测为构皮，厚约 0.14mm，局部有圆形蛀洞，破损较轻。

书衣（含托纸）厚约 0.12mm，用扣皮方式，四周折边，颜色为瓷青色。质地为绢，绢丝细密，经线每厘米约 58 根，纬线每厘米约 43 根，绢厚约 0.07mm。书衣前后皆存，前书衣（见图 1 左上）污脏严重，四周磨损，中间有虫蛀，左下角有约

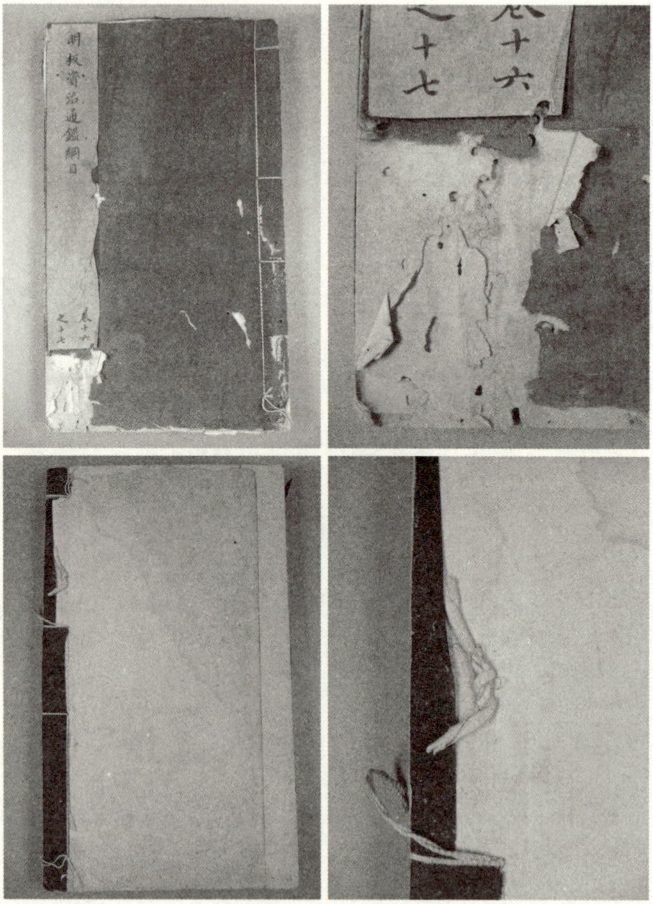

图 1《资治通鉴纲目》卷十六书衣破损原状

7×4.5cm 大小的缺失（见图 1 右上）；后书衣除了订线部位之外，其余部分皆缺失（见图 1 左下），上端订线内也部分残缺（见图 1 右下），残留面积仅约 37.4×2.4cm，缺损面积占到书衣的十分之九。

## 二、《资治通鉴纲目》书衣修复方案

绢质书衣的修补，根据近似材料修补的原则，理论上应该以绢为补料。但是，在以往的修复实践中，由于材料不足，往往多以皮纸染色后补绢。修补面积不大时，虽材质不同，还不大明显。而对于一些较大面积的缺损，以纸补绢，材质差异明显，效果欠佳。如《贵州省民政赋役全书》①，其书衣为天蓝色绢，曾见较大面积的缺损以纸修补。另如《唐类函》②，书衣用疙瘩绢，由于缺少近似材料，卷二十六这一册后书衣修复时就以纸修补（见图 2）。然而，对于一些非常重要的藏品，如国家图书馆藏《永乐大典》，有以绢补绢的先例。《永乐大典》的书衣为绢丝较粗的厚绢，据介绍，以前修复时遍寻补绢材料，最后确定一种类似的生丝绢，以国画颜料多次刷染后进行修补[1]。据参与修复的杜伟生老师介绍，染色的补绢在修补时有掉色的情况。推测其原因，一是生丝绢丝胶未脱，颜色本就难以进入绢丝，二是刷染的方式只是将颜色涂布在绢的表面，色素与绢丝的结合牢度不够。《永乐大典》书衣修复以绢补绢的方式为大面积缺损的绢质书衣修复提供了借鉴，但染色加工补绢的方式尚待进一步探索。

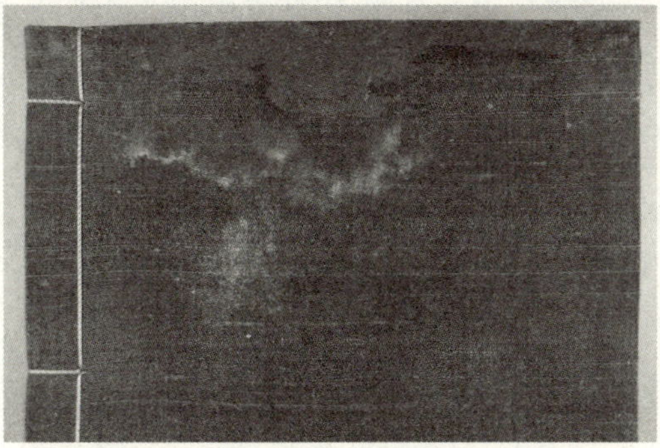

图 2　以纸修补的《唐类函》卷二十六后书衣局部

随着我们对修复质量要求的日益提高，以绢补绢质书衣是必然需求。在此

① 《贵州省民政赋役全书》，国家图书馆藏，清乾隆刻本，索取号为 03724。

② 《唐类函》，国家图书馆藏，明万历刻本，索取号为“另存 1260”，属未编书。

次《资治通鉴纲目》的修复中，我们确定了以绢修补绢质书衣的方案。起初选择的是裱绢，但由于密度不够，加上其他因素，即使面积不大的缺损，其修补效果也不佳。卷五十四前书衣右下角以裱绢修补处差异明显（见图3），补绢绢丝稀疏，纹理也不同。

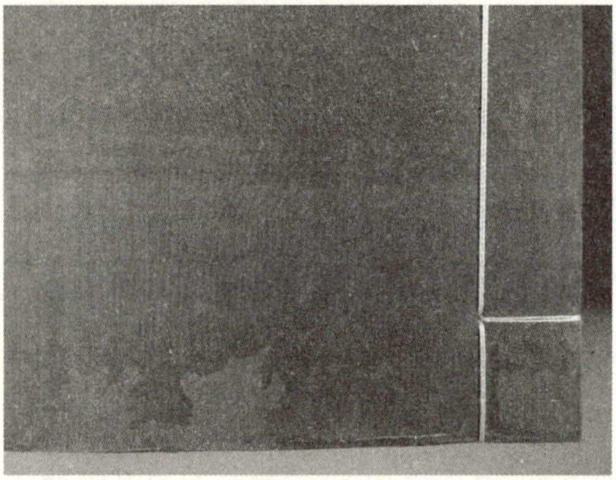

图3　以裱绢修补的《资治通鉴纲目》卷五十四前书衣局部

根据《资治通鉴纲目》卷十六书衣大面积缺损的情况，要达到好的修复效果，必须以绢修补绢质书衣的缺损。补绢的选配与染色加工至关重要，必须要尽量接近原书衣的纹理、密度与颜色，以此为准制定具体修复方案。首先需要选配近似厚度、经纬密度与纹理的补绢，其次补绢的染色加工需根据原书衣的颜色与老化情况进行染色做旧。瓷青色绢的染制，以往常用花青色刷染，但效果不佳。此册确定借鉴传统蓝染进行瓷青色的染色，然后再对瓷青补绢进行做旧处理。另外，书衣修补采用揭托法，揭去原托纸，再以补绢修补后整体托新纸。新托纸考虑书叶厚度以及书衣颜色，不可过薄，还要提前做染色加工，以匹配书衣的瓷青色。

## 三、《资治通鉴纲目》书衣修复

此册书衣的修复，分为三步，前两步是材料的准备，是修复工作的基础，修复材料包括修补的补绢与书衣托纸，分为材料选配与染色两部分。仔细挑选修复材料是第一步，第二步是对材料的染色加工，包括补绢的蓝染、做旧与托纸的染色。第三步是书衣修补的实际操作，包括修补前的定型、修补方法等细节处理。

### （一）修复材料选配

#### 1. 补绢的选配

此绢质书衣绢丝细密，经线每厘米约 58 根绢丝，纬线每厘米约 43 根绢丝，但我们库存中的材料多为装裱用绢，经纬线密度都略显稀疏，以此裱绢染色修补的书衣，密度不够，略有“露白”，效果不理想。而笔者要修复的一册，书衣缺损面积非常大，总缺损面积近 800cm$^2$，这样大面积缺失的修补，寻找近似的补绢非常关键。

无独有偶，笔者之前因试验需要曾购买过一些丝绢，便在其中找到一块纹理、厚度与密度近似的绢。与原书衣比较，其总体视觉效果与纹理接近（见图4左），用测厚仪测定其厚度与书衣绢相同，用纺织品常用的 10 倍三折折叠放大镜仔细对比观察，其放大细节（见图 4 右）的匹配度也比较高。选定的补绢厚约 0.07mm，经线每厘米约 65 根，纬线每厘米约 47 根，比书衣经纬密度略高，但比较接近。近似的补绢是决定书衣修补效果的决定性因素，也是基础，基础打好将有事半功倍的效果。

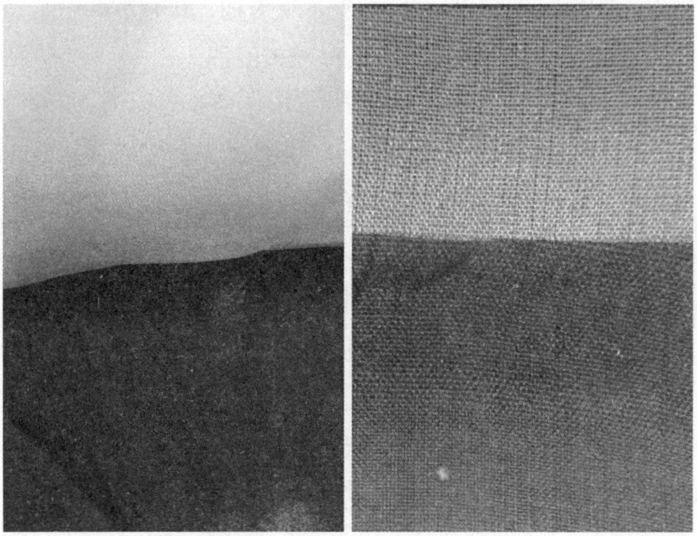

图 4　补绢与原书衣对比图

2. 托纸的选配

如前所述，书衣四周折边扣皮，因而此次修复书衣托纸选用桑皮纸，主要取其纤维长而耐折性好。另原书衣厚度相比书叶过于单薄，原书衣（含托纸）厚为 0.12mm，书叶厚度 0.14mm，而筒子叶的书叶折叶后厚度翻一倍为 0.28mm，在此情况下需要厚一些的托纸对书衣的厚度进行调整。于是，我们选用两层桑皮纸作为托纸，桑皮纸的厚度约 0.05mm，比书衣绢 0.07mm 略薄，两层托纸一则可增加书衣厚度，二则能调整绢质书衣过大的伸缩力，有利于书衣的整体平整。

（二）修复材料染色

1. 补绢靛蓝染色

此册的前书衣比较污脏，为了更准确呈现书衣的颜色，我们先对书衣进行吸尘，并温水浸泡、淋洗除污，然后局部揭去书衣托纸，待其干后，以此为标准颜色对补绢进行染色并做旧。

笔者前期尝试了绫绢常用的刷染法，以姜思序堂制固体花青膏调制染液染色，效果不佳。究其原因，一方面花青膏虽也源于植物靛蓝，但属于加工好的成品颜料，含胶较多，色相略显灰暗，与书衣颜色有差异；另一方面以刷染这种涂布的方式染托绢，一则颜色浮于表面，与原书衣光泽及质感不同；二则刷染染色的色牢度也不佳，遇水易掉色，加之揭掉托纸后，绢的颜色明显变浅。补绢掉色后再借鉴书画修复的全色法补救，效果也欠佳。花青膏刷染及全色补色的方法皆告失败，也说明此类方法不适用，必须另寻他法。

植物靛蓝染色是一种传统的染色法，常用作染布等织品，或可借鉴。因工作需要，我们曾对瓷青纸开展了相关研究，也聘请了专门从事蓝染的植物染专家授课指导，掌握了一些蓝染酿缸及染色的技巧。参与研究的同事用自酿的靛蓝试染了裱绢，染色色相与色牢度都比较理想。观察其染色的效果，颜色与书衣的色相感觉近似，而颜色浸润绢丝，比较匀净，又不完全影响绢丝的光泽，质感也更为接近书衣。于是，我们用靛蓝浸染的方式为选定的补绢染色。

补绢染色的目标色，我们选择书衣上被书签遮挡部位的颜色作为参照。一则在于这部分颜色反映了书衣相对原始的本色，而其他部位的颜色受光照、灰尘等外界因素影响已经发生了老化变色现象。二则此次染色的基本思路遵循书衣颜色的老化变色过程，分两步走，即先染成底色，再运用做旧处理模仿其变色。不同于平常将颜色一次性调配好后直接染色的方式，分次染色的绢料颜色会富有层次且更为自然。根据书衣被遮挡部位与外露部位颜色的变化比较，外露部位颜色总体变浅变旧，我们推测靛蓝会在使用中发生褪色现象，据此补绢染色的底色可以尽量接近书衣。

靛蓝是一种还原染料，不能直接染色，需要将不溶的靛蓝先用还原剂还原为可溶的靛白，方便上染，染色后在空气中氧化，再转化为不溶的靛蓝，完成染色过程。不同于普通植物染需要加热，靛蓝染色使用常温浸染即可。而要达到一定的深度，则需要反复多次浸染。浸染一次，悬挂氧化一次，再用清水轻轻漂洗后复染，漂洗的目的是去浮色便于色素再次附着。补绢染色前先以清水浸透,挤去多余水分后浸入调配好的靛蓝染液五分钟(如材料厚,需要适当延长浸染时间),染后捞出,挤出多余染液,悬挂使其氧化变蓝(见图5左),再轻轻漂洗(见图5右)。重复此过程大约三四次,直至其与书衣被书签遮挡的部位颜色比较接近为止。

图5 靛蓝补绢染色过程

2. 补绢植物染料煮染做旧

染底色依据书衣被书签遮挡部位呈现的本色,而做旧要参照书衣缺损处的颜色,前后书衣颜色也有差别。比较两者差异,老化后的书衣相比新染的补绢颜色变浅而略偏旧,这种旧色在蓝色中略带绿。根据配色原理及染色经验,前后书衣蓝中略带绿的效果,需要偏旧黄色的染料做旧。而植物染料中板栗壳偏旧黄,普洱茶红中带黄,可分别以此两种植物染料作为前后书衣做旧的染料。

考虑蚕丝属于动物蛋白,补绢做旧不宜用纸张染色常规的刷染、拉染、浸染这样的方式,否则色素与蛋白纤维的结合牢度不够,使用中易掉色。于是,笔者借鉴了纺织品常用的煮染[①]方式,煮染的温度与时间一般根据织品的薄厚与

① 煮染,纺织品天然染色常用的染色方法。煮染是将待染织物浸没于提取的染液中,并与染液一同加温染色,中间翻动以使染色均匀,织品与染液一同逐渐升温至特定温度,再保温浸泡大约半小时,使织品充分浸润吸收染液中的色素,然后漂洗晾干。其染色的色牢度相对纸张常用的刷染、拉染以及浸染的方式都更好。刷染是用特定软刷将染液涂布在待染物上的方式;拉染是指染色纸张从染液中一拉而过,纸张与染液接触时间有限;浸染是将待染物浸没于染液中一段时间,可以常温浸,也可以染液加热后浸染,使染物与染液充分接触。

材质决定。本次补绢为丝织品，比较薄，且我们的目的是做旧，因而煮染突破了丝织品常规的耐热温度限制。先将补绢浸入提取好的常温淡染液，再将之逐渐煮沸后调小火力继续煮泡约二三十分钟，晾凉后取出漂洗吹干，再比对颜色进行调整，反复煮染几次做旧后，颜色基本达到目标颜色，做旧后的补绢颜色相比变浅且略带绿（见图 6 右）。由于前书衣受光照等外界因素影响更多，整体蓝色更浅一些，褪色更多，丝光不显，补绢做旧次数相对略增加，且增加了揉搓，使其掉色更多，颜色更旧，丝光减退，更为接近书衣色泽。

图 6　做旧前后的补绢颜色对比

3. 托纸染色

由于原书衣为绢质，较薄，纵横纤维交织处有细小的孔眼，而瓷青色的颜色也略深。从经验出发，一般有颜色的绫绢不宜用白纸托，因其结构与密度会产生的细小孔眼，如以白纸托难免有星星点点的白色透出来，尤其深色绫绢更为明显，一般习惯称这种现象为“露白”，会影响视觉效果。为了避免这种情况，新的色绫色绢常用浑托[①]的方式，这样托纸上也会沾染少量颜色，当然也可直接托略带颜色的色纸解决“露白”问题。

此次为达到“修旧”的目的，故而采用了托色纸的方法，可逆性好，也可尽量降低对原书衣的影响。新托色纸颜色参考原书衣托纸颜色进行染色，并综合考

① 浑托，一种托染绫绢的方法，主要用于色绫色绢及浅色绫绢的托染，染与托同时进行，区别于先托纸，干燥后再染色的方式。具体方法是以颜色水代替清水先均匀润湿绫绢，润湿同时给绫绢染色，然后略吸去多余色水后刷稠糨糊，直接托纸，这样托纸上会沾染部分颜色，托好的绫绢不会露白。

虑书衣的旧色效果，紧贴书衣的一层托纸染两种，一种为淡蓝色，一种为淡蓝色略偏灰一些，根据前后书衣的颜色选用。第二层托纸不做染色处理，用本色。

（三）书衣修补

书衣有托纸，修补残破的书衣一般采用揭托法，此绢质书衣修补包括揭、补、托三个环节。

1. 揭旧托纸

前书衣较为污脏，备料时为了参照染色，我们已经对书衣进行了表面除污清洗及局部揭去托纸的处理。揭之前，先润湿书衣，用清水吸附一层化纤纸固定保护书衣正面，再翻至背面，将书衣连同化纤纸一起固定在透光补书板或有透光功能的桌面上。书衣固定时需要注意校直四周折线，以原有扣皮的折痕为基准，如折痕不直，可多一些水分让书衣局部浮起，方便校正，校直后以湿毛巾吸水按压固定，方便揭托与修补。揭时可先将书衣背后的托纸小心揭掉（见图7左上），采用揭与揉搓结合的方式，务必将原有托纸清除干净，否则易造成空壳或不平。

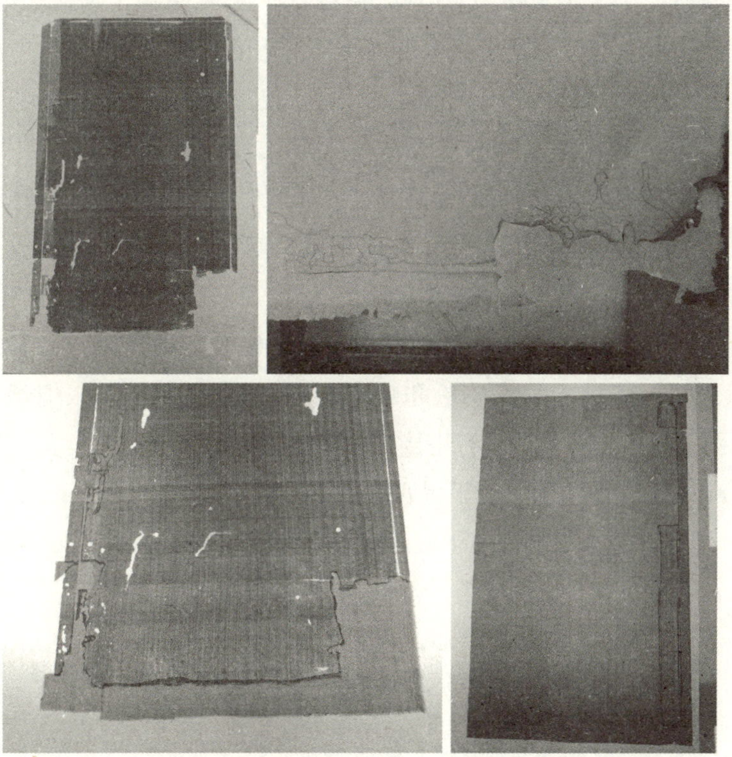

图7 《资治通鉴纲目》卷十六书衣修补过程

2. 补绢

（1）补绢定型

补之前，补绢也需要适当定型。为了防止补绢丝缕不正，染色加工好的补绢在修补前需要用适当方法对其进行定型，薄绢可托纸，厚绢也可借鉴宋锦所用"浆"的定型方法。锦或者厚绢厚而密实，用稠糨糊于锦背面涂刷后贴于桌面，可以起到定型作用。而薄绢相对稀薄，托纸定型的方法会更加有效。此次采用了托纸的方式定型，定型后的绢丝经纬正而不变形，方便修补。

（2）补绢形状确定

补绢形状需要根据经纬方向及破损形状确定，在透光台上用铅笔在补绢背面的托纸上沿书衣破损边缘略大出不到 1mm 位置画线标记。为了隔潮，方便补绢划线操作，可先在书衣上垫透明塑料薄板。补绢托纸上划线后用剪刀沿线小心剪出缺损形状（见图 7 右上），须细致，尽量减少误差。

（3）补绢方法

绢的修补，传统书画修补方法有斩补①、刮磨口细补②等方法。此次修补的书衣绢质薄，为了不损伤书衣原件，提高修补效率，采用了纸本常用的边缘搭接的办法补绢，而没有采用绢本书画修复常用的两种方法。具体考虑如下：一是书衣绢丝韧性较好，相比传世书画作品，其边缘不好刮磨，而刮磨不当会损伤书衣及补绢，斩补也对书衣原件有损伤；二是刮磨需要正面用黏合剂固定绢丝，后期需要除去黏合剂，而且需要在干燥的状态下刮磨，一般要经历干燥、修补、再干燥刮磨补绢的过程，效率相对较低；三是书衣及补绢较薄，厚约 0.07mm，略有重叠也并不影响整体平整的效果，反而会牢固一些。为了细化补绢搭接部位，补绢补上固定后，先将补绢后面的托纸用镊子小心揭掉而不移动绢丝，然后根据搭接的宽窄，对叠压略宽的部位抽掉边缘一两根绢丝，使重叠的地方尽量窄小，但要保证略有搭接（见图 7 左下、右下）。

（4）补绢用糨糊及与书衣干湿匹配

由于补绢用糨糊及与书衣干湿匹配和下文论述略有重复，此处不做探讨。

---

① 斩补，也称镶补，传统做法是将补绢对正丝缕与经纬，将其与画心破损处用快刀切割整齐，再将补绢镶嵌在破损处，适合厚质画心。

② 刮磨口细补，也称细补，碎补，此法是要在原件破损边缘与补绢边缘用马蹄刀刮磨做坡口，使补绢与原件斜口黏合，修补处无明显重叠，比较平整，绢本通常要在干燥的情况下操作。

3. 托纸

补绢与托纸用糨糊须浓度较高，我们一般称稠糨糊。纸本修补我们一般用稀糨糊，但绢本材质不同，且有大量孔隙，能留在绢丝上的糨糊量有限，如同托绫绢材料一样，一般要用稠糨糊，否则补绢会粘贴不牢固，托纸也容易空壳。补托绢用糨糊的浓度参考托绫托绢的糨糊，可在托绫绢的基础上加水略稀释一点儿。稀释的原因在于此书衣是先染色再托纸，不同于装裱用绫绢材料托纸后再进行反复染色，对糨糊浓度的要求可适当降低一些。

托纸与补绢一样，需要考虑其与书衣原件的干湿尽量匹配，这一点关系到书衣修复后的平整度。绢质书衣修补时一般需要充分湿润固定，因而补绢及托纸使用前也需要进行喷潮的预处理，让其充分涨开，与书衣干湿伸缩尽量一致，可避免修补处不平以及整体书衣干后绢面收缩力量过大而卷曲不平。绢的干湿伸缩一般大于纸张，我们托绢通常是在绢面刷糊，预潮后在托纸上刷糊也是一种调整绢质书衣卷曲不平的方法。

此次书衣托纸用两层，托第一层色纸，绢面刷糊，色纸喷水预潮后托上。托第二层纸，考虑纸与纸之间易黏合，在原托纸糨糊浓度的基础上进一步稀释，糨糊浓度比补书叶的米汤状略浓一点，保证两层皮纸黏合即可。糨糊浓度降低，托好的书衣会显得略柔软一些。托第二层时，在第二层本色桑皮纸上刷糨糊，吸水纸吸去托纸上多余水分后托上，这样托纸充分涨开，干后收缩能抵消部分因绢面伸缩产生的收缩力，有利于绢质书衣的平整。

## 四、《资治通鉴纲目》书衣修复效果与启示

此册前、后书衣的修复效果整体统一（见图 8 左、图 9 左），因补绢密度、颜色与原书衣匹配度高，修补细节处理适当，补处协调，略不觉补。尤其后书衣（见图 9 左）订线右侧为补绢，订线遮挡了部分破损边缘，整体基本看不出补处，但仔细分辨可见修补痕迹（见图 9 右上），补绢颜色相对略灰一些（见图 9 右下）。从前书衣 10 倍细节放大图（见图 8 右下）来看，补绢经线方向有不少浅色细痕，为局部绢丝颜色不匀导致，可能与染色后反复清洗做旧有关系。同时也可看出补绢横向的绢丝比书衣略细一点点，补绢略细密，尽管已经相当接近，但还是有细微差别，也说明补绢完全匹配的难度很大。

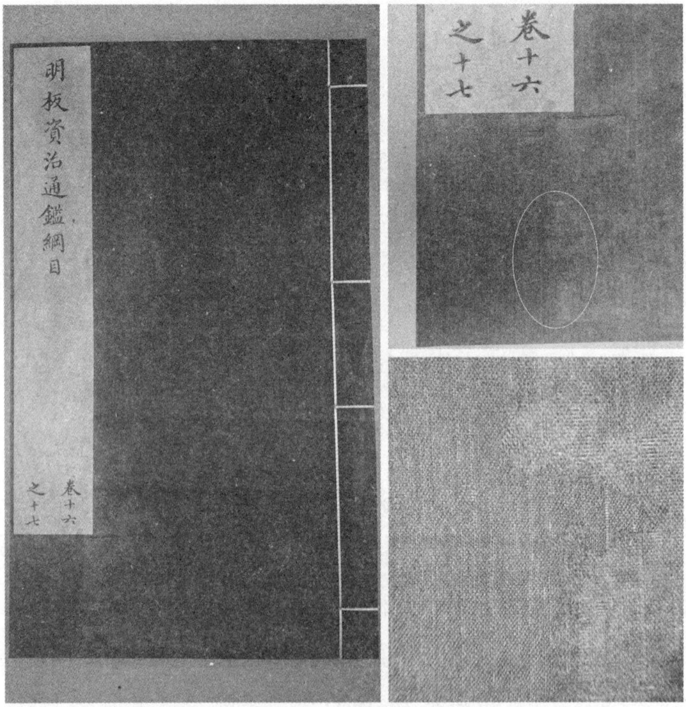


图 8 《资治通鉴纲目》卷十六前书衣修复后整体及局部细节

图 9 《资治通鉴纲目》卷十六后书衣修复后整体及局部修补痕迹

此修复案例中在材料的选配、染色方面有所创新，而修补方面格外注重细节处理，因而修复效果理想。

在补绢的选择方面，从整体到细节仔细选配补绢，提高补绢的匹配度。首先从整体视觉效果着眼，从绢丝纹理方面筛选，而后将细节量化，测量厚度，借用10倍的放大镜放大细节，细数每厘米的绢丝数量，从而确定纹理近似、厚度相同、密度近似的补绢，为后续染色、修补奠定基础。

在补绢的染色加工方面，此次染色材料与方法皆有创新。《资治通鉴纲目》书衣修复首次借鉴传统靛蓝多次浸染染制补绢底色，而后参考瓷青色书衣自然老化褪色的变化过程，创新地将补绢蓝染底色与做旧分开进行。补绢做旧也首次借鉴植物煮染方式，一方面消除了部分丝光，一方面也丰富了补绢的颜色层次，从颜色仿制方面进一步提高了补绢的匹配度。

在书衣修补方面，补绢托纸定型，修补及调整托纸糨糊浓度，补绢重叠过宽部位抽取绢丝调整，托纸及补绢预潮使材料干湿匹配等，从多方面注意细节处理，使书衣修补后补处不显，整体平整、协调，效果甚佳。

希望以上三方面的一些尝试与创新能对类似修复问题的解决有所裨益。绢质书衣的修复效果，一方面在于补绢的加工匹配，一方面是适当的修补处理，前者是后者的基础。正所谓“巧妇难为无米之炊”，修复材料也是修复工作的基础。在修复实践中，修复材料的不足与匹配度问题一直制约古籍修复质量的提高，尤其是丝织品材料，如何有效解决丝绢材料的匹配问题，值得我们思考与研究。如文中所述，材料匹配问题一方面是材料本身的选择，一方面是材料的染色加工工艺的匹配。素绢无纹，但绢丝的粗细、经纬织法变化等导致绢质厚度、密度、纹理等的细微差别，外加原料、纺织工艺的历史变迁，染色加工工艺的多样与时间赋予的变化，这也是丝织品书衣修复时完全匹配的材料难配的原因所在。问题的解决一方面有赖于多种材料的采购，丰富库存，以备不时之需，如同此案例中偶然选配获得近似补绢，库存材料种类的丰富多样有利于修复材料的匹配度提高。最根本的解决之法还在于对原材料织造、染色加工工艺的检测分析与深入研究，寻求多领域的合作，采用自加工与专业定制相结合的方式，做到有的放矢，这也是解决材料不足、提高材料匹配度的一个行之有效的措施。如文中涉及的瓷青色仿制，比较适合瓷青书衣、瓷青写经文献等瓷青色修复材料的染色加工。然而，植物靛蓝的加工与染缸维护需要专业知识与经验，有条件的修复室可以适当开展。无条件的，目前市场上也有现成的靛蓝染料套装，可仔细甄别，在保证安全的情况下选购。术业有专攻，我们也可与专业的蓝染或染色加工工坊开展合作，采购或定制材料，学习相关技艺，也能解决此类修复材料的不足与匹配问题。

（田婷婷，国家图书馆古籍馆副研究馆员）

参考文献：

[1] 杜伟生.《永乐大典》修复始末[M]// 张志清，陈红彦. 古籍保护新探索. 杭州：浙江古籍出版社，2008：190-191.

# 天津图书馆藏国家珍贵古籍综述

A Summary of the Ancient Books from Tianjin Library Listed in *The National Directory of Rare Ancient Books*

胡艳杰　李国庆

**摘　要**：本文以天津图书馆入选第一至六批《国家珍贵古籍名录》的馆藏珍贵古籍为例进行综合论述。全文共分五个部分：一、天津图书馆藏国家珍贵古籍之来源；二、天津图书馆入选第一至六批《国家珍贵古籍名录》之概况；三、天津图书馆藏国家珍贵古籍之特色；四、天津图书馆藏国家珍贵古籍之价值；五、天津图书馆申报《国家珍贵古籍名录》之意义。

**关键词**：天津图书馆；《国家珍贵古籍名录》；综述

2007年1月，国务院办公厅颁发《关于进一步加强古籍保护工作的意见》（国办发〔2007〕6号）文件[1]，提出了若干个主要工作目标，其中之一就是建立《国家珍贵古籍名录》（以下简称《名录》）申报和评审制度。

从2008年3月1日国务院颁布第一批《名录》开始，到2020年11月2日文化和旅游部颁布第六批《名录》为止，前后发布了六批《名录》。经藏书单位申报，专家评审，天津图书馆（以下简称"天图"）共有246种珍善本古籍入选《名录》。

兹以天图入选第一至六批《名录》者为例，对天图藏国家珍贵古籍进行综述。旨在对天图参评《名录》做一阶段性总结，分析过往经验，为今后继续申报《名录》提供一些依据。不妥之处，敬请大家批评指正。

## 一、天津图书馆藏国家珍贵古籍之来源

天图现藏历史文献共计79万册,其中历代古籍59万册,民国时期书报刊文献20万册。天图古籍藏书,主要继承了原直隶图书馆的旧藏。清光绪三十四年(1908)建馆伊始,当时的满汉官吏、私人藏家纷纷捐献自己的藏书,以充实馆藏。南开大学创始人之一、著名近代教育家严修先生曾先后三次捐书,奠定了天图古籍藏书的基础。

1949年以后,一些重量级古籍藏书家也先后向天图无偿捐献自己的藏书。这些大家捐赠的藏书,既奠定天图的藏书基础,又成为申报《国家珍贵古籍名录》的主要书源。我国著名爱国藏书家周叔弢先生举献自庄严堪所藏的全部明清善本、活字印本专藏及自己刻印的善本古籍。除此以外,周叔弢先生还将自己珍爱的南宋临安陈宅书籍铺刻本《棠湖诗稿》及清代黄丕烈批校题跋本《穆天子传》等国家一级藏品捐献天图。我国著名小说收藏家周绍良先生捐献自己蠹斋全部明清小说,其中清雍正年间吕抚活字泥版印本《精订纲鉴廿一史通俗衍义》在我国古籍印刷史上占有特殊地位。天津方志收藏家任振采先生举献天春园所藏全部2000余种原版明清地方志书,其中包括任振采先生十分珍爱的三残书屋的三部内府藏本。天津著名收藏家徐世章先生捐献濠园所藏的全部清代内府刻本。这些藏书大家的捐献,量大质精,各具特色,由此而逐步形成了天图自身的藏书特点:宋椠元刊、名家批校、明清小说、明清方志及清代内府刻本。

除了以上列举的著名藏书家之外,明清两朝,以及近、现代不同时期的著名学者和藏书家收藏的一些善本古籍,辗转入藏天图,遂为天图藏品中的特色精品。这些藏书也就自然成为申报《名录》的重要组成部分。这些著名学者和藏书家主要包括:明代的项元汴、毛晋、祁承㸁;清代的王士禛、钱谦益、宋荦、钱曾、卢文弨、郑燮、法式善、吴式芬、顾广圻、焦循、钱坫、徐时栋、陈介祺、王筠、丁丙、劳权、曹寅、方功惠、鲍廷博、汪士钟、徐维则、王懿荣、莫友芝、胡宗楙;民国时期的缪荃孙、刘世珩、董康、袁克文、丁福保、叶德辉、徐乃昌、徐世昌、李盛铎、傅增湘;1949年后的王利器、刘明阳及黄裳,等等。这些名家在自己的藏书上面,或钤盖印记,或手书题跋,留下了十分珍贵的历史痕迹,为我们今天考察一书的递藏原委、文献价值,提供了重要依据和线索。

## 二、天津图书馆入选第一至六批《国家珍贵古籍名录》概况

天图参加了第一至六批《名录》的申报,共有246部馆藏古籍入选。兹将入选珍贵古籍按照批次和版本类型,编制简表如下:

**表1 天图入选第一至六批《名录》版本类型表(单位:部)**

| 版本＼数量＼批次 | 一批 | 二批 | 三批 | 四批 | 五批 | 六批 | 合计 |
|---|---|---|---|---|---|---|---|
| 1. 宋刻本 | 1 | 2 | 2 | 0 | 0 | 1 | 6 |
| 2. 元刻本 | 5 | 2 | 5 | 2 | 0 | 0 | 14 |
| 3. 明刻本[①] | 0 | 22 | 131 | 19 | 5 | 1 | 178 |
| 4. 清刻本 | 0 | 0 | 1 | 0 | 0 | 0 | 1 |
| 5. 影宋抄本 | 0 | 1 | 0 | 0 | 0 | 1 | 2 |
| 6. 稿本 | 0 | 2 | 0 | 4 | 0 | 2 | 8 |
| 7. 抄本 | 2 | 1 | 7 | 4 | 2 | 0 | 16 |
| 8. 活字本 | 1 | 2 | 4 | 0 | 0 | 1 | 8 |
| 9. 套印本 | 0 | 0 | 5 | 0 | 0 | 0 | 5 |
| 10. 四库本 | 0 | 3 | 1 | 1 | 0 | 3 | 8 |
| 合计 | 9 | 35 | 156 | 30 | 7 | 9 | 246 |

按照版本类型,依次包括宋刻本、元刻本、明刻本、清刻本、影宋抄本、稿本、抄本、活字本、套印本和四库本,凡十个类型。

宋元刻本,凡20种。其中宋刻本6部,包括:《棠湖诗稿》一卷,南宋临安府陈宅书籍铺刻本,书后有钱仪吉、钱骏祥、邓邦述、傅增湘题跋;《摄大乘论释》十五卷,北宋元丰三年(1080)至政和二年(1112)刻福州东禅等觉禅院崇宁万寿大藏经本,存一卷(六),有佚名题跋;《辩正论》十卷,南宋绍兴十八年(1148)刻福州开元寺毗卢大藏经本,存七卷(一至七),有圆种训点并题跋;《资治通鉴纲目》五十九卷,宋嘉定十四年(1221)江西刻本,存一卷(四十八);《通鉴纪事本末》四十二卷,宋宝祐五年(1257)赵与篡刻本,存二卷(十五、三十三);《后汉书》九十卷《志》三十卷,宋黄善夫刻本,存一卷(五十)。元刻

① 《徐文靖公谦斋文录》四卷,明徐垚刻本[四库底本],计入"四库本",不重复统计。"套印本"不计入"明刻本",单独统计。

本 14 部，包括：《春秋胡氏传纂疏》三十卷，元至正八年（1348）建安刘叔简日新堂刻本，存九卷（一至九）；《龟山先生语录》四卷，元刻本；《新编古今事文类聚》前集六十卷、后集五十卷、续集二十八卷、别集三十二卷、新集三十六卷、外集十五卷，元泰定三年（1326）庐陵武溪书院刻本，存一百六卷（前集十九、二十一至二十四、三十至三十四、三十七至四十二、四十七至六十，后集十三至四十六、四十九至五十，续集一至八、十至二十八，别集一至十三），其中前集卷三十七至四十、五十三至六十补配；《山堂先生群书考索》前集六十六卷、后集六十五卷、续集五十六卷、别集二十五卷，元延祐七年（1320）圆沙书院刻本，存一百三十一卷（前集六十六卷、后集六十五卷）；《庄子鬳斋口义》十卷，元刻本；《重刊孙真人备急千金要方》三十卷，元刻本，存二十六卷（一、三至五、七至九、十一、十三至三十）；《国朝文类》七十卷，元刻本；《孟子》十四卷，元刻明修本；《资治通鉴》二百九十四卷，元刻本，存三卷（一百九十三至一百九十五）；《资治通鉴》二百九十四卷，元刻明弘治正德嘉靖递修本，其中卷一百十二至一百二十一、二百十五至二百三十一配清鄱阳胡氏刻本；《资治通鉴纲目》五十九卷，元刻本，存一卷（四十二）；《吕氏春秋》二十六卷，元至正嘉兴路儒学刻明修本；《附释音春秋左传注疏》六十卷，元刻明修本，其中卷四十一、四十九、六十配明刻本，卷五十五配清抄本；《分类补注李太白诗》二十五卷，元建安余氏勤有堂刻明修本。

在这六次申报中，第五批阙如，我们在第六批又成功申报了一种，就是宋黄善夫刻本《后汉书》。此书足本九十卷，天图仅存一卷（五十），此前我们仅以宋刻残本看待，所以一直没有申报。后来经过长时间研究，终于有所发现：这是宋代黄善夫刻本，既是名家名刻，又是著名藏书家周叔弢先生的旧藏，而且传本不多。基于这些发现和认识，我们在申报书中予以充分说明，得到评审专家首肯，申报成功，入选第六批《名录》。

按照申报条件，宋元刻本在申报《名录》时，因均属于一级古籍，所以在申报时具有优势。不过，限于各种因素，并不是所有宋元刻本都可以进入《名录》，有些宋元刻本就不能进入《名录》。比如他馆有足本，我馆有残本，则足本进《名录》，残本不进《名录》。又如，他馆有原刻原印本，我馆有递修本，则前者进《名录》，后者不进《名录》。本馆实际收藏宋元刻本 30 余部，除了上列 20 部已经收入《名录》者外，尚有十余部宋元刻本，需要我们下功夫进行逐一研究，找出其优胜之处，为下一步申报《名录》提供具有说服力的依据。若此，再有几部宋元刻本进入《名录》,是有可能的。

天图所藏入选《名录》的这20部宋元刻本,在馆藏品中分量最重,遂成天图入选《名录》珍本古籍中的代表藏品。

明刻本。收入第一至六批《名录》中的明刻本,共计178部。是天图入选《名录》数量最多的一类,其占天图全部入选《名录》珍贵古籍的72%。各个批次入选的明刻本,因评审标准不同,其数量多寡也不一样。第一批《名录》的评审,因评审标准极其严格,结果一部明刻本也没有入选。第二批《名录》的评审,其评审标准稍有降低,结果有22部明刻本入选。第三批《名录》的评审,其评审标准全部放开,凡达到《古籍定级标准》[2]第一、二级者,一般均予收录。结果,天图有131部明刻本入选。第四批至第六批《名录》的评审,其评审标准没有变化,而馆藏明刻本达标者所剩不多,结果分别只有19部、5部和1部明刻本入选。

清刻本。因清刻本多属于三级古籍,未能达到《古籍定级标准》中一级、二级标准。所以,在第一至六批《名录》中,我们多数时候没有申报。只有在第三批申报《名录》时,我们申报了一种。这部清刻本《御制劝善要言》有其特殊之处,其作者是清世祖福临,于清顺治十二年(1655)由清宫内府用满文刊刻。这也是天图唯一入选《名录》的清刻本。

影宋抄本。馆藏影宋抄本只有2部,在第二批和第六批分别申报,均获批准收入《名录》。其中《五代名画补遗》一卷,明末毛氏汲古阁影宋抄本。明代藏书家毛氏汲古阁,以藏书之富、刻书之多、影响之大名世。其请名匠依据宋版影抄更为世人赞誉。这部影抄本《五代名画补遗》所依据的宋版书底本今藏辽宁省图书馆,仅存半部。欲窥宋版旧貌,端赖天图这部藏本。天图所藏这部影宋抄本《五代名画补遗》,其身价仅下宋版一等,不为虚言。另一部是《李丞相诗集》二卷,乃南唐时李建勋所撰。这部影宋抄本,实出袁世凯之子袁克文的夫人刘梅真之手。这位才女依据家藏宋版《李丞相诗集》,一丝不苟、惟妙惟肖地将这部宋版书影写下来,成为影宋抄本中的精品。《李丞相诗集》的宋版书今藏国家图书馆,其与天图藏的这部影宋抄本堪称书林双璧。影宋抄本与一般抄本不同:前者是宋刻本的录副,也可以认为是宋刻本的第二副本;而后者不过是将所依据的底本内容抄写下来而已。二者的文献价值和文物价值实有云泥之别。

稿本。天图所藏稿本,经过筛选,申报并入选《名录》者:第二批《名录》收入2部,第四批《名录》收入4部,第六批《名录》收入2部,共计收入《名录》

者8部。计有:《天池杂稿》不分卷,明徐渭撰;《钱罄室杂录》不分卷,明钱穀撰;《赖古堂未刻诗》不分卷,清周亮工撰;《邗州杂诗》一卷,清顾广圻撰;《南海先生大同书稿》不分卷,康有为撰;《礼运注》一卷,康有为撰;《论语注》二卷,康有为撰;《孟子微》二卷,康有为撰。

抄本。天图所藏抄本,经过筛选,申报并入选《名录》者:第一批《名录》收录2部,第二批《名录》收录1部,第三批《名录》收录7部,第四批《名录》收录4部,第五批《名录》收录2部,合计16部。计有:《水经注》四十卷,清小山堂抄本,全祖望校;《唐宋名贤百家词》一百三十二卷,明抄本,梁启超跋;《治河全书》二十四卷,清抄彩绘本;《大明英宗睿皇帝纪实》不分卷,明南云格抄本;《大明宪宗纯皇帝实录》不分卷,明抄本,存成化二年七月至八年十二月、九年七月至二十三年八月;《万历起居注》不分卷,明抄本,存万历一至十二年、十四至三十二年、三十四至三十八年、四十一年、四十三年;《大明宣宗章皇帝实录》不分卷,明抄本,存明宣德元年至十年;《大清一统志》不分卷,清康熙内府抄本,存河南开封府属五册、彰德府属二册、湖北荆州府属三册、襄阳府属二册、郧阳府属一册;《大清一统志》不分卷,清乾隆内府抄本,存甘肃凉州府一册;《斗南老人诗集》四卷,明姚绶抄本;《大明恭穆献皇帝实录》五十卷,明南云阁抄本;《新刊名臣碑传琬琰之集》上集二十七卷、中集五十五卷、下集二十五卷,明抄本;《六部纂修条例》不分卷,明抄本;《观光诗集》二卷《助教倓先生诗集》二卷《文集》四卷,清金氏文瑞楼抄本;《使琉球录》一卷《日本国考略》一卷《补遗》一卷,明抄本;《六部纂修条例》不分卷,明抄本。

其中,明抄本《六部纂修条例》不分卷,分别收入了第四批《名录》(4/10342)和第五批《名录》(5/11693)。为什么会出现这种情况?其实两者本来是一部书,这是属于误报和误收。所谓误报,是天图重复申报,把相同的一部书分别申报了两次。所谓误收,评审时没有查重,把关不严,结果成了漏网之鱼。笔者认为,责任当在天图,斯事存在因果关系。这是一条负面经验,值得我们注意并引以为戒。据此,应该修改第五批《名录》的数据,由原来的7部修改成6部。同时,天图收入第一至六批《名录》总数的246部,应该修改成245部[①]。实际入选第一至六批《名录》的抄本数量当为15部。

活字本。天图所藏各种类型的活字本,经过筛选申报并入选《名录》者:第

---

① 行文中仍以《名录》公布的246部进行计数。

一批《名录》收录1部,第二批《名录》收录2部,第三批《名录》收录4部,第六批《名录》收录1部。合计8部。计有:《精订纲鉴廿一史通俗衍义》二十六卷四十四回,清雍正吕抚活字泥版印本;《会通馆校正宋诸臣奏议》一百五十卷,明弘治华燧会通馆铜活字本,存二卷(三十三至三十四);《仙屏书屋初集诗录》十六卷《后录》二卷,清道光二十七年(1847)泾县翟金生泥活字本;《茶余客话》十二卷,清乾隆五十八年(1793)七录斋活字本;《武英殿聚珍版书》一百三十八种二千四百十六卷,清乾隆武英殿活字本,其中《易纬》《汉宫旧仪》《魏郑公谏续录》《帝范注》为清乾隆三十八年(1773)武英殿刻本;《后山居士诗集》六卷《逸诗》五卷《诗余》一卷,清雍正三年(1725)陈唐活字本,周叔弢题识;《红楼梦》一百二十回,清乾隆五十七年(1792)萃文书屋活字本(程乙本);《三通》三种七百四十八卷,清锡活字本。

这里简单谈一下清锡活字本《三通》三种七百四十八卷的申报情况。这套《三通》大书,是清末广东佛山邓姓印工使用自制的锡活字印成的。此书经过了百余年秘传于世,几无人知晓。直到1989年张秀民先生出版了《中国印刷史》,是书方显于世。张秀民先生盛赞《三通》中的一种《文献通考》,称其是世界印刷史上第一部锡活字本,由此引起了世人极大关注。然人们以只闻其名、未见其书引为憾事。天图收藏了一套包括《通典》《通志》和《文献通考》三书在内的《三通》。我们从申报第一批《名录》时,就曾考虑申报这部《三通》,但限于当时掌握的鉴定版本依据不足,也就没有申报。先是中国科学院自然科学史研究所韩琦先生,因增订其先人张秀民先生专著《中国印刷史》专程来津,在天图目验了《文献通考》以及《通典》和《通志》,爱不释手,自谓眼福不浅,精选数页,为《中国印刷史》增补了书影。韩琦先生认为,这部《文献通考》就是张秀民先生在《中国印刷史》一书中专题介绍的锡活字本。而《通典》和《通志》二书,虽不见载《中国印刷史》,但《三通》风格一致,当是邓姓印工用锡活字印成的一套锡活字本。嗣后,中国人民大学图书馆原古籍部主任宋平生先生特意来馆,研究了这套《三通》,他盛赞是书印制精美,超乎想象,也认为这部书是锡活字本。

鉴于两位先生先后来馆看书,都认为这套书是锡活字本,再根据我们掌握的鉴定版本依据,我们申报了第六批《名录》。当时负责《名录》评审的全国古籍保护工作专家委员会主任李致忠先生为了慎重起见,在国家图书馆赵前研究馆员陪同下专程到天图,目验《三通》原本。李致忠先生从《三通》的版本特征、用纸覆墨以及印刷风格等几个方面进行鉴定，最后敲定《三通》的版本确是锡活字本，并称天图申报第六批《名录》时定为锡活字本完全正确，没有疑问。于是，天图收藏的这套《三通》，顺利入选第六批《名录》，成为唯一入选《名录》的《三通》锡活字本。

套印本。仅第三批《名录》收录5部，其他各批《名录》均未收录。计有：《三经评注》五卷，明万历闵齐伋刻三色套印本；《国语》九卷，明万历四十七年（1619）闵齐伋刻三色套印本；《楚辞》十七卷，明凌毓枏刻朱墨套印本；《韩文公文抄》十六卷，明刻朱墨套印本；《柳文》七卷，明刻朱墨套印本。

四库本。天图所藏各种类型的四库本，经过筛选申报并入选《名录》者，合计8部。其中，第二批《名录》收录3部，第三批《名录》收录1部，第四批《名录》收录1部，第六批《名录》收录3部。计有：《闽小纪》四卷，清乾隆抄文津阁四库全书撤出本；《钦定四库全书简明目录》二十卷，清乾隆纪昀写本；《徐文靖公谦斋文录》四卷，明徐𡍼刻本［四库底本］；《公是集》五十四卷，清四库全书馆抄本；《钦定四库全书总目》二百卷，清乾隆内府写文溯阁四库全书本；《钦定平定两金川方略》一百五十二卷，清乾隆内府写南三阁四库全书本，存三卷（八十三至八十五）；《钦定四库全书总目》二百卷首七卷目录一卷，稿本，存七十一卷（三、六至八、十至十四、十六、二十三至二十四、二十六至二十八、三十七、四十四、四十八至五十一、五十三至五十五、七十四至七十五、七十七、一百十八至一百二十四、一百三十至一百三十九、一百四十八至一百四十九、一百五十一至一百五十二、一百六十至一百六十四、一百六十八、一百七十一、一百七十八、一百八十至一百八十五、一百八十八至一百九十六）；《五百家播芳大全文粹》一百十卷，清乾隆内府写南三阁四库全书本，存二卷（二十至二十一）。

以上所列举的天图入选第一至六批《名录》中的246部珍本古籍，代表天图藏书水平，俱为镇馆之宝。

## 三、天津图书馆藏国家珍贵古籍之特色

天图入选第一至六批《名录》的246部珍贵古籍，统而言之，盖具以下几方面特色：

天图入选《名录》者，版本类型多样，是其特点之一。宋椠元刊、名抄佳刻、抄稿本、活字套印，还有四库印本等，琳琅满架，举不胜举。例如：宋黄善夫刻本

《后汉书》、元至正八年（1348）建安刘叔简日新堂刻本《春秋胡氏传纂疏》三十卷、明姚绶抄本《斗南老人诗集》四卷、清全祖望校本《水经注》四十卷、明弘治华燧会通馆铜活字本《会通馆校正宋诸臣奏议》一百五十卷、明万历四十七年（1619）闵齐伋刻三色套印本《国语》九卷、纪昀笔削《钦定四库全书总目》二百卷等。

天图入选《名录》者，富有重量级藏品，是其特点之二。所谓重量级藏品，或为一级甲等，或为传世孤帙，或为稀世珍品。例如：南宋临安陈宅书籍铺刻本《棠湖诗稿》、康有为稿本《大同书》不分卷、清黄丕烈校并跋本《穆天子传》六卷、清抄彩绘本《治河全书》二十四卷、明末毛氏汲古阁影宋抄本《五代名画补遗》一卷、《精订纲鉴廿一史通俗衍义》二十六卷四十四回等。

天图入选《名录》者，活字本类型多，是其特点之三。举凡木、铜、泥、锡等活字本，量大质精，种类齐全。例如：清乾隆武英殿活字本《武英殿聚珍版书》一百三十八种二千四百十六卷、清乾隆五十八年（1793）七录斋活字本《茶余客话》十二卷、清雍正三年（1725）陈唐活字本《后山居士诗集》六卷《逸诗》五卷《诗余》一卷、清乾隆五十七年（1792）萃文书屋活字本（程乙本）《红楼梦》一百二十回、明弘治华燧会通馆铜活字本《会通馆校正宋诸臣奏议》一百五十卷、清道光二十七年（1847）泾县翟金生泥活字本《仙屏书屋初集诗录》六卷《后录》二卷、清广东佛山邓姓印工锡活字本《三通》三种七百四十八卷、清雍正吕抚活字泥版印本《精订纲鉴廿一史通俗衍义》二十六卷四十四回等。

天图入选《名录》者，四库本类型多，是其特点之四。这些四库本均与清乾隆时纂修《四库全书》有关。几乎包括了各种类型的四库本。其中有文津阁本清乾隆抄文津阁四库全书撤出本《闽小纪》四卷，有文溯阁本清乾隆文溯阁写本《钦定四库全书总目》二百卷，有文澜阁本《钦定平定两金川方略》一百五十二卷、《五百家播芳大全文粹》一百十卷，有四库底本明徐𤍵刻本《徐文靖公谦斋文录》四卷，有馆臣写本清乾隆四库全书馆抄本《公是集》五十四卷，有纪晓岚笔削本清乾隆四库全书馆总纂官纪昀笔削本《钦定四库全书总目》二百卷首七卷目录一卷，有纪晓岚缮写进呈本《钦定四库全书简明目录》二十卷等。

天图入选《名录》者，明刻本数量最多，是其特点之五。178 部明刻本成为天图入选《名录》的主体。

**表2 天图入选第一至六批《名录》明刻本一览表（单位：部）**

| 版本 \ 数量 \ 批次 | 一批 | 二批 | 三批 | 四批 | 五批 | 六批 | 合计 |
|---|---|---|---|---|---|---|---|
| 洪武 | 0 | 0 | 0 | 0 | 0 | 0 | 0 |
| 建文 | 0 | 0 | 0 | 0 | 0 | 0 | 0 |
| 永乐 | 0 | 0 | 2 | 1 | 0 | 0 | 3 |
| 洪熙 | 0 | 0 | 0 | 0 | 0 | 0 | 0 |
| 宣德 | 0 | 0 | 2 | 0 | 0 | 0 | 2 |
| 正统 | 0 | 1 | 0 | 0 | 0 | 0 | 1 |
| 景泰 | 0 | 0 | 4 | 0 | 0 | 0 | 4 |
| 天顺 | 0 | 0 | 2 | 0 | 0 | 0 | 2 |
| 成化 | 0 | 1 | 3 | 0 | 0 | 0 | 4 |
| 弘治 | 0 | 1 | 7 | 0 | 0 | 0 | 8 |
| 正德 | 0 | 3 | 9 | 1 | 1 | 1 | 15 |
| 嘉靖 | 0 | 6 | 84 | 6 | 3 | 0 | 99 |
| 隆庆 | 0 | 3 | 8 | 4 | 0 | 0 | 15 |
| 万历 | 0 | 2 | 3 | 5 | 0 | 0 | 10 |
| 泰昌 | 0 | 0 | 0 | 0 | 0 | 0 | 0 |
| 天启 | 0 | 0 | 0 | 0 | 0 | 0 | 0 |
| 崇祯 | 0 | 0 | 0 | 0 | 0 | 0 | 0 |
| 明刻 | 0 | 5 | 7 | 2 | 1 | 0 | 15 |
| 合计 | 0 | 22 | 131 | 19 | 5 | 1 | 178 |

（说明：增修本、重修本以初刻时间为标准统计，不重复）

依据这个一览表，可以直观看出以下情况：

其一，馆藏没有洪武、建文和洪熙三朝的明刻本。这是因为明代最初的洪武和建文这两朝皇帝，在位合计35年。建国伊始，百业待兴，刻书业尚未发展起来。洪熙朝皇帝在位更短，只有2年。所以在这三个时期的刻本本来就少，传本稀见，馆藏没有藏本也是正常情况。

其二，按照《古籍定级标准》条款，明万历元年（1573）至清乾隆六十年（1795）的刻本属于三级古籍，未能达到申报《名录》标准。所以，馆藏除了有10部明万历刻本入选《名录》之外，泰昌、天启和崇祯三朝刻本，尽管天图藏本较多,实际上并没有申报,所以《名录》中没有。

其三,题"明刻本""明初刻本""明前期刻本""明末刻本""明芝秀堂刻本"等,凡15部。这些书主要是没有明确的刻书年代,但其各具自身特色与内在价值。

其四,馆藏嘉靖刻本入《名录》者,凡99部,占天图全部收入《名录》明刻本的56%,占据了二分之一强。这部分嘉靖刻本,有84部是在申报第三批《名录》时入选的。第三批《名录》制定的收录标准,较之前两批标准下降了许多,因为嘉靖刻本属于二级,达到了申报《名录》的最低标准,结果馆藏嘉靖刻本几乎被《名录》悉数收录。

除了以上明嘉靖刻本和明刻本之外,馆藏明代刻本收入《名录》者,多为价值高的明刻善本。其代表藏品如:《孝顺事实》十卷,明永乐十八年(1420)内府刻本;《历代臣鉴》三十七卷,明宣德元年(1426)内府刻本;《三朝圣谕录》三卷,明正统刻本;《寰宇通志》一百十九卷,明景泰刻本;《大明一统志》九十卷,明天顺五年(1461)内府刻本;《贞观政要》十卷,明成化十二年(1476)崇府刻本;《朱子语类》一百四十卷,明成化九年(1473)陈炜刻本;《竹洲文集》二十卷,明弘治六年(1493)吴雷亨刻本;《[弘治]八闽通志》八十七卷,明弘治刻本;《楚骚》五卷附录一卷,明正德十五年(1520)熊宇刻篆字本等。

## 四、天津图书馆藏国家珍贵古籍之价值

天图藏珍贵古籍之价值,若从珍贵古籍本身写印年代、所载史料及写印装帧等方面进行审视,当有历史文物、学术资料及艺术代表三个方面的价值。按照现行《古籍定级标准》的阐释:历史文物价值侧重以版本产生的时代为衡量尺度,学术价值侧重以古籍承载的内容为衡量尺度,艺术价值侧重以版本具有的特征为衡量尺度。

一部书的产生,需要具备三个条件:书稿、纸张和雕版刷印(或抄写)。其中,雕版、纸张和印制的年代远近,决定了该书文物价值的高低;书稿的内容如何,决定了该书文献价值的高低;雕版刷印(或抄写)的技艺如何,决定了该书艺术价值的高低。

其一,天图入选《名录》中的20部宋元版书,因其产生的年代去今久远,均具有特别重要的文物价值。这些宋元刻本,具备文物的主要特征,即唯一性,不可再生。我们称其文物价值极高,这里仅举一例:南宋临安陈宅书籍铺刻本《棠

湖诗稿》一卷,系著名藏书家周叔弢先生旧藏。周叔弢自庄严堪收藏的历代古籍善本,是按照自己提出的"五好标准"收藏的,所收善本古籍,必须达到"五好标准"中的一好或多好,否则不收。这部《棠湖诗稿》则囊括了这个"五好标准"。第一,版刻字体好,此书雕版者系南宋临安陈宅书籍铺,为名家所刻;第二,纸墨印刷好,此书系初刻初印,均为南宋时纸墨,开卷自有惊人之处;第三,题识好,此书卷末有傅增湘等著名藏书家题跋;第四,收藏印记好,此书钤盖明代藏书家毛晋多方藏书印;第五,装潢好,此书乃金镶玉装,配楠木盒,精美绝伦。真是难得的"五好"俱全。

其二,天图入选《名录》中的部分明清版书,具有特别重要的学术资料价值。这些明清版书,包括稿本、传世稀见的抄本和一线单传的孤本等。例如《天池杂稿》,是目前仅见的明代徐渭晚年手稿本。其中收录的《答朱太卿》《太侄疏稿序代》《答沈四书》等文章,为中华书局1983年版《徐渭集》所不载,当是佚文。又如,《水经注》四十卷,系清小山堂抄本,为清代全祖望之祖孙三代校本。校文满纸,提供的资料学术价值极高,其在郦学研究中占有重要地位。早年北大校长胡适在研究《水经注》时,曾派人借阅过此书,经研究发现,自己早年提出的论点有些是错误的。足见馆藏这部全校《水经注》的文献价值。

其三,天图入选《名录》中的部分明清版书,具有特别重要的艺术代表价值。这里所说的艺术代表价值,主要指在其古代印刷技艺上的独特之处,及其在古代印刷史上的地位和起到的作用等。例如:属于我国古代早期的铜活字本,馆藏有明弘治华燧会通馆铜活字本《会通馆校正宋诸臣奏议》一百五十卷;属于我国古代早期的木活字本,馆藏有清雍正三年(1725)陈唐活字本《后山居士诗集》六卷《逸诗》五卷《诗余》一卷、清乾隆五十七年(1792)萃文书屋活字本(程乙本)《红楼梦》一百二十回;在我国古代活字印刷史上占有重要地位的泥活字本,馆藏有清道光二十七年(1847)泾县翟金生泥活字本《仙屏书屋初集诗录》十六卷《后录》二卷;在我国古代活字印刷史上占有特殊地位的采用活字泥版印刷工艺而印制的书本,馆藏有清雍正吕抚活字泥版印本《精订纲鉴廿一史通俗衍义》二十六卷四十四回;还有采用锡活字印刷工艺而印制的书本,馆藏有清广东佛山邓姓印工锡活字本《三通》三种七百四十八卷。另外,清抄彩绘本《治河全书》二十四卷,采用矿物质颜料,以高超艺术手法,将重要河流描绘成图,堪称一件古代绘画精品。

## 五、天津图书馆申报《国家珍贵古籍名录》之意义

摸清家底。通过申报《名录》,我们逐步搞清了馆藏古籍的总体情况,包括馆藏全部古籍的部数、种数和册函数,搞清楚了馆藏古籍中有哪些镇馆之宝以及这些镇馆之宝源于历史上哪些藏书家等。

分级保管。入选第一至六批《名录》中的馆藏珍贵古籍,均为一二级藏品。这些珍贵古籍,属于国家级古籍善本,需要采取区别对待原则进行保管,需要与馆藏三级和普通本古籍区别开来,宜设单独库房进行集中保管。需要对此前分散在不同库房、不同书架上的珍贵古籍重新进行集中,并按照《名录》分配的批次序号进行重新排架。为珍贵古籍单独设置的专用库房,需要严格按照《图书馆古籍特藏书库基本要求》[3],将这些珍贵古籍放在恒温恒湿的环境中进行保管。目的是有效延长这些珍贵古籍的寿命。

合理利用。入选第一至六批《名录》中的馆藏珍贵古籍,由于具有特别重要的价值,所以在科学保管的前提下,应该合理地进行开发与利用。包括原生性开发与利用,指修复、编目、展览、宣传及阅览等;再生性开发与利用,指扫描及缩微存储、数字化建设及影印出版等。这些都旨在充分发挥馆藏珍贵古籍的作用,而不是将这些珍贵古籍束之高阁,秘不示人。

总结经验。为天图今后继续参评《名录》,提供依据、经验和参照物。天图所藏的宋元刊本,尚有一些可以在研究的基础上,找出其优长之处,在申报书中予以充分说明,再次申报,应该存在获批的可能。这些潜在的申报对象,主要包括:宋刻本《东坡先生诗》二十五卷、元至元刻本《慈溪黄氏日抄分类》九十七卷、元刻六子本《中说》十卷、元刻六子本《(纂图互注)扬子法言》十卷、元刻本《朱文公校昌黎先生文集》四十卷、元刻本《王状元集百家注分类东坡诗》三十三卷、元大德刻本《(笺注)唐贤绝句三体诗法》二十卷、元刻本《(至大重修)宣和博古图录》三十卷等。

促进事业发展。古籍保护事业,既是一项传统文化建设的基本国策,又是藏书单位的一项长期业务工作,需要在国务院办公厅颁布的《关于进一步加强古籍保护工作的意见》文件精神指导下,有计划开展工作。继第一至六批《名录》申报工作之后,第七批《名录》的申报工作亦将在某个时间段开始。批次越靠后,馆藏珍贵古籍的遴选工作的难度也就越大。总结第一至六批《名录》申报经验,在遴选馆藏珍贵古籍时,需要下功夫进行深入研究,尤其是对善本

书中那些具有申报潜质的版本进行重新鉴定，找出其特色所在，价值所在，为成功申报第七批《名录》，提供令评审专家信服的依据。

（胡艳杰，天津师范大学古籍保护研究院副研究馆员；李国庆，天津图书馆研究馆员）

参考文献：

[1] 国务院办公厅．关于进一步加强古籍保护工作的意见（国办发〔2007〕6号）[EB/OL].（2007-01-29）[2022-03-03]. http://www.gov.cn/zwgk/2007-01/29/content_511825.htm.

[2] 中华人民共和国文化部．古籍定级标准（WH/T-20-2006）.

[3] 中华人民共和国文化部．图书馆古籍特藏书库基本要求（WH/T-24-2006）.

附录：天津图书馆入选1—6批《国家珍贵古籍名录》目录（246部）

| 序号 | 批次 / 名录号 | 题名项 | 版本项 |
|---|---|---|---|
| 1 | 1/316 | 春秋胡氏传纂疏三十卷 | 元至正八年（1348）建安刘叔简日新堂刻本　存九卷（一至九） |
| 2 | 1/601 | 龟山先生语录四卷 | 元刻本 |
| 3 | 1/801 | 新编古今事文类聚前集六十卷后集五十卷续集二十八卷别集三十二卷新集三十六卷外集十五卷 | 元泰定三年（1326）庐陵武溪书院刻本（卷三十七至四十、五十三至六十补配）存一百六卷（前集十九、二十一至二十四、三十至三十四、三十七至四十二、四十七至六十，后集十三至四十六、四十九至五十，续集一至八、十至二十八，别集一至十三） |
| 4 | 1/810 | 山堂先生群书考索前集六十六卷后集六十五卷续集五十六卷别集二十五卷 | 元延祐七年（1320）圆沙书院刻本　存一百三十一卷（前集六十六卷、后集六十五卷） |
| 5 | 1/996 | 庄子鬳斋口义十卷 | 元刻本 |
| 6 | 1/1159 | 棠湖诗稿一卷 | 南宋临安府陈宅书籍铺刻本 钱仪吉 钱骏祥 邓邦述　傅增湘跋 |
| 7 | 1/1688 | 水经注四十卷 | 清小山堂抄本 全祖望校 |
| 8 | 1/2267 | 精订纲鉴廿一史通俗衍义二十六卷四十四回 | 清雍正吕抚活字泥版印本 |

续表

| 序号 | 批次 / 名录号 | 题名项 | 版本项 |
|---|---|---|---|
| 9 | 1/2271 | 唐宋名贤百家词一百三十二卷 | 明抄本 梁启超跋 |
| 以上第 1 批 9 部 | | | |
| 10 | 2/2908 | 重刊孙真人备急千金要方三十卷 | 元刻本　存二十六卷（一、三至五、七至九、十一、十三至三十） |
| 11 | 2/2941 | 摄大乘论释十五卷 | 北宋元丰三年至政和二年（1080—1112）刻福州东禅等觉禅院崇宁万寿大藏经本　存一卷（六）　佚名题识 |
| 12 | 2/2945 | 辩正论十卷 | 南宋绍兴十八年（1148）刻福州开元寺毗卢大藏经本　存七卷（一至七）　圆种训点并跋 |
| 13 | 2/3189 | 国朝文类七十卷 | 元刻本 |
| 14 | 2/3864 | 三朝圣谕录三卷 | 明正统刻本 |
| 15 | 2/3880 | 会通馆校正宋诸臣奏议一百五十卷 | 明弘治华燧会通馆铜活字本　存二卷（三十三至三十四） |
| 16 | 2/3897 | 少司空主一徐公奏议九卷 | 明嘉靖刻本 |
| 17 | 2/4135 | ［嘉靖］辽东志九卷 | 明嘉靖十六年（1537）刻本 |
| 18 | 2/4163 | ［嘉靖］陕西通志四十卷 | 明嘉靖二十一年（1542）刻二十六年（1547）增修本 |
| 19 | 2/4181 | 济胜一览不分卷 | 明万历四十六年（1618）刻蓝印本 |
| 20 | 2/4183 | 闽小纪四卷 | 清乾隆内府抄文津阁四库全书撤出本 |
| 21 | 2/4205 | 东泉志四卷 | 明正德五年（1510）陈澍刻本 |
| 22 | 2/4206 | 治河全书二十四卷 | 清抄彩绘本 |
| 23 | 2/4322 | 钦定四库全书简明目录二十卷 | 清乾隆纪昀写本 |
| 24 | 2/4423 | 中说十卷 | 明初刻本 |
| 25 | 2/4487 | 南海先生大同书稿不分卷 | 稿本 |
| 26 | 2/4677 | 五代名画补遗一卷 | 明末毛氏汲古阁影宋抄本 |
| 27 | 2/4762 | 古今注三卷 | 明芝秀堂刻本 |
| 28 | 2/4819 | 穆天子传六卷 | 明万历程荣刻汉魏丛书本　黄丕烈校并跋 |

续表

| 序号 | 批次 / 名录号 | 题名项 | 版本项 |
|---|---|---|---|
| 29 | 2/4951 | 永乐南藏六千三百三十一卷续藏四百十卷 | 明嘉靖四十四年（1565）南京徐筠泉重印本　存六千三百三十一卷 |
| 30 | 2/5021 | 碧里六种七卷 | 明刻本 |
| 31 | 2/5393 | 增广注释音辩唐柳先生集二十卷别集一卷外集一卷附录一卷 | 明刻本 |
| 32 | 2/5666 | 竹洲文集二十卷附录一卷 | 明弘治六年（1493）吴雷亨刻本　姚华录　张金吾跋 |
| 33 | 2/5739 | 熊勿轩先生文集八卷 | 明成化二年（1466）熊斌刻本 |
| 34 | 2/5839 | 罗德安先生文集三卷 | 明隆庆四年（1570）罗纨刻本 |
| 35 | 2/5877 | 类博稿十卷附录二卷 | 明嘉靖八年（1529）任庆云刻本 |
| 36 | 2/5884 | 徐文靖公谦斋文录四卷 | 明徐垚刻本［四库底本］ |
| 37 | 2/5895 | 康斋先生文集十二卷附录一卷 | 明正德十年（1515）彭杰刻本 |
| 38 | 2/5908 | 白洲诗集三卷 | 明正德刻本 |
| 39 | 2/6033 | 邹东廓先生文选四卷 | 明隆庆六年（1572）宋仪望刻本 |
| 40 | 2/6075 | 玩芳堂摘稿四卷 | 明嘉靖二十九年（1550）蔡克廉刻本 |
| 41 | 2/6133 | 北游漫稿文三卷 | 明隆庆三年（1569）汪良迪刻本 |
| 42 | 2/6134 | 天池杂稿不分卷 | 稿本 |
| 43 | 2/6175 | 仙屏书屋初集诗录十六卷后录二卷 | 清道光二十七年（1847）泾县翟金生泥活字本 |
| 44 | 2/6599 | 新刻绣像批评金瓶梅二十卷一百回 | 明末刻本 |
| 以上第2批35部 | | | |
| 45 | 3/7006 | 孟子十四卷 | 元刻明修本 |
| 46 | 3/7077 | 资治通鉴二百九十四卷 | 元刻本　存三卷（一百九十三至一百九十五） |
| 47 | 3/7083 | 资治通鉴二百九十四卷 | 元刻明弘治正德嘉靖递修本（卷一百十二至一百二十一、二百十五至二百三十一配清鄱阳胡氏刻本） |
| 48 | 3/7089 | 资治通鉴纲目五十九卷 | 宋嘉定十四年（1221）江西刻本　存一卷（四十八） |

**续表**

| 序号 | 批次 / 名录号 | 题名项 | 版本项 |
| --- | --- | --- | --- |
| 49 | 3/7091 | 资治通鉴纲目五十九卷 | 元刻本　存一卷（四十二） |
| 50 | 3/7095 | 通鉴纪事本末四十二卷 | 宋宝祐五年（1257）赵与篡刻本　存二卷（十五、三十三） |
| 51 | 3/7144 | 吕氏春秋二十六卷 | 元至正嘉兴路儒学刻明修本 |
| 52 | 3/7251 | 五经四书大全一百七十五卷 | 明内府刻本 |
| 53 | 3/7257 | 三经评注五卷 | 明万历闵齐伋刻三色套印本 |
| 54 | 3/7291 | 诗经集传八卷 | 明嘉靖吉澄刻本 |
| 55 | 3/7343 | 二礼经传测六十八卷纂议一卷 | 明嘉靖刻本 |
| 56 | 3/7382 | 春秋私考三十六卷首一卷 | 明嘉靖刻本 |
| 57 | 3/7406 | 四书集注大全四十三卷 | 明天顺二年（1458）黄氏仁和堂刻本　存五卷（论语集注六至十） |
| 58 | 3/7424 | 尔雅三卷音释三卷 | 明景泰七年（1456）马谅刻本　周叔弢校并跋 |
| 59 | 3/7446 | 说文字原一卷 | 明嘉靖元年（1522）于鏊刻本 |
| 60 | 3/7467 | 韵经五卷 | 明嘉靖十八年（1539）长水书院刻本 |
| 61 | 3/7485 | 史记一百三十卷 | 明嘉靖八年至九年（1529—1530）南京国子监刻本 |
| 62 | 3/7519 | 汉书一百卷 | 明嘉靖汪文盛等刻二十八年（1549）周采等重修本 |
| 63 | 3/7525 | 班马异同三十五卷 | 明嘉靖十六年（1537）李元阳刻本 |
| 64 | 3/7528 | 后汉书九十卷 | 明刻嘉靖十六年（1537）广东崇正书院重修本 |
| 65 | 3/7534 | 后汉书九十卷 | 明嘉靖汪文盛刻二十八年（1549）周采等重修本 |
| 66 | 3/7551 | 南唐书三十卷 | 明嘉靖二十九年（1550）顾汝达刻本 |
| 67 | 3/7598 | 资治通鉴考异三十卷 | 明嘉靖二十三至二十四年（1544—1545）孔天胤刻本 |
| 68 | 3/7610 | 少微通鉴节要五十卷 | 明正德九年（1514）司礼监刻本　存四十八卷（一至三、六至五十） |

续表

| 序号 | 批次 / 名录号 | 题名项 | 版本项 |
|---|---|---|---|
| 69 | 3/7645 | 资治通鉴纲目发明五十九卷 | 明弘治十四年（1501）日新堂刻本 |
| 70 | 3/7680 | 世史正纲三十二卷 | 明嘉靖四十二年（1563）孙应鳌刻本 |
| 71 | 3/7684 | 甲子会纪五卷 | 明嘉靖三十八年（1559）玄津草堂刻本 |
| 72 | 3/7690 | 两汉纪六十卷 | 明嘉靖二十七年（1548）黄姬水刻本 |
| 73 | 3/7714 | 大明宣宗章皇帝实录不分卷 | 明抄本 存明宣德元年至十年 |
| 74 | 3/7716 | 大明英宗睿皇帝实录三百六十一卷 | 明南云阁抄本 |
| 75 | 3/7717 | 大明宪宗纯皇帝实录不分卷 | 明抄本　存成化二年七月至八年十二月、九年七月至二十三年八月 |
| 76 | 3/7719 | 万历起居注不分卷 | 明抄本（万历元年及校勘记配民国抄本）　存万历一至十二年、十四至三十二年、三十四至三十八年、四十一年、四十三年 |
| 77 | 3/7729 | 路史四十七卷 | 明嘉靖洪楩刻本 |
| 78 | 3/7730 | 汲冢周书十卷 | 明嘉靖二十二年（1543）章檗刻本 |
| 79 | 3/7732 | 国语二十一卷 | 明嘉靖七年（1528）金李泽远堂刻本 |
| 80 | 3/7739 | 国语九卷 | 明万历四十七年（1619）闵齐伋刻三色套印本 |
| 81 | 3/7750 | 越绝书十五卷 | 明嘉靖二十四年（1545）孔天胤刻本 |
| 82 | 3/7760 | 贞观政要十卷 | 明成化十二年（1476）崇府刻本 |
| 83 | 3/7800 | 注陆宣公奏议十五卷 | 明弘治七年（1494）林符刻本 |
| 84 | 3/7802 | 孝肃包公奏议集十卷附录一卷 | 明弘治五年（1492）合肥县刻本　存四卷（一至四） |
| 85 | 3/7806 | 宋丞相李忠定公奏议六十九卷附录九卷 | 明正德十一年（1516）胡文静、萧泮刻本 |
| 86 | 3/7825 | 孝顺事实十卷 | 明永乐十八年（1420）内府刻本 |
| 87 | 3/7830 | 历代臣鉴三十七卷 | 明宣德元年（1426）内府刻本 |
| 88 | 3/7833 | 历代君鉴五十卷 | 明景泰四年（1453）内府刻本 |
| 89 | 3/7939 | 寰宇通志一百十九卷 | 明景泰刻本 |

续表

| 序号 | 批次 / 名录号 | 题名项 | 版本项 |
|---|---|---|---|
| 90 | 3/7942 | 大明一统志九十卷 | 明天顺五年（1461）内府刻本 |
| 91 | 3/7951 | 大清一统志不分卷 | 清康熙内府抄本 存河南开封府属五册、彰德府属二册，湖北荆州府属三册、襄阳府属二册、郧阳府属一册 |
| 92 | 3/7952 | 大清一统志不分卷 | 清乾隆内府抄本　存甘肃凉州府一册 |
| 93 | 3/7978 | ［嘉靖］南畿志六十四卷 | 明嘉靖刻本 |
| 94 | 3/7981 | ［正德］姑苏志六十卷 | 明正德元年（1506）刻十四年（1519）增修本 |
| 95 | 3/7983 | ［嘉靖］常熟县志十三卷 | 明嘉靖刻本 |
| 96 | 3/7984 | ［嘉靖］吴江县志二十八卷首一卷 | 明嘉靖刻本 |
| 97 | 3/7988 | ［嘉靖］山西通志三十二卷 | 明嘉靖刻本 |
| 98 | 3/7991 | ［嘉靖］山东通志四十卷 | 明嘉靖刻万历增修本 |
| 99 | 3/8011 | ［嘉靖］嘉兴府图记二十卷 | 明嘉靖刻本 |
| 100 | 3/8015 | ［嘉靖］定海县志十三卷 | 明嘉靖刻本 |
| 101 | 3/8016 | ［万历］续修严州府志二十四卷 | 明万历刻本 |
| 102 | 3/8020 | ［嘉靖］四川总志八十卷 | 明嘉靖刻本 |
| 103 | 3/8021 | ［弘治］八闽通志八十七卷 | 明弘治刻本 |
| 104 | 3/8029 | ［隆庆］云南通志十七卷 | 明万历刻本 |
| 105 | 3/8038 | 阳山志三卷 | 明嘉靖九年（1530）顾元庆刻本 |
| 106 | 3/8047 | 水经注四十卷 | 明嘉靖十三年（1534）黄省曾刻本 |
| 107 | 3/8070 | 三吴水利图考四卷苏松常镇水利图一卷 | 明嘉靖四十年（1561）刻本 |
| 108 | 3/8079 | 客越志二卷 | 明隆庆元年（1567）吴氏萧踈斋刻本 |
| 109 | 3/8088 | 大唐六典三十卷 | 明嘉靖二十三年（1544）浙江按察司刻本 |
| 110 | 3/8110 | 文献通考三百四十八卷 | 明嘉靖三年（1524）司礼监刻本 |

**续表**

| 序号 | 批次 / 名录号 | 题名项 | 版本项 |
|---|---|---|---|
| 111 | 3/8118 | 大明会典一百八十卷 | 明正德六年（1511）司礼监刻本 |
| 112 | 3/8122 | 大明集礼五十三卷 | 明嘉靖九年（1530）内府刻本 |
| 113 | 3/8128 | 明伦大典二十四卷 | 明嘉靖七年（1528）内府刻本 |
| 114 | 3/8131 | 盐政志十卷 | 明嘉靖刻本 |
| 115 | 3/8183 | 小学史断四卷前编一卷续编一卷 | 明嘉靖刻本 |
| 116 | 3/8228 | 重刻说苑新序三十卷 | 明嘉靖二十六年（1547）何良俊刻本 |
| 117 | 3/8243 | 扬子法言十卷 | 明隆庆二年（1568）崔近思刻本 |
| 118 | 3/8257 | 分类经进近思录集解十四卷 | 明嘉靖十七年（1538）刘仕贤刻本 |
| 119 | 3/8267 | 朱子语类一百四十卷 | 明成化九年（1473）陈炜刻本 |
| 120 | 3/8309 | 性理群书集览大全七十卷 | 明正德六年（1511）宗德书堂刻本 |
| 121 | 3/8323 | 士翼四卷 | 明嘉靖十四年（1535）刻本 |
| 122 | 3/8324 | 程志十卷 | 明嘉靖刻本 |
| 123 | 3/8328 | 圣学格物通一百卷 | 明嘉靖十二年（1533）陈陞刻本 |
| 124 | 3/8337 | 皇明三儒言行要录十四卷 | 明隆庆二年（1568）刻本 |
| 125 | 3/8366 | 医要集览九种九卷 | 明刻本 |
| 126 | 3/8378 | 重修政和经史证类备用本草三十卷 | 明嘉靖十六年（1537）楚府崇本书院刻本 |
| 127 | 3/8490 | 墨子十五卷 | 明嘉靖江藩刻本 |
| 128 | 3/8512 | 茶余客话十二卷 | 清乾隆五十八年（1793）七录斋活字本 |
| 129 | 3/8516 | 程氏演繁露十六卷续集六卷 | 明嘉靖三十年（1551）程煦刻本 |
| 130 | 3/8537 | 何氏语林三十卷 | 明嘉靖二十九年（1550）何氏清森阁刻本 |
| 131 | 3/8556 | 为善阴骘十卷 | 明永乐十七年（1419）内府刻本 |
| 132 | 3/8575 | 初学记三十卷 | 明嘉靖十年（1531）安国桂坡馆刻本 |
| 133 | 3/8631 | 金丹正理大全四十二卷 | 明嘉靖十七年（1538）周藩刻本 |
| 134 | 3/8638 | 上清灵宝济度大成金书四十卷 | 明宣德七年（1432）杨震宗刻本 |

续表

| 序号 | 批次 / 名录号 | 题名项 | 版本项 |
|---|---|---|---|
| 135 | 3/8645 | 武英殿聚珍版书一百三十八种二千四百十六卷 | 清乾隆武英殿活字本（易纬、汉宫旧仪、魏郑公谏续录、帝范注清乾隆三十八年武英殿刻本） |
| 136 | 3/8649 | 楚骚五卷附录一卷 | 明正德十五年（1520）熊宇刻篆字本 |
| 137 | 3/8655 | 楚辞章句十七卷 | 明隆庆五年（1571）豫章夫容馆刻重修本 |
| 138 | 3/8659 | 楚辞十七卷 | 明凌毓枏刻朱墨套印本 |
| 139 | 3/8668 | 汉蔡中郎集六卷 | 明嘉靖二十七年（1548）杨贤刻本 |
| 140 | 3/8676 | 陶靖节集十卷 | 明嘉靖二十五年（1546）蒋孝刻本 |
| 141 | 3/8699 | 分类补注李太白诗二十五卷 | 明嘉靖二十二年（1543）郭云鹏宝善堂刻本 |
| 142 | 3/8706 | 韦苏州集十卷拾遗一卷 | 明弘治九年（1496）李瀚、刘玘刻本 |
| 143 | 3/8711 | 韦苏州集十卷拾遗一卷 | 明刻本 |
| 144 | 3/8727 | 集千家注批点杜工部诗集二十卷 | 明嘉靖八年（1529）朱邦薴懋德堂刻本 |
| 145 | 3/8733 | 杜律二注四卷 | 明嘉靖二十六年（1547）郏县退省堂刻本 |
| 146 | 3/8740 | 唐元次山文集十卷拾遗一卷 | 明嘉靖刻万历十一年（1583）夏镗重修本 |
| 147 | 3/8759 | 朱文公校昌黎先生文集四十卷外集十卷遗文一卷 | 明嘉靖十三年（1534）安正书堂刻本 |
| 148 | 3/8765 | 韩文公文抄十六卷 | 明刻朱墨套印本 |
| 149 | 3/8768 | 柳文四十三卷别集二卷外集二卷 | 明嘉靖二十八年（1549）王士翘刻三十一年（1552）朱有孚续刻本 |
| 150 | 3/8771 | 河东先生集四十五卷外集二卷龙城录二卷 | 明郭云鹏济美堂刻本 |
| 151 | 3/8791 | 柳文七卷 | 明刻朱墨套印本 |
| 152 | 3/8831 | 公是集五十四卷 | 清四库全书馆抄本 |
| 153 | 3/8845 | 欧阳文忠公集一百五十三卷 | 明正德七年（1512）刘乔刻嘉靖十六年（1537）季本、詹治重修三十九年（1560）何迁递修本 |

续表

| 序号 | 批次 / 名录号 | 题名项 | 版本项 |
|---|---|---|---|
| 154 | 3/8859 | 东坡集四十卷后集二十卷奏议十五卷内制集十卷乐语一卷外制集三卷应诏集十卷续集十二卷 | 明成化四年（1468）程宗刻本 |
| 155 | 3/8885 | 后山居士诗集六卷逸诗五卷诗余一卷 | 清雍正三年（1725）陈唐活字本　周叔弢题识 |
| 156 | 3/8923 | 止斋先生文集五十二卷 | 明正德元年（1506）林长繁刻本 |
| 157 | 3/8986 | 道园学古录五十卷 | 明景泰七年（1456）郑达、黄仕达刻本　张金吾跋　朱昂之题款 |
| 158 | 3/9003 | 铁崖文集五卷 | 明弘治十四年（1501）冯允中刻本 |
| 159 | 3/9018 | 潜溪集八卷 | 明嘉靖十五年（1536）徐嵩、温秀刻本 |
| 160 | 3/9022 | 太师诚意伯刘文成公集十八卷 | 明嘉靖三十五年（1556）樊献科、于德昌刻本 |
| 161 | 3/9023 | 太师诚意伯刘文成公集二十卷 | 明隆庆六年（1572）谢廷杰、陈烈刻本 |
| 162 | 3/9039 | 斗南老人诗集四卷 | 明姚绶抄本 |
| 163 | 3/9044 | 逊志斋集二十四卷 | 明嘉靖四十年（1561）王可大刻本 |
| 164 | 3/9056 | 商文毅公集十一卷 | 明隆庆六年（1572）郑应龄刻本 |
| 165 | 3/9060 | 王端毅公文集九卷 | 明嘉靖三十一年（1552）乔世宁刻本 |
| 166 | 3/9062 | 白沙先生诗教解十五卷 | 明嘉靖马崧刻本 |
| 167 | 3/9071 | 桃溪净稿文集三十九卷诗集四十五卷 | 明刻本 |
| 168 | 3/9089 | 石淙诗稿十九卷 | 明嘉靖刻本 |
| 169 | 3/9092 | 马东田漫稿六卷 | 明嘉靖十七年（1538）文三畏刻本 |
| 170 | 3/9097 | 东所先生文集十三卷 | 明嘉靖三十年（1551）张希举刻本 |
| 171 | 3/9098 | 虚斋蔡先生文集五卷 | 明正德十六年（1521）葛志贞刻递修本 |
| 172 | 3/9102 | 石田稿三卷 | 明弘治十六年（1503）黄淮集义堂刻本 |
| 173 | 3/9112 | 空同先生集六十三卷 | 明嘉靖刻本 |
| 174 | 3/9125 | 王文成公全书三十八卷 | 明隆庆六年（1572）谢廷杰刻本 |
| 175 | 3/9126 | 阳明先生文粹十一卷 | 明嘉靖三十六年（1557）孙昭大梁书院刻本 |
| 176 | 3/9163 | 太白山人诗五卷 | 明嘉靖刻本 |
| 177 | 3/9164 | 苑洛集二十二卷 | 明嘉靖三十一年（1552）刻本 |

续表

| 序号 | 批次 / 名录号 | 题名项 | 版本项 |
|---|---|---|---|
| 178 | 3/9165 | 端溪先生集八卷 | 明嘉靖三十一年（1552）张蕴刻本 |
| 179 | 3/9171 | 欧阳恭简公遗集二十二卷 | 明嘉靖刻本 |
| 180 | 3/9189 | 张水南文集十一卷 | 明隆庆刻本 |
| 181 | 3/9195 | 东园遗稿二卷 | 明嘉靖刻本 |
| 182 | 3/9197 | 少湖先生文集七卷 | 明嘉靖三十六年（1557）宿应麟刻本 |
| 183 | 3/9216 | 陭堂摘稿十六卷 | 明嘉靖四十年（1561）李金、黄中等刻本　存六卷（一至六） |
| 184 | 3/9221 | 方山薛先生全集六十八卷 | 明嘉靖刻本 |
| 185 | 3/9224 | 二谷山人集十卷 | 明嘉靖刻本 |
| 186 | 3/9231 | 宗子相集八卷 | 明嘉靖三十九年（1560）林朝聘、黄中等刻本 |
| 187 | 3/9433 | 文章辨体五十卷外集五卷总论一卷 | 明嘉靖三十四年（1555）徐洛刻本 |
| 188 | 3/9434 | 文翰类选大成一百六十三卷 | 明成化八年（1472）淮府刻弘治十四年（1501）、嘉靖二十五年（1546）递修本 |
| 189 | 3/9439 | 古文集四卷 | 明嘉靖十五年（1536）郑钢刻本 |
| 190 | 3/9441 | 文苑春秋四卷 | 明嘉靖十七年（1538）刻本 |
| 191 | 3/9448 | 唐会元精选批点唐宋名贤策论文粹八卷 | 明书林桐源胡氏刻本 |
| 192 | 3/9450 | 三史文类五卷 | 明嘉靖十六年（1537）刻本 |
| 193 | 3/9451 | 秦汉魏晋文选十卷 | 明嘉靖二十四年（1545）洪廷论刻本 |
| 194 | 3/9503 | 大宋文鉴一百五十卷目录三卷 | 明正德十三年（1518）慎独斋刻本 |
| 195 | 3/9533 | 吴兴闵氏两尚书诗集十五卷 | 明万历十年（1582）刻本 |
| 196 | 3/9536 | 增修诗话总龟四十八卷后集五十卷 | 明嘉靖二十四年（1545）月窗道人刻本 |
| 197 | 3/9545 | 诗法五卷 | 明嘉靖刻本 |
| 198 | 3/9580 | 忠义水浒全书一百二十回 | 明末郁郁堂刻清修本 |
| 199 | 3/9609 | 红楼梦一百二十回 | 清乾隆五十七年（1792）萃文书屋活字本（程乙本） |
| 200 | 3/9754 | 御制劝善要言 | 清顺治十二年（1655）内府刻本　满文 |
| 以上第 3 批 156 部 | | | |

续表

| 序号 | 批次 / 名录号 | 题名项 | 版本项 |
|---|---|---|---|
| 201 | 4/9927 | 附释音春秋左传注疏六十卷 | 元刻明修本（卷四十一、四十九、六十配明刻本，卷五十五配清抄本） |
| 202 | 4/9977 | 分类补注李太白诗二十五卷 | 元建安余氏勤有堂刻明修本 |
| 203 | 4/10034 | 周易经传传义二十四卷 | 明前期刻本 |
| 204 | 4/10069 | 周礼全经释原十二卷周礼通论一卷周礼传叙论一卷 | 明隆庆四年（1570）张大忠刻本 |
| 205 | 4/10078 | 礼运注一卷 | 稿本 |
| 206 | 4/10119 | 论语注二卷 | 稿本 |
| 207 | 4/10121 | 孟子微二卷 | 稿本 |
| 208 | 4/10127 | 经书后语三卷 | 明嘉靖二十九年（1550）刻本 |
| 209 | 4/10218 | 大明恭穆献皇帝实录五十卷 | 明南云阁抄本 |
| 210 | 4/10249 | 桂洲奏议十二卷 | 明嘉靖二十五年（1546）刻本 |
| 211 | 4/10258 | 孝顺事实十卷 | 明永乐十八年（1420）内府刻本 |
| 212 | 4/10263 | 新刊名臣碑传琬琰之集上集二十七卷中集五十五卷下集二十五卷 | 明抄本 |
| 213 | 4/10301 | ［万历］武进县志八卷 | 明万历刻本 |
| 214 | 4/10302 | ［万历］重修镇江府志三十六卷 | 明万历刻天启增修本 |
| 215 | 4/10303 | ［万历］徐州志六卷 | 明万历刻本 |
| 216 | 4/10304 | ［嘉靖］徽州府志二十二卷图一卷 | 明嘉靖刻本 |
| 217 | 4/10306 | ［万历］沃史二十六卷 | 明万历刻本 |
| 218 | 4/10307 | ［万历］邹志四卷 | 明万历刻本 |
| 219 | 4/10308 | ［嘉靖］浙江通志七十二卷 | 明嘉靖刻本 |
| 220 | 4/10342 | 六部纂修条例不分卷 | 明抄本 |
| 221 | 4/10347 | 钦定四库全书总目二百卷 | 清乾隆内府写文溯阁四库全书本 |
| 222 | 4/10390 | 童蒙训三卷 | 明刻本 |
| 223 | 4/10391 | 文公先生经世大训十六卷 | 明嘉靖元年（1522）河南按察司刻本 |
| 224 | 4/10491 | 钱罄室杂录不分卷 | 稿本　文从简跋 |
| 225 | 4/10629 | 新刊欧阳文忠公集五十卷 | 明正德元年（1506）日新书堂刻本 |

续表

| 序号 | 批次 / 名录号 | 题名项 | 版本项 |
|---|---|---|---|
| 226 | 4/10715 | 观光诗集二卷助教侯先生诗集二卷文集四卷 | 清金氏文瑞楼抄本 |
| 227 | 4/10768 | 直庐稿十卷 | 明嘉靖三十一年（1552）自刻本 |
| 228 | 4/10782 | 邹东廓先生文选四卷 | 明隆庆六年（1572）宋仪望刻本 |
| 229 | 4/10814 | 燕市集二卷 | 明隆庆四年（1570）朱宅快阁刻本 |
| 230 | 4/10884 | 六家诗选十二卷 | 明隆庆三年（1569）杨綵刻本 |
| 以上第 4 批 30 部 | | | |
| 231 | 5/11514 | 春秋集注十一卷 | 明嘉靖四十三年（1564）朱睦㮮聚乐堂刻本 |
| 232 | 5/11687 | 使琉球录一卷日本国考略一卷补遗一卷 | 明抄本 |
| 233 | 5/11693 | 六部纂修条例不分卷 | 明抄本 |
| 234 | 5/11978 | 屠渐山兰晖堂集十二卷 | 明嘉靖三十一年（1552）屠仲律刻本 |
| 235 | 5/12044 | 春秋词命三卷 | 明正德刻本 |
| 236 | 5/12047 | 注唐诗鼓吹十卷 | 明刻本 |
| 237 | 5/12053 | 皇明风雅四十卷 | 明嘉靖十二年（1533）张沂刻本 |
| 以上第 5 批 7 部 | | | |
| 238 | 6/12362 | 后汉书九十卷 | 宋黄善夫刻本　存一卷（五十） |
| 239 | 6/12486 | 三通三种七百四十八卷 | 清锡活字本 |
| 240 | 6/12505 | 钦定平定两金川方略一百五十二卷 | 清乾隆内府写南三阁四库全书本　存三卷（八十三至八十五） |
| 241 | 6/12600 | 钦定四库全书总目二百卷首七卷目录一卷 | 稿本　存七十一卷（三、六至八、十至十四、十六、二十三至二十四、二十六至二十八、三十七、四十四、四十八至五十一、五十三至五十五、七十四至七十五、七十七、一百十八至一百二十四、一百三十至一百三十九、一百四十八至一百四十九、一百五十一至一百五十二、一百六十至一百六十四、一百六十八、一百七十一、一百七十八、一百八十至一百八十五、一百八十八至一百九十六） |
| 242 | 6/12649 | 重刊革象新书二卷 | 明正德十五年（1520）刻本 |

**续表**

| 序号 | 批次 / 名录号 | 题名项 | 版本项 |
| --- | --- | --- | --- |
| 243 | 6/12742 | 李丞相诗集二卷 | 清影宋抄本 |
| 244 | 6/12834 | 赖古堂未刻诗不分卷 | 稿本 |
| 245 | 6/12842 | 邗州杂诗一卷 | 稿本 |
| 246 | 6/12864 | 五百家播芳大全文粹一百十卷 | 清乾隆内府写南三阁四库全书本　存二卷（二十至二十一） |
| 以上第 6 批 9 部 | | | |

# 国家图书馆藏穆麟德藏书珍本举要

Remarks on the Representative Rare Books in Möllendorff's Collection Deposited in the National Library of China

彭福英

**摘　要**:德国著名东方学家、汉学家和外交官穆麟德语言才能突出,在华30余年,熟悉汉语,并收藏了大批书籍。其藏书语种多样、内容丰富,尤以语言和文史书籍见长。众多的语言类藏书,涉及70余种语言,其中有关汉语以及各种方言的文献,是研究汉语以及各种方言、清末历史和文化的珍贵史料。

**关键词**:穆麟德;藏书;珍本;语言学;汉语;方言

## 一、穆麟德生平及其主要著述

穆麟德(Paul Georg von Möllendorff,1847—1901,见图1[1]),德国著名东方学家、汉学家和外交官。1847年2月17日出生于普鲁士勃兰登堡省乌克马克县(Uckermark)的采德尼克(Zehdenick)。1869年大学毕业后进入中国海关任职,辗转于汉口、九江等地。1874年,穆麟德辞去海关工作,开始担任德国驻华使馆的翻译,先后被派往德国驻广州、北京、天津、上海等地领事馆工作,并曾担任德国驻上海总领事馆副领事、德国驻天津领事馆的代领事。在天津期间,通过马建忠和周馥的引荐,成为李鸿章的幕僚。后前往朝鲜襄办海关和外交事务,成为朝鲜近代历史上的一位重要人物。1885年穆麟德被召回天津,1889年重新进入中国海关,1901年4月20日卒于中国宁波税务司任上[2]。

图 1　穆麟德肖像

穆麟德高中学习期间即对东方语言兴趣浓厚。在哈勒—维滕贝格大学（Universität Halle-Wittenberg）主修法学、语文学和东方学，并系统学习了希伯来语。通过勤奋学习，穆麟德熟谙多种语言。来华工作之后，业余时间潜心于语言研究。据穆氏夫人所述，穆麟德熟谙汉语，也是一名出色的希伯来语学者，同时还精通多种现代语言，如英语、法语、意大利语、西班牙语、荷兰语、俄语、波兰语、丹麦语、塞尔维亚语以及鲜为人知的巴斯克语和加利西亚语[3]。在汉语方面，他对中国方言如宁波话、福州话等亦颇有研究。

穆麟德著述颇丰，代表性的著作有：

（一）《汉籍目录便览》（*Manual of Chinese Bibliography*: *Being a List of Works and Essays Relating to China*，1876）

该书为与其弟穆林德（Otto Franz von Möllendorff，1848—1903）合著，1876年上海别发洋行（Kelly & Walsh）出版，书前有参考文献，正文分中国语言和文学（语法、词典、对话、手册、英译典籍、论文、文学、汉字及印刷、刊物）、中华帝国（历史与编年史、地理、自然史、中国与中国人、中外交流史）、中国边疆（语言与文学，地理、历史与民族）等三大部分，汇集自 17 世纪直至 1876 年间文献 4639 条，书后附作者索引。此书比法国汉学家亨利·考狄（Henri Cordier，1849—1925）的《西人汉学书目》（*Bibliotheca Sinica*）的出版还早两年，可谓开西文汉学文献目录之先河。

（二）《满文文法分析》（*A Manchu Grammar*: *with Analysed Texts*）

1892 年上海美华书馆（American Presbyterian Mission Press）出版。此为第一种英文满文语法书，共十个部分，包括语音、词源学和句法三个方面内容。

作者有感于之前200余种有关满文的著作中，多为译著，而没有专门的语法书，因而撰写此书，旨在为学习满语的学生提供实用性的参考[4]。穆麟德是国际公认的满语专家，他提倡的满文转写方案被称为“穆麟德转写”，至今为满语研究者采用。

（三）《宁波方言音节表》（*The Ningpo Syllabary*）

1901年上海美华书馆出版。在该书前言中，穆麟德对宁波方言的语调、音调以及发音进行了总体说明。正文分为三部分：第一部分包括765个用罗马拼音表示的音节，总共涉及4000个汉字；第二部分是一个暂无对应汉字的口语用词或会话用词列表，共762个口语词；第三部分是词根索引，将词根在宁波、绍兴和台州话里的发音用罗马拼音法列出。全书共241页，内容翔实，材料丰富。确切来说，该书是在他的指导之下，由一位名叫夏清瑞的人编纂的[5]。从内容上来看，该书涉及宁波方言的很多具体细节内容，非宁波本地人不能有这么地道的把握。此书对宁波方言的研究具有重要的开拓意义。穆麟德还著有《宁波方言手册》（*Ningpo Colloquial Handbook*）一书，1910年上海美华书馆出版，由传教士穆作霖（George W.Sheppard，1874—1956）校订出版。作者阐释了浙江方言区分、吴语特征以及宁波方言的音节。正文由词汇、俗语组成，内有40节教学教程和《圣经》《三国演义》的部分翻译。

（四）《中国人的家法》之英文、法文、德文版

19世纪末西方出现了一股研究中国家庭和家庭法的风潮，尤其是涉及婚姻、立嗣继承、财产和产权，如庄延龄（Edward Harper Parker，1849—1926）的《比较中国家庭法》（*Comparative Chinese Family Law*）、哲美森（George Jamieson，1843—1920）的《中国的家庭和商业法》（*Chinese Family and Commercial Law*）、威金生（Hiram Parkes Wilkinson，1866—1935）的《古典中国的家庭》（*The Family in Classical China*）以及徐汇公学校长黄伯禄神父（Pierre Hoang，1830—1909）的《大清律摘译婚姻门律例注译》（*Le marriage Chinois au point de vue legal*，1898）等等。穆麟德的《中国人的家法》（*Das Chinesische Familienrecht*）1895年在上海出版后，次年英文版《中国人的家法》（*The Family Law of the Chinese*）由上海别发洋行出版，法文版同年在巴黎问世。该书主要依据《大清律例》，探讨了婚姻关系、家属关系和子女监护问题，分为三章，第一章重在介绍中国的婚姻制度、通婚的前提条件、订婚、成婚、婚后女子与夫家的关系、休妻、双妻制、一夫多妻制和一妻多夫制以及续弦和改嫁问题；

第二章主要介绍男人作为父亲和丈夫在家庭中拥有的权力；最后一章简要介绍监护权以及孤儿抚养情况。

（五）《官话习得实用指南》（*Praktische Anleitung zur Erlernung der hochchinesischen Sprache*）

全书共179页，分为三个部分。第一部分介绍中国在用的语言概况、官话、书面语、官话的语音语调以及常用的400个汉字；第二部分是语法概要；第三部分为汉语和德语翻译样例，汉文用拼音标注和德文解释，后附整段话的德文翻译，共50段；正文之后附有词汇表和汉语学习书籍一览表。《官话习得实用指南》初版1880年由上海别发洋行出版，后多次再版。穆麟德藏书为1900年上海别发洋行出版的第3版。

（六）《梅佐凡蒂的外语知识》（*Mezzofanti's Sprachkenntnisse*）

1896年上海出版，小册子，主要介绍了天才语言学家朱塞佩·加斯帕雷·梅佐凡蒂（Giuseppe Gaspare Mezzofanti，1774—1849）的语言才华。梅佐凡蒂，意大利人，天主教会枢机主教，语言学家。博洛尼亚大学（University of Bologna）希伯来语教授，并曾担任梵蒂冈图书馆馆长。此文详细介绍了梅佐凡蒂所熟谙的不同种类的语言，其中包括：希伯来语、阿拉伯语、迦勒底语、科普特语、亚美尼亚语、波斯语、土耳其语、希腊语、拉丁语、西班牙语、葡萄牙语、法语、德语、英语、伊利里亚语、俄语、波兰语、波希米亚语、马扎尔语等。

## 二、穆麟德藏书

穆麟德生前收藏了不少中国古籍以及东方学和汉学相关的西文书籍，1901年辞世后，藏书由其遗孀处理。穆麟德夫人为了出售此批藏书，编撰了《穆麟德藏书目录》（*Catalogue of P. G. Von Möllendorff's Library*），1905年上海美华书馆出版。此目录按照书籍语种和内容分为阿拉伯语、波斯语以及其他东方小语种；第二类为西方语言类书籍，囊括了希伯来语、拉丁语、希腊语、德语、法语、英语、荷兰语、挪威语、瑞典语、西班牙语、葡萄牙语、意大利语，共计2388种书籍，杂志和地图等文献也收录其中。另有满文善本102种未收入此书，穆氏夫人在书中称道："此批书的单独目录可应邀发送。"[6] 据此推测，此批满文书书目时已编就，不知出于什么考虑，未收入此书，或为单独出售。此书目大部分条目只列举了题名信息，有些有出版年代和简略的装帧信息，大部分条目缺乏作者、出版项等书目信息，是一个简单的待售书书目。藏书中既有汉语书籍，也有满文和外文书籍。

1914年，时任内务总长的朱启钤，听闻穆麟德藏书待售的消息，认为此批藏书“其中颇有研究东方语文及史料，是苦心搜聋与工作上重要参考之品”[7]，于是与梁燕孙、周子廙商量购买，“共谋整个保存及不令穆氏之姓湮没之策”[7]。买入此批藏书之后，朱启钤忙于筹办古物陈列所，于是将此批藏书放置在传心殿旁闲置的房屋里。后朱启钤出京为官，藏书被移贮于保和殿夹室。1930年，朱启钤筹备创办营造学社，移家北平。此时，北平图书馆（今国家图书馆）新筑即将竣工，且有之前梁启超藏书寄存图书馆之先例和寄存规则。朱启钤与时任副馆长的袁同礼商议，先就藏书开箱点查，编成草目，悉数移存图书馆。袁同礼又委托朋友飞书在德国的穆麟德夫人，寄来《穆麟德》和《书目》两书。《穆麟德》一书为穆氏生平，并有遗像及当日华文名刺。“又有书目为未亡人所手录，以与点查之草目校勘，略有异同。”[7]文中所说的《书目》，应该不是1905年上海美华书馆出版的书目，而是穆麟德夫人手录的一份书目。此书目与20世纪30年代图书馆清点之草目，因各种原因，笔者未见。但这之后，北平图书馆清点穆麟德藏书，并开始着手编制此批藏书目录，由梁思庄女士主编，后成书为《朱启钤暂存国立北平图书馆之穆麟德藏书分类目录》（*A Classified Catalogue of the Möllendorff Collection Deposited in the Library by Mr. Chu Chi-Chien*），1932年在北平印行。全书采用美国图书馆协会的编目规则，按美国国会图书馆的主题词表进行分类编目。在编目之时，所有穆麟德藏书的索取号均以M打头，体现了专藏的整体特性。全书共收录1895种图书和191种工具书，总计2086种。出版时间以19世纪下半叶居多，16世纪出版物1种，17世纪15种，18世纪25种。从内容上考察，穆麟德藏书以语言和文史类书籍居多，其中语言类文献多达400种；其次为哲学宗教类书籍，再次为历史类书籍。

20世纪50年代，北京图书馆（现国家图书馆）对穆麟德专藏进行了整体调查。此次调查认为，穆氏专藏偏重文、史、哲三类，古典汉籍的西欧文字译本较多，如五经、诗词、诸子和古典小说等[8]。1987年，北京图书馆白石桥新馆落成，穆麟德藏书随之从文津街转入新馆。2008年，国家图书馆古籍馆启动外文提善项目。次年，穆麟德专藏整体移入古籍馆善本库。2011年，穆麟德专藏移入国家图书馆文津街馆区。

## 三、穆麟德藏书珍本举要

国家图书馆藏穆麟德藏书中，最早的为意大利文艺复兴时期的枢机主教、人文主义者彼得罗·本博（Bembo Pietro，1470—1547）的《书信集》（*Petri Bomi Patricii Veneti*，*epistolae omnes qvotqvot extant*，*latinae puritatis studiosis ad imitandum vtilissimae*）。早期印本中比较重要的有：

（一）犹太学书籍

约翰内斯·布克斯托夫（Johannes Buxtorf，1564—1629），16—17 世纪欧洲最重要的希伯来学者之一，为将希伯来语研究从业余爱好转变为 17 世纪初期的一门成熟学科做出了卓越的贡献。布克斯托夫，1564 年 12 月 25 日出生于德国威斯特伐利亚州的卡门（Kamen，Westphalia），1629 年 9 月 13 日在巴塞尔（Basel）去世。青年时期，先后在马尔堡（Marburg）和赫本（Herborn）学习，后于 1584 年在巴塞尔继续他的学业，1590 年获哲学博士学位，并于次年被任命为巴塞尔大学希伯来语教授。此后布克斯托夫一直留在巴塞尔，潜心于希伯来语和阿拉伯文学研究。他经常与学识渊博的犹太人讨论，同时犹太人也不断请教他。布克斯托夫热衷于书籍收藏，其藏书后来成为巴塞尔公共图书馆的一部分。他与德国、荷兰和君士坦丁堡的犹太学者以及非犹太希伯来学者保持联系，他们之间的通信被保存在巴塞尔大学的图书馆中，是研究犹太学和文艺复兴时期历史研究的重要资料。主要著作有《犹太会堂》（*Synagoga Judaica*）、《论希伯来语的起源和古事纪》（*Disserfatio Linguae Hebraicae Origine et Antiquitate*）、《迦勒底、塔木德和拉比词典》（*Johannis Buxtorfii lexicon Chaldaicum*, *Talmudicum et Rabbinicum*）、《希伯来语语法指南》（*Præceptiones Grammaticæ de Lingua Hebræa*）等。

《犹太会堂》1603 年首次以德文在巴塞尔出版，题名为“*Synagoga Judaïca*，*das ist Jüdenschul*，*darinnen der gantz jüdische Glaub und Glaubensübung*, *mit allen Ceremonien*, *Satzungen*, *Sitten und Gebraüchen*”，次年被译为拉丁文并有所增补，此后荷兰文译本、英文译本陆续出现。该书分为 6 个部分，正文共分 36 章，详述了 16 世纪末 17 世纪初德国阿什肯纳兹犹太人（Ashkenazi Jews）的信仰、行为、用餐、晚祷、安息日、逾越节、五旬节、赎罪、庆法节、光明节、普林节、婚姻制度、葬礼等宗教节日、习俗和生活方式等，是研究犹太教徒宗教信念和历史的宝贵资料。穆麟德所藏，为 1641 年巴塞尔出版的拉丁文译本。另一部《迦勒底、塔木德和拉比词典》，1609 年布克斯托夫开始撰写此书，逝世之时尚未完成。后由其儿子约翰内斯·布克斯托夫（Johannes Buxtorf，1599—1664）补充完成，1639—1641 年出版。卷首插图为布克斯托夫的头像，装饰首字母，拉丁文和希伯来文对照。对开本，羊皮精装。全书2679页，39cm高，开本宏大，内容丰富，是基督教学者中拉比研究的奠基之作，也是多年来希伯来文学研究必不可少的指南。馆藏穆麟德藏书，即为此版。

（二）早期西文汉学书籍

穆麟德藏书中有不少早期汉学书籍，其中1850年之前的近20种，内容丰富，既有书目文献，也有文史书籍，亦有儒家经典著作的译本。其中有尤利乌斯·冯·克拉普洛特（Julius von Klaproth，1783—1835）编的《柏林皇家图书馆汉满文书籍和手稿目录》（*Verzeichniss der chinesischen und mandshuischen Bücher und Handschriften der Königlichen Bibliothek zu Berlin*），1822年出版。本目录共分为历史和地理、词典和语法、哲学和伦理、小说、自然史和医学著作、耶稣会士在中国出版的著作、杂项和残卷等八个部分。本书受普鲁士皇帝委托所编，限量印刷200本。藏书中也有中国文学的译作。如阿道夫·伯特格（Adolf Böttger，1815—1870）所译的《王娇鸾百年长恨》（*Die blutige Rache einer jungen Frau*），1847年莱比锡出版。《王娇鸾百年长恨》，明代白话短篇小说，收入明代小说家、戏曲家冯梦龙（1574—1646）纂辑的话本小说集《警世通言》第34卷。故事主要描述王娇鸾设法惩罚薄幸男子周廷章的故事。1839年英文首版，翻译者为英国翻译家、外交官罗伯聃（Robert Thom，1807—1846）。此德文版由英文转译。

（三）语言类书籍

今日全世界的语言约为4000多种。其中使用人口超过100万的有138种，占世界语言总数的3%；使用人口介于10万至100万的有258种，占5.7%；介于1万至10万的有597种，占13.2%；介于1000至1万的有708种，占15.7%；介于100至1000人的有409种，占9%；极少无法估计的有2269种，占50.2%；已知消亡的有143种，占3.2%[9]。语言学家运用比较的方法，将那些有共同来源的语言归为各个系属：汉藏语系、南亚语系、达罗毗语系、亚非语系、印欧语系、阿尔泰语系、乌拉尔语系、高加索语系、南岛语系、澳大利亚语系、爱斯基摩—阿留申语系、纳德内语系、美洲印第安语系等等。穆麟德藏书收录各种语言类书籍，数量约占藏书总量的五分之一多，文献书写文字亦非常丰富，有荷兰文、英文、法文、意大利文、拉丁文、西班牙文、葡萄牙文、斯洛文尼亚文；而内容涉及语种更为庞杂，涵盖锡兰语、爪哇语、马京达瑙语、索布语等75种语言，分属阿尔泰语系、爱斯基摩—阿留申语系、汉藏语系、南岛语系、尼日尔—刚果语系、闪—含语系、乌拉尔语系、亚非语系和印欧语系等9个语系。其中超过10种的文献有阿拉伯语、波斯语、希腊语、拉丁语、日语、阿拉米语、德语、希伯来语和汉语，又以外文汉语书籍数量最大，多达70余种。

**表1　穆麟德藏书语言类文献统计表**[①]

| 语种 | 种数 | 语种 | 种数 | 语种 | 种数 | 语种 | 种数 |
|---|---|---|---|---|---|---|---|
| 阿尔巴尼亚语 | 1 | 缅甸语 | 1 | 丹麦语 | 2 | 闪米特语 | 7 |
| 阿留申语 | 1 | 挪威语 | 1 | 马尔加什语 | 2 | 土耳其语 | 7 |
| 邦板牙语 | 1 | 瑞典语 | 1 | 米沙鄢语 | 2 | 爱尔兰语 | 8 |
| 保加利亚语 | 1 | 塞尔维亚—克罗地亚语 | 1 | 苏格兰语 | 2 | 塔加洛语 | 8 |
| 比科尔语 | 1 | 斯洛伐克语 | 1 | 亚美尼亚语 | 2 | 韩语 | 9 |
| 波兰语 | 1 | 斯洛文尼亚语 | 1 | 阿卡德语 | 3 | 阿拉伯语 | 10 |
| 布里亚特语 | 1 | 斯瓦希里语 | 1 | 巴拉维语 | 3 | 波斯语 | 11 |
| 查加语 | 1 | 苏美尔语 | 1 | 古吉拉特语 | 3 | 多语种 | 11 |
| 德纳语 | 1 | 索布语 | 1 | 荷兰语 | 3 | 希腊语 | 11 |
| 法语 | 1 | 泰语 | 1 | 罗马尼亚语 | 3 | 拉丁语 | 12 |
| 腓尼基语 | 1 | 乌尔都语 | 1 | 西班牙语 | 3 | 日语 | 13 |
| 斐济语 | 1 | 乌戈尔语 | 1 | 匈牙利语 | 3 | 阿拉米语 | 14 |
| 芬兰语 | 1 | 乌克兰语 | 1 | 意大利语 | 3 | 德语 | 15 |
| 哥特语 | 1 | 希利盖农语 | 1 | 印度斯坦语 | 3 | 希伯来语 | 34 |
| 捷克语 | 1 | 锡兰语 | 1 | 葡萄牙语 | 4 | 汉语 | 75 |
| 卡尔梅克语 | 1 | 雅库特语 | 1 | 威尔士语 | 4 | | |
| 卡舒比语 | 1 | 伊巴纳格语 | 1 | 叙利亚语 | 4 | | |
| 立陶宛语 | 1 | 意第绪语 | 1 | 伊洛卡诺语 | 4 | | |
| 马来语 | 1 | 阿维斯陀语 | 2 | 俄语 | 5 | | |
| 蒙古语 | 1 | 巴格勃语 | 2 | 满语 | 7 | | |

1. 历史语言

藏书中有赫尔曼·杨岑（Hermann Jantzen，1866—1959）所著的《哥特语语法记录》（*Gotische Sprachdenkmäler mit Gramatik*），莱比锡1898年出版。哥特语是中古时期哥特人的语言。写于公元4世纪的《银色圣经抄本》（*Codex Argentueus*）是这种历史语言存在的见证。该《圣经》是由公元4世纪的乌尔菲

① 笔者根据穆麟德藏书统计。多语种指的是双语对照，或者两种以上语言对照的书籍。

拉（Ulfilas，310—383）主教由希腊语翻译为哥特语，初有336叶，留存于世的只有188叶，现藏于瑞典的乌普萨拉大学图书馆（University of Uppsala，Sweden）。20世纪70年代，新发现的一叶，藏于德国施派尔大教堂（Speyer Cathedral）。哥特字母来源于希腊字母，顺序和形态都跟希腊字母类似，共27个，其中两个仅具有数字值（90和900）。6世纪中叶以降，由于哥特人军事的失利、地理上的孤立以及宗教上的皈依，哥特语日渐式微，在伊比利亚半岛延续到8世纪之后消亡。杨岑1866年出生于俄罗斯萨马拉地区，后辗转于土耳其斯坦（Turkestan）、德国等地，最后定居在荷兰，1959年去世。《哥特语语法记录》全书分为五个部分，第一部分为文学，第二部分为概述，第三部分为语法，第四部分为哥特语古物资料，第五部分为字母顺序表，是研究此种语言的重要资料。

2. 汉语

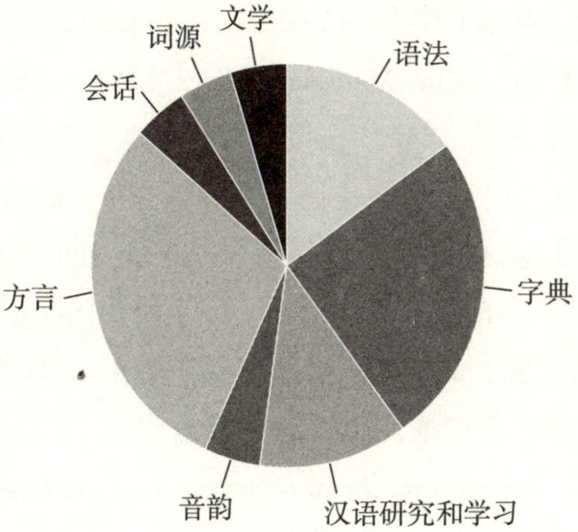


图2　穆麟德藏书有关汉语文献分类

在近400种语言学相关藏书中，汉语类文献占了将近五分之一。这些藏书，内容丰富，汉语语法、音韵、词源、会话、方言、文学和各种词典均囊括在内（各类文献比例见图2）。文献中最多的是方言类，多达21种，其中包括上海、福州、汕头、厦门、常州、温州、苏州、广东、南京、宁波、金华等各地方言[①]。穆麟

① 方言是通行于一个地区的语言。在中国漫长的历史中，语言随着集体向远方迁移，或者跟异族文化发生接触，逐渐发生分化，产生了分布在不同地域上的方言。当前我国语言学界对现代汉语方言划分的意见还未完全一致，大多数人的意见认为现代汉语有七大方言，即北方方言、吴方言、湘方言、客家方言、闽方言、粤方言和赣方言。

德藏书中有关于北方方言、吴方言、闽方言、粤方言等四大方言体系。穆麟德在中国期间，辗转于汉口、九江、广州、北京、天津、上海、宁波等地，方言书籍的收藏主要是为了实践之用。通过学习和实践，他最后自己还撰写了《宁波方言音节表》和《宁波方言手册》两书，可见其语言能力和为之付出的努力。方言之外，最多的就是各类词典，达18种之多，其中既有双语词典，如英汉、法汉、拉汉、葡汉词典，又包括多语词典，如日汉英、法拉汉词典。再次比较多的是关于汉语语法文献。而关于汉语研究、音韵、词源等内容的文献相对较少，从中可以窥见，其所藏汉语书籍主要以实用性文献居多。

文献中比较重要的有法国汉学家雷慕沙（Jean-Pierre Abel Rémusat，1788—1832）的《汉文启蒙》（*Élémens de la grammaire Chinoise*）。雷慕沙1814年开始担任法兰西学院汉学教授，1822年与德国汉学家克拉普洛特在巴黎共同发起建立“亚细亚学会”（Société Asiatique）并刊行会报，影响极大。1823年汉学家蓝歌籁（Louis-Mathieu Langlès，1763—1824）去世后，雷慕沙担任皇家文库东方部主任，1832年去世。雷慕沙博学多才，在法兰西学院从事汉语教学的同时，深入研究汉语、中国文学和哲学等，在汉语和有关中国佛教的研究方面，产生了深远的影响，与儒莲（Stanislas Julien，1797—1873）、毕欧（Edouard Biot，1803—1850）一起，并称为“19世纪法国汉学三杰”。

《汉文启蒙》是雷慕沙多年汉语教学和研究的心得，其全称为《汉语语法基础，或古文及中华帝国通用语言及官话总则》（*Élémens de la grammaire Chinoise, ou principes généraux du kou-wen ou style antique, et du kouan-hoa, c'est-à-dire, de la langue commune généralement usitée dans l'Empire chinois*，1822）。该书分前言、绪论、语法和附录等几个部分。前言长达28页，是欧洲汉学发展史上的一篇重要论文。作者简要地回顾了一百多年来西方各国研究汉语的历史，对十几部汉语语法专著进行了较为中肯的评论，并指出研究中所存在的不足[10]。绪论介绍了“六书”、汉字发展史、异体字、古今字、部首、音节、声调、拼音符号等。语法分“古典文体”和“现代文体”两部分。“古典文体”共11小节，主要分析了名词、形容词、专门术语、数词、代动词、副词、介词、连词、感叹词和虚词等；“现代文体”部分共9小节，重在论述名词、形容词、专门术语、数词、代词、动词、副词、介词和连词感叹词以及虚词和习惯用语。代词和动词是着重分析点，文言中的介词、连词和感叹词则比较简略。书后有附录，有此书所用的汉字表、难字表、缩略表、汉文发音规则等。此书1822年初版。穆麟德藏书中有两版，一版为 1822 年初版，一版为 1857 年再版。

穆麟德藏书中还有 19 世纪另一位法国著名汉学家儒莲的《汉语词汇、句法及语篇分析的实践练习》（*Exercices pratiques d'analyse, de syntaxe et de lexigraphie chinoise*, 1842）。儒莲具有很高的语言天赋，曾学过希腊语、阿拉伯语、希伯来语、波斯语等语言，后来喜欢上中文，跟随雷慕沙学习汉语和满语，三个月后即翻译《孟子》（*Meng tseu, vel, Mencium inter Sinenses philosophos, ingenio, doctrina, nominisque claritate Confucio proximum*, 1824）为拉丁文。

儒莲在汉语、中国文学、哲学、中国工艺和农业等方面都卓有成就。此书分为前言、致读者、语法分析、词汇和语篇等几个部分。前言中，作者表明此书是发表于 1841 年 5 月《巴黎亚细亚学报》（*Journal Asiatique de Paris*）的论文《批评的考察：关于语法的讨论》（*Exercices pratiques*）的补充[11]。其余部分对汉文语法、词汇和语篇进行了深入的分析，是学习和研究汉语的重要著作。

藏书中还有关于不少关于潮州话、宁波方言、上海方言、苏州方言、温州方言和官话的文献。具体情况分别如下：

（1）关于潮州话的文献。英国汉学家翟理斯（Herbert Allen Giles, 1845—1935）的《潮州话手册》（*Handbook of the Swatow Dialects: with a Vocabulary*），1877 年上海出版。全文分为六个部分，第一部分是作者 1877 年 1 月 1 日写于汕头的"致读者"，说明此书编撰是用英语来表述汉语，目的是帮助那些希望快速学会潮州话的人；第二部分是规则说明；第三部分是数字；第四部分是正文，分 14 课，为不同场景的单词和句子，包括关系、金钱、商业、就医、教会、航海、法律、家庭等 10 个主题；第五部分为简单语法；第六单元为词汇表，按照英文字母排序。藏书中还有美国传教士阿黛尔·菲尔德（Adele M. Fielde, 1839—1916）的《潮州话初级教程》（*First Lessons in the Swatow Dialect*），1878 年汕头出版。全书分为八个部分，第一部分为作者 1877 年写于汕头的使用说明；第二部分为语调；第三部分为罗马字母；第四部分为拼音字母；第五部分为数字；第六部分为时间；第七部分为正文，共分 200 课，左边印刷，右边空白，以做笔记之用；第八部分为索引。

（2）关于宁波方言的文献。藏书除了上文提到的穆麟德所著两种有关宁波方言的著作之外，还有一册《宁波土话初学》（*Nying-po t'u wô ts'u-ôh*），1857 年出版，共 18 页，分为六个部分，并包括数字表，用阿拉伯数字、罗马数字、宁波方言和汉字分别标注了 1—20、30—100 的整十数字，以及 200、500、1000 和

10000 等数字的表达。

（3）关于上海方言的文献。藏书中的《上海土白字集》（*The Syllabary of the Shanghai Vernacular*）由上海土白会（Shanghai Christian Vernacular Society）编辑，1891 年上海美华书馆出版。此书分为三个部分，即前言、上海音节的发音和部首表，共收录 214 个部首偏旁和字。根据序言，此书主要由钟子能、屠仁卿和郝润之编辑而成[12]。美国长老会传教士薛思培（John Alfred Silsby）的《上海方言音节字表》（*Shanghai Syllabary: Arranged in Phonetic Order*）分为六个部分，第一部分为作者 1897 年 6 月 23 日写于上海的一篇说明，表明该书是《上海土白字集》的姊妹篇，按照发音顺序排序，主要在三位中国学者钟子能、屠仁卿和吴子祥以及作者的老师李恒春的协助下完成，斯宾塞·琼斯（Spencer Jonces）负责校稿[13]；第二部分为第二版序言；第三部分为上海土白字的发音；第四部分为说明，解释印刷之时，每一个打开页面的左页印刷，右页空白，是考虑学生做笔记之需；第五部分为正文；第六部分为部首偏旁表。

（4）关于苏州方言的文献。《苏州方言字音表》（*A Syllabary of the Soochow Dialect*），1892 年上海美华书馆出版。此书的编撰目的主要是为了帮助传教士学习苏州话，从《新约》和《诗篇》中摘取了约 4000 个汉字，包括 579 个音节。

（5）关于温州方言的文献。英国人孟国美（P. H. S. Montgomery）的《温州方言简介》（*Introduction to the Wênchow Dialect*），1893 年上海别发洋行出版。内容包括：前言、注意事项、反切音、反切音的多音字、反切音中的多音调字、元音与连音的发音、散语 40 章、散语目录、分类语字、易习句、两张表亲属关系的表格和总目，其中散语 40 章为主体，涵盖 40 段会话，英语、温州方言和汉语对应。本书的编撰是为了帮助生活在温州的外国人掌握当地方言，编写则是在苏慧廉（W. E. Soothill，1861—1935）和作者的温州方言老师陈梅生的帮助下完成[14]。孟国美 1889 年 9 月至 1891 年任温州瓯海关代理税务司，苏慧廉曾用温州方言翻译《新约圣经》。

（6）关于官话的文献。官话是汉语诸方言中分布最广的一种，在过去也被称为“北方方言”“北方官话”，从 20 世纪 80 年代后期起，中国大陆学界的期刊和专著已统一使用“官话”这一称谓。藏书中有金璋（Lionel Charles Hopkins，1854—1952）的《官话指南》（*The Guide to Kuan hua: a Translation of the “Kuan hua chih nan” with an Essay on Tone and Accent in Pekinese and a Glossary of Phrases*），1895 年上海别发洋行出版。全书分为三大部分，第一部分为前言；第二部分分为四个小部分，每部分为中英文对译，分别包含45、40、20和20段，共125段对话；第三部分为两个附录，分别为北京话的语音语调以及词汇表。此外，藏书中还有英国传教士艾约瑟（Joseph Edkins，1823—1905）的《官话口语语法》（*A Grammar of the Chinese Colloquial Language：Commonly Called the Mandarin Dialect*），1857年第一版。穆麟德藏书为1864年上海美华书馆出版。全书分为三个部分，第一部分为序言、1857年第一版序言；第二部分为正文，分为语音、对话和词法，共32章；第三部分为附录，分别为中国最近的语言学研究、汉语文学以及南方普通话。

## 四、结语

管中窥豹，略见一斑，穆麟德藏书之精华远远超过以上所列举的文献。其藏书语种的多样性，内容的丰富程度，都是该专藏熠熠生辉的重要原因。众多的语言类藏书，涉及70余种语言，既有历史上存在过而后消亡的语言，也有清末民初各地使用的方言；内容包罗万象，语法、语音、词源、比较研究等均有涉及；其中有关汉语以及清末民初各种方言的文献，保留了大量珍贵语料，同时也是清末历史和文化研究的宝贵资料。

（彭福英，国家图书馆副研究馆员）

参考文献：

[1] A classified catalogue of the Möllendorff collection deposited in the library by Mr. Chu Chi-Chien. Peiping：National Library of Peiping，1932.

[2] 翁莹芳 . 国家图书馆藏穆麟德藏书介绍 [J]. 文津学志，2011（4）：292-298.

[3] Preface[M]//Catalogue of P.G. von Möllendorff's library. Shanghai：American Presbyterian Mission Press，1905.

[4] MÖLLENDORFF，P.G.V. Preface[M]//A Manchu grammar：with analysed texts. Shanghai：American Presbyterian Mission Press，1892：p.v.

[5] MÖLLENDORFF，P. G. V. Preface[M]//The Ningpo syllabary. Shanghai：American Presbyterian Mission Press，1901.

[6] Catalogue of P.G. von Möllendorff's library[M]. Shanghai：American Presbyterian Mission Press，1905：21.

[7] 朱启钤 . 缘起 [M]// A classified catalogue of the Möllendorff collection deposited in the library by Mr. Chu Chi-Chien. Peiping：National Library of Peiping，1932.

[8] 刘东元 . 北京图书馆西文“中国学”图书专藏缘起 [J]. 北京图书馆馆刊，1997（3）：132-133.

[9] 葛公尚，周庆生 . 种族与语言 [M]// 郝时远，朱伦 . 世界民族：第二卷 . 北京：中国社会科学出版社，2013：130.

[10] 许光华 . 法国汉学史 [M]. 北京：学苑出版社，2009：103.

[11] JULIEN，STANISLAS. Avant-propos[M]// Exercices pratiques d'analyse，de syntaxe et de lexigraphie chinoise，ouvrage ou les sinologues trouveront la confirmation des principes fondamentaux，et ou les personnes les plus étrangères aux études orientales puiseront des idées exactes sur les procédés et le mécanisme de la langue chinoise. Paris：B. Duprat，1842：[vii].

[12] Shanghai Christian Vernacular Society. Preface[M]// The syllabary of the Shanghai vernacular. Shanghai：American Presbyterian Mission Press，1891.

[13] SILSBY，J. A. Advertisment[M]// Shanghai syllabary：arranged in phonetic order. Shanghai：American Presbyterian Mission Press，[1900].

[14] MONTOMERY，P. H .S . Preface[M]// Introduction to the Wênchow dialect. Shanghai：Kelly & Walsh，1893.

# 孟宪章先生妙鉴斋碑帖的新披露

## ——兼论孟氏旧藏的研究价值和对碑帖整理工作的启示

New Findings of the Rubbing Collection in Meng Xianzhang's Miaojianzhai: Notes on the Academic Value and Inspiration of the Collection

胡海帆

**摘　要：**本文介绍了2023年中国书店海王村拍卖公司"什袭珍重——孟宪章先生珍藏碑帖专场拍卖会"的拍品概况，对明拓《狄梁公碑》、《"袁刻"淳化阁帖》、《泉州本淳化阁帖》、初拓《式古堂法书》等重要碑帖展现的一些版本特征和现象，做了梳理研究。根据孟氏旧藏体现出的刻本、版本复杂性及对碑帖整理工作的启示，强调了建立碑帖鉴定参照系和积累参考数据的重要性与必要性。并以《淳化阁帖》（国子监刻本系列）卷三《家弊帖》和卷九《阮新妇帖》的石花与"银锭纹"为考察之例，看确立《阁帖》考据点对《淳化阁帖》版本鉴别的助益。

**关键词：**孟宪章；碑帖收藏；版本鉴定

孟宪章（1930—2017），字君郁，堂号妙鉴斋，著名碑帖收藏鉴赏家。2019年，中国书店海王村拍卖公司曾举办"存精寓赏——孟宪章先生旧藏"首次专场，推出了一百余种妙鉴斋碑帖拓本，引起收藏界的极大兴趣。时隔数年，海王村将举办第二次孟氏旧藏专场，至此，孟先生碑帖藏品的绝大部分将公之于世，人们可较全面地了解这个重要的、"代表着一个时代"的京城私家专藏，充分领略妙鉴斋碑帖善本的辉煌与价值。

## 一、妙鉴斋碑帖善本举隅

笔者有幸借工作之便，得见两次孟氏旧藏专场的藏品。与首次专场相比，新专场仍保持着首场展品的孟氏收藏特点：碑帖经典和版本类型相当丰富，精品和善本多；品相上乘，装裱考究；法帖收藏尤显突出；多为名家藏拓，题跋印鉴众多，特别是启功先生的题跋、题签仍是亮点。此次新藏品约百种拓本，碑刻中善本相当丰富，有宋拓3件、明拓7件、清初等早期拓10余件；丛帖多达10种，单帖也有10余种。稀见品种颇多，精彩之本比比皆是，譬如，有被誉为天下“汉隶第一”的名品汉《礼器碑》王懿荣旧藏明早期拓，是迄今所见明拓《礼器碑》中最精之本，2009年入选人民美术出版社的经典图集《中国碑刻全集》第一册。有三国吴《天发神谶碑》，也是多年来所见最精旧的一件，其珍贵不仅是明拓极稀见，更因为得到巨匠吴湖帆的双钩补字、精心再造，遂成为一件独一无二的艺术品，称得上是顶级善本。还有明末清初拓北魏《嵩高灵庙碑》也是因早而精，被收入《中国碑刻全集》第三册中；涿本《快雪堂帖》为最初的淡墨擦拓，其精美令人叹为观止。还有很多闪光点，拍卖图录介绍详尽深入，故无须再赘言，笔者仅就下面几件碑帖做一点探寻，因为它们都有值得重视的特征或现象，其研究价值令人瞩目。

（一）明拓本《狄梁公碑》一册

范仲淹撰，全文收录于《范文正公文集》。黄庭坚书于北宋绍圣元年（1094）。这件历史名碑“以梁公之勋德、文正之文章、文节之妙笔”，自古就号称“三绝”。明赵崡《石墨镌华》云：“昔人乃谓，狄公事、范公文、黄公书，为三绝。”碑立于江西九江。明赵均《金石林时地考》载：“狄梁公碑。范仲淹撰文、黄庭坚书。在九江彭泽县。”然此宋碑存世短暂，原石久毁。元延祐二年（1315），当地官员据宋碑拓本又重刻立之，碑末署“延祐岁次乙卯嘉平，进义校尉江州路彭泽县主簿冯克敏、承务郎江州路彭泽县尹兼劝农事李公泽监视重镌立石”行书一行。元代重刻碑大约留存至明末也不知所踪。《狄梁公碑》鼎鼎大名，但留存拓本稀少，宋元二刻内容又相同，这就为后世作伪埋下了伏笔。为数极少的存世拓本大多裁去碑末元延祐二年重刻款，以充宋刻。北京大学图书馆有此碑明早期拓本，刘喜海、任杰等人旧藏，墨色沉稳古厚。王大成（集楼）题为“宋拓”即是无从得知真相而题。后幸有上海图书馆发现一未裁去元代重刻款之拓本（元刻明拓本，定为国家二级文物），北大图书馆藏本身份方才辨明。此次孟氏藏《狄梁公碑》也是罕见的明拓本，尤为难得的是尚保留元代重刻款。此碑未见有可信之宋刻石传世，而元代刻石也存世短暂，拓本罕传。是册就愈显珍贵了。

（二）明拓《“袁刻”淳化阁帖》十册

此部题为“袁刻”的《阁帖》，无疑是孟氏藏帖中最引人注目者。袁刻、顾刻、潘刻本皆是明翻《淳化阁帖》（以下简称《阁帖》）刻本，其底本皆据袁褧（尚之）、潘允亮递藏的同一部南宋国子监刻《淳化阁帖》，其卷首钤有贾似道、潘允亮印章，故被称为“贾似道藏本”或“潘允亮藏本”。现分藏于美国佛利尔美术馆（藏 9 册）和上海图书馆（藏 1 册），故又称“佛利尔本”。上述三种刻帖翻刻时虽都照录了底本上的残泐、银锭纹、原刻和新增的卷号、刻工题名，以及钤盖的贾似道、周密印，但又有各自的细微差异，其差异成为今天分辨三帖及其再翻刻子子孙孙的切入点。如今顾刻、潘刻本的特征已较为清晰，而袁刻仍是扑朔迷离，甚至到底有无袁刻也不能说清。故辨明此本十分重要。此孟氏藏本，摹勒极精，淡墨擦拓，直传国子监原本风貌，必是明代刊刻不久后所拓，惜拓本残损虫蛀甚，修补时有大量涂墨。检此本后题跋，有誊录的元周厚跋；也有阅者（疑是林志钧）给此本藏家的手札，并摹录底本（佛利尔本）上的“玉韵斋”“袁尚之”“谢湖”印和跋文：

（阅者札）周厚一跋，顾刻据以入石，惟周跋后尚有袁谢湖字三行，似尊藏之帖已经佚去矣。兹抄奉察览：（摹录跋）十卷，共计一百五十五叶，吴郡袁氏珍玩。银锭纹前后五十七处。嘉靖壬午岁正月。

按：“佛利尔本”上嘉靖壬午袁尚之墨跋，并非刻帖时所题之跋，虽后来顾刻本将其刻入帖尾，但由此认为袁刻本刻于嘉靖元年（1522），理由不能成立。

归孟氏后，启功先生曾深入研究此本，题写了六百字的长跋。其推敲十分在理，为所见研究袁刻最详尽的文字。现将全文移录如下：

此明嘉靖间吴郡袁褧摹刻本也。褧，字尚之，号谢湖，吴人，亦尝传刻古书善本，如《世说》《文选》等，所谓嘉趣堂本者也。所刻《阁帖》，流传绝少。嘉靖末顾从义刻《阁帖》，号称翻自袁藏宋本，其后万历间潘允亮又刻之，亦称所据为袁藏宋本。五百年来以袁刻罕传，世遂以顾、潘为善本。按，《阁帖》之历代摹本，贵在笔意可见，纵或点画失真，亦必有情理可寻者为上。试观顾本失之板钝，潘本失之含混，比而校之，乃知顾、潘所据，恐直是袁氏摹本，未必袁藏宋拓本也。何以言之？夫同摹一帖，必互有得失，袁刻之失处，顾、潘俱有之，而顾、潘则未有能胜袁刻处。康熙间安岐自墨迹摹刻《书谱》，乾隆以来，世多翻本，而罕有著其出自安刻者，亦此例耳。此帙十册无缺，稍有蛀损。首册所刻之“贾似道印”为人用墨涂去，“悦生”胡芦印则用朱笔填画，幸末册所刻之“封”字印及“齐周密印章”五字印未涂，各卷中之小字卷数、版数亦尚有存者。第九册中之“第九卷十四”一行，则又以墨涂去，映光视之，五字分明可见。第九册中尚有“第九卷”三小字却未涂去。帖后所刻元人周厚跋及袁褧短跋俱割去，而以乌丝栏重写周跋。揆其用意，盖欲以充宋拓，不知安有宋拓而刻有“封”字、“周密”诸印者乎？夫宋翻《阁帖》，所在多有；而袁刻全帙，今同星凤。余窃幸余年见此完帙，亦幸此帙见余而得还其本来面目。君郁先生世守此帖，出以命题。因郑重告之曰：“此希世之珍。不以虚号宋拓为足荣，而以的确袁刻为可重也。”启功。己卯浅夏。

笔者得见此本后，很关心袁刻的独有特征，曾借助两处公藏比对查询，结论却是此孟氏藏本与顾刻特征吻合。同时亦有重要收获：

第一，此本是极为珍贵的顾刻初拓，因而颠覆了以往记载的一项顾刻特征：《叔艺帖》缺二字。明隆庆二年（1568）顾家因赝品流行市面，便在出售的顾刻本《淳化阁帖》前面加了一件木刻跋，跋曰：

玉弘馆重摹《淳化阁帖》，其石一半尚留京师，不可多得。近见吴中市人将此本糊木板上，又重刻二种，刻既潦草滥恶，拓亦重纸取捷，况木易于翻动，其工一日可拓二三部，石本四五日方拓一部，若遇阴雨即不可拓矣！其价固自不同，四方大雅自有真赏，恐不知者以为价直（值）何太悬绝，难分真伪。今以逐卷残驳考证开具于后，又以五色印为记。隆庆二年秋八月望日识。一卷。唐太宗《叔艺帖》首二行下缺二字……

后人遂以木刻跋所云卷一《叔艺帖》是否缺右下角“深”“之”二字来判定归属。但人们忽略了隆庆二年时字缺，并不代表初拓本也缺二字（见图 1）。

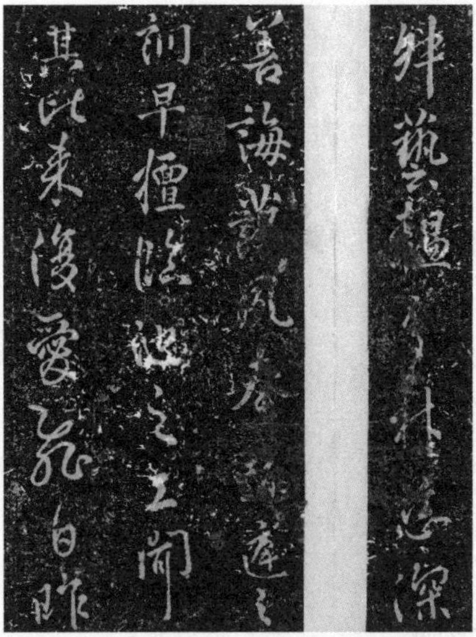

图 1　孟氏藏顾刻初拓卷一不缺“深”“之”二字

第二，此本保留卷号多达十处（另有一处裁去）。卷六《司州帖》之前竟有“第六卷十二郭奇”“六卷十四”两行卷号（见图 2）。沈曾植《海日楼札丛》所记《思恋帖》旁“第九卷”也赫然在目，“郁郁涧底松”旁“第九卷十四”装裱时因在最外侧被裁去（沈氏大概认为这两处是袁刻特征，实际上“佛利尔本”、顾刻本初拓都有此特征）。然而卷号多少并不是鉴定的关键证据，除非此本还有顾刻、潘刻都没有的特征，因为各本的剪裱位置、是否涂墨都会影响卷号存留。此本其他残泐、银锭纹等特征再未发现有特别之处，看来辨明袁刻还要期待新的证据出现，由此可知袁刻验明正身有多么艰难。

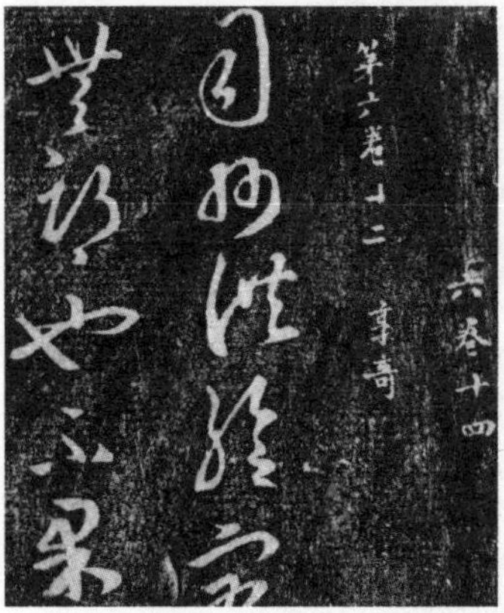


图 2　孟氏藏顾刻初拓卷六有两行卷号

（三）明拓《泉州本淳化阁帖》十册

泉州本是南宋至明代翻刻的另一重要《阁帖》系列。迄今宋刻泉州本仅有残卷存世，明代翻刻的十卷全本也存世不多，故孟氏藏本颇为珍贵。从其卷二标题、卷六《月半帖》“拜”字溢笔、卷七《长素帖》“不”字作“小”字、卷八标题作“法帖，晋王羲之”以及有几处冰裂纹等特征来看，确属泉州本无疑。与已对外公布的日本早稻田大学藏《泉州本淳化阁帖》是同一种刻本。但时间上明显早于早稻田本。观察孟氏藏本可发现以下现象：其一，此帖刻于木版，有两种版号，下方为小字版号，最大到“九十七”，顺序上呈阶段性的连续和颠倒，说明工匠刻版可能是分批作业的，另有大字版号，可能是刻在补版上的，拙劣而混乱；其二，冰裂纹是刻上的，而且可能原版时完整，补版时改成了冰裂纹，如卷二《八月九日帖》孟本完整，早稻田本则冰裂（总体上孟本冰裂少，早稻田本冰裂多）。这说明泉州本与“马蹄帖”有互变的现象。除了对研究《阁帖》版本有贡献外，孟氏藏本还有史料价值：拓本背面用了明代官衙公文纸装裱（见图3）。公文中书写有明福建等处提刑按察司、福州中卫指挥使司等机构名称，钤有大量官印。所署年号有：“万历十六年”“天启元年”“天启五年”“天启七年”“崇祯四年”“崇祯七年”“崇祯十年”“崇祯十一年”“崇祯十四年”“崇祯十七年”“弘光元年”等。还有两纸写有福州进士林瀚家族的世系图。总之，这批公文纸作为明代中晚期至南明弘光政权在福建地区官署机构运作和保留下来的文献档案、史料实物，对于研究这一时期福建地区政权状态、晚明典章制度特别是刑律，具有重要的资料价值。这批公文应是南明动荡之时，从官署中流落出来的。此帖卷二背纸上书写有“顺治六年购于台湾，足银□百刃”。可推断此本装裱或在南明政权初期，后流至荷兰殖民统治的台湾地区。

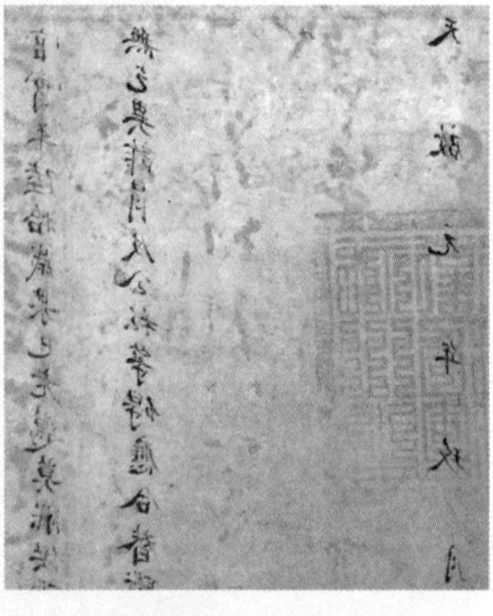

图3　孟氏藏泉州本用公文纸裱褙

（四）初拓《式古堂法书》十卷

此帖卞永誉编集，名匠刘光旸镌（刘光旸之前刻过著名的《快雪堂法书》，《式古堂法书》帖名的字体即完全照录前者，或同为刘光旸所题）。清康熙二年（1663）至六年（1667）摹勒上石。镌刻魏晋至宋元名人书法一百余帖，隶书帖名，不列卷次。张伯英《法帖提要》云："永誉，字令之，富于收藏，有善鉴之名，著有《式古堂书画史》。此帖摹勒甚精，必当时刻工之良者。"[①] 此帖为清初名帖，人们耳熟能详，似乎应不乏藏本，然而事实上，此帖全本传世极为稀少。目前全国各大图书馆、博物馆收藏有《式古堂法书》十卷全本者寥寥无几。张伯英《法帖提要》仅见八卷，云此清初人刻帖，已难获全帙。容庚《丛帖目》著录十本也是拼凑而来（见《丛帖目》1 册 357 页），自藏前五卷，后五卷来自北图。此孟氏藏本全本十卷，为初刻，似刻于木版，与容氏《丛帖目》比较，差异极大，彼此各有约三十种帖对方缺，诸卷年款也多有不同（见表 1、表 2）。此番差异，当是初刻之后又有较大改动所致。此外，容氏著录时恐未见到初刻拓本。从晚拓本卷一有"康熙十一年冬至日卞永誉跋"（见《容庚藏帖》所收）可知，调整、增删晚至康熙十一年（1672），子目和年款皆有调整，增补多于删减。如，开卷可见首帖《还示表》换作了《荐季直表》，书者标题"魏钟元常书"去掉了"魏"字；《十七帖》新增刻了帖名；增加了新年款（新旧共 11 种不同年款）等等。此孟氏藏本纸墨古雅匀净，双面装裱，是珍贵的康熙最初精拓实物，对搞清此帖增减变化、流传演变历程具有重要版本价值，值得研究和重视。如此摹刻精湛、存世罕有之本，如能影印出版，对丛帖研究者而言必是福音。

**表 1　孟氏本内容与《丛帖目》记载的差异（双方皆有者略）**

| 卷次 | 孟氏本子目（《丛帖目》所缺者） | 《丛帖目》子目（孟氏本所缺者） |
|---|---|---|
| 卷一 | 钟繇还示表 | 钟繇荐季直表；王羲之黄庭经、兰亭序 |
| 卷二 | | |
| 卷三 | | 王廙二月帖；卞壶文墨帖 |
| 卷四 | | |
| 卷五 | | 褚遂良霜寒帖、潭府帖、山河帖 |

---

① 张伯英著《法帖提要》，见《续修四库全书总目提要》（稿本），齐鲁书社，1996 年，第 18 册第 294 页。

续表

| 卷次 | 孟氏本子目(《丛帖目》所缺者) | 《丛帖目》子目(孟氏本所缺者) |
|---|---|---|
| 卷六 | 苏轼题吴道子天龙八部图卷、苏轼书杜甫堂成七律并跋 | |
| 卷七 | 米芾书:盛制珍藏帖(附董其昌跋)、蒋永仲帖、指喻帖、神仙重黄玉帖、顾虎头帖、门中一一帖(淮山帖末句)、故人使部帖、临右军大道帖、临右军至洛帖(附米友仁跋、龙膺跋)、章圣天临殿记(附卞永吉跋)、章圣天临殿铭、明道观壁记(附卞三畏跋) | (除米芾和君谟登北观五律、淡墨秋山七绝外)其他米芾帖 |
| 卷八 | 黄庭坚书:奉同公择尚书咏茶碾煎啜三首、从赵端承义乞竹奴一首、次韵苏子瞻一首(附胡子□跋、秦□跋)、与萧君书、上给事院官屋钱谨如诲谕、公以道安帖、烟波跌宕联;蔡襄陶生帖 | |
| 卷九 | 宋高宗书:瀑流远自银河落诗、赐通神真人句;宋杨妃书:万片绿荷流水西七绝;宋李西台与文馆学士书 | |
| 卷十 | 赵孟頫书洛神赋并序(牟巘跋、张楧等观款) | 许衡等十一人书帖 |

**表2 孟氏藏本各卷年款与《丛帖目》《容庚藏帖》记载的差异**

| 卷次 | 书者年代 | 卞氏小字卷号 | 孟氏本年款 | 《丛帖目》年款 | 《容庚藏帖》年款 |
|---|---|---|---|---|---|
| 卷一 | 魏晋 | 一卷 | 康熙二年正月 | 康熙二年正月 | 两条年款:<br>a 康熙二年正月;<br>b 康熙六年十月 |
| 卷二 | 晋 | | 康熙五年八月 | 康熙二年四月 | 康熙二年四月 |
| 卷三 | 晋 | 三卷 | 康熙二年九月 | 康熙二年九月 | 康熙二年九月 |
| 卷四 | 唐 | 四卷 | 康熙四年五月 | 康熙二年十月 | 康熙二年十月 |
| 卷五 | 唐 | 五卷 | 康熙四年五月 | 无年款 | 康熙四年五月 |
| 卷六 | 宋 | | 康熙二年十月 | 康熙四年十月 | |
| 卷七 | 宋 | 八卷 | 无年款 | 康熙五年八月 | |
| 卷八 | 宋 | | 康熙六年二月 | 康熙六年二月 | |
| 卷九 | 宋 | | 康熙五年七月 | 康熙六年五月 | |
| 卷十 | 元 | | 康熙二年四月 | 无年款 | |

## 二、观览妙鉴斋碑帖后的思考

目前知道的孟氏旧藏碑帖（两批拍卖及他处所见）大致有二百个品种，虽然数目并不很多，但很有个性和特色，体现出孟先生重名品和精品、重版本、重早期、重法帖、重稀见品种、重名家旧藏，以及为厘清碑帖派系脉络，有意识地收集各种不同刻本、不同版本的收藏理念。譬如，已见到的孟氏藏《十七帖》《自叙帖》《争座位帖》《祭侄稿》等都不止一种，《千字文》有四种、《书谱》有六种、《兰亭序》有十余种。因此，孟氏所藏碑帖整体观之，如同博采兼收的碑帖博物馆、版本资料库。展示经典和善本，也展示诸多典型，各类刻本、不同版本。从古今名家的学术心得到琳琅满目的题跋印记，从皇家内府装潢到碑帖肆估的翻刻作伪、各种手段，应有尽有。观览这些藏品，让人开阔眼界、增长见识，学到很多东西，也澄清了一些历史事实。即使是探讨赝品，追根寻源，也有收获，从中积累正反经验，对碑帖整理研究很有帮助。如，新见《群玉堂帖》，帖名为隶书，又署“韩侂胄藏本”。据史料记载，韩侂胄所刻原名《阅古堂帖》，开禧末，韩以罪诛，帖石没入秘书省，乃易名《群玉堂帖》。二者书体、内容皆不符，改帖名后仍署罪人名更是荒唐，知此为托名伪刻。经比较，此帖内容顺序与《玉兰堂帖》《唐宋名人帖四卷》（皆见容庚《丛帖目》第4册1552页）重复，当与之有关。然据容庚先生考证，这两个署宋、明年号的帖本身就是赝品。又如《右军六十帖》尾镌“绍兴二年春日摹勒上石”款，比较知，此帖内容均见于《淳化阁帖》卷六，次第亦同，当翻自《阁帖》。无独有偶，此帖与另一种亦翻自《阁帖》的《鹅群帖》整体风格完全相同，年款不差分毫，为伴生之物。与“伪绛”“伪鼎”“伪戏鱼堂”“伪星凤楼”等托名宋帖形神、纸墨颇相似，可知同为晚明至清早期坊间所制伪帖。正如钱泳所云“吴中既有伪书画，又造伪法帖，谓之充头货……其实皆伪本也”①。

碑帖版本鉴定是实践性和参照性很强的工作，有可靠的比对依据、可靠的范本，是最重要的前提。前述《狄梁公碑》误定为宋刻、《淳化阁帖》确定为顾刻、伪帖得以辨明，皆与此有关。这些事实提示了碑帖整理工作中鉴定参照系的重要性和积累参考资料的必要性，这也是观览孟氏旧藏带来的启示。

近些年全国古籍保护事业发展迅速，各单位碑帖编目整理提到议事日程上，然而推动此项工作仍是困难重重。有些单位已完成的碑帖目录水平并不高，究其原

---

① 钱泳撰《履园丛话》24卷，清道光十八年（1838）述德堂刻本，卷九第二十八叶。伪法帖。

因是多方面的,除人才不足外,缺乏可靠的鉴定标准,缺少能帮助辨明拓本身份的利器,也是重要原因。传统的碑帖鉴定主要依靠文字叙述的工具书,如《校碑随笔》等。十余年来图录鉴定方法发展很快,取得了巨大进步,以仲威著《中国碑拓鉴别图典》、李志贤著《秦汉碑刻校勘图鉴》为代表。通过图录鉴别,一目了然,十分便利。但目前的图录仅靠个人编制,收纳的金石碑帖类别、品种和数量有限,与当今碑帖编目整理事业快速发展的需求还有差距,还有巨大的深化空间。这就需有权威的官方古籍管理机构来统领和纠集力量,多馆协作分工,编撰更丰富的编目参考图录工具,建立规模较大的碑帖版本数据资料库,供各馆编目者比对和套录数据。

仅以各馆所编《淳化阁帖》目录为例,即知建立这种资料库的必要性。《阁帖》是各馆都有的常见藏品,少则数部,多者数十部,然而目前各馆大多只能编到总帖名一级,未能指出是何种刻本、版本,对拓本价值的揭示远远不够。就如同古籍编目,只标明书名而不管是宋元刻本,还是明清刻本,肯定是不够的。未能深入揭示《阁帖》刻本版本,当然有历史原因,《阁帖》自北宋淳化三年(992)诞生后,派生众多系列支脉,翻刻无数。由于各种人为和自然原因,翻刻者留下的跋识印记(类似古籍牌记和序跋)绝大部分被图利者"有意"剪裁抹去。或故意不刻,还人为造出迎合历史认知的种种特征,如"银锭纹"等。加之大量涂墨作伪,移花接木、不同系列拼凑等原因,鉴定《阁帖》的真实身份必然成为一个历史难题。然而,历代《阁帖》并非流水线制造,总会留下种种明显或细微的差异,如版号、银锭纹、内容特征、字迹高矮宽窄和位置关系等等,因此只要建立可靠的图像比对系统,用逐字、逐个特征来比对,上述困难就能够迎刃而解,那些已改头换面的《阁帖》真实身份就可以确定。在过去,因为条件的限制,建立这样的标准平台非常困难。而在数字化时代,只要摒弃狭隘的本位观念,则非难以解决的问题,目前很多图书馆都在实现碑帖数字化,建立此类平台的基础已逐渐具备。由国家古籍管理机构统领,多馆选取各自所藏《阁帖》诸系列有代表性者,制作成一部《阁帖》图版数据库,总结出《阁帖》各系列的辨认特征,供各馆及社会有需者使用,相信绝大部分《阁帖》藏本都能找到刻本、版本归属。袁刻的真面目必然得到澄清,《阁帖》目录的整体水平会大大提高。

笔者工作中曾对一些《阁帖》做过简单比对,因资料少,得出的结论有限,即使如此,利用一些新注意到的考据点也能粗略、快速分辨部分对象归属。仅以《阁帖》国子监刻本衍生系列为例,"佛利尔本"(卷九在上海图书馆)是现今已知较为可靠的南宋国子监刻《阁帖》(有南宋刻工题名),此本既有自然的石花剥蚀，也有人为制造的数十处“银锭纹”，据此本又翻刻过顾刻、潘刻和百泉本（卷九、卷十）等，底本上那些自然和人为的痕迹会或多或少“复制”在国子监刻本衍生系列上，这就成为我们找寻其兄弟、子孙的依据。下面择选石花和“银锭纹”各一例，看比对考据点的便捷：

例一，卷三晋刘穆之《家弊帖》第五行“更律”二字特征。“佛利尔本”有自然石花，石花左边因装裱被裁（见图 4-1）。其衍生系列差异为：潘刻（及子孙）仍翻刻成石花（见图 4-2），较忠实于底本，但不自然且无裁痕；顾刻（及子孙）翻刻成轮廓（见图 4-3）；《阁帖》其他系列“更律”二字则没有石花。据此，我们可以首先分辨哪些是顾刻、潘刻及子孙（也需同时看银锭纹、印章位置等其他特征）。若发现“更律”二字有自然石花，又无银锭纹（最初的国子监刻本可能没有银锭纹）；且其他特征不矛盾时，应考虑是国子监刻本的可能。

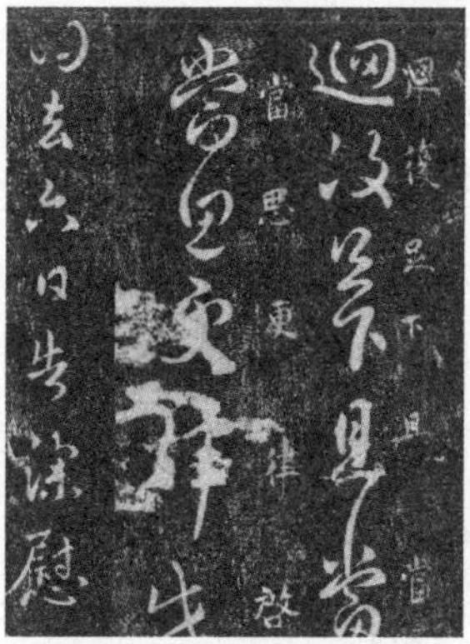

图 4-1　佛利尔本卷三（“更律”二字有自然石花）

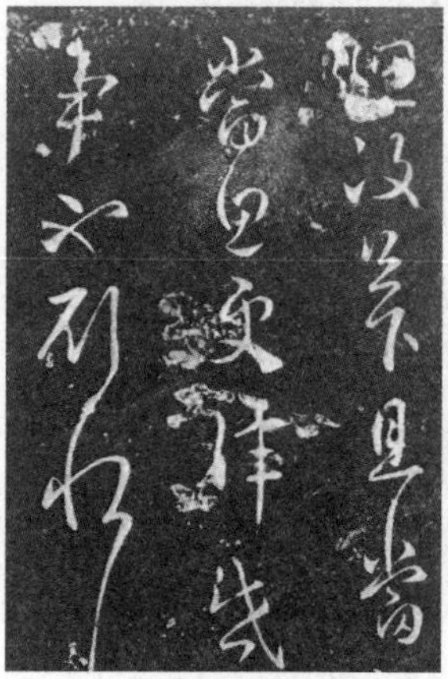

图 4-2　潘刻卷三（“更律”刻成石花）

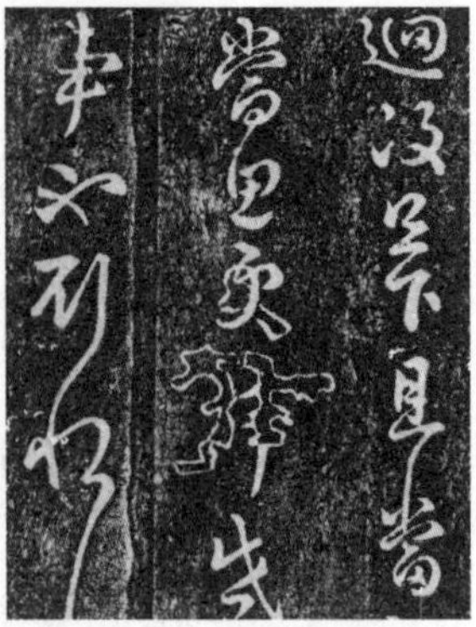

图 4-3　顾刻卷三（“更律”二字刻轮廓）

例二，卷九晋王献之《阮新妇帖》第三行“熹也”二字特征。上图本（与“佛利尔本”同套）“熹也”下方有人造银锭纹和掩盖文字的粗横白道，银锭纹左侧正对“熹也”二字（见图 5-1）。其衍生系列差异为：潘刻（及子孙）忠实于底本，翻刻了掩盖文字的粗横白道，银锭纹中心线正对“熹也”二字（见图 5-2）；顾刻（及子孙）翻刻银锭纹和粗横白道的轮廓，不掩文字，银锭纹不正对“熹也”，而是略右偏（见图 5-3、5-4）；百泉本卷九可能翻刻自顾刻，因此也是翻刻银锭纹和粗横白道轮廓，不掩文字，但银锭纹更加右偏（见图 5-5）。

《阁帖》其他系列“熹也”下则没有银锭纹。据此，我们根据银锭纹所对“熹也”二字正偏程度和是否掩盖文字，可以分辨哪些是顾刻、潘刻及子孙，哪些是百泉本。当然也还需看其他特征，如百泉本卷二王珣《三月帖》后增刻了《伯远帖》、其他卷无银锭纹等。

图 5-1　上图本卷九（银锭纹对“熹也”正中稍偏右，横道掩字）

图 5-2　潘刻卷九(银锭纹对“熹也”正中,横道掩字)

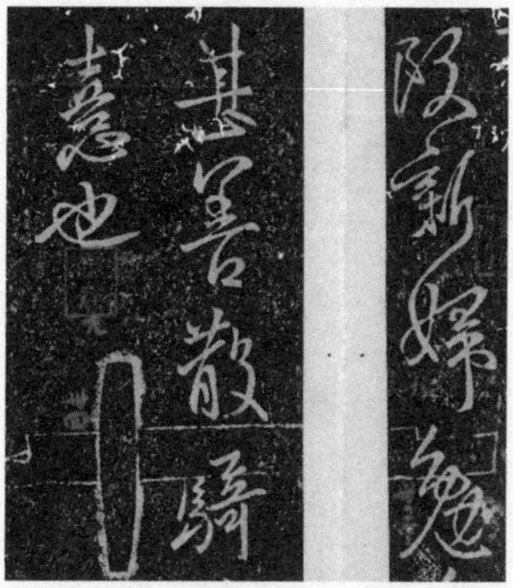

图 5-3　顾刻卷九(银锭纹对“熹也”偏右,横道不掩字)

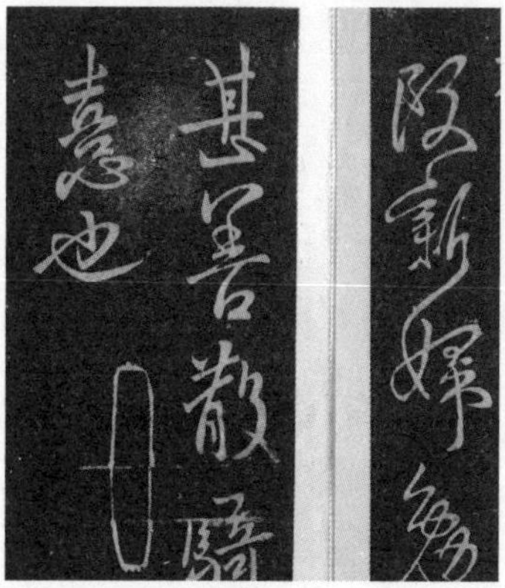

图 5-4　顾刻再翻刻卷九(银锭纹对“熹也”偏右,横道不掩字)

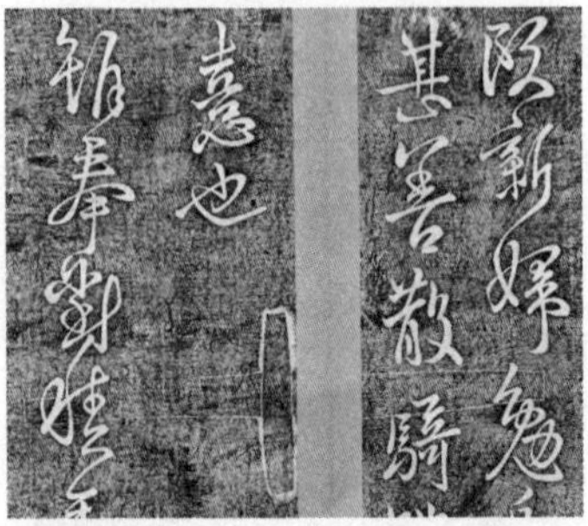

图 5-5　百泉本卷九（银锭纹对“熹也”最偏右，横道不掩字）

（胡海帆，北京大学图书馆研究馆员）

# 古籍抢救性出版的规范程式

## ——以《影印宋碛砂藏经》及《宋藏遗珍》为例

On the Standard Procedure of Rescue Publication of Ancient Books: Taking as Examples *A Photocopy of Song Qisha Tripitaka* and *An Anthology of Song Tripitaka*

付明易

**摘　要：**《影印宋碛砂藏经》和《宋藏遗珍》是20世纪30年代古籍影印出版的典范之作，先后由上海影印宋版藏经会和北平三时学会倡导组织。这两部书具有鲜明的版本特点和突出的文献价值，同时在出版过程中形成了完备的组织形式、规范的出版流程、高效的营销策略，最终输出了优质的影印成果，为抢救与传播珍贵佛教文献做出了重要贡献。

**关键词：**《影印宋碛砂藏经》;《宋藏遗珍》;上海影印宋版藏经会;北平三时学会

《碛砂藏》是南宋时期刊刻于平江府（今江苏苏州）碛砂延圣院的大藏经，完成于元至治二年（1322）。近代著名佛学家欧阳竟无评价《碛砂藏》为“真宋犹存、法典增益、南藏枢纽”[1]，认为此藏在保存佛典和融汇南北各藏方面有重要价值。《碛砂藏》一直以来不显于世，至20世纪30年代，由朱庆澜等人发起影印，出版为《影印宋碛砂藏经》，为传播佛典、校勘佛经提供极大便利。《宋藏遗珍》为《影印宋碛砂藏经》出版过程中的“意外所得”，所影印的《赵城金藏》以北宋《开宝藏》为底本，为海内外孤本，被誉为“天壤遗珍”。民国时期时局动荡，为保存珍贵文献，刚刚传入中国的影印技术发挥了重要作用，其中《影印宋碛砂藏经》及《宋藏遗珍》即为民国时期古籍影印技术发展的代表之作。

有关这两部书及相关组织的研究成果相对较少，孟令兵《老上海文化奇葩：上海佛学书局》第四章《法门无量誓愿传——近代〈大藏经〉及佛典要集的刊行》对这两部书的影印过程曾有简要介绍[2]112-119；肖伊绯《〈宋藏遗珍〉的发现与影印》主要从叶恭绰一人的角度关注《宋藏遗珍》的影印过程[3]；海波、高宝平《影印宋代遗珍：陕西〈碛砂藏〉的发现和出版微观史研究》较为系统地论述了影印《碛砂藏》的过程，但缺少细节补充，并未提及影印《宋藏遗珍》的史实[4]。本文将在前人的研究成果之上，充分搜集民国报刊、书籍、日记等文献中与《影印宋碛砂藏经》和《宋藏遗珍》相关的材料，研究这两部书的影印缘起、出版机构、人员组成、配补过程、发行方式等内容，以此为例展现民国时期古籍影印出版的具体模式，彰显前辈学人于社会动荡之时，仍孜孜以求保护、传承珍稀文献的价值选择。

## 一、《碛砂藏》影印缘起及筹备

近代以来，中国佛教受到时局影响，又有诸如光绪帝倡导的“庙产兴学”等政策的推行①，使得佛学发展受到重创，经籍、僧尼、寺庙等损失惨重。随着中国国门被西方的坚船利炮强行打开，一些有识之士开始思考救国救民的道路，佛教以其开启心智、传播智慧、慈悲为怀的精神受到推崇，一批佛教研究组织和居士林等纷纷涌现，佛教复兴运动发展起来，影印宋版《碛砂藏》即在这样的背景下展开。

1930年，朱庆澜在西安赈灾之时，行至开元寺和卧龙寺，发现寺内有南宋年间刻印的大藏经一部，即为宋《碛砂藏》，遂有影印此藏经之议。其具体缘由，详见于朱庆澜撰写的《影印宋版大藏经缘起》：

---

① “庙产兴学”运动起源于1898年，在康有为、张之洞等人的推动下，光绪帝颁布上谕，以民间庙宇改办新式学堂，其财产、房屋等均遭占有，逐渐波及众多著名佛寺道观。陕西地区佛教渊源深厚，在这次风波中出现了“拆庙运动”等，对宗教界冲击很大，相关研究参见：徐跃.清末庙产兴学政策的缘起和演变［J］.社会科学研究，2007（4）：151-158；许效正.论清末民初（1895—1916）陕西的庙产兴学运动［J］，西北大学学报（哲学社会科学版），2013（4）：147-151。

……庆澜等于庚午年因放赈至西安，慨想关中昔为佛教中心，今则大法陵替，灾害洊臻，思兴复之。偶至卧龙寺及开元寺，则见南宋全藏赫然在焉，检其雕刻年月，乃宋理宗绍定四年起，迄元顺帝至正九年止，卷末注碛砂延圣院，确为碛砂版无疑，至可宝矣。我佛乘教，三宝并尊，而法宝尤关重要。盖无法宝，则佛宝未由弘布，僧宝亦无以住持。遂有影印宋版大藏经之议……又闻北平松坡图书馆亦有宋藏残本，遂先赴平借阅，知其所存卷数，并得宋藏目录，复至西安，依目检点，知两处所藏，除相同者外，计共有六千三百十卷，所残缺者，仅一百余卷。再向他寺搜罗或可得之。否则以元明藏补充，俾成完璧，亦有先例可援也。辛未之秋，复在沪上，与同人集议多次，对于筹款印刷等项均有确实之计划。于是组织理事会员负责进行，期以三年，成斯盛举。抑前清《龙藏》版存北平，海内丛林，礼请一部，印刷纸张运送各费需五千元，无力者多不克举办，今此影印便一也。宋版书籍收藏家珍若拱璧，近来影印流通者日出不穷，独兹佛典尚付阙如，今有数千卷之巨帙公于当世，不但佛教徒得以研求，抑亦好古者之所珍爱，其便二也[5]。

这一则《影印缘起》撰写完毕后，首先刊发于1931年第12期的《海潮音》，后附于1933年发行的《影印宋碛砂藏经样本》之首，叙述事情原委外兼具推广之意。从中可以看出，影印《碛砂藏》主要有两大原因，其一为北平所存清代大藏经——《龙藏》印刷一部耗资巨大，无法满足海内礼佛人士的需求；其二为这部《碛砂藏》自南宋流传至今，为珍贵古籍，对于好古之人来说是不可多得的天壤遗珍。1931年3月，朱庆澜返回上海后，紧锣密鼓地邀请僧俗人士着意影印藏经。据《徐乃昌日记》记载，1931年3月15日、16日、19日，朱庆澜在上海觉园分别组织了三次商讨藏经影印事宜的会议[5]1275–1276，初步谈论了参与人选、股份安排、版本鉴定、出版机构等事项，参与人选主要有朱庆澜、叶恭绰、查良钊、吴兆曾、蒋维乔、狄葆贤、丁福保、施肇曾、黄庆澜、史量才、江忠业等。

（一）上海佛学书局出版

民国时期上海地区为出版重镇，大大小小的出版机构云集于此，带来了文化的繁荣。上文所载西安卧龙、开元二寺及北平松坡图书馆所藏宋藏共计六千三百十卷，此后还有补配之卷，可谓卷帙浩繁，需要有一定承印能力的出版机构承担；影印宋版佛藏，与一般大众流通书籍不同，对于纸张、油墨等印刷材料具有较高的要求，同时还要考虑成本及发行量的因素，因此选择合适的出版机构对于影印宋藏至关重要。

蒋维乔是此次影印佛藏的组织者之一。在他的日记中记载了1931年间选择出版机构的过程：

……味农冒雨来访，述及朱子桥现在陕西放赈，见古寺破坏，志愿恢复，又见某寺有宋版《藏经》，虽不全，可以明版凑足，意欲筹垫六万元，由书局承印发售预约，托余往中华商量，余允之，谈移时别去。（4月30日）[7]2033

十时往舒新城商印《藏经》事，未遇。（5月1日）[7]2033

十一时往中华书局访舒君新城接洽印刷宋版《藏经》事，舒君允日内商量后答复。复访高君梦旦，亦谈及此事，探问商务尚能承办否，梦旦谓或者可以，惟须先摄样张及查明多少卷数，预先估价方可定办法云，十二时回。（5月2日）[7]2033

余为《藏经》事往访江君味农，未遇而返。中华书局复函无力承印大部书籍，商务则尚有商量之余地也。（5月3日）[7]2034

蒋维乔先后咨询了中华书局编辑所所长兼图书馆馆长舒新城和商务印书馆董事高梦旦，这两家在当时业界属于实力雄厚的出版机构。据日记所载，中华书局因自身业务发展等因素，无力承担大规模的文献影印事务；而商务印书馆出于谨慎考量，需要先期提供样张和卷数，程序繁杂，且需要后续进一步商讨，最后因“工潮时起，不肯负此钜责”而拒绝[8]。1931年10月9日，影印《宋藏》会议在上海功德林餐厅举行，这次会议决定由上海佛学书局负责印刷事宜[7]2062。11月1日的《佛学半月刊》刊登了《上海佛学书局承办影印宋版藏经启事》，正式向社会公布这一讯息。

与中华书局、商务印书馆等以出版学术性佛学书籍为兼营业务不同，上海佛学书局以弘扬佛法为宗旨，通过出版、流通佛学书籍，达到“寓弘化于营业之中，播善业于四海之内”[2]21的目标。另外，上海佛学书局是由上海世界佛教居士林的同人发起创办的，范古农为总编辑，狄葆贤、丁福保等为理事，他们也是影印《宋藏》一事的参与者，因此上海佛学书局成为当时最合适的选择。

（二）影印宋版藏经会的人员构成及分工

影印宋版藏经会组织的正式形成，直接推动影印藏经事务的发展。据《徐乃昌日记》记载，1931 年 8 月 28 日举行会议，推举朱庆澜、叶恭绰为影印宋版藏经会的正、副理事长，吴兆曾为会计理事，徐乃昌为印务理事[6]1341。10 月 9 日，在上海功德林举行第一次筹备会议，共设常务理事 11 人（后为 13 人）[7]2062。10 月 14 日，影印宋版藏经会召开第一届常务理事会议，会议通过了会计规则，"规定本会开办费洋一百元，经常费每月额支五十元"[8]。

1933 年发行的《影印宋碛砂藏经样本》卷前附有《影印宋碛砂版大藏经缘起》，文后附有详细的《影印宋版藏经会职员表》，同年发表于《佛学半月刊：世界佛教居士林消息栏》，将参与人员分为理事长、副理事长、名誉理事、理事、常务理事等，名单如下：

理事长：朱庆澜

副理事长：叶恭绰

名誉理事：于右任、郑洪年、李石曾、陈铭枢、张难先、张一麐、钱俊人、周学熙、傅增湘、徐鸿宝、唐绍仪、戴传贤、张继、杨树庄、林森、胡朴安、何东、韩德清、杨子繁、王晓籁、胡瑞霖、弘一、蔡元培、焦易堂、韩复榘、叶楚伧、黄炎培、胡文虎、朱绍阳、吕碧城、张元济、黄茂林、印光、易培基（共 34 位）

理事：熊希龄、梅光羲、黄庆澜、徐文蔚、程霖生、姬觉弥、邬志豪、高戒忍、简玉阶、李组绅、屈映光、太虚、许世英、康寄遥、周美权、关炯、史量才、闻兰亭、王彬彦、张俊青、孙厚在、徐静仁、叶而恺、倪文卿、杨虎城、欧阳渐、丁传琳、聂其杰、陈光甫、叶增寿、李云书、吕瀓、蒯寿枢、刘翰怡、蒋特生、万叔豪、兴慈、李范一、孟森、江杜、王震、陈汝湜、徐冠南、姚煜、潘对凫、沈惺叔、沈彬翰、查良钊、朱石僧（共 49 位）

常务理事：范成、黄赞熙、施肇曾、吴蕴斋、吴兆曾、狄葆贤、丁福保、蒋维乔、徐乃昌、范古农、李圆净、张篇云、李经纬（共 13 位）[9]

由名单可见，影印宋版藏经会的参会人员阵容强大，多为热心佛学文化传播的社会名流。除倡议者和主事者外，其中为人耳熟能详的有于右任、傅增湘、蔡元培、张元济等一众政界、学界、出版界的知名人士；另外，还有一些僧人和居士，如弘一、太虚、范成等法师，欧阳渐、丁福保、范古农等居士。其中实际参与藏经影印具体事宜的主要是常务理事。

影印藏经具体事务分工如下：蒋维乔负责编审经目、校订文字、编订藏经样本等；徐乃昌编订购纸合同，联络发行；范成负责调拨藏经等事宜；狄葆贤接洽同孚印刷公司并签订承印合同；费师洪为驻会干事，负责理事会日常事务[8]。1932 年 11 月 6 日，影印宋版藏经会举办第三十八次常务理事会，会议决定将办事处设在上海威海卫路七一四号，与印刷公司同孚公司相邻，方便查验印刷情况。会议确定驻会办事者为总干事费师洪，编辑有徐景耆、江显之，印务并校对为胡叔明，收发、抄写及杂务由张兆准、黄镜湖等负责[10]。

## 二、《碛砂藏》的影印过程

### （一）《碛砂藏》的配补过程

《碛砂藏》存藏于西安开元寺和卧龙寺，派工人到实地摄影多有不便，因此计划由范成法师到西安将藏经装箱运回上海摄影，在此之前，上海方面已与时任陕西省政府主席杨虎城、陕西省教育厅厅长李范一、“华洋义赈会”陕西分会会长康寄遥等人电报磋商。1931 年 12 月 12 日，杨虎城电告藏经不能运沪。理事会又复函请求，并派范成法师速往西安见面协调，但最终无法达成一致。1932 年 3 月 24 日，影印宋版藏经会召开第二十二次常务会议，决定派工人实地摄影，由铁路转运玻璃版片，叶恭绰与铁道部协商，请求免除税务等相关费用[11]。自 1932 年 11 月 22 日至次年 6 月 1 日，前后从西安运输四次共四百零六箱经片抵沪[12]。

由于陕西所存《碛砂藏》并非全本，因此需寻访全国各地宋元版大藏经予以配补，其来源主要有私人和官方收藏两类。私人收藏方面，曾向康有为借印其所藏《普宁藏》，共借二百零九卷[6]1412；皮怀白居士于成都得宋藏三卷，其中可补“忘”字六号《璎珞经》一卷等[10]。官方收藏主要来自图书馆和寺院，如北平松坡图书馆藏《思溪藏》三百四十一卷；云南昆明图书馆藏有宋元残藏[10]。此外，范成法师四处寻访山寺古刹，收获颇丰，如从福建福州鼓山涌泉寺借得《大般若经》十五本、《大宝积经》一本；山西晋城青莲寺藏《普宁藏》一百零三册、《开宝藏》三十八卷、隋唐写经二十九卷；山西解州青云寺藏宋藏；河南清化镇月山寺藏宋藏，后移开封历史博物馆保存[6]1457；福建泉州开元寺藏宋元版佛经[6]1526；云南鸡足山胜峰寺有宋《碛砂藏》，藏省立昆华图书馆[6]1532；山西晋城县太行山清凉寺藏手卷式《藏经》四橱，又古拓本《藏经》六橱等[6]1546–1547。由上述补配经卷的过程可以看出，影印《碛砂藏》殊为不易，饱含了各方的努力和合作。

这些补配的经卷编成“补页表”系于影印版《碛砂藏》之中。胡适曾盛赞这种做法：“这几十叶的‘补页表’详记原藏书的机构，并详记补入各页的‘版别’，这是最合于校勘学的原则的。”[13]369 从西安拍摄的《碛砂藏》经片运抵上海后，其出版要经过几个步骤，每个步骤都有专人负责：费师洪负责整体运作，包括查看样张，校对经文等；张兆准、黄镜湖检查经片破损情况，将号码与西安处号码表对照；徐景耆依据表册，编定册数、页数，填补缺漏；江显之核查前后文意是否衔接，内容是否完全；胡叔明检查样张，发回修改[10]。经过这些查验、校勘的过程，能最大程度保证这部卷帙浩繁的大藏经内容全面，不致错讹缺损①。

（二）多种发行方式并举

1931 年 10 月 20 日，影印宋版藏经会召开第二次常务理事会议，确定了影印《碛砂藏》的价格：全藏定价七百五十元，预先缴款认印者六折，为四百五十元；预约一次为七折，付款五百二十五元，四次为八折，六百元[8]。除直接折扣外，还设置有分销折扣，如柳诒徵为江苏省立图书馆购买藏经，以代售九五折缴纳经款[6]1530；请北平文禄堂王文进代售预约券，有八折折扣[5]1581；给予郭振墉（字涵斋）特别折扣，销售十部以上者，有八折优惠等[6]1582。另外，对于认印的客户，还常常搭送新印经卷作为礼物，如郭振墉认印《宋藏》五部，“赠宋秀州惠云寺《法华经》一部，又《法宝留影》一本附经目”[6]1571。

为了促销影印《宋藏》，理事会经常在报纸刊登销售广告，如天津《大公报》《北平晨报》、汉口《武汉日报》、广州《工商日报》等。1933 年 8 月 2 日《慈航画报》刊登了《劝请影印宋碛砂藏经启》，并附有《影印宋碛砂藏经第一期用户提名》，可知一期共销售一百零五部。报道中特别举出吴兴刘氏嘉业堂和徐家汇藏书楼购书之事，指出这两所收藏机构，一为私藏，一为公藏，都以藏书闻名于世，其中佛经收藏尤为丰富，“法缘如海，功德成林，实隐示提倡之意”[14]，以

① 自陕西开元寺、卧龙寺藏《碛砂藏》影印之后，山西太原崇善寺、美国普林斯顿大学葛思德东方书库、日本大阪杏雨书屋、北京柏林寺等陆续发现或收藏有《碛砂藏》，另部分图书馆，如北京大学图书馆、上海图书馆、南京博物院等地藏有《碛砂藏》零本。

此二例来劝购佛经。

影印宋版藏经会在销售前会发行《预约样本》，以供认购。《影印宋碛砂藏经样本》内容包含《缘起》《职员表》《发售预约简章》《通告》《定户汇款函》《定书单》《佛像样张（四面）》《经文样张（四面）》，后附两张拉页展现装具样式，一为书箱式，分甲、乙、丙、丁四部；一为书套式，分为四折书套和两折书套，彩色印刷，清晰美观。《发售预约简章》概述影印《碛砂藏》的内容、数量及发行时间：

> 宋碛砂版《大藏经》原书折叠本共五百九十一函，计经一千五百二十一种，分为六千三百十卷，每一雕刻木版印经五面，每一面六行，每行十七字。今将原书每一函缩印成一册，每册约八十页左右，其第一页插印佛像一张，照四开本式，用本国连史纸石版精印，分订五百九十一册，另加目录一册，共计五百九十二册[15]。

根据《预约样本》定价可享受优惠，原价七百五十元一部，预约定价为五百二十五元一部。

影印宋版《碛砂藏》最初采取认印垫款的方式，先后有朱庆澜、叶恭绰等筹垫经费六万余元，杨树庄认印五千元，姬觉弥认印一万元；徐乃昌、吴寄尘认印五千元[8]；另外图书馆界，如南通图书馆、东方图书馆、江苏省立国学图书馆等分别认印一部；佛教机构如醴陵佛教居士林、浏阳居士林、千佛庵、南京法云寺等也都纷纷请藏。法云寺所请宋版《碛砂藏》共四百五十元，其中徐乃昌、真达法师、李耆卿捐洋各一百元，后又有本明法师、无名氏、心净法师先后捐助各五十元，方得全款①。

另如西山佛经流通处、桂平西山藏经楼、桂平佛学研究社、桂平佛教居士林、水月宫诵经会等联合发起《购请影印宋版碛砂经藏启》，捐款手续以阿弥陀佛四十八大愿，印发捐册四十八本，召集四十八名善男信女，领捐者至少捐赠一元，其余为五角，以此来招募捐款用来请回影印宋《碛砂藏》[16]。私人请藏者有刘晦之、丁子盈、汤寿彭等，多为财力雄厚又笃信佛学、热爱藏书之人。据

---

① 详见：徐乃昌撰．南江涛整理．徐乃昌日记［M］．南京：凤凰出版社，2020，其中1931年11月3日、12日、20日相关记录。

蒋维乔《影印宋版碛砂藏经始末记》(三续)载,至1934年7月2日,《影印宋碛砂藏经》定购数量已至二百八十部。对于这样一部价格昂贵且卷帙浩繁的书籍,在抗战爆发前夕能够销售数百部,与其传播佛教经典的宗旨和广布善缘的销售方式有密不可分的联系。

(三)阻碍重重

要完成一部六千多卷的佛经印制,在动荡的时局之下,无疑面临许多困难。1934年1月10日,位于上海戈登路俭德里的佛学制本所突遭火灾,已经印就的第一期佛经被毁一百多部,损失约为两万七千元。理事会紧急召开会议,一面登报通报此事,一面致函订户说明原因,并同时加紧对于被毁经片的重新印刷工作,并开展索赔事宜。

以借经为例,理事会数次致电西安方面,请求借调佛经至上海影印,均被拒绝;此后各地补配缺损经卷,也是困难重重。范成法师行至山西青莲寺,访得《开宝藏》《普宁藏》及唐人写经若干,可补缺者达一百三十一卷。在与青莲寺方沟通借用之事时,先是村长出面阻挠,"乃向晋城县政府商办,卢县长亦未能决定。召集县中绅士会议,分文化公开及保存古物赞成反对两派,争持不决。范成设法托人从旁疏通,允赠《碛砂藏》一部,并声明借经三个月归还,始获解决"[10]。看似事情有所进展,但此时又传来消息,山西省政府不允许佛经出境,并下令就地照相。范成法师又前往太原,请山西省佛教会赵次陇出面,才得以解决此事。除上述事情之外,还要注意一些突发情况,如天气变化等,《徐乃昌日记》载:"至藏经会,晤范九,防上海风潮,注意印订作。"(1934年6月10日)[6]1632 可见影印《宋藏》的过程中事无巨细都需要考虑周全。

## 三、影印《宋藏遗珍》与北平三时学会

(一)影印过程

1933年春,范成法师四处寻访配补《碛砂藏》途中,于山西赵城广胜寺觅得珍贵佛藏,所刻经论,有《碛砂藏》及元明清藏所缺者。此事被北平三时学会徐森玉获知,他于1933年夏闻信即往,抵达广胜寺,目验经卷后认为此版大藏经价值很高,决议影印此藏。1934年秋,南京支那内学院院长欧阳竟无派弟子蒋唯心前往赵城广胜寺调查,经过数月潜心研究,蒋唯心撰成《〈金藏〉雕印始末考》一文,发表至南京《国风》第五卷十二号,1935年刊印为单行本,此文对广胜寺藏大藏经的规模和刊刻情况做了详细的研究。

徐森玉（1881—1971），名鸿宝，以字行，浙江湖州人，清末举人，民国时期著名的版本目录学家，时任故宫博物院古物馆馆长。徐森玉对于古物鉴赏独到，同时也研习佛学，跟随韩清净居士学习法相唯识学。韩清净（1884—1949），名克定，别号清净居士，是民国时期研究唯识学的代表人物，他与南方支那内学院的欧阳竟无号称“南欧北韩”。1921 年，韩清净在北平与同道韩哲武、饶风璜、徐森玉等人组织了一个佛教研究团体，名为“法相研究会”，1927 年由徐森玉等人向内务部备案，更名为“三时学会”①，使其正式成为一个具有规章制度、受到官方认可的组织，韩清净任会长。据《北京三时学会简章》可知，三时学会以弘扬佛说第三时教理为宗旨，如《深密经》《华严经》《瑜伽论》《唯识论》等。其会务条约共有四条，为“弘扬瑜伽，流布教义；供养修行，引守研究；搜求遗疏，购置经论；选择地址，建筑会场、图书馆及修行精舍”[17]，其中第三条与此次影印《赵城金藏》中法相经论之举正为契合。

徐森玉抵达广胜寺后，与范成法师一起清点经卷。按照千字文编号计算，经卷原帙应有七千余卷之多，而广胜寺仅存五千零十七卷，徐森玉又于周边村落访得用以糊墙等用的经卷三百余卷，出资购回。在徐森玉的主持和担保下，范成法师与广胜寺住持悟慧就借经签订合同，约定由双方选出经卷若干借至上海影印宋版藏经会影印，以三个月为期限。同时徐森玉还承诺赠送广胜寺一部影印《碛砂藏》，并为其出资三百元修建窑洞一所[18]。在经卷的挑选方面，经录部分，如《大唐开元释教广品历章》等四种四十六卷，由国立北平图书馆留印；法相宗著述，如《唯识述记》等十五种七十三卷，由北平三时学会影印，后定名为《宋藏遗珍》[19]；密宗著述，喇嘛方面承印；其余相关经卷运抵上海，由蒋维乔、徐乃昌、范成三人一同审查经目，有可印者，重新制定影印办法[12]。徐森玉于 1933 年秋携带十余卷经卷返京，与佛界诸同仁共同赏鉴，并于当年“双十节”在国立北平图书馆召开的地图版画展览会上展出部分藏经样本[20]。

（二）预约发售

《宋藏遗珍》中所收录经卷为法相宗相关经论，且“所刻经论，有为宋《碛砂藏》所无，且为元明清藏所皆无者”[21]，内容罕秘，具有很高的价值，分上中下三集，共四十六部二百四十九卷，装为一百四十册。《宋藏遗珍》的出版与影

① 关于北平三时学会的组织架构及成员，参见：澄龙．三时学会的组织形态与成员［M］//怡藏主编．人间佛教与中国佛教现代化．北京：宗教文化出版社，2018：401-409。

印宋版《碛砂藏》具有接续性，发售方式也大致相同，1935 年发行《影印宋藏遗珍预约样本》。此《样本》前有红印《发行宋藏遗珍缘起》、墨印《宋藏遗珍目录》、红印《发行宋藏遗珍预约办法》，书式为六开式，用中国手工制上等连史纸照相影印，装订精致，外加布函，其函数临时配定。预约期从 1935 年 2 月 1 日起至 3 月底止。后附铜版纸照相图像，有“宋藏遗珍之原经发见地”“赵城广胜寺舍利塔”“宋藏遗珍之原经卷轴式”图像，连史纸拉页“赵城广胜寺”版画等。另附四张影印样张，皆为连史纸，为《佛说大乘僧伽吒法义经》卷第七、《御注金刚般若经疏宣演》第五卷、《因明论理门十四过类疏》、《传灯玉英集》卷第二卷首页[22]，印制精美，纸墨优良。

1936 年，北平三时学会出版了《影印宋藏遗珍目录》，四眼线装，是书书衣有丙子（1936）春朱庆澜题“宋藏遗珍叙目”六字，卷前有叶恭绰手书《影印宋藏遗珍序》、蒋唯心《〈金藏〉雕印始末考》。正文详列《宋藏遗珍》目录，书后附欧阳渐《跋》，又有铜版纸影印的各类图片，如“金藏卷轴形式”“各种版式：翻雕译籍、原刻译籍、原刻著述”“金藏原刻与翻刻之比较”“原刻上最早年代之题记”“原刻上最迟年代之题记”“金藏原刻之各种字体（皇统时刻、正隆时刻、大定时刻）”“金藏所存弘法旧版之文句”“金藏所存北宋官版之尾跋”“金藏所存北宋版独有之经”“庞家经坊木记”“零卷经疏之复本”“误据明藏钞补之经卷”等[23]，将所发现之《赵城金藏》的装帧形式、题记、字体特点、版本价值等展现无余，具有非常好的宣传作用。

《宋藏遗珍》的发行采取委托出售的方法，与《影印宋碛砂藏经》大量登报发布请藏启事不同的是，《宋藏遗珍》仅有少数委托信息。如 1934 年 6 月发表于《山西佛教杂志》第 1 卷第 6 期的《三时学会新出版品托转流通》，为三时学会委托山西省佛教会代售，给予九折优惠。另外，在印制《宋藏遗珍》的同时，三时学会还根据徐森玉带回的金藏出版《唯识枢要》一书，“该书旧刻多误，今据金藏刻板，用日本大正藏续藏及金陵刻本等详为校证”[24]。

## 四、结语

胡适曾称赞影印宋版藏经会所作的工作：“这件很伟大的工作，在全国震动不安的几年中办成，在全面抗战爆发的前一年完成，真是值得赞叹的，值得永远纪念的。”[13]369 而《宋藏遗珍》作为范成法师配补《碛砂藏》途中偶得，同样也具有重要意义：“这是影印《碛砂藏》的一个副产品，其重要性可能不下于

《碛砂藏》本身。”[13]370 宋版《碛砂藏》和《赵城金藏》为新见佛经，受到学界瞩目，当时文献保存的环境和安全性堪忧，影印之举势在必行，有抢救出版之功；而《影印宋碛砂藏经》及《宋藏遗珍》作为影印本，同样也具有不可再得的文献价值。如《赵城金藏》在部分经卷影印后，遂即在抗日战争中遭受到掠夺、转运、水浸等厄运，后虽有惊无险转运至北平图书馆保藏，但又经历了漫长的修复过程①，可以说《宋藏遗珍》保存了原始文献的真实面貌。

这两部书在出版的过程中，形成了合理、高效的组织结构。上海影印宋版藏经会和北平三时学会为影印这两部大藏经提供了有力的人才来源，其中藏经会分工明确，无论是上层协调、学术咨询、资金筹备，还是印刷技术、销售发行等方面，都有合适且匹配的人员可供调拨，其组织模式与当今大型图书出版项目的“学术委员会”“编委会”等相似。如影响力及人脉广泛的朱庆澜为发起人和理事长；熟稔佛经的范成法师负责四处寻访配补佛经；曾经在商务印书馆做过编辑，且对佛教思想很有研究的蒋维乔任编审和校订工作等。除内部组织分工有序外，影印宋版藏经会和三时学会与其他佛教组织机构及人员也形成了密切的互动关系。如蒋维乔、梅光羲、江味农、徐蔚如等人创办的刊印佛教经论的北京刻经处，欧阳渐创办的南京支那内学院等，在推动珍贵佛经出版的过程中，各方群策群力，共同促进了近代佛学事业的蓬勃发展。

影印及出版过程环环相扣，有条不紊。前期筹备方面，先确定经卷数量，编写目录，组织人员前往实地摄影，获取玻璃板以供印刷；挑选具有承印能力的出版单位和印刷公司，核算成本。发行方面，先期采用众筹、认购的方式，发放预约券，在一定程度上降低了出版方承担库存积压和资金周转的风险，开支明细清晰公开。在销售环节，分层次提供销售折扣，积极推广，通过人脉及刊登广告的形式促销，扩大知名度和影响力。更重要的是，《影印宋碛砂藏经》和《宋藏遗珍》精选手工连史纸影印而成，纸墨优良，不仅具有“下真迹一等”的文献价值，同时可供赏玩，兼具艺术价值，对于当今的古籍影印事业发展有借鉴意义。

（付明易，复旦大学中华古籍保护研究院博士研究生）

① 有关《赵城金藏》的抢救和修复过程，参见：李万里．救护《赵城金藏》始末［J］．文献，2019（2）:3-10；杜伟生．《赵城金藏》修复工作始末［J］．国家图书馆学刊，2003（2）:54-60。

## 参考文献：

[1] 欧阳渐．影印宋碛砂版大藏经序 [N]. 佛教日报，1936-09-03（3）.

[2] 孟令兵．老上海文化奇葩：上海佛学书局 [M]. 上海：上海人民出版社，2003.

[3] 肖伊绯．《宋藏遗珍》的发现与影印 [J]. 东方收藏，2019（1）：95-98.

[4] 海波，高宝平．影印宋代遗珍：陕西《碛砂藏》的发现和出版微观史研究 [J]. 印刷文化（中英文），2021（3）：177-192.

[5] 朱庆澜．影印宋版大藏经缘起 [J]. 海潮音，1931.12（12）.

[6] 徐乃昌．徐乃昌日记 [M]. 南江涛，整理．南京：凤凰出版社，2020.

[7] 蒋维乔．蒋维乔日记 [M]. 林盼，胡欣轩，王卫东，整理．上海：上海人民出版社，2021.

[8] 蒋维乔．影印宋版碛砂藏经始末记（未完）[J]. 光华大学半月刊，1934（3）：65-67.

[9] 朱庆澜，狄葆贤，丁福保，等．影印宋版藏经会职员表 [J]. 佛学半月刊：世界佛教居士林消息栏，1933（11）：6.

[10] 蒋维乔．影印宋版碛砂藏经始末记（二续）[J]. 光华大学半月刊，1934（5）：69-73.

[11] 代电江海关监督为影印宋版藏经会赴陕摄影携带玻璃药水等用具应否免税办法电仰知照 [J]. 财政公报，1932（52）：139.

[12] 蒋维乔．影印宋版碛砂藏经始末记（三续）[J]. 光华大学半月刊，1935（6）：68-70.

[13] 胡适．记美国普林斯敦大学的葛思德东方书库藏的《碛砂藏经》原本 [M]// 胡适卷．武汉：武汉大学出版社，2008.

[14] 宋藏预约中之所闻 [N]. 慈航画报，1933-08-02（5）.

[15] 影印宋碛砂藏经样本 [M]. 民国二十二年（1933）铅印暨影印本．

[16] 购请影印宋版碛砂经藏启 [J]. 佛学半月刊，1934（70）：23.

[17] 中国第二历史档案馆．北京三时学会简章 [M]// 中华民国史档案资料汇编：文化．南京：凤凰出版社，1991：736.

[18] 桥川时雄，薛惠媛．广胜寺金刻藏经发现与其影印始末记 [J]. 文献，2018（4）：30-33.

[19] 荣媛．二十三年（一月至六月）国内学术界消息：广胜寺金刻藏经影印 [J]. 燕京学报，1934（15）.

[20] 北平图书馆展览孤本地图书画 [N]. 申报，1933-10-09（16）.

[21] 叶恭绰．影印宋藏遗珍序 [N]. 申报，1935-07-15（13）.

[22] 影印宋藏遗珍预约样本 [M]. 民国二十四年（1935）铅印暨影印本．

[23] 影印宋藏遗珍目录 [M]. 民国二十五年（1936）铅印暨影印本．

[24] 三时学会唯识枢要出版 [J]. 佛学半月刊，1934（85）.

# 博物馆利用古籍策划展览探析

A Discussion of Exhibiting Ancient Books in Museums

黄　春

**摘　要：**目前，国内的古籍展览主要由图书馆等机构举办，博物馆作为古籍存藏机构，如何发挥陈列展示特长，利用古籍进行展览策划，以达到知识普及和提供文化体验的目的，是值得探讨的课题。通过探讨分析古籍展览与器物展览的区别与融合、古籍在展览中的利用方式，以及博物馆利用古籍策划展览的策略和路径等，可为博物馆更好地利用古籍资源、打造专业化展览提供借鉴和思路。

**关键词：**博物馆；古籍展览；展览策划

古籍是博物馆众多藏品中的一个类型，国内外许多博物馆都收藏有大量珍贵的古籍，博物馆进行藏品研究和举办展览往往也需要古籍文献作为参考、佐证和补充。如何发挥博物馆陈列展示特长，利用古籍进行展览策划[①]，以达到知识普及和提供文化体验的目的，是值得探讨的课题。

2018 年 5 月，中国博物馆协会博物馆图文典籍与金石拓片专业委员会正式成立，对于以更专业化的视角促进博物馆界对图文典籍与金石拓片的收藏、保护、研究和利用，以及发挥图文典籍和金石拓片在博物馆公共文化服务

① 本文所指用于展览的古籍包括普通形制的汉文古籍、中国少数民族文字古籍，以及简帛古籍、敦煌遗书、佛教古籍、碑帖拓本、古地图、书札、契约、文告、档案等特殊类型藏品和特种古代文献。

和社会教育中的重要作用具有积极的意义。2022 年 4 月，中共中央办公厅、国务院办公厅印发《关于推进新时代古籍工作的意见》，其中第四点“加快古籍资源转化利用”第 13 条“做好古籍普及传播”中提到，“支持各级各类古籍存藏机构和整理出版单位开展古籍专题展览展示”，更是为博物馆通过展览对馆藏古籍进行梳理、加强馆藏古籍的研究和保护、探索更好地利用馆藏古籍的方式方法、促进与相关机构和单位开展交流与合作等等，提供了有力的支持。

目前，国内的古籍展览主要由图书馆等机构举办，相较于一般的综合性博物馆①，图书馆在古籍方面的藏品资源、研究基础、人才队伍等更具优势。博物馆与图书馆在藏品类型、主要职能等方面存在较大区别，就举办展览而言，博物馆以器物展览为主。探讨分析古籍展览与器物展览的区别与融合、古籍在展览中的利用方式，以及博物馆利用古籍策划展览的策略和路径等，可为博物馆更好地利用古籍资源，打造专业化展览提供借鉴和思路。

## 一、古籍展览与器物展览的区别与融合

### （一）古籍展览与器物展览的区别

古籍展览与器物展览的区别，是由两者的展品属性决定的。首先，从信息特征来看，古籍依靠图文符号传播信息，需要通过识读才能获取；器物本身具有多样化的显性信息，如形状、材质、颜色、纹饰等，通过直观感受即可获得。其次，从载体类别来看，普通形制的古籍主要以纸张为载体，平面化且材质单一；器物的载体种类丰富且千差万别，呈现立体形态。

基于以上差异，不同于器物能够比较明晰地体现出价值和具有观赏性，古籍一般需要专业人士进行讲解，才能体现其文化意义和历史价值，这也是古籍展览的难度所在。因此，如采用器物展览的方式去实施古籍展览，往往会因为图文符号不易识读、信息不直观、展品类型同质性强等，造成展览对普通观众的吸引力不足。

### （二）古籍展览与器物展览的融合

古籍展览的举办机构主要是图书馆，器物展览的举办机构主要是博物馆，

---

① 与国家典籍博物馆这类依托图书馆宏富的馆藏资源及深厚的研究基础而建立的专门博物馆相区别。

图书馆与博物馆在展览定位、展览方式、展馆条件等方面存在差异。但随着展览服务的发展、展览理念的更新、展馆条件的提升以及合作交流的扩大深化等，两者基于各自资源优势办展的同时相互学习借鉴。如国家典籍博物馆将国家图书馆的馆藏优势与博物馆的陈列展示特长相结合，策划实施了许多具有影响力的展览。博物馆对古籍在展览利用方面的探索和实践，使得展览呈现多元化的设计和具有多感官的体验。近年来，许多博物馆统筹资源、优势互补，通过文物借展等方式合作办展，这为古籍"活"起来、"转"起来，走出库房、走上展线提供了契机。如辽宁省博物馆2020年举办的"山高水长——唐宋八大家主题文物展"，汇聚了与八大家有关的珍贵藏品。展览展品115件（组），其中古籍14件（指普通形制古籍，不包括展出的25件拓片和1件民国铅印本）里的5件商借自辽宁省图书馆（其余古籍展品为辽宁省博物馆藏品），通过展品商借的方式，整合资源，丰富了展览的内涵。又如成都博物馆2021年举办的"发现中医之美——中国传统医药文物特展"，整合了故宫博物院、中国社会科学院考古研究所、上海中医药大学等数十家单位的文物精品，其中包括安阳殷墟的卜辞龟甲、长沙马王堆汉墓的缣帛、成都老官山汉墓的"天回医简"、甘肃武威汉墓的木牍、敦煌卷子、明清线装古籍等历代医学经典，成为勾勒中医药历史发展脉络不可或缺的重要物证，与春秋时期的铜匜、东汉的"太医丞印"、唐代的脉枕、元代的拔火罐、明代的手术器具和经络腧穴针灸铜人像，以及清代的药柜、药盒、药碾等器物类展品互为补充、交相辉映，从理论和实践上系统地呈现出中国传统医药的博大精深。

## 二、古籍在展览中的利用方式逐渐多样化

综观目前国内利用古籍举办展览的相关情况，归纳出古籍在展览中的利用方式主要有以下四种：

（一）对古籍的单一利用

展览对古籍的单一利用主要分为三种情况：

1. 对某一专题古籍的利用。如国家典籍博物馆[①]2017年举办的"从《诗经》到《红楼梦》——那些年我们读过的经典"，是以古籍经典为展品的展览；四川省图书馆2019年举办的"默化——古籍里的传统医学文化与当代生活艺术的

---

① 国家典籍博物馆于2012年7月由中央机构编制委员会办公室批准，国家图书馆加挂牌成立。

潜移”，是以中国医学古籍为展品的展览。

2. 对单部古籍文献的利用。如国家典籍博物馆2018年举办的“旷世宏编 文献大成——国家图书馆藏《永乐大典》文献展”，以《永乐大典》为展览核心，通过展出馆藏《永乐大典》及相关文献，梳理各代辑佚，详细介绍了这部旷世宏编的编纂、贮藏、流变和最终入藏国家图书馆的坎坷命运；国家典籍博物馆2021年举办的“《尚书》专题陈列”，以《尚书》为展览核心，通过展出馆藏不同版本的《尚书》及相关文献，向观众呈现这部有“政书之祖，史书之源”之誉的典籍；孔子博物馆2021年举办的“学而时习之不亦说乎——《论语》主题展”，围绕一部《论语》，讲述其源流、演变和传播。

3. 对古籍形制的利用。如上海图书馆2018年举办的“缥缃流彩——中国古代书籍装潢艺术馆藏精品文献展”，以中国古代图书的装帧艺术为主题，展现古籍装潢样式及精美的书衣和书具，在介绍中国书籍史发展演变过程的同时，从艺术上展示了书籍不同装潢的特点，以及背后的政治、经济、文化等的发展，是一次利用古籍开展艺术普及的探索式的展览。

利用古籍本身策划的展览，或从古籍的内容切入，或从古籍的形式着眼，或从相关的历史文化拓展，总之，主要是用古籍文献展现和解读历史，弘扬中华文化，传承民族精神。

（二）古籍与器物相结合

在展览中将古籍与器物结合进行展示的方式，近年来有逐渐增多的趋势，如国家典籍博物馆2016年举办的“太古遗韵——中国古琴文化大展”，采用器物与古籍相结合、还原文物使用场景的展示手法，用具象呈现古籍中的相关内容，利用历史上著名的古琴实物或复制品，结合《琴艺》《琴论》《琴制》等古籍资料，讲述中国古代名琴、名曲和名家的故事；国家典籍博物馆2018年举办的“器用为尚——文房艺术与文人生活特展”，将相关古籍与古代文房器物相结合，不仅将中国传统工匠精湛高超的制器技艺进行展示，也令观众对古籍中的相关描述有了更直观的认识；中国国家博物馆2019年举办的“隻立千古——《红楼梦》文化展”，通过文物、古籍文献、艺术品等相结合的方式，展示《红楼梦》这部文学经典的创作背景、表现题材、艺术形象、丰富记述，表现其广泛的文化传播和巨大的文化魅力。

古籍与器物相结合，同时辅以新媒体互动体验装置，能够营造情境，弱化古籍展品的不足，更好地展示原本缺乏表现力的古籍文献。

(三)古籍作为展览的辅助和印证

古籍在这种展览方式中仅作为辅助展品,对展出文物进行补充说明。如中国国家博物馆2020年举办的"舟楫千里——大运河文化展",其中展出的古籍,内容主要是历史上关于大运河的记录和地图,从侧面展现大运河的历史风貌;中国国家博物馆2020年举办的"镜里千秋——中国古代铜镜文化展",在展览中的诸多地方都出现了古籍书影或古籍实物,如早期记载"镜"字的战国时期的《战国策》《墨子》等,对铜镜的功能和纹饰有生动记述的《太平广记》《西京杂记》等。

相关古籍文献记载与器物展品同时呈现,既是"二重证据法"在展览上的应用,又弥补了器物展品信息量的不足,是对展品及展览内容的深入阐释,同时凸显了展览的学术研究价值和史学意义。

(四)古籍作为展览的"脚本"

这种方式比较特殊,重庆中国三峡博物馆联合西南博物馆联盟成员于2018年举办的"盛筵——见证《史记》中的大西南"即为典型案例。无论是贯穿展览的主线、展览的单元,还是展出的器物,都围绕《史记·西南夷列传》设置,力图通过"宴享"这一主题,还原史书中记载的战国到汉代西南地区的巴、蜀、夜郎、滇、南越等几大古国的面貌,证实史书记载的真实性。"盛筵"为历史主题展,但展览从策展、组织展品、内容设计、形式设计、宣传教育到文创研发等系列工作,都围绕《史记·西南夷列传》展开,古籍文献可谓是展览的"脚本"。

此类展览围绕古籍文献展开并融会贯通,以一部古籍或一篇历史文献串联起一个展览,以一个展览还原并用现代视角重新激活一部古籍或一篇历史文献所讲述的内容,展览和古籍文献是互证的关系,展览同时还对古籍文献进行了诠释和演绎。

## 三、博物馆利用古籍策划展览的策略和路径

(一)加强交流借鉴

一是进一步深刻学习和领会习近平总书记多次强调的"让收藏在禁宫里的文物、陈列在广阔大地上的遗产、书写在古籍里的文字都活起来"重要讲话精神,学习博物馆策展的新理念和新方法,尤其关注古籍类或涉及古籍展品的展览的举办情况及其社会效应。目前能够代表我国博物馆陈列展览水平的"全

国博物馆十大陈列展览精品”评选活动入选项目，值得研究学习[①]。

二是联合博物馆、图书馆、纪念馆、方志馆、高校等拥有古籍藏品资源的机构和单位，组织开展专项调研、专题研讨等活动，加强相关机构和单位间的沟通交流与合作，资源共享，共同探索古籍保护、研究和利用的方式方法。

三是把握近现代革命文献类展览的宝贵经验和重要启示。近现代革命文物中，文献是数量巨大、内容非常丰富的类别。近年来，国内许多博物馆和纪念馆，举办了大量与革命文献相关的展览，特别是为了落实习近平总书记“切实把革命文物保护好、管理好、运用好”的重要指示，国内一些博物馆、纪念馆、展览馆策划了一批主题鲜明、内容丰富、形式新颖的展览。考察这些展览对文献的利用方式和展示方法，研究展览采用的辅助表达如雕塑、宣讲、文创、征文、出版等，对于博物馆利用古籍进行展览策划和设计无疑大有裨益。

四是加强跨界学习借鉴。如中央广播电视总台央视综合频道与央视创造传媒联合策划推出的大型文化节目《典籍里的中国》，以“综艺＋戏剧＋影视”的表现方式讲述中华优秀文化典籍，观众反响强烈，掀起了一股古籍热潮，对线下的古籍展览具有积极的带动作用；在西瓜视频播出的纪录片《穿越时空的古籍》，通过呈现当代人对古籍的探索、研究、保护、演绎等，阐释了对古籍“活化”的理解。

（二）探索专业道路

以古籍在展览中的四种利用方式为基点进行展览策划，同时探索更多利用的方式方法。重点把握古籍展览信息的收集、梳理、组织和实施四个环节，尤其是古籍展览信息的收集是策划展览主题的依据。注重挖掘古籍背后的故事，如古籍的编纂、抄刻、流传、收藏等过程中的故事，及其所展示的历史文化，做到高雅而不深奥、轻松而不浅薄、平和而不庸俗。

有条件的博物馆可创建古籍专题展厅。古籍专题展厅是展示古籍信息资源、古籍保护研究成果以及古籍历史文化的重要平台。相对于其他质地的文物来说，古籍对展出环境的要求如展柜、灯光等更为严格，展具的设计及展品

---

① 截至2022年第十九届“全国博物馆十大陈列展览精品”评选活动，入选的古籍类展览共有5个，分别为：“长沙三国吴简暨历年出土文物精品展”（第一届精品奖）、“人类的记忆——云南民族古籍文化遗产展”（第六届最佳宣传推广奖）、“甲骨文记忆展”（第十三届精品奖）、“旷世宏编　文献大成——国家图书馆藏《永乐大典》文献展”（第十六届优胜奖）、“学而时习之不亦说乎——《论语》主题展”（第十九届优胜奖）。

的摆放等也需要符合古籍保护的原则。创建专题展厅，便能根据古籍的特殊需求进行建设。同时，有了古籍专题展厅，便能策划举办不同主题的古籍原创展和交流合作展，为探索博物馆古籍展览的专业化，加强古籍藏品的保护和研究，更好地利用古籍资源，打造古籍展览、教育和文创品牌，提供新的渠道。此外，博物馆通过创建古籍专题展厅，能够进一步建立健全古籍展览的设计与布展操作规范。

（三）创新设计形式

突破传统的展览方式，采用新颖、独特的方式方法，恰当而生动地诠释展览内容。国家典籍博物馆 2015 年举办的“甲骨文记忆展”，除采用甲骨实物、复原场景、考古发掘图片资料、甲骨及甲骨文研究成果等传统展览手段外，还采用了声光电等各种现代科技，结合装置艺术，增强展览的互动性和体验性，是将学术性、艺术性和科普性结合得比较好的案例。“盛筵——见证《史记》中的大西南”展览联合西南地区多家博物馆，紧扣展览主题选择展品，用历史文献与文物互证的方法展示西南古国文明，进一步证实史书记载的真实性，并填补相关文献的空白，有效增强了展览的学术性。

在普及专业性、学术性的同时，增强可观赏性和互动性，让书写在古籍里的文字“活”起来。注重运用音频、视频、动画、多媒体互动、场景设计等辅助手段提升展览的整体效果，弥补古籍类展品外观、材质及隐藏的内涵、技艺等难以多维展示和直观呈现等不足，以及过多的文字内容带来的局限和疲劳感，吸引观众的关注，激发观众的兴趣。如“太古遗韵——中国古琴文化大展”利用现代化科技手段还原古琴使用的历史场景，营造古琴使用的情境，增强观众身临其境的感受；“旷世宏编　文献大成——国家图书馆藏《永乐大典》文献展”采用全息投影、立体场景还原等手段，通过可视化的图文和数据信息，展示《永乐大典》的风采；“隽立千古——《红楼梦》文化展”通过场景复原以及布景设计，增强观众观展体验及身临其境之感，同时展厅里还设置了大观园 VR 视频、欣赏“金陵十二钗”人物形象的数字触屏、播放多个版本电视剧《红楼梦》的影音装置等互动设备，满足观众的感官需要；“舟楫千里——大运河文化展”的展览空间运用运河蜿蜒的造型元素突出展览主题，同时配以相关的辅助展品、数字影像、动漫视频和互动项目等，增强展览体验感；“默化——古籍里的传统医学文化与当代生活艺术的潜移”展览，通过古代医学文化、医学古籍与当代艺术如绘画作品、互动装置、录像作品等的互动，将中国传统医学文化进行立体化的、贴近现实生活的呈现。

（四）拓展配套活动

基于古籍展览的特点，首先应该配备专门的讲解服务，通过人工讲解和语音导览更好地诠释展览主题和内容，讲好古籍故事，优化观展体验。其次是结合全媒体时代特点搞好博物馆的运营和发展方式，在线上和线下加强对外宣传与合作，开展兼具教育性、趣味性、多样性、科学性的系列活动，如相关的学术研讨会、讲座、诵读、体验等，展示古籍的魅力和意趣，使观众深入了解展览及相关领域的知识。如“太古遗韵——中国古琴文化大展”设计了一系列互动项目，展出观众可触摸的古琴零部件，体验古琴的制作过程，邀请古琴师进行现场演奏，设置汉服体验区等；“旷世宏编　文献大成——国家图书馆藏《永乐大典》文献展”现场举办临摹、填色、传拓技艺体验和讲座等系列互动活动，进一步让观众感受《永乐大典》的版式、书写以及插图等方面的精美。

（五）提升研发水平

文化创意产品作为博物馆的“最后一个展厅”，具有传播博物馆文化、实现博物馆社会文化服务功能、满足观众需求等重要作用。古籍类文化创意产品相对器物类文化创意产品来说比较缺乏，品种也相对较少，这是由古籍的特性决定的，同时也有设计思路受到局限、缺少深入的挖掘与合作等原因。目前，古籍类文化创意产品研发当属是国家典籍博物馆相对专业和精深。国家图书馆（国家典籍博物馆）开始文创产品开发探索的时间较早，自 2000 年被列为文化机构改革试点单位后即起步，2017 年又被列为文化部（现文化和旅游部）确定的文化文物单位文化创意产品开发试点单位。国家图书馆基于馆藏古籍开发的文创产品，早期主要以复仿制品和出版物为主。近年来，随着不断拓展思路、融合创新，加强馆藏资源挖掘研究，加强与社会力量合作，加强宣传和营销，开发了“庆赏升平”“十竹斋”“三山五园”“甲骨文”“芥子园”“永乐大典”“书香典藏”等系列产品，种类包括收藏礼品、文化用品、生活用品、娱乐用品、服装配饰等，为古籍类文化创意产品研发提供了借鉴。博物馆开展古籍类文化创意产品研发，应大胆尝试和突破，注重传统文化元素与现代艺术的结合，兼容艺术性和实用性，提升文化品位。

总之，中国是历史文献大国，浩如烟海的古籍文献作为中华民族的文化根基，是千百年来中华民族智慧的凝聚和结晶，承载着中华民族灿烂的文明。作为古籍文献主要的收藏研究和展示传播机构，无论是博物馆还是图书馆，都应通过不断的探索和创新，通过更深入广泛的交流和探讨，更好地让古籍这类平面的文物展品“说话”，让社会大众能够更好地汲取蕴藏在古籍中的精神养分，不断开掘中华优秀传统文化的生命力、凝聚力和创造力。

（黄春，广西壮族自治区博物馆副研究馆员）

参考文献：

[1] 周婧景，马梦媛 . 器物展览与文献展览比较研究 [J]. 故宫博物院院刊，2021（6）：11-23，107.

[2] 王麒越 . 历史文献在展览中的再呈现：以“盛筵——见证《史记》中的大西南”为例 [J]. 博物院，2021（3）：107-112.

[3] 郭慧 . 融入历史文献元素　提升展览学术价值——以广东美术馆两大展览为例 [J]. 客家文博，2020（3）：40-45.

[4] 辛璐，陈魏玮 . 册府千华　智慧源泉——国家典籍博物馆的探索与实践 [J]. 文物春秋，2018 年增刊：59-64.

[5] 岳小艺 . 国家典籍博物馆展陈特色的探析 [J]. 中国书法，2017（9）：136-139.

# 清宫旧藏《清文翻译全藏经》经版研究 *

A Study on the Woodblock of *Manchu Buddhist Canons* Collected in the Qing Imperial Palace

周 莎

**摘　要**：在北京故宫博物院的藏品中，有一批珍贵的雕版。在这批雕版中，包含有清宫刊刻和收藏的佛教经版，其中较为重要的是乾隆时期刊刻的《清文翻译全藏经》经版。本文通过对清宫旧藏《清文翻译全藏经》经版的形状、造型、纹饰等方面的描述和展示，以期呈现出所见文物的基本信息，分享工作过程中的记录，揭示该雕版的原状，以便与研究者们共同讨论研究。

**关键词**：全藏经；经版；乾隆皇帝；章嘉国师

## 一、《清文翻译全藏经》之刊刻

### （一）佛经之刊刻

在中国古代封建制的国家政权中，佛教长期被部分帝王用来辅助其统治。一方面，帝王们尊崇佛教信仰，推崇其教义，直接影响着佛教的弘扬；另一方面，帝王们抄经、写经的同时，还大兴刊刻之风。

清代中期，乾隆皇帝下令以藏文版的《甘珠尔》和《丹珠尔》为底本刊刻国语（即清文）版《大藏经》。此次刊刻的清文版《大藏经》，成为清代宫廷佛经刊刻的特色之一。这部清文《大藏经》的完成，体现了清代帝王对佛教采取的

* 该成果得到北京故宫文物保护基金会学术故宫“英才计划”专项经费资助。

怀柔政策，也使得藏传佛教文化对清代宫廷产生了极大的影响。

故宫博物院收藏的雕版文物众多。一方面，这是故宫博物院的特色典藏；另一方面，从藏品上也能反映出当时社会的历史信息，为相关研究者提供了丰富的研究资源。在院藏资源中，典藏有大量佛经经版。其中，《清文翻译全藏经》便是在这一特定历史时期所雕刊的作品之一。

（二）《清文翻译全藏经》的刊刻与刷印

故宫博物院共收藏有《清文翻译全藏经》经版 42237 块，其版式布局严谨、佛图精美（见图 1）、雕版板脊装潢考究，为藏传佛教研究提供了实物证据。

图 1 《正法念处经》第三卷佛图经版

乾隆皇帝的章嘉国师（三世章嘉若必多吉）主持并参与了此次《清文翻译全藏经》的雕刻工作，参与的人员还有皇六子质亲王永瑢、皇八子仪亲王永璇、大学士和珅及福隆安等。《清文翻译全藏经》刊刻于清代中期的康雍乾盛世之时，此时清朝国力强盛、经济繁荣。盛世修文，开雕《清文翻译全藏经》也是满足其物质文化生活及国家政统的需要。皇帝敕命御译《大藏经》，还反映了乾隆皇帝在宗教信仰方面的态度[1]。《清文翻译全藏经》是佛教的法宝，即诸佛经的百科全书。乾隆皇帝御制的序文中写有"顶礼佛、顶礼法、顶礼僧"，在经的开端便如此恭敬佛教三宝，反映了乾隆皇帝本人对佛法的虔诚。

《清文翻译全藏经》雕刊完毕后，便进入到刷印工序。刷印完毕后的《清文翻译全藏经》的成品，以"贝叶夹装"的形式进行装帧。全经共计 108 夹（函）①，每夹经篋，由经叶、经版、经衣三部分组成。收录佛教经典 699 种，总计 2466 卷。故宫博物院典藏有 76 夹（函）605 种 33750 页，台北故宫博物院收藏《清文翻

① 其中不包括目录1函。

译全藏经》的成品有 32 夹(函)约八百余卷。

从《清文翻译全藏经》经版刷印后的成品样张来看,刷印后是没有颜色的(见图 2)。目前我们看到故宫收藏的《清文翻译全藏经》装潢后的成品,为刷印样张上色之后的样貌,即上色后再进行装帧并装潢的最终品。我们现在看到的经叶实物,均为后期着色而致(见图 3)。

图 2 《正法念处经》第三卷佛图经版刷印成品样张[①]

图 3 《正法念处经》第三卷佛图经版刷印成品上色后的情况[②]

(三)《清文翻译全藏经》的版本来源

目前,我们根据这些《清文翻译全藏经》的经版,可以与宫廷中所收藏的《大藏经》印刷品实物进行相互比对,确认版本的来源。《清文翻译全藏经》的雕版板片与印刷品实物,现均收藏于故宫博物院图书馆。关于其雕刊年代,学术界曾讨论激烈,《清文翻译全藏经》译刻具体年代为"乾隆壬辰",即乾隆三十七年(1772)正月初八日,至乾隆五十八年(1793)十二月二十七日。这种分析是基于译经工作开始时间至雕刊完毕的结束时间,是合乎常识的。

章宏伟《〈清文翻译全藏经〉丛考》一文对清宫雕刻的《大藏经》的名称进

---

① 此图引自:故宫博物院编.藏传佛教众神[M].北京:紫禁城出版社,2003:394。

② 此图引自:故宫博物院编.藏传佛教众神[M].北京:紫禁城出版社,2003:394。

行了考证，认为清宫所雕刻的满文版《大藏经》应称《清文翻译全藏经》[2]。随后，故宫的罗文华、马骥越等研究者，先后以此名称发表多篇学术论文。故宫出版社出版的《故宫博物院藏品大系·善本特藏编 20·内府雕版（下）》、故宫图书馆雕版文物账目登记名称亦称《清文翻译全藏经》。故宫博物院官网的数字文物库中，所登记的名称亦均为《清文翻译全藏经》。台北故宫博物院的刘国威2015年在《清文全藏经》一文中，阐述了按满文经名文字直译后的汉语标题为《满文翻译大甘珠尔经》（满语转写成拉丁字母为：manju hergen i ubaliyambuha amba g'anjur nomun），因此皇帝诏命以满文翻译的佛教经典全集称《御制清文翻译全藏经》，这一名称为两岸学界所认可。

## 二、清宫旧藏《清文翻译全藏经》经版研究

### （一）《清文翻译全藏经》经版形制及制作工艺

#### 1. 物质材料

《清文翻译全藏经》雕版的材质为梨木，根据《啸亭续录》记载：版片所用材料皆为梨木。从故宫博物院图书馆所保管的雕版实物来看，每块版材质地坚硬，历经年代的更迭，虽多有糟朽，但可以看出其木质材料较为上乘，每块经版重约3至4千克。该木材当属于密度高、硬度适中、杂质包含物较少、品质上佳的木料，十分有利于刻工雕刻和保存。因此，雕刻出的木质经版具有耐久性、抗风化的特点。

在四周出脊的地方，刊刻者运用了传统木胎器物的髹漆工艺。一方面，是为了保护版面文字；另一方面，也使这部经典更加庄严。《大清会典》中对这部经的刻版工艺没有具体的装饰要求，我们通过实物可补充其相关工艺使用上的流程证据。

木胎通常用木材比较适宜制作方形的素胎制作，其木质细密，具有韧性，不易变形，还可以旋作圆器胎型，收缩性小的为好。但木材往往会从空气中吸收水分，从而引起伸缩变形，因此最好在制作木胎前，用热蒸、水煮、烘干等方法加以处理，以避免或减少变形。在《清文翻译全藏经》经版开雕之前的选材方面、雕刊前的准备方面，都会对木材采取这种蒸、煮、烘的工序。

#### 2. 形状造型

《清文翻译全藏经》经版的形状呈长方形，为长方形四边出脊式样式。以"师律戒行经第一卷　一百"（叶）经版为例，其雕版尺寸长为64.3厘米，宽为20厘米，厚度为4厘米；版框长度为60厘米，宽度为16.2厘米（见图4）。

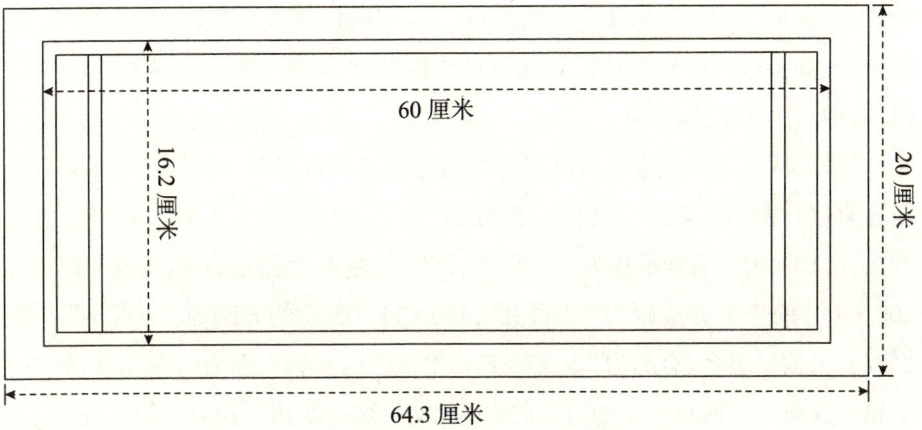


图 4　经版尺寸示意图（作者绘）

在左侧的边框中，刊刻有汉文佛经名称、页码和千字文；在右侧的边框中，刊刻有佛经的满文名称和页码，未见书有满文的千字文。此文字皆为反书，待雕刊完毕刷印后，便为正书的文字。笔者在《清宫旧藏〈清文翻译全藏经〉经版的保存与研究》[3]一文中，对《清文翻译全藏经》经版的版式布局和信息分布，做了比较详细的描述。本文则是以文物学的方式对其经版信息内容的接续研究，故在此不赘述经版各部分细节名称。

由左侧边框的文字内容可以看出，当时雕刊的汉文经名命名方式，即“汉文佛经名称 + 页码”。以“文殊根本经　上十三”经版为例，可看到左侧边框内自上而下，书汉文“文殊根本经　上十三”；右侧边框内自上而下书满文经名名称及页码名称，页码满文如图 5 所示。

图 5　满文页码的反字，汉语意思为“上十三”

拉丁文字母转写为：dergi juwan ilan，为满文“名词 + 数词 + 数词”的构成形式,意思是:上十三,与汉文意思相同。综上所述,根据《清文翻译全藏经》经版边框内的习惯性排列方式,若汉文页码模糊时,可到右侧边框内核对满文页码,这种方法非常实用。

另外,从所见左侧边框内汉文卷页信息内容来看,其页码不写“第 ×× 页”,而是直接计数,即表示“上和下”面数的“上”与“下”+“页码”,页码的表示方法有,103(叶)的表示法为“一百三”,即“百”字后直接接数字,省略“零”字,109(叶)的表示方法则为“一百九”,110(叶)表示的方法为“一百十”。边框内卷页信息组合,有的为“汉文经名+上或下+页码”,没有写第几卷,如“一字轮王仪轨　下四百八十四”;有的为“汉文经名+页码”,没有写第几卷。

有的经版板脊左侧侧脊处,用“朱漆书名”。即板脊左侧的位置上书“汉文经名+上或下+页码”,如“中阿含三卷一百四十二”。由此可知,《清文翻译全藏经》经版刊刻完成后,保存方式是横向竖直排列,左侧侧脊处手书“朱漆”字,目的是查找经版时的方便,类似于我们今天书籍码放后,在书脊位置的信息。

3. 纹饰装饰

《清文翻译全藏经》经版除佛图中对佛像的装饰纹饰外,在经版的版框四周,大部分为双栏线素面,另有少部分在版框四周饰有纹饰。饰有纹饰的经版通常有三种情况,一是《清文翻译全藏经》每夹经(叶)的卷首与卷末,均为佛图经版(叶),即佛图经版的版框四周饰有缠枝草叶纹;二是《清文翻译全藏经》经版的每种经的卷首,如“上一、上二”(叶)经版,其四周饰有缠枝草叶纹;三是上下夹经版尊神的四周,亦饰有缠枝草叶纹。如《中阿含经》第二卷　上二经版(见图6)。《清文翻译全藏经》的经版四周出脊处,采用了大漆工艺,其刷印后的成品,装帧形式采用了仿贝叶经式的梵夹装。

图6 《中阿含经》第二卷　上二

现存的经版历经累年，或多或少都有些伤况出现，约有 13 种病害情况。按经版不同的位置，分别有板材起翘、板材尘垢、边角缺损、版面开裂、版面磨损、版面糟朽、版面霉变、版面水浸、版面虫蛀、挖补缺失、有挖有补[①]、边框糟朽、漆层脱落。笔者根据多年的库房文物信息采集工作经验，将所见雕版信息制成表单（见表 1）。制表的目的是完整记录所见雕刻版的信息，如经名、卷叶、病害情况，并用“△”的方式，记录雕版的伤况信息，以便日后文物修复和利用。有的经版伤况多样，故而看到的整行中有多次“△”的出现；有的雕版保存完好，没有伤况情况，故空白不记，谨作说明。

**表 1　雕版病害情况**

| 经名 | 卷叶 | 板材部分 | | | 版面部分 | | | | | | | | 边框糟朽 | 装潢部分 |
|---|---|---|---|---|---|---|---|---|---|---|---|---|---|---|
| | | 板材起翘 | 板材尘垢 | 边角缺损 | 版面开裂 | 版面磨损 | 版面糟朽 | 版面霉变 | 版面水浸 | 版面虫蛀 | 挖补缺失 | 有挖有补 | | 漆层脱落 |
| 增壹阿含经 | 第一卷上二百四十七、第一卷下二百四十七 | △ | | | △ | △ | | | | △ | | △ | | △ |
| 长阿含经 | 上八十二、下八十二 | | △ | △ | | | △ | | | | | | | |
| 修行菩萨行门诸经 | 上三百五十、下三百五十 | | | | | | | | △ | | | | | |
| 妙吉祥根本经 | 上六十四、下六十四 | | | | | | | △ | | | | | | |
| 真实三昧经 | 上二百十四、下二百十四 | | | | | | | | | | | | | |
| 焰口施食仪轨 | 上六百三十八、下六百三十八 | | | | | | | | | | △ | | | |
| 文殊根本经 | 上六十六、下六十六 | | | | | | | | | | | | △ | |

① 有些时候，刻工在刻错或是遇到板材有树疤的情况时，会在版面上挖补，以求文字的修补与刊刻。

4. 髹饰工艺

中国在世界上最早用漆来保护木材质器物，考古学者在江苏省常州市的圩墩遗址发现了喇叭形的木器，证明了生活在新石器时代的古代先民便已经掌握了这一方法。

《清文翻译全藏经》的雕刊时期为乾隆中期，从雕版实物来看，在装饰方面用了髹漆工艺。这种工艺又叫"大漆工艺"，俗称"钻漆"。顾名思义，"钻"就是使漆液渗透进木板材料的结构之内，保护木结构，控制其延展性，使其存放久远而不变形。古人使用的漆液源自漆树自然分泌的液体，无今之化学成分，天然环保，刺激性小。漆液干涸后呈浅棕色，无任何颜料添加①。笔者做过多年的库房保管整理工作，目前所见清宫所藏的这部乾隆御译的《大藏经》，板脊处装潢过的皆为此色，其为漆液本色，并没有上其他着色材料。

然而，清宫所藏的《清文翻译全藏经》的经版并不是每块雕版皆用这种"披麻挂灰"的工艺。其板脊装潢工艺顺序有四道者，亦有二道者。四道工序为：①髹漆→②裱布→③刮灰→④髹漆。

第二道裱布的形式类似于器物髹饰布漆的做法，即"捎当后用法漆衣麻布，以令麭面无露脉，且棱角缝合之处不易解脱，而加垸漆"。具体做法是：在已经捎当之后的器物上，用法漆将麻布糊贴到上面。这样，即使将来用石材搓磨，也不至于将木胎或木筋透露出来。同时周身贴了麻布，拉扯连系力加强，木胎拼合的地方也不容易松裂脱开了[4]179。

第三道做法是类似于器物髹饰垸漆工艺。垸漆，一名灰漆。据《髹饰录解说》记载：用角灰、磁屑为上，骨灰、蛤灰次之，砖灰坯屑、砥灰为下。皆筛过分粗、中、细，而次第布之如左，灰毕而加糙漆。第一次粗灰漆；第二次中灰漆；第三次作起棱角，补平窳缺；第四次细灰漆；第五次起线缘。垸漆是制造漆器的第五道工序，即在布漆之后的器物上上灰漆。《清文翻译全藏经》经版的板脊上，未见加有角、骨、砖、瓷等物，据对脱落的漆层观察，似直接加生漆和砖灰粉末，调和成糊，敷抹到板脊的[4]171。

有的经版运用了漆器髹饰的单素工艺，有的则稍显烦琐，运用了类似垸漆的髹饰方法。"单素是漆器在捎当之后，不再经过贴布、垸漆、糙漆等过程，上面上

---

① 类似半透明漆的用途之四。半透明漆的用途：（1）配制黑漆；（2）可以调配各种彩色漆；（3）调配入胚油制造透明漆作为罩漆用；（4）可以薄涂在木质上。

漆便算完成，属于单素门。”[4]162 两道工序为①髹底漆→②待干后，再髹一遍漆。

目前所见的清宫档案，尚未发现对板脊装饰的明确规定，但我们从实物来看，这种装潢方式起到了对板材装饰和加固的作用。另一方面，我们还可以与木胎器物工序进行对比。木胎器物工艺技法步骤如下[5]33：

步骤一：将木素胎全面薄涂一层生漆，以防水分浸入木质。

步骤二：全面检查木胎，如有裂伤、结疤，或拼合而成的拼板，则需要拉缝，或挖去朽木再填充漆糊木粉料。

步骤三：在木胎上全面裱一层麻布。用40%的生漆加60%的糯米糊调匀、裱布，俟干燥后，削去交叉重叠的麻布。

步骤四：在裱布上，刮上粗灰。

步骤五：在粗灰面，刮中灰。

步骤六：在打磨平滑的中漆灰胎上，再刮上一层细漆灰。

漆灰每层需要刮几次，要根据器物的大小件而定。大件的每层刮二三次（粗、中漆灰），小件的粗、中、细灰各刮一次[5]33。

如上所言，要具体分析《清文翻译全藏经》经版板脊的漆层成分，还可对脱落的漆层残件进行文物科学实验，这样得出的数据将比较完整，给日后开展的雕版修复工作提供相应的理论数据保障。

（二）《清文翻译全藏经》经版的保存状况

在《清文翻译全藏经》经版的版面文字信息方面，我们通过上面整体的满文文字布局，可以看到竖列齐整。《大藏经》经版的整体构图，体现了木刻佛经经版的程式性。宫廷刻工们通过整体构图，将版心中的佛经内容排列得行列得体。从实物上我们可以看到，文字周边的留白处有挖去部分的刀痕。另外，每一个满文字体拐弯转折之处，在经版实物上都可以看出一撇一捺，这是刻工们用心雕琢，一气呵成之下雕刻出来的。收笔的满文笔画多为“捺”，也就是满语拼写的“n”，这关键的收尾雕刻为一刀完成。同时，每块雕版上，凡是最后以“n”收尾的满文，其“n”的雕刻方向，与整版中的这一笔画皆平行，体现出满文整齐的文字秩序。

清代中期藏传佛教对清廷具有深刻影响。在此背景下，乾隆皇帝敕命将佛教经典翻译为满文，以藏文《丹珠尔》和《甘珠尔》为底本，相互校译，成就了这部《清文翻译全藏经》，来使满洲人学习宗教教义。刻工对法宝的恭敬，成就了这部清文《大藏经》的刊刻。乾隆一朝，将这部佛经典籍刊刻刷印完毕后的成品，共计十二套，藏于宫中及所赐诸寺。

## 三、结语

《清文翻译全藏经》经版的内容具有宗教性，选题富有时代性，从版面起刀与刀法留下的纹路痕迹上，可以了解当时的刊刻手法与技巧，体现了清代中期木刻经版的程式性。从版面布局上，文字中线与面的关系，体现了清代宫廷刻工高超的雕刻技艺，以此向世人展示了佛经雕版的庄严与神圣。

佛、法、僧是佛教的三宝。在古代中国的意识形态中，法王大于人王。因此，自誉为“十全老人”的乾隆皇帝，自然要敬畏三宝。这种意识在清初便已开始形成，顺治皇帝曾亲笔书写“敬佛”，可见清朝的最高统治者对法王的敬畏。我们不仅可以从封“班禅额尔德尼”和“达赖喇嘛”这一措施看到清廷对西藏的宗教政策，还可以从刊刻这部《清文翻译全藏经》经版的细节之处体会到清代帝王的宗教信仰，以及他们对佛教法宝的恭敬之心。

（周莎，故宫博物院图书馆馆员）

参考文献：

[1] 罗文华 . 龙袍与袈裟（上）[M]. 北京：紫禁城出版社，2005：29.

[2] 章宏伟 .《清文翻译全藏经》丛考 [J]. 满语研究，2008（2）：54-64.

[3] 周莎 . 清宫旧藏《清文翻译全藏经》经版的保存与研究 [J]. 中国文物科学研究，2022（3）.

[4] 王世襄 . 髹饰录解说 [M]. 北京：文物出版社，1983：162、171、179.

[5] 沈福文，李大树 . 漆器工艺技法撷要 [M]. 北京：轻工业出版社，1984：33.

# 清道光刻本《汉四皓石刻题跋》考论

A Textual Research on the Qing Daoguang Lithographic Edition of *The Prefaces and Postscripts of Han Sihao Lithographic Printing*

毕晓乐

**摘　要**：清道光刻本《汉四皓石刻题跋》，刊刻稀少，国内罕见。山东省图书馆藏有一部，其名家题记揭示了此书的递藏经过，还原了一段尘封已久的藏书故实。书中双钩摹本留存了拓本原貌，征引四皓石刻的相关文献并加以注释考证，对于确定四皓成员名称及石刻行政区划变迁具有重要的史料价值。

**关键词**：石刻；四皓；题跋；拓本

商山四皓是指秦末为躲避战乱而隐居于商山的四位老人。他们年皆八十有余，银须皓首，品行高洁，故名商山四皓。汉初高祖刘邦闻四皓之贤名请其出山，老人婉言谢绝。后来高祖因宠爱戚夫人，欲废太子刘盈，另立戚夫人之子赵王如意为太子。吕后用张良之计，迎四皓辅佐刘盈，以彰显太子之德，遂使高祖辍废太子之议。刘盈即位后，四皓仍隐居商山。为感谢其匡扶汉室之功，汉惠帝刘盈在四皓离世后，于其隐居处修建陵墓，并诏令百官祭扫，以示尊敬。四皓墓位于今陕西省商洛市丹凤县城西 7.5 千米的商镇西街，2003 年 11 月建成四皓碑林园，精选历代文人雅士盛赞商山四皓的诗篇立碑 50 通。

历代称颂商山四皓者众多，如清代文学家张笃庆《四皓赞》云："黄石赤松，引留侯人。甪里东园，为留侯出。委蛇游戏，是谓天逸。遂定储皇，衣冠崒嵂。英英紫芝，冥冥商洛。地肺有灵，终然高卧。秽彼汉宫，雉膺犬祸。"[1] 明代权臣毛纪所著《鳌峰类稿》中亦有《四皓图》诗，称赞商山四皓的高洁品行。诗云：

“烟霏散尽商颜晓，空外飞流成缥缈。白云深处深复深，居然地隔红尘少。中有四老须眉苍，坐闲棋局松阴凉。秦颠楚蹶了不问，紫芝香动歌声长。一日潜龙归羽翼，青山回首生颜色。百年出处本无心，高名留与人间识。”[2]

对于四皓之成员历来说法不一，有作园公、绮里季、夏黄公、角里先生者，亦有作园公、东园公、绮里季、夏黄绮者。《史记索隐》云：“四皓也，谓东园公、绮里季、夏黄公、角里先生。”[3]《汉书》曰：“汉兴有园公、绮里季、夏黄公、甪里先生。”颜师古注释云：“四皓称号，本起于此，更无姓名可称知。此盖隐居之人，匿迹远害，不自标显，秘其氏族，故史传无得而详。至于后代皇甫谧、圈称之徒，及诸地理书说，竟为四人施安姓字，自相错互，语又不经，班氏不载于书。诸家皆臆说，今并弃略，一无取焉。”[4]宋祁曰：“‘季’字下当有‘公’字，‘甪’不成字，当作‘角’。”[5]《汉书》最早记录了四皓名称，但是并未记载具体姓名。颜师古认为四皓是隐居之人，避其氏族，故《汉书》对其姓名语焉不详，而后世学者牵强附会，施安姓字，则属臆说。宋祁赞同颜说，仅在《汉书》所记四皓名称基础上加以修正。

与纸质文献相比，石刻文献由于镌刻年代久远，较多保留了历史原貌，因此具有订正补充史籍的作用。而对于四皓成员名称的确定，以往学者多转引文献进行论证，忽略四皓刻石的具体文字，结论往往失之偏颇，直至清代书法篆刻家杨澥的道光刻本《汉四皓石刻题跋》问世，将文献与实物结合起来，对四皓石刻（又名“四老神坐神祚机题字”，今据杨澥刻本称“四皓石刻”）进行了深入研究与考证，为后世保留了一份珍贵的文献资料。

## 一、成书过程及山东省图书馆藏本递藏经过

杨澥（1781—1850），字竹唐，号龙石，晚号野航，又有聋石、石公、聋彭、聋道人、石公山人、野航逸民等别号，江苏吴江（今苏州吴江区）人。精研金石考证，书法仿《天发神谶碑》，注重传神。擅长刻印，竹、铜、牙、玉等材质皆通，有“江南篆刻第一名手”的美誉。道光二十四年（1844），因半身不遂而封刀，有《杨龙石印存》二卷传世。

赵亨衢，字子鹤，生卒年不详，江苏苏州人，清道光举人，道光二十五年（1845）任广东高要知县，著有《阁帖汇考》。道光十一年（1831）赵氏在歙县任职时于当地购得汉四皓石刻拓本，好友杨澥获观后，甚为惊叹，铭心不忘。五年后即道光十六年（1836），赵亨衢前往庐江任职，杨氏致书欲借四皓拓本。赵

亨衢收到来信后，将拓本慨然相赠，并嘱咐杨澥学习黄易小蓬莱阁双钩汉碑的做法，将四皓拓本刻印成书流传后世。

道光十七年（1837）春，杨澥将四皓拓本重新装裱，焕然一新，适逢嘉定瞿中溶游历苏州，见此拓本，不禁叹赏其妙，并作考据千余言。入夏，金匮钱泳过访，见四皓拓本，称其为海内罕见的珍品，于是手钩一本并摹勒上石。是年冬天，杨澥将瞿中溶、钱泳题跋以及自己所作刻书题跋先行刊刻。次年孟夏之月，杨氏又汇录古今题跋，钩模汉隶原本，交由吴门艺芳斋张氏刻版，并作刻书题记。

《汉四皓石刻题跋》自道光十七年冬始刻，至道光十八年孟夏刊刻完成，历时半年。全书双钩摹刻八叶，题跋著录十三叶，共计二十一叶。版式为每半叶十行二十字，小字双行二十字，白口，左右双边，单黑鱼尾。鱼尾下版心中上部刻“汉四皓石刻题跋”，书名据版心题录。

《汉四皓石刻题跋》作为杨澥个人出资付梓的石刻资料，刊印数量不多，存世数量较少[①]。山东省图书馆古籍普查新发现一部，内容完整，刻印清晰，文中有四处朱色印刷修改的错字[②]，为初印之明证。另有王功后、杨澥题记，尹彭寿题跋，为我们还原了一段流传有序的藏书往事。

清道光二十年（1840），也就是《汉四皓石刻题跋》刊印成书后的第三年，杨澥将此本赠送给复斋先生，书中双钩摹字第八叶空白处有杨澥楷书墨笔题跋云：“道光二十年庚子九月廿五日持赠，复斋先生清赏，杨澥（钤‘澥’朱文方印）。”文中所言复斋先生为王功后。杨澥作为名冠一时的江南书画篆刻家，喜好交友，王功后亦为书画名家，青年时期家道中落，遂以笔墨为生，宦游江浙。清道光二十年，王氏游历苏州结识杨澥，两人志趣相投，一见如故，因此才有杨氏赠书之举。

王功后（1780—1845），名不矜、弗矜，字功后，以字行，号复斋，又号懒云，山东高密人，晚年移居胶州。工诗善书，嗜好金石，通音律，擅琴艺，尤精绘画，其书画仿高凤翰笔法，花卉、山水、人物俱佳。王功后得此书后，如获至宝，于上书衣欣然题字，左侧隶书“汉四皓神坐题字并跋”及行书“杨老人龙石摹刻”，

① 据目前掌握的资料，截至2022年，国内现存两部：一部藏上海图书馆，题名为《汉四皓石刻题跋集录》；另一部藏吴江图书馆，或为《中华书法篆刻大辞典》所载吴江杨氏藏本。

② 四处修改为：一、正文第二叶b面“角里尚”中“尚”朱笔改为“先生”；二、正文第十一叶a面“及立于”中“及”旁朱笔改为“反”；三、正文第十二叶b面“全虽”中旁朱色印添“字”；四、正文第十二叶b面“争贵”后朱色印添“哉”字。

右侧行书“道光二十年庚子九月廿五日复斋识于姑苏之清微道寀”。隶书方正，行书流畅，一气呵成，墨色饱满，与内容相得益彰，为此书增添了几分古朴雅致的韵味。所言清微道寀即清微道院，是位于苏州姑苏区沧浪街瓣莲巷内的一座道教建筑，为南宋端平年间清微道派所建，明嘉靖、崇祯，清嘉庆年间重建，一向为风雅聚集之地。

书中钤有“此道今人弃如土”白文竖长方印、“金石契”朱文方印、“百衲琴斋”白文方印。从藏书主人嗜好金石并收藏古琴的特点推测，三方印章当为王功后藏印。

王氏藏本后来成为傅丙鉴的插架之物。卷末空白叶有尹彭寿墨笔行草书题跋云：“复斋先生为余父执，工六法，嗜金石，宦游江浙，所至有名。此册为先生所藏，今归其县傅孝廉丙鉴。孝廉与余为同门，故得借读一过，因赘数语，以识眼福。光绪二十一年十月十二日诸城尹彭寿记于尚志堂（钤‘尹彭寿印’白文方印）。”

尹彭寿（1835—？），字祝年，又作竹年，号慈经，山东诸城人，晚清金石学家。清光绪十一年（1885）拔贡生，十四年（1888）副榜举人，官兰山教谕。光绪二十八年（1902）任琅琊书院山长，两年后辞馆闲居。尹氏博雅嗜古，工篆隶，善书画，喜藏书，因获朱博残碑，遂将其藏书处命名为“博石堂”。

此跋为清光绪二十一年（1895）十月十二日尹彭寿于尚志堂所作。因王功后为尹彭寿父亲的好友，尹氏久慕其名，遂将同门傅丙鉴所藏王氏本《汉四皓石刻题跋》借来赏阅。尚志堂在今济南趵突泉公园东北部金线泉侧，原为尚志书院的一个院落，因遍植玉兰又名玉兰院。院内南北各有厅房三间，东西曲廊相围，院外小溪沿屋穿廊，敞中有蔽，闹中存静，别具特色。

尚志书院于清同治八年（1869）由山东巡抚丁宝桢创办，山东书局亦由丁宝桢创办，大约成立于同治九年（1870）。据学者考证，山东书局与尚志书院虽然是两个机构，但关系非同寻常，尚志堂实际上就是山东书局的编辑部[6]。尚志堂所编辑的《十三经读本》《资治通鉴纲目四编合刻》《新雕徂徕石先生文集》等校勘审慎、印刷精美，在业界享有较高的声誉。

尹彭寿于清光绪六年（1880）入尚志书院学习，光绪二十八年出任琅琊书院山长，在尚志书院的时间足有二十年，这为他交往名流学士、博览群书、开阔眼界提供了良好的条件。

另据《高密文史资料选辑》第 5 辑记载：“傅丙鉴，字少隅，一字绍虞，高密城人。家贫力学，淹贯经史。光绪壬午举于乡，主讲各县书院。馆谷所集，分济族姻故旧贫乏，随手辄尽，不治生产。傅氏自六世未立祠，丙鉴捐金倡修筑室，置田蒸尝，赖以修举，一身反漂泊无归，意恬如也。会试大挑二等，署阳谷训导，改盐课大使，签分两淮。奉调分纂《山东通志》，成艺文、形胜、赈恤、杂记四门。晚岁主潍县诗坛，多所成就，尤工书法，笔姿瘦硬，得欧之神，卒年八十三岁。著有《思益轩文集》四卷、诗集十卷。”[7] 傅丙鉴侠义热肠，不善理财，一时所得，或救济姻亲，或捐修祠堂，千金散尽，一贫如洗。傅氏为人慷慨，借出书籍未必索还，尹彭寿又有借观他人古籍挖改钤印据为己有的恶习[8]，不知尹彭寿是否将此书归还傅氏。

此本下书衣左下侧钤有朱文方印一枚，列书名、刊本、册数、定价、编号，册数栏墨笔书写“1”，定价栏墨笔书写“20”，为济南古籍书店印章，1949 年后山东省图书馆购藏。

## 二、摹字内容及考释题跋

道光十六年杨澥得好友赵亨衢馈赠精拓本《汉四皓石刻》，重新装裱为八纸，双钩摹勒并将所集宋明清诸家著录、自作注释题跋以及瞿中溶、钱泳所作题跋刊印成书，即清道光刻本《汉四皓石刻题跋》①。

书中双钩摹字八叶共四十字，隶书，其中漫漶不全者六字，磨灭而仅存或半笔字形隐字者五字。具体如下：

圈公、神坐、圈公神、祚机、绮里季、神坐、绮里季、神（神字残）祚机、夏黄公、神坐、夏黄公（公字残）、神祚机（三字均仅存右半）、角里先、生神坐（漫漶不全）、神祚机（漫漶不全）。

① 查“学苑汲古——高校古文献资源库”（网址为http://rbsc.calis.edu.cn）著录：《汉四皓神座刻石钩本附诸家跋语》，秦更年钩辑，刻本，南开大学图书馆藏，典藏号为794.2/102-1，钤“更年审定”“婴闇秦氏藏书”“江都秦更年曼青之印”。秦更年（1885—1956），字曼青，号婴闇居士，江苏江都（今扬州）人，晚年寓居上海。曾客居长沙，跟随叶德辉精研目录版本学，平生致力于古籍、碑帖、钱币收藏，精于诗词、书画、篆刻等。将南开藏本书影与道光刻本比对后得知，前者为秦更年据道光刻本抄录，无版框，亦无版心题名。据此推测，《汉四皓神座刻石钩本附诸家跋语》书名或为南开大学图书馆编目人员自拟，版本项亦应改为抄本。截至文章发表时，笔者未见到杨氏藏本，以下刻本内容据山东省图书馆藏本著录。

四皓石刻为神坐和神祚机各一，四人共计八座，杨澥所藏拓本是迄今为止所见四皓名称最全者。书中瞿中溶题跋盛赞："此册拓本，楮墨甚旧，拓手亦精，应尚是宋拓所遗。而八纸皆全，字虽残阙，风神不少减，真艺林中稀世奇珍，当为天壤间之《广陵散》，岂仅《华山》《娄寿》诸碑足与颉顽争贵哉！"钱泳在赏阅拓本后，立即钩摹上石，并欣然题书："四老神坐题字，宋洪景伯已未见其全，况今日乎？道光丁酉夏日得观于杨君龙石寓中，莫不诧为奇宝。余遂钩模一石，以传好事者。是年秋日再观，因志册尾。梅华溪上老人泳，时年七十有九。"

钱泳（1759—1844），初名鹤，字立群，号台仙、梅溪，江苏金匮（今无锡）人。诸生，客游毕沅幕中，与翁方纲、包世臣等人交游，足迹遍布大江南北。精研金石碑版之学，工篆隶书画，学识渊博，著有《履园丛话》《说文识小录》《梅溪诗钞》《兰林集》等。

钱泳曾于道光十七年夏秋两次赏阅杨澥藏本《四皓石刻》，题跋所言宋洪景伯即南宋洪适，他曾见四皓神坐及神祚机部分拓片，其中绮里季、角里先生尚阙其一，而黄公神坐及神祚机均未见。今据拓片可知四皓成员名称为圈公、绮里季、夏黄公、角里先生，那么石刻是否保存完好？现在何处呢？

双钩摹字之后，杨澥搜集了宋明清诸家关于四皓石刻的记载十一条，引用古籍包括《广川书跋》《隶释》《金石录》《东观余论》《宝刻丛编》《古今石刻碑帖目》《天下金石志》《隶辨》《撷古》《天禄识余》《十驾斋养新录》，杨澥在个别条目后还做了注释，具体如下：

1.《广川书跋》引文后杨注：汲古本"角"皆作"角"。

2.《隶释》引文后杨注：《隶释》卷廿六又有一则，其目曰四皓神位刻，所列之说即赵氏《金石录》中采入，别无异文，不复录。

3.《宝刻丛编》杨注：卷十，无跋，陕西永兴军路下。有目。

商州　汉四皓神位碑石

（1）唐立汉列仙四皓碑铭　杨注：分书，开元十，原注下缺，《复斋碑目》。

（2）唐四皓旧隐图画文　杨注：原注唐渠韦年撰，窦正书，贞元十六年十月，《金石录》。

（3）唐四皓新庙记　杨注：原注唐萧曾重建，以李华四皓赞代铭，韦行俭正书，元和八年辛丑岁李栖筠刻，《复斋碑目》。

4.《古今石刻碑帖目》四皓神机　汉四皓庙碑　杨注：俱列陕西西安府下。

5.《天下金石志》杨注：列华阴县下　四皓石刻　杨注：原注今亡。

6.《隶辨》四皓神坐神祚机刻字　杨注：无年月

引文后龙石按：顾氏此则语，玩味其意，并未目见石刻者，只就洪、赵、董三家著录中各摘数语而已。

7.《撷古》引文后龙石按：首行东园公姓唐，"唐"之一字实"庚"之误字。《索隐》谓"东园公姓庚"，传钞刊误，遂变"唐"字形也。

8.《天禄识余》引文后龙石按：高氏此语谓惠帝为之制文立碑，是当时别有御制文字，碑佚无考，不仅凿石为神坐祭位也。明孙克宏《古今石刻碑帖目》有汉四皓庙碑焉。知非即惠帝制文之碑，惜无从而证之。

从杨氏的注释中我们大体可以了解以下信息：

其一，据宋代王厚之所编《复斋碑目》和赵明诚所撰《金石录》记载，商州有汉四皓神位碑石，包括唐立汉列仙四皓碑铭、唐四皓旧隐图画文、唐四皓新庙记三种，已无四皓神坐及神祚机刻石的记载。

其二，关于四皓石刻的位置，历来说法不一。宋代陈思的《宝刻丛编》列于陕西永兴军路，明代孙克宏《古今石刻碑帖目》则列于陕西西安府，于奕正的《天下金石志》则列华阴县并注佚失。

其三，清代顾蔼吉所著《隶辨》记载四皓神坐神祚机刻字并无具体的刻石年月，作者也未亲见石刻是否尚存，仅就洪适、赵明诚、董逌三家著录中各摘数语而已。

其四，《天禄识余》所载汉惠帝所立汉四皓碑文由于年代久远，既无文献记载又无实物可证。

杨澥在征引宋代以来四皓石刻文献的同时，前后联系，互相印证，并对相关记载进行了注释，为我们研究四皓石刻提供了一份较为完整的文献资料。而卷末瞿中溶的长篇题跋，则对四皓石刻进行了更加深入细致的考证。

## 三、瞿中溶的考证

瞿中溶（1769—1842），字苌生，号木夫，别署木居士、空空子，江苏嘉定（今上海嘉定区）人。诸生，道光间捐官湖南布政司理问。瞿中溶为钱大昕女婿，受其影响嗜好金石，精于考证，擅长诗文书画、金石篆刻，收藏古印、古泉、铜镜甚夥，著有《汉魏蜀石经考异辩证》《说文地名考异》《古泉山馆彝器图录》《古镜图录》《奕载堂文集》《古泉山馆诗》等。

道光十七年春，瞿中溶游历苏州，访好友杨澥，见其四皓石刻新装裱本楮墨精良，字画清晰，不禁叹为观止。悉心研读后，应杨氏之请，对四皓石刻进行了详细考证，主要有以下四点：

其一，据拓本的字形确定圈公非园公及东园公。瞿氏云："予谛审两圈公之'圈'皆作'圈'，顾南原《隶辨》蓝本、娄氏《字原》误摹作'园'，正因此隶书作'圈'与'园'字形相似，故《史》《汉》以下诸书皆误作'园'，而《史记索隐》引《陈留志》且又为居园中之说也。"《说文·口部》："圈，养畜之闲也。从口（古'围'字），卷省。"《广韵》也指出圈为兽栏，非人所居之所。那么圈公之名又该如何解释呢？瞿氏云："圈称作《陈留风俗传》序，自言圈公之后，证以此刻，正与之合，无可疑议矣。惟自《汉书》《法言》以下各书皆称园公，独《史记·张良传》作东园公，多一'东'字，然即据《陈留志》亦只云居园中，不当有'东'字。史公所采之文，往往有可疑者，抑或传写之本误羡'东'字，亦未可定。"瞿氏以东汉圈称作《陈留风俗传》自称圈公之后为依据，指出圈为姓氏，又与拓本中圈公之名相互印证，确定四皓之一为圈公，至于《汉书》《法言》以下各书中园公或东园公之称或许为传写之误。无独有偶，赵明诚著《金石录》时目验《四皓刻石》拓本定四皓之一为圈公，从而确信圈称为圈公之后的说法。文曰："余尝疑称著书自述其世系，不应妄诞如此，及得《四皓刻石》，见其所书亦为圈公，乃知称所述果非臆说，盖当时所传如此尔。"[9]

其二，从字形和音韵角度确定角非甪。瞿氏云："又审拓本两角里之'角'，其头之'⺈'似中断作两撇，则《字原》作'⺈'，亦失其真矣。愚尝谓狐兔之'兔'，其头正与'角'之头相类，而隶变有作'莵'者，后人遂误于'兔'上又加'艹'头作'菟'，其变'⺈'为'艹'，犹此角之变两撇为'⺈'也。又行楷书如'召'作'㕣'，'解'作'鲜'，亦其所明证耳。"从字形上看，拓本中"角"字上部断为两撇，是"⺈"的变异，与隶书中"莵"作"菟"、行书中"解"作"鲜"相似，都属于字体变异。又云："宋人不通篆隶之学，反为臆说。谓甪音禄，与音觉之角有分别，遂书角里先生之角作甪，上少一笔为正，不知《广韵》一屋之甪音庐谷切，云甪里先生。汉时四皓名又音觉，是角字本有禄音，故荀悦《汉纪》及小司马《索隐》引孔安国《秘记》直皆作禄，声同之字，古可通用也。且考《礼记·丧大记》绿中，郑注云绿为角声之误也。禄、绿皆从录声，可证角与禄声相近，而读有不同文无异体，显然矣。"瞿氏又从音韵学角度指出，角字本有禄音，宋人不通音韵，遂将角字误作甪字，故有杨濂所注汲古阁本《广川书跋》中"四皓神坐"条"角"皆作"甪"。

其三，考证神坐与神祚机为两种石刻。瞿氏云："又考《说文》以机为木名本《尔雅》，而《易·涣卦》'涣奔其机'，王辅嗣注'机，承物者也'。《大戴记》'武王机之铭'及《家语》'俯察机筵'，汉州辅碑有机杖之赐，即以'机'为'几'也。又《左传·襄公十年》'投之以机'，陆元朗释文云'机本又作几，同《庄子·齐物论》隐机而嘘'，陆亦云'机李本作几'，而《周礼·大宰》赞玉几郑注云'几所以依神'。又《释名》云'几，庋也。所以庋物也'。"与瞿中溶同时代的翟云升在《隶篇再续第六》[10]中解释"机"字曰："四老神坐神祚机、绮里季神祚机，《说文》'机，木也。几踞，几也'。此以机为几。《易·涣卦》'涣奔其机'，释文音几。《左传·襄公十年》'投之以机'，释文出以几，云本又作机，同几，古通用机也。"翟云升也征引《说文解字》《周易》《左传》等文献，认为机与几相通。瞿氏云："又考《说文》无祚字，乃新附然。《夏承碑》'夙世實祚'，魏《孔羡碑》及《受禅表》皆作示旁之祚，正与此同，是汉时明有此字矣。特许叔重未收耳，其义与胙祭之胙同，乃祭而受胙锡福之意。然则此刻所云神坐当是神之位，而云神祚机者，疑必坐前之几，神可凭依，又祭可庋肉物者。与神坐为二事，故皆有两题刻也。"神坐即神主，就是通常所说的灵位。祚机也作胙几，即祭祀时放置祭物的装置。因此神坐与神祚机为两种石刻无疑。

其四，考证四皓石刻因历代行政区划变迁分属不同区域。赵明诚《金石录》记载四皓石刻在汉惠帝陵旁。《元和郡县图志》记载，安陵为汉惠帝陵墓，在京兆府咸阳县东北二十里，京兆府东南至商州二百六十里。而《东观余论》引《三辅旧事》记载汉惠帝为四皓作碑于其所隐处。四皓碑属唐代商州管辖。另据《宋史·地理志》，咸阳亦属京兆府，商州为上洛郡，军事有上洛、商洛、洛南三县。从地理位置上说，汉惠帝安陵在今陕西省咸阳市泾阳县，四皓石刻则在商洛市丹凤县，两者相距约185千米，四皓石刻在汉惠帝陵旁的记载失实。另外从事理先后推断，四皓石刻在汉惠帝陵旁的说法也值得商榷。瞿氏云："惠帝因四皓有辅佐之功，即位后作碑及立庙于其所隐之地，皆当有之事，至薨后葬安，乃在身后事，岂有预知其地先刻四皓石于其旁者乎？且此刻既出商州，商州先有四皓庙，自应移置庙中，断无远移至二百数十里之外，反立于惠帝陵旁之理。"瞿氏还推测了《金石录》记载错误的原因："德甫此言盖由其时中原丧乱，陕右入于金，故《金史·地理志》有京兆府商州及上洛、洛南二县，商洛一镇也。德甫未能身履其地，目睹其物，为道路之言所惑耳。"瞿氏进一步分析了各家将四皓石刻划入不同区域的原因："故洪景伯亦只得不全之拓本，而自后金石家罕有著录者，且恐宋时兵火之后，石刻或旋遭毁坏。故明季孙雪居碑目承赵氏之误，列此刻于西安府，而于司直《天下金石志》且列于华阴县下，注今亡二字也。”

《中华书法篆刻大辞典》“四老神坐神祚机题字”条著录“汉刻石，无年月，久佚，隶书。江苏吴江杨氏有藏本”[11]。四皓石刻今已佚失，石刻拓本也未见有其他著录。瞿中溶根据杨澥刻本《汉四皓石刻题跋》中的石刻摹本并结合文献记载，综合考证了四皓成员中圈公非园公，从字形和音韵角度确定了角非角字，四皓刻石包括神坐与神祚机两种，以及石刻因历代行政区划变迁分属不同区域的问题，对汉代四皓石刻的研究更加深入。

## 四、结语

综上所述，由于年代久远，四皓石刻今已佚失，杨澥所藏石刻拓本也不知所踪，因此刊印数量不多、国内稀见的清道光刻本《汉四皓石刻题跋》的文献学价值便突显出来。山东省图书馆藏本中的名家题记为我们揭示了此书的递藏经过，还原了一段尘封已久的藏书故实。书中双钩摹本留存了拓本原貌，杨澥对征引文献的注释以及瞿中溶的考证，又为我们提供了翔实的文献资料，对于考证四皓成员名称及石刻行政区划变迁具有极为重要的史料价值。

（毕晓乐，山东省图书馆副研究馆员）

参考文献：

[1] 山东文献集成编纂委员会 . 山东文献集成第 2 辑 [M]. 济南：山东大学出版社，2008（13）：586.

[2] 山东文献集成编纂委员会 . 山东文献集成第 3 辑 [M]. 济南：山东大学出版社，2009（23）：808.

[3] 司马迁 . 史记 [M]. 北京：中华书局，1982：2045.

[4] 班固 . 汉书 [M]. 北京：中华书局，1962：3056.

[5] 班固 . 汉书（《中华再造善本》影印本）[M]. 北京：国家图书馆出版社，2003.

[6] 唐桂艳 . 山东书局研究 [M]. 济南：山东大学出版社，2019：26-28.

[7] 政协高密县委员会文史资料组编 . 高密文史资料选辑第 5 辑 [M]. 济南：山东人民出版社，1985：120.

[8] 唐桂艳 . 由献唐先生的一则题跋说起 [J]. 山东图书馆学刊,2009(3):76-77.

[9] 赵明诚 . 金石录 [M]. 刘晓东,崔燕南,点校 . 济南:齐鲁书社,2009:159.

[10] 翟云升 . 隶篇 [M]. 北京:中华书局,1985:313.

[11] 李国钧 . 中华书法篆刻大辞典 [M]. 长沙:湖南教育出版社,1990:488.

书评与书话

# 敢从沧海问津涯

## ——评《问津》的稀见宝坻文献整理与印行 *

A Review of the Collation and Publication of the Rare Local Documents of Baodi in the *Wen-Jin* Series

凌一鸣

**摘　要:** 由于特殊的历史、地理、文化条件,天津地区产生了数量庞大、特点鲜明的地方历史文献。《问津》是由问津书院编辑的一系列非公开出版物,其中地方文献整理即为其重要选题。2020 年,问津书院以“稀见宝坻文献”为主题汇总与引介了一系列宝坻区地方文献整理成果。问津书院关注于天津郊区尤其是远郊地方文献的发掘,借此机会整合组织了一支训练有素的研究团队,并从实践角度对天津地方文献的研究模式展开了系统的探索与创新。

**关键词:** 问津书院;天津研究;地方文献

2020 年,天津问津书院以月为周期,连续出版了 12 期以“稀见宝坻文献”为主题的《问津》读物,作为该年度天津地方文献发掘整理的重要成果予以引介。这是问津书院 2013 年成立以来,首次集群式地关注天津一个区的历史文化。为了配合这套具有地方文献丛书性质的读物的出版,总结与宣传其成果,当年 10 月 31 日,问津书院联合宝坻区文化和旅游局、宝坻区文学和艺术界联

* 本文为天津市社会科学基金青年项目“清代书籍政策及其在天津地区的民间响应”(TJZLQN18-001)阶段性成果。

合会，召开了“文宝坻”历史文化讨论会。这也是问津书院成立以来，首次专门针对郊区的历史文化展开系统研究与讨论。

2020年的《问津》，突出了“文宝坻”主题，披露了不少清代和民国的稀见宝坻地方文献，很大程度上推动了宝坻地方文献研究与整理工作。综观天津地方文献乃至地方文化的研究史，这12册内部印行的小册子绝不仅仅是研究个案的累积或同好者的自娱自乐，而是对天津地方文献研究模式的探索与创新。

## 一、问津之源

地方文献的发掘、整理与研究是建立在对地方文化的理解之上的，问津书院的天津文献工作也不外如是。天津筑城建卫始于明永乐年间，自此便承担着拱卫京师、经营河道的重任。因此，可以说天津地方文化从属于畿辅文化，但又因为其独特的地理与人文环境而独具特色。畿辅，又称畿服、畿甸、畿夏等，本意指国都周边的地区，起源于商周时期的畿辅制度。《周礼·大行人》曰“邦畿方千里”，是对畿辅范围的具体说明。后沿用古称，用“畿辅”一词泛指京都附近地区，具体至明清时期，主要指今天津、河北地区。在历史上，畿辅地区一直是中央政权管理的重心，不惟在政治、军事上予以高度控制，在文化上也给予特别关注。明清时期就在科举与教育政策上向畿辅地区数次倾斜，清中后期达到极致，其中典型如嘉庆十三年（1808）三月皇帝诏谕内阁：“畿辅为首善之区，人文渐被，多士蔚兴……所有直隶通省本年入学大学增额五名，中学增额四名，小学增额三名。该学政悉心甄录，务拔其尤，以副朕乐育人材之至意。”[1]朝廷试图通过增加录取名额，刺激畿辅地区儒生竞逐场屋的热情。天津作为后起的畿辅重镇，成了清廷政策的主要受益者。据县志记载，天津“建卫四十三年始有举人，又十九年始有进士，自有明以迄清初，寥寥不数觏也。改县以后，文运日启，获第渐多。迨至光绪庚子以前，登乙榜者几占全省中额十分之二，甲榜则占全省中额四分之一。科名之盛，亦云极矣”[2]。可见，政策的倡导对清代天津地区文教事业的发展起到了显著推动作用。

鼓励仕进的同时，政府也鼓励畿辅地区士民投入到塑造与发掘地方文献及文化的活动中。据来新夏《河北地方志提要》与河北大学地方史研究室编辑的《河北历代地方志总目》著录，畿辅地区先后修过康熙、雍正、光绪《畿辅通志》以及府州县志414部，其中未计佚志，也未计清末民初所修方志。在414部志书中，绝大多数纂有《艺文志》。其中确切可查有《艺文志》的河北方志为 320 部，天津 18 部，北京 30 部[3]。天津的地方文化，具有迥异于河北各地的特殊性，在很大程度上杂糅了移民文化、码头文化与卫所文化。它的文化构成虽然复杂，但却具有很强的兼容性，其基础是从外地移民至此的体力工作者与商人。

人口的增加与人员构成的渐趋稳定，使得天津的社会结构逐步形成，但是移民文化与码头文化的色彩依然浓重。有学者指出："虽然因漕运而兴起的商业吸引了很多苦力阶层、手工业者和商人，但他们中很大一部分都是游走于天津和故乡，处于'飘浮'状态，富商大贾和文人雅士更是鲜有定居天津者。在这种情况下，天津的市民都是'原子'式的，'社会性'非常弱，他们普遍缺乏对所生活城市的认同感。没有文化积淀，缺乏社会性和认同感的城市实际上是无根之城，其对周围的辐射和带动作用也极其有限……天津置府设县后，开始成为地方行政中心，由此成为兼具商业和行政中心的综合性城市，其人口的积聚效应开始增强，很多富商与文人也开始常年寓居甚至入籍天津，很多入京出京的文人雅士也都将天津作为客居之地。"[4]

清代名吏陈宏谋官天津道时，敏锐地发现并明确指出天津文化的先天劣势："津郡建置未久，旧志荒陋，文献渺征，操笔者比于无泉之醴，无根之芝，简陋亦所不免。"[5] 正因如此，天津文化尤其文学的发展与繁荣更依赖于历史上某些知名人物或团体，如清代的水西庄查氏，形成焦点突出但边缘模糊的状态。如清人杭世骏所说："夫津门之与韩江，各树麾幢，皆余夙昔所致师摩垒之处，南船北马，游处略同……查莲坡殁而北无坛坫，马嶰谷殁而南息风骚。"[6] 群体与社团在天津文化史上尤显地位特殊，甚至成为传统，如有学者指出："天津文化的繁荣，还表现在文化团体的不断出现。除了张氏遂闲堂和查氏水西庄等文人汇萃之地外，每个时期都有各种文化团体。"[7]

综上，天津是应政府管理需要建立与发展起来的，相较于历史悠久的燕赵诸地，清代天津的文化土壤较为单薄。这一点随着朝廷对天津战略地位的日益重视，也引起了天津地方官吏士民的一致担忧。这种心态敦促了清代天津官方及士民结社组团、纂修地方志、整理乡邦文化传统的形成，甚至流播后世，绵延至今。而当代问津书院之重建，即为其显著结果之一。

问津书院之名，可以追溯到清乾隆时期，为时任长芦盐运使卢见曾所创办。卢见曾（1690—1768），字抱孙，号雅雨，又号道悦子，山东德州人，本就以雅好藏书、喜交文人著称，与诸多知名诗人均有酬唱之作。其藏书室雅雨堂卷帙宏富且不乏善本，刊刻有《山左诗抄》《雅雨堂藏书》等颇具影响的书籍。卢见曾到任天津之后，提倡文教，长芦盐商查为义热心于此，主动捐出旧居作为书院场地。乾隆十七年（1752），问津书院正式落成，命名意图取自卢见曾《问津书院碑记》：

孔子之道犹海也，学者蕲至乎道而止。今之制义，其津筏也。学者因文见道，譬如泛海者，正趋鼓楫，候劲风，揭百尺。维长绡，挂帆席。然后望涛远决，乘绝往，以徐臻乎员峤、方壶、蓬岛之胜。若自厓而返，与终身于断港绝横而不能达者，皆不能得其津者也。今姑导使问焉，毋致眩惑于沙汭之云锦，遘忤于晰晓之蜩像，则庶乎其不迷于所往矣。因述缘起，而名之以“问津”云[8]。

问津书院成立之后，吴联珠、金文淳、姚范、张模、江德量、韩嵩、谭光祜、徐杨绪、廉兆纶、程恭寿、李嘉端、张佩纶、黄国瑾、李慈铭、殷如璋、戴兆春、汪宝树、冯煦、叶昌炽等一时之选，均曾在问津书院开设坛坫，招纳才俊，切磋学问，在天津当地产生了一定的文化辐射力与影响力。如今的问津书院于 2013 年重建时，依然选择了“问津”之名，继承的正是“泛海问津”的精神，然其主旨却已超脱了传统书院，转为致力“探索天津”。

## 二、问津之得

问津书院山长王振良曾说：“如从天津地方文化研究着眼，最有意义的是集部文献。它既具一般所谓文学史意义，还会旁及戚友交游，旁及乡土民情，旁及史迹人物，反映地方的社会史、文化史、民俗史、教育史，甚至可折射政治史、经济史、军事史、民瘼史等内容。”[9]

明清畿辅文学的发展是天津文学发展的土壤，就诗文创作者和作品而言，畿辅文学创作的中心区域有顺天府、保定府、河间府、永平府和天津府。但五个地区又有明显的区别，有学者指出：“相比较而言，顺天等四府的诗人原籍自产者居多，体现出内陆型文化发展的特征，较为封闭，承续原有的地域文化底蕴，较少巨大的起伏和转折；而天津诗人则外来者占据很大的比例，体现出海洋（或港口）型文化发展的特征，较为开放，地域交叉融合的情况甚为明显。”[10]即使在天津地区内部，文学特征也有所不同，并形成不同的区域：“在空间分布上，天津诗歌核心区与经济核心区大致重叠，港口贸易与诗人聚集、居住形成了同构关系，这与天津海洋型文化特点是大致吻合的。”[10] 位处区域中心的边缘地带，这样的背景构成了宝坻文学与文化发展的历史文化环境。

宝坻为金大定十二年（1172）分香河所建，地名取自《诗经》中“如坻如京”。它位于天津市北郊，地处华北平原北部。因其距天津中心区域相对较远，宝坻的历史文献尤其是诗文集尚有大量遗珠未得到留意。2020 年，《问津》内部印行的“稀见宝坻文献”系列正是问津书院和宝坻学人为了收拾乡贤旧著，构建地方文化产出的工作成果。

这批清代宝坻文献共 12 册，全部为王振良编辑，分别为：

1.《且住为佳轩诗钞》，清王殊渥著，尹玉辉整理；

2.《春熙堂诗稿》，清李光里著，尹玉辉整理；

3.《朴园感旧诗》，清李光庭著，尹玉辉整理；

4.《颋斋诗存》，清李庶著，尹玉辉整理；

5.《翠微轩诗稿》，清高顺贞著，宋健整理；

6.《陶情百友谱》，清王泽博著，周春召、宋健、阮洪臣、陈兆军整理；

7.《春泉闻见录》，清刘寿眉著，任广玉整理；

8.《两行斋诗》，清袁黄著，陈兆军整理；

9.《诗外别传　骚坛漫语》，清袁黄著，陈兆军整理；

10.《蕉亭闲咏》，清芮熊占著，阮洪臣、陈兆军、周春召、宋健整理；

11.《静馨室爱别离语》，清李湛田著，陈兆军、阮洪臣整理；

12.《竹香楼诗集》，清王毓柱，宋健整理。

上述诸书的作者多为清代宝坻的名家大族，如王殊渥出自世代簪缨的“北王”家族，李光里、李光庭、李庶等出自当地蔚然大族林亭口李氏。他们的作品不仅可以在很大程度上体现宝坻文人的文化取向，也可以深度反映对清代宝坻社会面貌与社会现象的观察与思考。

这批文献选材的眼光也颇为灵活，不拘泥于传统视角。在作者身份上，收录了著名清代女诗人高顺贞的诗集《翠微轩诗稿》；在作品内容上，收录了笔记体小说集《春泉闻见录》，还有自述体的《静馨室爱别离语》；在作品形式上，收录了图文并茂的《陶情百友谱》。此外，由于这些文献的整理团队大多是出自个人兴趣的文史爱好者，在整理形式上也不受束缚，时常富有新意。如《春泉闻见录》，为了方便读者阅读与索引，为每则故事增拟了标题。尽管难免有些文字不谨或规范不严之处，可难掩这批整理文献的价值。

值得注意的是，《问津》所收录的宝坻地方历史文献作者中虽然不乏科举得意者，但也有困顿场屋之辈。他们的笔端不仅记录了文人间的唱和酬答，更为了解清代宝坻社会提供了实证，编织了一幅直观具体的宝坻世象图，丰富了天津文学乃至文化的研究。

## 三、问津之道

新的问津书院成立至今已经十年，现已建起书吧、讲座、沙龙、年会以及新媒体、传统纸质出版物等各种形式的文化交流平台。虽名为书院，实际上相较于开坛授课以服务科举为主要宗旨的清代问津书院，如今的问津书院更接近于对全新环境下建构地方文化平台所做的模式创新。

《问津》创办以来一直连续稳定印行，是问津书院主要的文化出版活动之一。《问津》既像是一种期刊，也兼具地方文献丛书的性质，目前主要以非正式出版物的形式推出。《问津》的定位或说宣传语云："内部交流，免费赠阅，欢迎赐稿，没有酬劳。资料一本，聊以为报，纠错指谬，无任欢迎。"它的非营利性反而保证了其纯粹性，也维持了对地方文献研究者与爱好者的吸引力。当然，这对问津书院的编辑工作者也提出了更高要求，即在不掺杂功利目的的语境下坚守初心，堪称是对"泛海问津"精神的另一层面实践。

经过多年来的探索，问津书院及天津地方历史文献研究者与爱好者逐渐找到一条具有特色的地方文献研究道路：跳出象牙塔，立足田野，立足民间，重视郊区，培养团队，发动非专业文史研究者。"稀见宝坻文献"就是这一模式高效运作、团队紧密合作的成果。

纵观天津历史，地方文化与文献研究大多聚焦于今天的所谓市区，呈现出中心突出、边缘暗淡的状态。前已述及，天津建卫尤其是升府并设县之后，经济文化中心都围绕着城市中心展开。近代以来，开埠极大地冲击了天津的文化结构，所谓"天津地处偏僻，昔非冲要，自与海外列国通商以后，于此为往来出入之门户，轮楫交驰，冠裳骈集，遂蔚然成一巨埠，而时局之推迁代谢，亦因以千奇百变，每出寻常想象之外。方诸往迹，迥不相同，故一切政治风俗，势皆不得不改弦更张，以随机而应务矣"[11]。自此以后，区域经济与文化中心愈加凸显，而在聚光灯之外的郊区地带则鲜有外人关注。但这并不意味着各郊区地域没有值得深挖的地方文献资料，当地就一直不乏热心乡邦文献的研究者。《问津》

的编纂便集中引介与展现了这些自发自觉关注宝坻地方文献的研究者，以及他们组成的一支“无组织有纪律”的队伍。钻研天津地方文献多年的王振良如是评价宝坻的地方文献研究团队：“说团队无组织，是因为没有正式注册；而说其有纪律，是在宝坻文史发掘方面，参与者无不以对家乡的爱，不计名利地真诚奉献着。他们踏寻宝坻大地，调查宝坻历史，研究宝坻文化，整理宝坻文献，既各尽所能，又分工合作。”[12]“对家乡的爱”是这些所谓非专业学者最本真的动机，他们不是为了谋取名利或者在各种项目的驱动之下投入此类工作，而是以兴趣为导向，所为即所长。这就保证了团队研究的生命力。

当然，宝坻地方文献整理和研究的展开，固然是团队成员基于桑梓之情的自发之举，但也是源于相关学者对天津地方文献研究不平衡的反思。以往的天津历史文献整理与地方文化研究，多集中在天津市区尤其是城市中心区，旁及今蓟州区及滨海新区部分地域。郊区研究成果的质量和数量都远不如市区，问津书院集中推出宝坻历史文献的专题整理成果，正是提升郊区研究者的地方文化意识、建构完整全面的津沽文化体系所迈出的坚实一步。正如王振良所指出：“然天津地域文化之复兴和传承，应该是对津沽文化的全面观照和解析，宝坻以及武清、静海、宁河等地当然应纳入考察视野。今问津书院集中推出十二本《问津》小册，亦是希望能够以作此为机缘和触点，推进整个津沽地域文化意识之觉醒。只有文化意识先觉醒了，才谈得上真正意义上的文化复兴。”[13]

（凌一鸣，天津师范大学古籍保护研究院讲师）

参考文献：

[1] 李鸿章．光绪《畿辅通志》[M]. 黄彭年，纂．上海：商务印书馆，1934.

[2] 上海书店出版社．天津府县志辑（3）：民国天津县新志 [M]. 上海：上海书店出版社，2004：208.

[3] 王明好．试论清代畿辅方志艺文志的价值 [J]. 河北师范大学学报（哲学社会科学版），2014，37（5）：37-42.

[4] 张献忠．清代天津科举家族与地方社会 [J]. 山东社会科学，2016（8）：75-84.

[5] 陈宏谋．天津府志序 [M]// 培远堂文集．广西乡贤遗著编印委员会，1943.

[6] 杭世骏．吾尽吾意斋诗序 [M]// 杭世骏集．杭州：浙江古籍出版社，2015：159.

[7] 范丽珠．清代天津文化刍议 [J]. 天津社会科学，1988（1）：90-93，20.

[8] 卢见曾 . 问津书院碑记 [M]// 雅雨堂文集 . 上海：上海古籍出版社，2003：490-491.

[9] 王振良 .《蕉亭闲咏》编后记 [J]. 问津，2020（10）：58.

[10] 王长华 . 畿辅背景下清代天津诗歌的空间特色及文化成因——以《津门诗钞》为中心的讨论 [J]. 天津社会科学，2017（6）：126-131.

[11] 金钺 . 天津政俗沿革记序 [M]// 天津市地方志编修委员会 . 天津通志　旧志点校卷（下）. 天津：天津社会科学院出版社，2001：5.

[12] 王振良 . 文化自觉"文宝坻" [J]. 问津，2020（6）：287-288.

[13] 王振良 .《竹香楼诗集》编后记 [J]. 问津，2020（12）：147-148.

研究生论坛

# 拓展古籍保护专业研究生生源之我见

## ——以天津师范大学为例 *

A Remark on Expanding the Pool of Postgraduate Students Majoring in Ancient Book Preservation and Conservation: Take Tianjin Normal University as an Example

周晶晶

**摘　要**：近年来，学界对古籍保护人才培养与学科建设的研究多是在教学层面展开。但总体来讲，更多是探讨作为教学者、学科建设者或者从业人员如何进行研究，是由上至下的研究，而对于古籍保护专业研究生生源的研究较少。古籍保护专业方向研究生是古籍保护人才的重要来源，是未来古籍保护事业人才的“种子库”。我们应该对研究生生源进行主动挖掘，扩大古籍保护工作的影响力，向在校大学生提供了解古籍保护事业的渠道。本文将从拓展古籍保护专业研究生生源的必要性、如何拓展古籍保护研究生生源、拓展古籍保护专业研究生生源后的人才培养等方面进行分析，以期为古籍保护人才培养提供新的思路。

**关键词**：古籍保护；人才培养；主动挖掘

近年来，国家对古籍保护事业越来越重视，越来越多的人开始关注古籍保

* 本文系国家社科基金重大项目“古籍保护学科建设与基础理论研究”（项目批准号：19ZDA343）成果之一。

护事业，这其中就包括一批有志于学习古籍保护的研究生。每年参加研究生考试的学子数以百万计，相对于热门的专业，古籍保护专业是冷门中的冷门。面对这种情况，本研究选择由下至上反推，从生源的角度入手，分析本科生为何会选择报考古籍保护专业的硕士学位，又通过何种渠道了解的古籍保护事业，据此提出对研究生生源进行主动挖掘的对策，扩大古籍保护人才的来源。个人的粗浅之见，希望能为古籍保护人才培养提供一个新的思考方向。

## 一、拓展古籍保护专业研究生生源的必要性

因笔者就读于天津师范大学，对本校生源情况比较了解，故本研究所提及的生源信息，均以天津师范大学为例。截至2022年，古籍保护方向研究生的生源中，调剂生占了较大一部分。本研究通过对古籍保护专业研究生的学科背景进行初步调查分析，认为大体分为四类：

### （一）接受调剂且对古籍保护专业缺乏了解的研究生

因调剂而研读的研究生，绝大多数对该专业知之甚少，入学后才了解到古籍保护专业需要学习什么内容，明白古籍保护具体是做什么工作的。对于古籍保护事业而言，这是在被动地接受未来需要去培养的研究生。在这种情况下，研究生很容易出现各种各样的问题。比如当时选择调剂，是为了获取一个攻读硕士学位的机会，在学习过程中会有一定的心理落差；或者调剂过来的研究生，因为之前没有接触过古籍保护行业，缺少古籍保护工作相关的背景，在面对古籍保护的研究生课程时，就会呈现初学者的状况，与学校对研究生培养的要求相差较远。“学习心理学”中有一种现象是研究生的畏难情绪[1]，即研究生在面对学习研究过程中遇到的难点时，会因为短期无法胜任而产生逃避和懈怠的心理。除了这种对研究生课程的畏难情绪，还有一种调剂生出现的情况是，即使在校坚持学习了古籍保护专业的课程内容，但是在最后面临就业时，还是选择了与古籍保护没有关联的职业，既浪费了资源，也没有达到学校培养的目标。

### （二）对古籍保护感兴趣非相关专业主动报考的研究生

部分同学本科所学专业与古籍保护专业基本没有直接联系，如本科期间所学专业是生物科学（师范类）或是会计学，这些是未来职业方向与古籍保护毫无联系的专业，但可能因本科选修过古籍与古籍保护的公选课，或是之前关注过文物修复、古籍修复，抑或是因对原学科不感兴趣，想从中跳出来到别的

行业等，最后选择了报考古籍保护专业硕士研究生。这类同学是学校主动挖掘的结果。目前古籍保护专业研究生的培养是开放的，也欢迎其他专业的本科生报考，并有意识通过开设具有普及性质的公选课，或者组织观看《我在故宫修文物》《典籍里的中国》《古书复活记》等纪录片、综艺节目，让更多的人去认识、了解古籍保护事业的生命力。

（三）本科为古籍保护相关专业的研究生

还有一部分研究生的本科专业与古籍保护相关，比如图书馆学、文化产业管理、工商管理、汉语言文学、历史学、文物与博物馆等。在图书馆学中，特藏资源建设本是一个重要的研究方向；文化产业管理专业中有对物质文化遗产的保护和利用等课程内容；工商管理专业中有拍卖与典当方向；汉语言文学专业中有古典文献学、古代汉语等课程；历史学专业中有历史文献学等课程；文物与博物馆专业中，古籍作为可移动文物的一个重要组成部分，既是文物学研究的重点，也是博物馆学进行古籍收藏策展的研究重点。上述专业的学生，大多本身就对中华优秀传统文化有比较浓厚的兴趣，如果在本科期间就接触到与古籍保护有关的内容或活动，那么他们日后选择研究生的专业乃至选择就业方向时，都会多了一种考虑，这种现象客观上为古籍保护人才的培养提供了更多合适的生源。

另外，此类生源会在合适的情况下自觉进行古籍保护宣传活动。如天津师范大学古籍保护专业 2021 级的一名在读研究生，本科时作为汉语言文学的师范生需要教育实习，其准备的公开课试讲，选择的是部编版高中语文教材《以工匠精神雕琢时代品质》这一课。该生在课上实例论证时，就引用了古籍保护工作的例子。课程结束后，班级学生对古籍保护产生兴趣的不在少数，甚至有学生活学活用，在不久后的一次作文比赛中以相关内容的作文夺得最高分。可以说，该研究生在本科阶段即抓住了可以扩大古籍保护影响力的机会，在课程中宣传古籍保护，以此来扩大古籍保护知识的受众面。

（四）第一志愿报考且对古籍保护专业较为了解的研究生

还有一部分研究生是在入学之前就对古籍保护专业有所接触和了解，这一部分研究生是我们去分析扩展古籍保护专业研究生生源可行性的重要数据样本。天津师范大学一名古籍保护与传播方向的在读研究生，本科就读于沈阳师范大学，大一期间就听过国家图书馆王红蕾研究馆员来校的讲座，第一次了解到古籍保护行业的存在。大二期间开始依托沈阳师范大学图书馆，在沈阳师范大学古籍保护协会社团组织开展古籍保护相关活动，通过社团的力量让古籍保护工作为更多人所了解；同时他还受益于沈阳师范大学图书馆和辽宁省图书馆举办的各类古籍讲座和古籍活动，甚至还参加过一次古籍普查行动，不断增加其在古籍保护方面的知识储备。通过实践，这名研究生不断坚定投身到古籍保护行业的决心与信心。正是因为其曾经通过各种途径深刻接触、了解这个行业，并为之着迷，所以才毅然决然地选择报考研究生来进行更加深入的学习。

在攻读硕士学位之前就对古籍保护事业进行过了解的本科生不是个例，如南京金陵科技学院的古籍修复专业、大连艺术大学的书画装裱与修复专业的学生，都曾参与过古籍保护专业训练。如果他们能在老师的鼓励之下选择攻读古籍保护专业硕士学位，或是拥有进一步提升自己古籍保护学术素养的意识，就会以更大的热情投身于古籍保护事业。

以上四类人员中，后三类都是古籍保护专业良好的研究生生源。可以认为，本科生越早接触古籍保护事业，有更多的时间去了解、去判断自己是否适合攻读古籍保护专业的硕士学位，就能越早地主动打好基础，而非临时抱佛脚，致使入学后难以适应。因此，进行古籍保护人才的主动挖掘是极为必要的。

## 二、如何拓展古籍保护专业研究生生源

### （一）积极开展古籍保护专题讲座进校园活动

讲座具有专题性，一次讲座可以将一个主题完整地叙述出来，让听众接触到一个新的知识体系。同时讲座的举办不像日常专业课程那样受限，协商好时间、地点、主题、参会人员即可举办。讲座既有前沿性讲座，也有普及性讲座，能举办讲座的多为学者大家。某些有古籍保护方向硕士点的院校，师资力量有待加强，讲座这种可以跨越地点的授课方式，正好弥补了这些院校师资力量上的不足，也扩展了研究生的知识面，增加了研究生的学术积累[2]。

开展古籍保护专题讲座进校园活动，最好选择在招收古籍保护专业研究生或开设了与古籍保护专业相关学科的学校中，这可以更好地提高人们对古籍保护事业的关注度，拓宽古籍保护研究生的来源，同时主动为潜在的研究生提供理论知识的教育。

### （二）带领相关学科本科生参观相关场所

现在很多图书馆、博物馆、拍卖所都设有与古籍工作相关的岗位，如辽宁省图书馆就设有古籍修复、古籍编目、古籍数字化、古籍阅览等岗位，沈阳师范

大学古籍保护协会每年都会组织研究生参观古籍修复室和古籍数字化实验室。在此过程中，学生可以近距离接触古籍修复等工作，进一步了解该行业具体是做什么工作、具体工作如何操作等内容。增加本科生动手实践的机会则更能调动起他们的兴趣。例如2016年从某某大学交换至浙江大学中文系的交换生，在陈东辉先生的"目录学"课程中了解到古籍普查等知识，并参观浙大图书馆古籍特藏部，现场观摩古籍普查工作流程，感到收获颇大[3]。

参观学生的选择上，除了要选取对古籍保护专业抱有一定兴趣的本科生外，更要选择相关学科的本科生。这样他们可以带着专业意识去参观，主动地将古籍保护专业与自己的专业相联系。参观活动一定要有专业人员进行讲解，而非走马观花，仅在参观者脑海中留下一个粗浅的印象，不进行专业知识交流的参观是没有意义的。

（三）开设本科生通识选修课或专业必修课

通识选修课不似专业课那么深奥，更多的是为普及相关知识，通过浅显的讲解授课，让本科生能够对一门学科有所了解。目前在天津师范大学就为本科生开设了校选课"古籍与古籍保护"，每年可以让近60名本科生对古籍保护专业知识进行系统的学习。在结课时每名本科生可以拥有自己亲手做成的线装书一册、以《三字经》为内容的雕版印纸一张、天津杨柳青年画三张。中山大学也为图书馆学和档案学专业的本科生开设专业必修课"文献保护与修复"。这门课程作为基础性的导论课，既融合了本科生所学的专业，也完美接轨了研究生要学习的内容[4]。开设通识选修课或专业必修课，既可以帮助本科生打好知识基础，拓宽未来选择方向，也让专业教师接触到意欲选择古籍保护方向继续学习的本科生，进行提前培养。

（四）举办古籍保护研修班

国家古籍保护中心每年都举办各种类型的研修班，其参与人员多为在职人员、民间藏书家及对古籍保护工作感兴趣且想接受专业训练的人员。研修班的开展为全国各地的古籍保护岗位输送了人才，极大地促进了古籍保护工作的开展。也有本科生学员参加研修班后进一步深造，而选择报考古籍保护专业研究生。国家古籍保护中心举办的研修班，体现了全国古籍保护工作的最高水平，持续开展必能结出更丰硕的成果。

（五）开展古籍保护的社团活动

在开设古籍保护专业的院校中，大多成立了相应的古籍保护社团。比如，复旦大学和天津师范大学都成立了古籍保护学社，沈阳师范大学成立了古籍保护协会，这些社团在各自校园内举办了丰富多彩的古籍保护活动。

以沈阳师范大学古籍保护协会为例，2016年成立至今，举办的古籍保护活动包括古籍文献基础知识讲座、古籍线装书体验、碑拓体验、到辽宁省图书馆修复室观摩古籍修复；协办活动有沈阳师范大学图书馆的古籍专题系列讲座，辽宁省图书馆的“古籍换新装”“石刻拓印”“雕版印刷体验”等活动。在由中国古籍保护协会发起并组织、辽宁省古籍保护中心承办的“中华古籍普查文化志愿服务行动·辽宁行”志愿服务行动中，仅8人的小队里就有沈阳师范大学古籍保护协会的两名本科生、两名研究生和一名老师。上述活动参与人次累计过万，在宣传古籍保护、让更多的人熟识古籍保护上做出了积极的努力。

实践证明，社团活动是研究生活中不可缺少的一部分，是丰富本科生、研究生课余生活的重要方式。通过社团活动，让更多学生了解古籍保护事业，使他们从中学到知识，这对扩大古籍保护影响的效果是事半功倍的。

（六）利用大众媒介扩大对古籍保护的宣传

近年来有关古籍保护的纪录片、电视节目越来越多，尤其是《我在故宫修文物》《典籍里的中国》《古书复活记》的开播，引起了社会广泛关注和讨论。近期，国家图书馆、中国文物保护基金会和字节跳动公益在抖音平台举办了“全民晒书·让古籍融入生活”活动，人们只要打开抖音，添加“#寻找古籍守护人#全民晒书”话题发布相关内容即可参加。这种便捷的参与方式让古籍保护工作不再困于“象牙塔”之中，而是走入了大众视野。此外，一些一直在坚持以微博与公众号发文宣传古籍保护知识的博主也在持续影响着大众。比如“HG书籍装帧”“是就修旧画”等公众号，采用幽默风趣的语言和恰到好处的配图进行古籍保护知识普及，引起公众的阅读兴趣，起到了很好的宣传效果。

## 三、拓展古籍保护专业研究生生源后的人才培养

（一）因材施教，分类培养古籍保护专才

常言道，兴趣是最好的老师。面对目前相关专业研究生古籍保护基础薄弱者占比较大的实际，教师在授课中可以由浅入深，做到实例与理论相结合，可以多带领研究生去实地参观考察，充分调动研究生的学习兴趣，让他们积极主动地去学习专业内容。如果学习效率不高，就难以让研究生从中获得学习的自驱力。每名研究生的能力水平和喜好方向是不同的，有的动手能力强，有的理

论知识一点就通。教师要根据每名研究生的特点因材施教,让研究生打好基础后自觉发挥自己的优势与特长,这样学习效果会得到极大提高,从而培养出在某一方向上的高水平、高质量人才。

(二)加强职业教育,培养专业情怀

古籍保护不比其他行业,所接触的都是人类文明史上遗留下来的瑰宝,古籍中所蕴含的巨大精神财富值得古籍保护工作者用一生去看护和奉献。应积极对研究生进行职业道德感和责任感的教育,让他们对古籍心存敬畏,对古籍保护事业心存景仰,对从事古籍保护事业的人心生敬佩。精神力量是伟大无穷的,如果能让研究生从内心中觉得这是一件有意义的事情,那么他们在做这件事情的时候,也一定会尽心竭力,全身心投入进来。

一件事情不是只有好的一面,也有与之相对应的一面。既要让研究生了解到古籍保护事业的人才急缺,也要让研究生看到未来的就业形势,仅仅靠热爱不足以让人才长久地留在该行业之中。马斯洛的需求层次理论分析认为,最低层的需求是生理需求,要求满足人的日常生活需要;再往上是安全需求,要保障人的工作安稳;之后是社交需求和尊重需求,最后才是自我实现[5]。只有满足了第一层次的需求,才会向上寻找更高层次的需求。对古籍保护事业的热爱和从中获得的自我价值实现感,就属于最高层次的需求。但是如果连最低层次的需求都无法满足,何谈更高层次的需求呢?所以,我们要让研究生对以后的就业形势有一个清晰的认知,对古籍保护事业有一个全面的认识,对自己未来所从事的工作赋予更多的理性思考。

(三)开放更多的就业岗位

学校培养人才,都是为了将其输送到对口的单位,让他们在各自的岗位上实现理想,为国家的古籍保护事业贡献力量。从目前的就业形势看,研究生毕业后能真正从事古籍保护行业工作的未能占据大多数。古籍保护研究生对口工作多是图书馆、博物馆、档案馆等具有编制性意味的工作岗位,这些岗位如不放开,长此以往,必会导致青黄不接的现象[6]。古籍保护工作,尤其是古籍修复,本身带有师徒传承性质,需要靠常年在师傅身边学习,经年累月的积累才能有所成就。但是有些单位目前仅仅依靠老师傅从事古籍修复,甚至有的单位仅靠一位退休返聘的老师傅在支撑整个古籍修复工作。大单位招人名额有限,小单位设备不完善,工作进行不顺畅,这样的就业环境势必会造成人才的流失和资源的浪费。如东北某高校古典文献学(古籍修复方向)的研究生毕业后,从第一届至今,居然无一人来到古籍保护岗位工作,实在令人惋惜。

## 四、结语

培养古籍保护专业人才,不能仅仅被动地接受生源,更要主动出击,积极扩展生源。无论是举办讲座、开设公选课,还是利用大众媒介等方法,都是在扩大古籍保护的影响,以期在潜在研究生群的心里留下印象,进而影响他们未来的专业和职业选择。当然,扩展生源后,在做好人才培养的同时,还应解决好人才的“出口”问题。人才培养成功了,却没能让其发挥出应有作用,可谓是对人才资源的极大浪费。古籍保护人才培养的工作任重道远,在从宏观角度进行思考的同时,也应从微观角度进行研究、进行分析,让古籍保护人才培养体系更加完善。

据了解,天津师范大学古籍保护方向 2022 级研究生招生指标 11 名,第一志愿进入复试人数 14 名。与往年招生情况相比,实现了突破。经调研,2022 级这 11 名研究生生源中,对古籍保护感兴趣、本科非相关专业主动报考的为 5 人,古籍保护相关专业的为 3 人,第一志愿报考且对古籍保护专业较为了解的为 3 人。较往年仅有两三人在入学前对古籍保护专业有兴趣、有了解的情况相比,已有明显变化。这 11 名研究生对古籍保护专业的兴趣来源,包括观看古籍保护相关纪录片、阅读古籍保护相关公众号文章、参加古籍保护相关活动、本科院校老师授课时提及古籍保护、本科有古籍保护方向专业课程设置、从业者影响等。可见,本文所提及的拓展古籍保护专业研究生生源的方法是切实可行且有效果的。

(周晶晶,天津师范大学历史文化学院 / 古籍保护研究院 2021 级古籍保护与传播方向硕士研究生)

参考文献:

[1] 栾贻福,郑立勇,周晶 . 大学生心理健康教育 [M]. 余恬,陈蕊,副主编 . 广州:华南理工大学出版社,2018:125-126.

[2] 肖辉英,赵彦昌 . 辽宁大学古籍保护与修复人才培养的探索与实践 [J]. 古籍保护研究,2021(1):160-169.

[3] 陈东辉 . 关于古籍保护人才培养的若干思考 [C]. 宁波市天一阁博物馆 .《天一阁文

从》第 16 辑——2018 年论文成果汇编 . 宁波市天一阁博物馆，2019：6.

[4]姚伯岳，周余姣 . 任重道远　砥砺奋进——我国古籍保护学科建设之探索与愿景[J]. 中国图书馆学报，2019，45（4）：44-60.

[5] 林峰著 . 对话 [M]. 济南：山东友谊出版社，2020：30-37.

[6] 耿兴岩 . 国内古籍修复人才培养研究综述 [J]. 图书馆界，2017（2）：34-38.

# 编 后 记

王振良

2022年4月11日，新华社以电稿形式公布中共中央办公厅、国务院办公厅印发的《关于推进新时代古籍工作的意见》，强调“做好古籍工作，把祖国宝贵的文化遗产保护好、传承好、发展好，对赓续中华文脉、弘扬民族精神、增强国家文化软实力、建设社会主义文化强国具有重要意义”，同时提出“把中华优秀传统文化的精神标识和具有当代价值、世界意义的文化精髓提炼出来、展示出来”等工作原则，并阐述了完善古籍工作体系、提升古籍工作质量、加快古籍资源转化利用、强化古籍工作保障等具体要求。《古籍保护研究》第十一辑就是在这令古籍保护研究者和工作者振奋不已的背景下完成编辑的。本辑共刊出稿件23篇，分别纳入10个专栏。

“特稿”专栏系为复旦大学杨玉良院士和吴格教授所设。二位先生今年同值古稀之年，而且均为古籍保护事业做出卓越贡献。秦颖、刘鹏、袁玉红、杨光辉特撰《擎古籍保护科技之旗，扬中华文化发展之帆——杨玉良院士与中华古籍保护事业》一文，记述杨玉良院士创办复旦大学中华古籍保护研究院、文物保护创新研究院，创设古籍保护二级学科博士点，开启古籍保护的多学科融合研究，参与古籍保护社会服务，引导社会力量参与古籍保护，开拓古籍保护国际合作等事迹，既有史志之效，亦含贺寿之意。吴格先生为复旦大学古籍保护研究中心主任，学识渊博，功力深湛，温柔敦厚，业界景仰。其在古籍整理方面硕果累累，中华书局今年执意为其出版文集，更是对其道德文章的充分肯定。该文集名为《文献形役录》，也恰是吴格先生于文献领域孜孜矻矻、长久努力的真实写照。本辑特此刊发该文集作者自序，以向吴格先生致敬、致意。

“名家谈古籍”专栏刊文3篇。李致忠《中国书籍的起源与文明探源》指出，只要产生了书籍，世界便进入人类文明的新阶段，中国典籍产生的时代可锁定在距今4300年至2500年这段历史跨度内。文章对汉代孔安国古文《尚书序》的表述“古者伏羲氏之王天下也，始画八卦，造书契，以代结绳之政，由是文籍生焉”进行了深入辨析，同时以其他古代文献记载和当代考古发现进行印证，认为5000年来产生、演化、发展、形成的文字，构成了书籍产生的前提性要素，根据典籍产生的时间节点可以毫不迟疑地说，中华民族有5000多年的文明史。沈津《宏烨斋学古笔记》从本辑开始连载。所谓“不动笔墨不读书”，前贤如顾廷龙、冀淑英先生者，阅读时皆有随时笔记之习惯。《宏烨斋学古笔记》源自沈津先生数十年的学术积累，内容均基于古籍实践工作与研究心得，旨在搜集整理稀见的文献学资料，以供学界同仁参考利用。许海燕译《一位西方图书馆管理员对〈永乐大典〉的思考》是英国汉学名家何大伟四篇文章的中译版。何氏供职于英国牛津大学博德利图书馆中文部，2014—2021年在博客上发表四篇关于《永乐大典》的文章——《我为什么要研究〈永乐大典〉》《〈四库全书〉签佚书单考》《影印版〈永乐大典〉》《存世〈永乐大典〉残卷的收藏情况》。文章多角度记录了何氏求索《永乐大典》的印迹，对相关研究具有一定参考意义。

“古籍保护综述”专栏刊文3篇。杨照坤《〈国家珍贵古籍名录〉医学古籍综述》指出，中医古籍作为中华古籍的重要组成部分，从20世纪50年代首次联合编目算起，普查整理和开发利用工作已持续六十余年。文章结合《国家珍贵古籍名录》评审，概述了“中华古籍保护计划”开展以来中医古籍保护工作的新情况与新进展，系统分析了入选《国家珍贵古籍名录》的中医古籍，同时分类列举了入选医书的重点和亮点，展望了未来中医古籍保护工作的方向。2022年6月29日，中国古籍保护协会古籍编目专业委员会宣告成立，这是国家古籍保护中心和中国古籍保护协会落实《关于推进新时代古籍工作的意见》的一项具体行动。董桂存《中国古籍保护协会古籍编目专业委员会成立会议综述》，记述了该专委会成立会议的实况。该专委会是中国古籍保护协会下设的第十个分支机构，在全国范围内聘请权威古籍编目专家等，意在通过组织开展相关活动，促进古籍编目理论研究与实践应用，推动古籍编目的社会协作和国际合作，提高古籍收藏单位古籍编目水平，使古籍编目和研究全面向纵深发展。陈小青《无锡市图书馆古籍保护工作综述——写在全国古籍重点保护单位复核之际》针对2022年全国古籍重点保护单位复核工作实际，从管理机构、人才建设、规章制度、书库改造、古籍普查、整理出版、数字资源、课题服务、宣传推广等角度，梳理了无锡市图书馆古籍保护进展情况，展示了地市级公共图书馆在古籍保护方面的坚守。

"普查与编目"专栏刊文2篇。樊长远《小议〈春秋公羊疏〉著者的著录》，针对当代古籍目录将《春秋公羊疏》著者题为"唐徐彦"提出不同看法。指出元明清各种版本《春秋公羊疏》都无徐彦之名，而隋唐迄南宋官私藏目也未题著者，仅有著者为徐彦之传闻。学者对该书有大量考证，但相关问题聚讼纷纭无有定论，故古籍编目中径题"唐徐彦"缺乏科学依据。包菊香《〈国家珍贵古籍名录〉所收徐积〈节孝先生文集〉版本著录辨析》认为，《名录》所收8部《节孝先生文集》版本著录有欠妥当。文章通过考辨厘清：清康熙六十年（1721）王邦采刻本为清雍正锡山王邦采刻本，底本乃宋淳祐十年（1250）王央亨刻本；明嘉靖四十四年（1565）刘祐刻本为元刻明嘉靖四十四年（1565）刘祜重修本。文章对刘祜生平事迹及所修之版刊刻情况也进行了钩沉。

"修复与装潢"专栏刊文4篇。黄正仪、张毕佳《〈古籍特藏破损定级标准〉与古籍破损定级实践》通过《古籍特藏破损定级标准》与《馆藏纸质文物病害分类与图示》《破损等级的划分》（《纸质档案抢救与修复规范第1部分》）的细节对比和实验分析，提出在破损古籍甄定过程中运用"坐标系"来标示破损位置与破损面积测算的方法，在实践中具有重要推广价值，同时也契合破损古籍档案数字化要求。孔杰旦、黄艳燕《纸质文献表面微生物的检测初探——以清屯溪同文堂刻本〈幼学须知直解〉为例》，通过对纸表及破损处的微生物进行采样、实验室初步分离和数据鉴定，探究纸表以及纸质文物破损处微生物的存在情况，了解和分析文献流传过程中微生物侵害结果及保存环境，为纸质文献的修复及保存提供了科学数据。汪帆、刘华、刘晓立《图书馆古籍数字化过程中的保护与应急修复》指出，在图书馆古籍数字化实践过程中，常常会出现如断线、纸钉断裂等突发情况，如果处理不好会影响古籍安全。为规避这种"人为"损坏，在图书馆古籍数字化工作中，古籍修复人员应提前介入并全程参与，对突发问题进行针对性的应急修复。田婷婷《明内府刻本〈资治通鉴纲目〉瓷青色绢质书衣的修复》认为，绢质书衣破损虽有以纸补绢的先例，但重要藏品仍以寻找近似补绢为佳。《资治通鉴纲目》为国家图书馆"天禄琳琅"藏书，其卷十六的书衣大面积残损，修复中即采取以绢补绢之法，注重修补材料的选择与染色加工，取得理想效果。文章在细述瓷青绢质书衣修复材料选配、染色与具体修补做法的基础上，对如何解决修复材料不足与匹配度等问题也提出建议。

“保藏与利用”专栏刊文3篇。胡艳杰、李国庆《天津图书馆藏国家珍贵古籍综述》以天津图书馆入选第一至六批《国家珍贵古籍名录》的古籍为例，讨论了馆藏国家珍贵古籍之来源、入选《名录》古籍之概况、馆藏国家珍贵古籍之特色和价值、申报《国家珍贵古籍名录》之意义等，还特别分析了申报工作中的教训，对今后之申报尤有警示意义。彭福英《国家图书馆藏穆麟德藏书珍本举要》指出，德国著名东方学家、汉学家和外交官穆麟德在华三十余年，熟悉汉语文化并收藏大批书籍。其语言才能十分突出，藏书语种多样且内容丰富。在这批涉及七十余种语言的藏书中，有关汉语及其方言的文献为汉语语言学研究、清末历史文化研究提供了珍贵史料。胡海帆《孟宪章先生妙鉴斋碑帖的新披露——兼论孟氏旧藏的研究价值和对碑帖整理工作的启示》介绍了2022年中国书店海王村拍卖公司“孟宪章妙鉴斋旧藏碑帖专场”拍品概况，对明拓《狄梁公碑》《“袁刻”淳化阁帖》《泉州本淳化阁帖》及初拓《式古堂法书》等重要碑帖展现的版本特征和现象做了梳理研究，强调建立碑帖鉴定参照系和积累参考数据的重要性与必要性。文章还以国子监刻本系列《淳化阁帖》卷三《家弊帖》、卷九《阮新妇帖》的石花与“银锭纹”为案例，考察了确立《阁帖》考据点对《淳化阁帖》版本鉴别的助益。

“再生与传播”专栏刊文2篇。付明易《古籍抢救性出版的规范程式——以〈影印宋碛砂藏经〉及〈宋藏遗珍〉为例》认为，《影印宋碛砂藏经》和《宋藏遗珍》是20世纪30年代古籍影印出版的典范之作，具有鲜明的版本特点和突出的文献价值。两书分别由上海影印宋版藏经会、北平三时学会倡导组织，在出版过程中形成完备的组织形式、规范的出版流程、高效的营销策略，最终输出了优质的影印成果，为抢救与传播珍贵佛教文献做出贡献。黄春《博物馆利用古籍策划展览探析》认为，博物馆作为古籍存藏机构如何发挥特长，利用古籍进行展览策划以达到知识普及等目的，是值得探讨的课题。文章通过分析古籍展览与器物展览的区别与融合、古籍在展览中的利用方式、博物馆利用古籍策划展览的策略和路径等，提出了博物馆如何更好地利用古籍资源打造专业化展览的思路。

“版本与鉴赏”专栏刊文2篇。周莎《清宫旧藏〈清文翻译全藏经〉经版研究》，介绍了北京故宫博物院所藏清宫刊刻和收藏的《清文翻译全藏经》经版。文章对这批乾隆时期刊刻的清宫旧藏经版的形状、造型、纹饰等进行了精准描述，客观呈现出所见经版文物的基本信息，分享工作过程中的记录和发现，为进一步的讨论研究奠定了基础。毕晓乐《清道光刻本〈汉四皓石刻题跋〉考论》针对山东省图书馆藏清道光刻本《汉四皓石刻题跋》进行个案研究，通过名家题记揭示了该递藏过程，还原了尘封已久的藏书故实。文章认为书中双钩摹本留存了拓本原貌，同时征引四皓石刻相关文献加以注释考证，对于确定四皓成员名称及石刻行政区划变迁具有重要史料价值。

“书评与书话”专栏刊文1篇。凌一鸣《敢从沧海问津涯——评〈问津〉的稀见宝坻文献整理与印行》认为，由于特殊的历史、地理、文化条件，天津地区产生了数量庞大、特点鲜明的历史文献。2020年，天津问津书院编辑的《问津》丛刊，以“稀见宝坻文献”为主题引介了宝坻文献挖掘整理系列成果。问津书院长期关注天津郊区尤其是远郊地方文献发掘，以此整合组织了一支训练有素的团队，从实践角度对地方文献的寻访、整理和研究模式展开了系统探索与创新。

“研究生论坛”专栏刊文1篇。周晶晶《拓展古籍保护专业研究生生源之我见——以天津师范大学为例》指出，学界关于古籍保护人才培养的研究多是由上至下，而对古籍保护专业研究生生源的探讨较少。但古籍保护专业研究生是古籍保护人才的重要来源，应对研究生生源进行主动挖掘和研究。文章从拓展古籍保护专业研究生生源的必要性、如何拓展古籍保护专业研究生生源、拓展古籍保护专业研究生生源后的人才培养等方面进行了较深入分析，以期为古籍保护人才培养提供新的思路。

从第十一辑开始，《古籍保护研究》将由大象出版社移至国家图书馆出版社出版。前十辑与大象出版社的合作可称圆满，对今后与国家图书馆出版社的合作我们也充满期待，美好再出发！

2022年9月

# 《古籍保护研究》征稿启事

《古籍保护研究》集刊的编辑出版，旨在推行“中华古籍保护计划”，为古籍保护工作者搭建一个古籍保护工作与研究成果的交流平台，广泛宣传古籍保护工作的重要意义，总结先进工作经验，及时发表古籍保护研究成果，推进古籍保护工作与学科建设向纵深发展。

本刊由国家古籍保护中心主办，自 2015 年年底到 2018 年年底共出版三辑。自 2019 年第四辑起，由国家古籍保护中心主办、天津师范大学古籍保护研究院承办，刊期半年，分别于每年 3 月 31 日、9 月 30 日前出版，每辑约 25 万字。前十辑由大象出版社出版，自第十一辑开始，由国家图书馆出版社出版。

本刊设定栏目为“古籍保护综述”“探索与交流”“普查与编目”“修复与装潢”“保藏与利用”“再生与传播”“人才培养”“史事与人物”“名家谈古籍”“版本与鉴赏”“书评与书话”“研究生论坛”“古籍保护大事记”等。敬希广大古籍保护工作者、专家学者及古籍爱好者垂注并赐稿。

**一、稿件要求**

1. 稿件必须为原创，要求观点明确、层次清楚、结构严谨、文风朴实。

2. 篇幅一般在一万字以内，有关古籍保护方面的重要工作综述、重要研究成果和特邀稿件不受此限。

3. 论文层级一般为三级，采用“一、(一)、1”的形式。文章结构为：文章标题(附英文标题)、作者姓名、摘要(100—300 字)、关键词(3—5 个，用分号间隔)、正文、作者介绍、参考文献。

4. 文章标题用三号宋体加黑，居左；作者用小四号仿宋，居左；摘要、关键词用楷体，居左。正文用五号宋体，1.5 倍行距；小标题加黑，居左空 2 格。

5. 参考文献列于文后，请按《信息与文献参考文献著录规则》(GB/T 7714—2015)要求标注。

6. 注释采用页下注的形式，每页重新编号，均用阿拉伯数字加圆圈号表示（即①②③……）。

7. 所有来稿请提供作者基本信息，包括姓名、工作单位、职称或职务、联系地址、邮政编码、电子邮箱、电话号码。

**二、投稿事宜**

1. 请登录本刊网站：https://gjbh.cbpt.cnki.net，在左下方的“作者投稿系统”登录个人账户（首次投稿须注册），完成“导航式投稿”或“一步式投稿”，并可随时查阅审稿进程。

2. 来稿将在 2 个月内得到录用或退稿答复；如无答复，作者可转投他刊。

3. 来稿一般采用双向匿名外审制度，本刊将为作者保守个人信息。

4. 来稿一经刊用，即按本刊标准支付稿酬，出版后另寄赠样书 2 册。

5. 本刊已被中国知网、维普收录，正式出版后所有文章可在中国知网、维普内下载。

**三、联系方式**

联系人：周余姣　凌一鸣

电话：022-23767301

邮箱：gjbhyj2018@163.com

地址：天津市西青区宾水西道 393 号天津师范大学古籍保护研究院

邮编：300387

《古籍保护研究》编辑部

2022 年 10 月 12 日